行政处罚法的修订解读与适用指引

姚爱国　著

吉林大学出版社

·长春·

图书在版编目（CIP）数据

行政处罚法的修订解读与适用指引 / 姚爱国著. --
长春：吉林大学出版社, 2021.11
ISBN 978-7-5692-9767-6

Ⅰ.①行… Ⅱ.①姚… Ⅲ.①行政处罚法－法律解释
－中国②行政处罚法－法律适用－中国 Ⅳ.
①D922.115

中国版本图书馆CIP数据核字(2021)第253567号

书　　名：行政处罚法的修订解读与适用指引
XINGZHENG CHUFAFA DE XIUDING JIEDU YU SHIYONG ZHIYIN

作　　者：姚爱国　著
策划编辑：马宁徽
责任编辑：马宁徽
责任校对：宋睿文
装帧设计：徐正辉
出版发行：吉林大学出版社
社　　址：长春市人民大街4059号
邮政编码：130021
发行电话：0431－89580028/29/21
网　　址：http://www.jlup.com.cn
电子邮箱：jldxcbs@sina.com
印　　刷：扬州市嘉成印刷有限公司
开　　本：787mm×1092mm　　　1/16
印　　张：34.25
字　　数：525千字
版　　次：2022 年 5 月 第 1 版
印　　次：2022 年 5 月 第 1 次
书　　号：ISBN 978-7-5692-9767-6
定　　价：118.00元

目　录

第一章　行政处罚和行政处罚法

在近现代英美法系国家，处罚是法院的事，几乎与"行政"无关；大陆法系国家基本都有行政处罚制度，但远不如中国的行政处罚制度涉及面广、影响力大。众所周知，我国有民商事、行政、刑事三大法律体系。行政处罚是我国行政法中最重要、影响面最广的制度之一，是国家制裁体系的重要组成部分，是国家进行社会控制的强制性保障手段之一。[1]行政处罚法，则是规范行政处罚种类和设定、行政处罚的实施机关、行政处罚的管辖和适用以及行政处罚的决定、执行等内容的法律。一般而言，行政处罚法与行政处罚应系先后关系，即先有行政处罚法、后有行政处罚。但我国恰恰与之相反——在行政处罚法出台前，行政处罚已在各个地方、不同领域普遍存在并广泛运用。

一、行政处罚法

党的十一届三中全会后，我国的法制建设步入快速发展时期。在雨后春笋般激增的法律法规中，几乎"标配"地规定了形形色色的行政处罚条款，作为保障执行的措施和手段。不久，行政处罚领域出现"软"与"滥"交织并存的混乱现象，并愈演愈烈，引起了党和国家的高度重视。在此背景下，

---

[1]参见应松年、马怀德主编：《中华人民共和国行政处罚法学习辅导》，人民出版社1996年版，第20页。

行政处罚法的制定应运而生。

（一）行政处罚法的制定

针对行政处罚领域"软"与"滥"的问题，20世纪90年代初，原国务院法制局开始研究起草行政处罚条例。此后，全国人大常委会法制工作委员会进一步加强调研起草，形成了行政处罚法草案，并被列入第八届全国人大常委会第十六次会议议程。其间，在全国广泛征求意见并反复修改。1996年3月17日，第八届全国人民代表大会第四次会议通过了《中华人民共和国行政处罚法》（以下简称1996年《行政处罚法》），自1996年10月1日起施行。这是新中国成立以来制定的第一部统一的、完整的关于行政处罚的法律，也是我国行政法体系中的一部基本法律。它的颁布实施，对我国政治、经济和社会生活产生了深远影响。

关于立法目的，1996年《行政处罚法》第一条规定："为了规范行政处罚的设定和实施，保障和监督行政机关有效实施行政管理，维护公共利益和社会秩序，保护公民、法人或者其他组织的合法权益，根据宪法，制定本法。"显然，制定行政处罚法的目的包括4个方面：一是规范行政处罚的设定和实施；二是保障和监督行政机关有效实施行政管理；三是维护公共利益和社会秩序；四是保护公民、法人或者其他组织的合法权益。这一点，此后修改、修订均未改变。

（二）行政处罚法的局部修改

1996年《行政处罚法》颁布施行后，先后进行过两次局部修改。其中，2009年8月27日根据第十一届全国人大常委会第十次会议《关于修改部分法律的决定》第一次修正，主要是回应刑法修改、删除"比照"规定，并将治安管理处罚条例修改为治安管理处罚法；2017年9月1日根据第十二届全国人大常委会第二十九次会议《关于修改〈中华人民共和国法官法〉等八部法律的决定》第二次修正［以下简称《行政处罚法》（2017年修正）］，主要是回应国家统一法律职业资格制度，对行政处罚决定审核以及行政机关中初次从事行政处罚决定审核的人员应当通过国家统一法律职业资格考试，取得法律职业资格作出具体要求。

（三）行政处罚法的修订

作为规范政府共同行为的重要法律，行政处罚法对于增强行政机关及其工作人员依法行政理念，依法惩处各类行政违法行为，推动解决乱处罚问题，保护公民、法人和其他组织合法权益发挥了重要作用，积累了宝贵经验。但问题与不足逐渐显现，正如全国人大常委会法制工作委员会主任沈春耀在第二十五次全国地方立法工作座谈会上所言："总的看，经过20多年，行政管理和行政处罚领域出现许多新情况新变化，有关法律制度（包括行政处罚法、行政许可法、行政强制法等）应当与时俱进、完善发展……我们希望利用这次座谈会的机会，多听听地方同志特别是多年从事地方立法工作的同志对这个问题的意见建议，争取及早确定行政处罚法的修改方案。"①在相关方面推动下，行政处罚法的修订被摆上重要议事日程。

1.修订的背景

党的十八大以来，以习近平同志为核心的党中央推进全面依法治国，深化行政执法体制改革，建立权责统一、权威高效的行政执法体制；完善行政执法程序，坚持严格规范公正文明执法。为贯彻落实党中央重大改革决策部署，推进国家治理体系和治理能力现代化，加强法治政府建设，完善行政处罚制度，解决执法实践中遇到的突出问题，有必要修改行政处罚法。

2.修订的指导思想和主要考虑

修订工作坚持以习近平新时代中国特色社会主义思想为指导，深入贯彻党的十九大和十九届二中、三中、四中全会精神，全面贯彻习近平总书记全面依法治国新理念新思想新战略，适应推进全面依法治国的需要，落实完善行政执法体制、严格规范公正文明执法要求，推进国家治理体系和治理能力现代化。

主要把握4个方面：一是贯彻落实党中央重大决策部署，立法主动适应改革需要，体现和巩固行政执法领域中取得的重大改革成果。二是坚持问题导向，适应实践需要，扩大地方的行政处罚设定权限，加大重点领域行政处

---

①沈春耀：《加强和改进地方立法工作提升地方依法治理能力和水平（摘要）》，2019年11月19日《法制日报》。

罚力度。三是坚持权由法定的法治原则，增加综合行政执法，赋予乡镇街道行政处罚权，完善行政处罚程序，严格行政执法责任，更好地保障严格规范公正文明执法。四是把握通用性，从行政处罚法是行政处罚领域的通用规范出发，认真总结实践经验，发展和完善行政处罚的实体和程序规则，为单行法律、法规设定行政处罚和行政机关实施行政处罚提供基本遵循。①

3.修订的过程

2018年9月，行政处罚法修改列入第十三届全国人大常委会立法规划，全国人大常委会法制工作委员会启动修改工作。

2019年10月，形成修改草案征求意见稿，书面征求各层面意见。

2020年1月，再次征求意见，形成了行政处罚法修订草案。此外，多次召开专家论证会、专题论证会。

2020年7月，修订草案初次审议后，在中国人大网公开征求社会公众意见。共有979名网民提出了2416条意见，另收到来信68封。

2020年10月13日，修订草案提请第十三届全国人大常委会第二十二次会议第二次审议。

2020年10月20日，修订草案二次审议稿在中国人大网公布，征求意见。

2021年1月20日，第十三届全国人大常委会第二十五次会议第三次审议修订草案。

2021年1月22日，第十三届全国人大常委会第二十五次会议以159票赞成1票弃权通过了行政处罚法修订草案。会后，全国人大常委会召开新闻发布会，法制工作委员会行政法室主任袁杰介绍，修订行政处罚法是要把党的十八大以来全面依法治国、深化行政执法领域改革的重要成果落实在法律中。

2021年1月22日，国家主席习近平以第70号主席令公布新修订的《中华人民共和国行政处罚法》〔以下简称《行政处罚法》（2021年修订）〕，自2021年7月15日起施行。

---

① 有关修订的背景、修订的指导思想和主要考虑等，主要参考全国人大常委会法制工作委员会副主任许安标2020年6月28日在第十三届全国人民代表大会常务委员会第二十次会议上所作《关于〈中华人民共和国行政处罚法（修订草案）〉的说明》。

纵观上述时间节点，修订工作从2018年9月开始启动到2021年1月全面完成历时两年多；从2020年7月初次审议到2021年1月审议通过用时仅半年，可谓"短平快"，体现了新时代立法工作的鲜明特色，值得点赞。

4.修订的概况

总体而言，本次修订未改变原行政处罚法的基本框架、章节结构，在维持基本原则、主要制度和基本框架基本不变的基础上，立足新情况、解决新问题、适应新要求，在新的历史阶段对行政处罚制度作了系统补充完善。就具体条文看修改幅度较大，可以概括为"三多二少"，即增加条文数量多，由64条增加到86条，增长34.4%；修改条文数量多，共计54条；新增条文多，达16条；没有修改的条文少，仅10条；删去的条文少，仅1条。

社会各界对于本次修订给予了较高评价。2021年1月23日《法治日报》、1月26日《人民法院报》、1月28日《人民日报》等报刊分别从推进柔性执法、避免多头执法、规范自由裁量、杜绝罚款指标等角度予以报道或者解读，形成良好的宣传舆论氛围；有学者称其"堪称立法技术规范化的典范"。[①]

5.配套规章制定（修订）的概况

行政处罚法素有"小行政程序法"之称，是行政执法的主要依据。作为行政处罚的通用规范，行政处罚法具有较强的原则性，各地各部门应当在其实体和程序规则的框架内，结合自身实际，制定实施性规定，指导执法实践。《行政处罚法》（2021年修订）颁布后，部门规章的制定（修订）工作紧锣密鼓地展开。2021年6月11日，国家医疗保障局公布《医疗保障行政处罚程序暂行规定》（令第4号）；2021年6月15日，海关总署公布《海关办理行政处罚案件程序规定》（令第250号）；2021年6月30日，交通运输部公布《交通运输行政执法程序规定》（令2021年第6号）；2021年7月2日，国家市场监督管理总局公布《市场监督管理行政处罚程序规定》（令第42号）。在不到半年的时间里，上述规章悄然完成制定（修订），与新法同日、同步实施，足见相关领域法治理念之厚植、法治意识之超前、法治保障之坚实，

①参见黄涧秋：《新行政处罚法堪称立法技术规范化的典范》，引自中国法治现代化研究院公众号。

值得其他部门认真学习借鉴。

从上述已公布规章架构看,《医疗保障行政处罚程序暂行规定》共计7章62条,《海关办理行政处罚案件程序规定》共计8章125条,《交通运输行政执法程序规定》共计10章132条,《市场监督管理行政处罚程序规定》共计7章87条。除《医疗保障行政处罚程序暂行规定》外,其余条文数均超过行政处罚法本身,可谓体系完整、内容翔实、干货满满。其中不乏首创性制度设计。所有这些,必将为行政处罚实践提供有力、有效支撑。

但是,或许因出台时间局促,一些规章存在的问题亦很明显。以《交通运输行政执法程序规定》(以下简称《程序规定》)为例,主要包括:

(1)关于送达

《程序规定》第十八条规定了直接送达、留置送达、邮寄送达等送达方式。《行政处罚法》(2021年修订)第六十一条第一款规定:"行政处罚决定书应当在宣告后当场交付当事人;当事人不在场的,行政机关应当在七日内依照《中华人民共和国民事诉讼法》的有关规定,将行政处罚决定书送达当事人。"

《程序规定》显然忽视了普通程序行政处罚决定书"应当在宣告后当场交付当事人"的主要送达方式。

(2)关于检查、电子监控

《程序规定》第十九条规定:"执法部门在路面、水面、生产经营等场所实施现场检查,对行政相对人实施书面调查,通过技术系统、设备实施电子监控,应当符合法定职权,依照法律、法规、规章规定实施。"《行政处罚法》(2021年修订)第五十四条第一款规定:"必要时,依照法律、法规的规定,可以进行检查。"第四十一条第一款规定:"行政机关依照法律、行政法规规定利用电子技术监控设备收集、固定违法事实的,应当经过法制和技术审核,确保电子技术监控设备符合标准、设置合理、标志明显,设置地点应当向社会公布。"

据此,行政检查必须有法律、法规依据;利用电子技术监控设备收集、固定违法事实必须有法律、行政法规依据。规章不能作为行政检查、非现场执法的依据。

（3）关于加重处罚

《程序规定》第七十条第二款规定："执法部门应当充分听取当事人的意见，对当事人提出的事实、理由、证据认真进行复核；当事人提出的事实、理由或者证据成立的，应当予以采纳。不得因当事人陈述、申辩而加重处罚。"《行政处罚法》（2017年修正）第三十二条第二款规定："行政机关不得因当事人申辩而加重处罚。"《行政处罚法》（2021年修订）第四十五条第二款规定："行政机关不得因当事人陈述、申辩而给予更重的处罚。"

"加重"与"给予更重的"含义显然不同。《程序规定》第八十一条中的"加重"同上。

（4）关于行政机关负责人集体讨论决定

《程序规定》第七十六条规定："行政处罚案件有下列情形之一的，应当提交执法部门重大案件集体讨论会议决定：（一）拟作出降低资质等级、吊销许可证件、责令停产停业、责令关闭、限制从业、较大数额罚款、没收较大数额违法所得、没收较大价值非法财物的；（二）认定事实和证据争议较大的，适用的法律、法规和规章有较大异议的，违法行为较恶劣或者危害较大的，或者复杂、疑难案件的执法管辖区域不明确或有争议的；（三）对情节复杂或者重大违法行为给予较重的行政处罚的其他情形。"

《行政处罚法》（2021年修订）第五十七条第二款规定："对情节复杂或者重大违法行为给予行政处罚，行政机关负责人应当集体讨论决定。"该款删除了《行政处罚法》（2017年修正）第三十八条第二款中的"较重的"3个字，表明不再以行政处罚结果的轻重决定是否需要行政机关负责人集体讨论决定。故《程序规定》第七十六条第三项仍以"给予较重的行政处罚的其他情形"兜底，显然不当。

（5）关于行政处罚决定公开

《程序规定》第七十九条第一款规定："执法部门应当依法公开行政处罚决定信息，但法律、行政法规另有规定的除外。"《行政处罚法》（2021年修订）第四十八条第一款规定："具有一定社会影响的行政处罚决定应当依法公开。"

《程序规定》有关行政处罚决定公开的规定显然与《行政处罚法》（2021年修订）不一致。

二、行政处罚

（一）行政处罚的概念

行政处罚是行政处罚法的基本概念。1996年《行政处罚法》未对行政处罚作出明确定义。这绝非立法失误，恰恰映射了特定的时代背景。[1]为了弥补这一"缺陷"，该法第三条又试图对行政处罚进行"框定"，规定："公民、法人或者其他组织违反行政管理秩序的行为，应当给予行政处罚的，依照本法由法律、法规或者规章规定，并由行政机关依照本法规定的程序实施。"

理论界，有关行政处罚的概念不尽相同。如有的认为，行政处罚是指国家行政机关依照有关法律、法规和规章，对公民、法人或者其他组织违反行政管理秩序的行为，实施处罚的行政执法活动。有的认为，行政处罚是指行政机关或者其他行政主体依法定程序对违反行政法但尚未构成犯罪的行政相对人实施的制裁的具体行政行为。有的认为，行政处罚是指国家行政机关或其他组织依据法律的规定或经授权、委托，对实施行政违法行为的公民、法人或者其他组织进行行政制裁的活动。有的认为，行政处罚是指行政主体为达到对违法者予以惩戒，促使其以后不再犯，有效实施行政管理，维护公共利益和社会秩序，保护公民、法人或其他组织的合法权益的目的，对行政相对人违反行政法律规范尚未构成犯罪的行为（违反行政管理秩序的行为），给予人身的、财产的、名誉的及其他形式的法律制裁的行政行为，等等。

二十多年的行政执法实践，特别是法治政府建设取得的长足进步，使得理论界、实务界对于行政处罚的概念愈加明晰。本次修订，对行政处罚进行定义成为重中之重。从修订草案初步提出，到修订草案二次审议稿稍作调

---

[1]实践上的问题反映在《行政处罚法》的起草制定过程中。立法者曾多次试图给行政处罚下一个定义，这不仅是许多理论工作者的要求，也是对一部冠以行政处罚之名的法，形式逻辑上的必然要求。但这个定义最终仍未明确出现在该法中，原因就是下这个定义很困难。参见应松年、马怀德主编：《中华人民共和国行政处罚法学习辅导》，人民出版社1996年版，第27页。

整，行政处罚定义愈加成熟。最终通过的《行政处罚法》（2021年修订）第二条与修订草案二次审议稿相比，只字未改。

修订过程	法条内容
行政处罚法（2017年修正）	—
修订草案征求意见稿	—
修订草案	**第二条** 行政处罚是指行政机关在行政管理过程中，对违反行政管理秩序的公民、法人或者其他组织，以依法减损权益或者增加义务的方式予以惩戒的行为。
修订草案二次审议稿	**第二条** 行政处罚是指行政机关依法对违反行政管理秩序的公民、法人或者其他组织，以减损权益或者增加义务的方式予以惩戒的行为。
行政处罚法（2021年修订）	**第二条** 行政处罚是指行政机关依法对违反行政管理秩序的公民、法人或者其他组织，以减损权益或者增加义务的方式予以惩戒的行为。

《行政处罚法》（2021年修订）第二条规定："行政处罚是指行政机关依法对违反行政管理秩序的公民、法人或者其他组织，以减损权益或者增加义务的方式予以惩戒的行为。"该条包含4层涵义：第一，行政处罚的主体是行政机关；第二，行政处罚的相对人是违反行政管理秩序的公民、法人或者其他组织；第三，行政处罚的方式是减损权益或者增加义务；第四，行政处罚的目的是进行惩戒。以上涵义同时揭示了行政处罚的4个特征，即：行政性、外部性、新的不利负担性、惩戒性。分述如下：

1.主体——行政机关

《行政处罚法》（2021年修订）第二条所指"行政机关"，主要是指国家行政机关，也包括行使行政管理权的其他有权机关和组织。该条一方面将刑事制裁、司法制裁、监察制裁、政纪党规制裁等排除在行政处罚之外，另一方面将委托授权组织以及党政合署办公机构履行涉"政"职能实施的行政处罚行为涵括其中，撇清了行政处罚与其他公权力行为的关系。

此即行政性。

2.相对人——违反行政管理秩序的公民、法人或者其他组织

根据《行政处罚法》（2021年修订）第二条，行政处罚的相对人是"违反行政管理秩序的公民、法人或者其他组织"。据此，行政处罚是针对当事人违反行政管理秩序的违法行为作出的。该条一方面撇清了行政处罚与行政机关对于本机关所属公务人员管理行为的关系，另一方面将无偿收回土地使用权、变更或者撤回行政许可、收取社会抚养费、区域限批、政策性关停等非针对行政违法行为的不利负担行为排除在行政处罚之外。

此即外部性。

3.方式——减损权益或者增加义务

根据《行政处罚法》（2021年修订）第二条，行政处罚影响相对人的方式是"减损权益或者增加义务"，亦即，行政处罚是减损当事人合法权益或者增加新的义务。据此，撤销行政许可、撤销登记、取缔以及责令改正（如责令停止违法行为、责令恢复原状）等没有减损当事人合法权益或者没有增加当事人新的义务的不利行政行为显然不属于行政处罚。

此即新的不利负担性。

4.目的——进行惩戒

根据《行政处罚法》（2021年修订）第二条，行政处罚的目的是"予以惩戒"。该定性将查封、扣押、对醉酒者采取保护性措施约束至酒醒等行政强制措施，以及行政机关依照有关法律、行政法规采取的金融业审慎监管措施、进出境货物强制性技术监控措施等以防范风险、预防危害发生为目的的不利负担行为排除在行政处罚之外。

此即惩戒性。

《行政处罚法》（2021年修订）对行政处罚进行定义较为全面地反映了行政处罚的内涵，对于行政处罚制度进步具有深远影响。有学者表示："该定义体现了处罚与教育相结合原则，该严的严，该教育的教育，有利于解决长期以来行政处罚界限不清问题。""这一定义背后还体现了立法者的原则：坚持适度性，范围不能过大，也不能过小，既要防止处罚泛化，也要解决处罚'逃逸'问题；坚持协调性，构建内部协调统一的行政行为体系，

做好与行政强制等行为的衔接；坚持精准性，为实践中判别行政处罚行为提供相对清晰的法定标准。"①胡建淼教授认为：新修订的行政处罚法首次为"行政处罚"增设定义，为我们从形式认定转向实质认定行政处罚创造了条件。处罚主体是国家行政机关和法律法规授权的其他组织，其他主体作出的制裁行为就不是行政处罚；处罚对象是作出违法行为的公民、法人或者其他组织，即违法当事人；被处罚行为是指违反行政管理秩序的行为；处罚内容是行政机关以减损权益或者增加义务的方式予以惩戒违法当事人。只要符合这四个元素的行为就是行政处罚行为，不论它是否在名称上有"处罚"二字。②余凌云教授认为：明确行政处罚的概念，为以后在行政执法、行政诉讼等诸多案件中如何厘清行政处罚与其他行政行为提供了法理支持，只要该行政行为具有减损行政相对人权益或者增加行政相对人义务性质的，即可认定该行政行为为行政处罚行为，并无必要拘泥于行政行为的名称。

（二）行政处罚的基本原则

行政处罚的基本原则是指设定、实施行政处罚必须遵守的基本准则或者规则。这些原则一般规定在行政处罚法的总则中，或者贯穿法律的全文。关于行政处罚的基本原则，学术界一直以来认识不一。

1.主要观点

（1）"三原则"说

即：处罚与教育相结合的原则；依法原则；公正、公开的原则。1996年3月12日，全国人民代表大会常务委员会秘书长曹志在第八届全国人民代表大会第四次会议上所作《关于〈中华人民共和国行政处罚法（草案）〉的说明》指出："行政处罚法对实施行政处罚的原则作了规定。主要有：第一，处罚与教育相结合的原则。行政处罚的目的，重在纠正违法行为，教育公

---

①2021年7月8日，全国人大常委会法制工作委员会组织新修订行政处罚法集体采访，多名立法人士针对新行政处罚法的修法亮点、革新历程作出说明。本部分为全国人大常委会法制工作委员会立法规划室副主任黄海华访谈内容。参见《全国人大常委会法工委组织新修订行政处罚法集体采访》，https://www.163.com/dy/article/GF257H130524TEUR.html，2021年9月16日访问。

②胡建淼：《如何识别行政处罚行为》，2021年3月31日《学习时报》。

民、法人或者其他组织自觉遵守法律。第二，依法原则。行政机关实施行政处罚，必须以法律为准绳，严格遵守法定程序。第三，公正、公开的原则。给予行政处罚，必须查明事实，以事实为根据，与违法行为的事实、性质、情节以及社会危害程度相当。有关行政处罚的规定要公布，使公民和组织能够知道；实施行政处罚要公开，以便人民群众进行监督。"[1]

（2）"四原则"说

即：处罚法定原则；处罚与教育相结合原则；公正、公开原则；保障当事人权利原则。[2]

（3）"五原则"说

即：处罚法定原则；处罚公正、公开原则；处罚与教育相结合原则；当事人权利保障原则；处罚权力分工制约原则。[3]

（4）"六原则"说

即：处罚法定原则；公正、公开原则；以事实为依据原则；过罚相当原则；坚持处罚与教育相结合的原则；监督、制约原则。[4]

（5）"七原则"说

即：处罚法定原则；处罚公正性原则；违法行为与处罚相适应原则；处罚与教育相结合原则；一事不再罚原则；无救济即无处罚原则；处罚不适用调解原则。[5]

2.作者观点

行政处罚的基本原则，是指贯穿行政处罚设定和实施的全过程、体现行政处罚法精神、由行政处罚法规定和体现的基本价值观念。与具体原则和法

---

[1]曹志：《关于〈中华人民共和国行政处罚法（草案）〉的说明——1996年3月12日在第八届全国人民代表大会第四次会议上》。

[2]参见应松年、马怀德主编：《中华人民共和国行政处罚法学习辅导》，人民出版社1996年版，第32—37页。

[3]参见冯军著：《行政处罚法新论》，中国检察出版社2003年版，第103页。

[4]参见全国人大常委会法制工作委员会著：《〈中华人民共和国行政处罚法〉讲话》，法律出版社1996年版，第12—20页。

[5]参见汪永清著：《行政处罚》，中国政法大学出版社1994年版，第5—10页。

律规范相比，基本原则具有很强的宣示性和指导性，对于正确理解和适用具体法律规范具有重要意义。从这一维度看，基本原则主要在法律法规的总则中，一般不会"隐居"于具体操作性规范。因此，一事不再罚、处罚不适用调解等尚不能跻身基本原则之列。

结合以上分析，行政处罚的基本原则应当包括处罚法定原则；公正、公开原则；过罚相当原则；处罚与教育相结合原则；保障当事人权利原则；行政处罚不代替民事责任和刑事处罚原则。分述如下：

（1）处罚法定原则

《行政处罚法》（2021年修订）第四条规定："公民、法人或者其他组织违反行政管理秩序的行为，应当给予行政处罚的，依照本法由法律、法规或者规章规定，并由行政机关依照本法规定的程序实施。"

（2）公正、公开原则

《行政处罚法》（2021年修订）第五条第一款规定："行政处罚遵循公正、公开的原则。"第三款规定："对违法行为给予行政处罚的规定必须公布；未经公布的，不得作为行政处罚的依据。"

（3）过罚相当原则

《行政处罚法》（2021年修订）第五条第二款规定："设定和实施行政处罚必须以事实为依据，与违法行为的事实、性质、情节以及社会危害程度相当。"

（4）处罚与教育相结合原则

《行政处罚法》（2021年修订）第六条规定："实施行政处罚，纠正违法行为，应当坚持处罚与教育相结合，教育公民、法人或者其他组织自觉守法。"

（5）保障当事人权利原则

《行政处罚法》（2021年修订）第七条规定："公民、法人或者其他组织对行政机关所给予的行政处罚，享有陈述权、申辩权；对行政处罚不服的，有权依法申请行政复议或者提起行政诉讼。""公民、法人或者其他组织因行政机关违法给予行政处罚受到损害的，有权依法提出赔偿要求。"

（6）行政处罚不代替民事责任和刑事处罚原则

《行政处罚法》（2021年修订）第八条规定："公民、法人或者其他组织因违法行为受到行政处罚，其违法行为对他人造成损害的，应当依法承担民事责任。""违法行为构成犯罪，应当依法追究刑事责任的，不得以行政处罚代替刑事处罚。"

纵观新旧条文，发现《行政处罚法》（2021年修订）"第一章 总则"中有关行政处罚的基本原则，除第八条文字有所优化调整外（增加了"行为"和"的"3个字），其余几未修改。从这部颁布实施长达25年的法律中折射出的老一辈法律人的工匠精神，令人敬畏，值得钦佩。

3.学习、研究和掌握基本原则的意义

事物的基本原则貌似内容枯燥、可有可无，实则不然。近年来，行政处罚的基本原则在行政复议、行政诉讼中被越来越多地直接适用于具体行政行为的审查，并作为裁判依据。其中较为常见的有处罚法定原则、过罚相当原则以及处罚与教育相结合原则等。比如2016年"杭州方林富炒货店案"，行政机关依据《广告法》第五十七条第一项，责令当事人停止违法行为，并处罚款20万元（为法条所规定的最低限额）。行政诉讼中，法院通过援引行政处罚的过罚相当原则、处罚与教育相结合原则以及从轻、减轻条款，判决将罚款数额变更为10万元。

（1）处罚法定原则[①]

行政处罚涉及公民的基本权利，必须遵循法定原则，这是现代法治的要求。处罚法定原则的内涵包括：

①公民、法人或者其他组织违反行政管理秩序的行为，依照法律、法规或者规章明文规定应予行政处罚的，应当给予行政处罚。

②行政处罚由有权设定机关在法定职权范围内设定，无权设定的机关不得设定。

③行政处罚应当由行政机关依照法定程序实施。行政处罚的实施主体主

---

①参见《什么是行政处罚的"处罚法定原则"？》，引自中国人大网"法律释义与问答"。

要是行政机关，法律、行政法规或者地方性法规授权的组织也可以行使某些行政处罚权。

④行政机关实施行政处罚，要严格依法进行，违法实施行政处罚将承担相应的法律后果。

案例1：在超越职权成立情况下，无需再对其他事项进行合法性审查[①]

2020年7月10日，包场镇政府作出海包政罚字第（2020）038号《行政处罚决定书》，认定俞某在没有办理乡村建设规划许可证的情况下，于2000年在该镇港新村二十五组25号东北侧港新一路南侧搭建砖头结构建筑物，一楼占地面积30.04平方米，二楼建筑面积13.75平方米。上述行为违反了《江苏省村镇规划建设管理条例》第十五条的规定，并依据该条例第三十一条的规定，限俞某于2020年7月12日18时前自行拆除上述两处建筑物。俞某不服，于8月26日向某区人民政府提出行政复议申请，区政府于10月22日作出行政复议决定，认为镇政府于2020年7月9日向俞某送达处罚事先告知书，限一日内提交申述申辩和听证申请书，但却于次日即作出行政处罚决定，行政行为明显不当，因涉案建筑物已经拆除，故决定确认行政处罚决定违法。俞某不服，提起行政诉讼。

一审法院认为，俞某于2008年左右建造了面积为30.04平方米和13.75平方米的两处建筑物，未依法取得建设规划许可证，属于违法建筑，事实清楚。镇政府依据《江苏省村镇规划建设管理条例》的规定对俞某实施行政处罚，系适用法律错误，对位于镇规划区内的违法建筑的查处职责应由县级以上地方人民政府城乡规划主管部门行使，镇政府显然无相应的职权，其实施的涉案行政处罚，属于超越职权，且程序违法。判决：撤销行政处罚决定及行政复议决定。俞某不服，提起上诉。

二审法院认为，涉及行政行为合法性的各个方面不是并列关系，法院不需要逐一进行审查，也非按照《行政诉讼法》第七十条所罗列的顺序进行审查。"越权无效"是行政法的一项基本原则。行政机关作出某一具体行政行为，首先必须要有法律、法规的授权，即行政行为是否具有职权依据是评价其

[①] 参见（2021）苏06行终263号《行政判决书》。

是否合法的首要条件。超越职权的行政行为，即便从形式上看具有事实依据，适用法律正确，符合程序要求，但仍然是无源之水、无本之木。因为一个无权作出某一行政行为的行政机关，自然无权对相对人实施的行为作出事实认定，更谈不上可以适用某种程序、依照某一法律对该行为作出处罚或处理。因此，在行政机关超越职权情况下作出的行政行为，法院便无需也不应再对事实依据、法律适用和程序进行评判，否则不仅不符合司法审查的逻辑顺序，更可能导致越俎代庖，事先替代有权行政机关对相对人的行为予以了认定。

《江苏省城乡规划条例》第六十二条规定，在城市、镇规划区内，未取得建设工程规划许可证进行建设，或者未按照建设工程规划许可证确定的内容进行建设，或者利用失效的建设工程规划许可证进行建设的，由城乡规划主管部门责令停止建设。区政府印发的《规划行政执法主体和执法职责方案》（海政发〔2013〕47号）第二条明确，包场镇的镇区核心区包括东至港东大道（经海港大道向西）、济南路（经海防公路向西）、东灶河，西至拉萨路，南至海防公路（经港西大道向南）、运北河，北至海堤所围合的范围。第三条明确，市城管局查处市区、园区、镇核心区范围内未经规划批准的建设行为和违法的临时建设行为。镇政府查处园区、镇核心区外范围内村（居）民未经规划批准或者未按规划批准文件建设住宅的行为。本案中，结合海政发〔2013〕47号文件对包场镇镇区核心区范围的划定，以及包场镇（海门港新区）2013—2030总体规划图来看，俞某建设的建筑物位于镇区核心区范围内，镇政府对于俞某的建设行为是否属于违法建设，没有进行查处的职权，其作出的行政处罚决定应予撤销。在此情况下，法院不应再对被诉行政处罚决定的事实认定、法律适用以及程序进行评判。

判决：驳回上诉，维持原判。

（2）过罚相当原则

过罚相当原则是指行政主体对违法行为人适用行政处罚，所科罚种和处罚幅度要与违法行为人的违法过错程度相适应，既不轻过重罚，也不重过轻罚，避免畸轻畸重的不合理、不公正的情况。近年来，多起行政处罚案件因违反过罚相当原则被纠正，值得警示，比如四川成都"5元钱麻将被拘留15

日"案。①此外，过罚相当原则在立法中亦有所体现。立法设定罚款，要坚持过罚相当，罚款数额要与违法行为的事实、性质、情节以及社会危害程度相当，该严的要严，该轻的要轻。

案例2：将尚未建设施工部分计入处罚范围，明显不具正当性②

2013年9月22日，某市规划局在巡查中发现昌达食品实业公司（以下简称食品公司）所建一栋框架结构楼房未取得建设工程规划许可证，于当日下发了停止违法行为通知书，并对该楼房进行了现场拍摄和勘验。2014年3月3日，市规划局再次到上述楼房检查，勘验结果为该楼已建至九层、地下三层，已结顶。2014年1月24日，市规划局委托测绘公司进行测量，总建筑面积为116545.57平方米。2014年4月19日食品公司申请听证，2014年5月5日市规划局举行了听证会，2014年6月13日作出处罚决定书，认定食品公司未经许可，擅自建设九层（地下三层）框架结构楼房一栋，总建筑面积116545.57平方米，属违法建设行为，违反了《郑州市城乡规划管理条例》第三十六条，依据《条例》第六十五条第一款第一项，给予罚款2035.7919万元的处罚。市规划局计算违法建设工程造价依据是市城乡建设委员会制定的《郑州市建设工程造价指标（民用建筑2013年第一季度）》（下称《指标》）：民用建筑单独地下车库、框架结构、地下一层建设工程的总造价指标为1639.50元/平方米，指标特征描述中土建工程包括基础、砌体、脚手架、混凝土、门窗、楼地面、层面、室外装饰、室内装饰、超高费及垂直运输费、零星工程等部分，安装工程包括给排水工程、电气工程、通风空调工程、消防工程等部分。民用建筑办公楼、框架剪力墙结构、16层以下建设工程的总造价指标为1796.87元/平方米，指标特征描述中土建工程包括基础、砌体、脚手架、混凝土、门窗、楼地面、层面、室外装饰、室内装饰、超高费及垂直运输费、

①2011年，王女士与朋友打"5元钱麻将"被警方抓获，"共计查获赌资575元"，王女士被拘留15日。王女士认为不应该被认定为赌博，随后将温江区公安分局告上法庭，要求撤销行政处罚，但一、二审均败诉。王女士坚持申诉。2015年，最高人民法院指令再审。四川省高级人民法院作出判决，认为温江区公安分局作出的处罚畸重，属适用法律错误，撤销一、二审判决，撤销原行政处罚决定。

②参见（2015）郑行终字第269号《行政判决书》。

零星工程和其他等部分，安装工程包括给排水工程、电气工程、弱电工程、通风空调工程、消防工程等部分。食品公司不服，提起行政诉讼。

一审法院认为，《行政处罚法》第四条第二款规定，设定和实施行政处罚必须以事实为依据，与违法行为的事实、性质、情节以及社会危害程度相当。本案中，被告在原告已经建设的工程并不完全符合某市2013年第一季度民用建筑总造价指标特征的情况下，依照该造价指标计算原告违法建设工程造价，并依据该造价作出涉案的行政处罚决定，属事实不清，主要证据不足。判决：撤销处罚决定。市规划局不服，提起上诉，主要理由：《条例》第六十五条规定，计算罚款数额的基数是"整体造价"。《指标》中规定了各个造价指标类别的总造价指标，据此确定整体造价事实清楚，依据充分。

二审法院认为，《城乡规划法》第六十四条规定，未取得建设工程规划许可证或者未按照建设工程规划许可证的规定进行建设的，由县级以上人民政府城乡规划主管部门责令停止建设，尚可采取改正措施消除影响的，限期改正，处建设工程造价百分之五以上百分之十以下的罚款。据此，上诉人应当对被上诉人处建设工程造价百分之五以上百分之十以下的罚款。过罚相当是行政处罚的基本原则，《行政处罚法》第四条第二款规定，设定和实施行政处罚必须以事实为依据，与违法行为的事实、性质、情节以及社会危害程度相当。上诉人在被上诉人已经建设的工程并不完全符合郑州市2013年第一季度民用建筑总造价指标特征的情况下，依照该造价指标计算原告违法建设工程造价，并依据该造价作出涉案的行政处罚决定，实际已将尚未建设施工部分计入处罚范围，明显不具正当性，属于被诉行政处罚决定认定事实不清，主要证据不足。

判决：驳回上诉，维持原判决。

案例3：北京停车"欠费罚款"规定与过罚相当原则不符①

2020年10月，清华大学法学院教授何海波看到了一些市民的短信通知截图，其中显示，有市民停车欠费1元或2元，被罚款200元。他查阅了有关这

①参见吴为、李子仪：《教授对"停车欠费1元罚200元"提建议，获全国人大回应》，2021年5月17日《新京报》。

一问题的规定和报道，发现这是一个具有普遍性的法律问题。

《北京市机动车停车条例》第四十一条规定："停车人应当按照规定缴纳道路停车费用。""违反前款规定，由区停车管理部门进行催缴，并处200元罚款；情节严重的，并处500元以上1000元以下罚款。"这即是引发"欠费1元被罚200元"的规定。同时，根据《北京市交通委员会关于加强道路停车费催缴及行政处罚工作的意见》，自形成欠费之日起超过15日不补缴欠费和接受处理的，即可予以处罚。

何海波经过研究，于去年11月16日向全国人大常委会提出了对《北京市机动车停车条例》进行合法性审查的建议。他在建议中主要列举了他认为这一规定存在问题的三个方面。首先，他认为该规定有违"无过错、不处罚"的法治原则。"目前停车收费主要采用电子收费系统，欠缴停车费有多种原因，欠费当事人是否存在主观过错有待证明。"同时，这一罚款规定有违比例原则。行政处罚法有明确规定，设定和实施行政处罚必须以事实为依据，与违法行为的事实、性质、情节以及社会危害程度相当。何海波表示，对于超过规定期限的，可以加征滞纳金；用行政处罚手段惩治一般性欠费行为，没有必要。而因为偶然、小额欠费，即处最低200元罚款，严重违反比例原则。他还指出了这一规定的程序问题，虽然条例规定了催缴，但事先催缴不作为罚款的前提，行政机关也无须证明催缴通知已经送达。在当事人没有得到催缴通知的情况下，即予以处罚，是"不教而诛"。

2021年4月，全国人大常委会法制工作委员会函告北京市人大常委会法制办公室（法工办函〔2021〕84号）：经审查研究认为，该规定与行政处罚法第四条第二款确定的过罚相当原则不符，与法律关于行政处罚程序的相关规定不符，难以实施执行。请你们从地方实际出发，在广泛听取意见的基础上，充分论证，并结合新修订的行政处罚法，调整完善罚款的额度和程序，并于2021年7月1日前反馈相关情况。同时，也向何海波发送了一份复函（法工备函〔2021〕35号），说明了审查研究过程和意见，并感谢他对国家立法工作的关心支持。

（3）处罚与教育相结合原则

处罚与教育相结合，一方面要对违反行政管理法律规范的行政相对人进行惩罚，另一方面也要教育他们自觉遵守法律。这种教育作用，一是通过对违法的行政相对人实施处罚并对其进行思想教育，使其从思想上认识到自己行为的危害性，做到以后不再违法，以达到教育目的；二是通过实施行政处罚，以国家强制力所产生的威慑作用对其他行政相对人起到警示作用，使其自觉守法，从而收到预防教育的效果。

处罚与教育相结合原则要求行政执法绝不能"为罚而罚"，在保证执法"力度"的同时，应当同时注重执法"温度"，寓"温度"于"力度"之中。近年来，多起行政处罚案件因不符合处罚与教育相结合原则被纠正，值得警示。

案例4：罚款应考虑相对人的经济承受能力，遵照处罚与教育相结合原则[1]

上诉人依斯美实业发展有限公司因与被上诉人某市市场监督管理局某监管局（简称监管局）、某市市场监督管理局（简称市市场监管局）行政处罚及行政复议纠纷一案，不服（2019）粤0308行初1846号行政判决，提起上诉。

二审法院认为，根据《广告法》第十六条第一项的规定，医疗器械广告不得含有表示功效、安全性的断言或者保证的内容。根据该法第五十八条第一款第一项的规定，违反本法第十六条规定发布医疗器械广告且广告费用无法计算或者明显偏低的，由市场监督管理部门责令停止发布广告，责令广告主在相应范围内消除影响，处十万元以上二十万元以下的罚款。另，根据行政处罚法第四条第二款的规定，实施行政处罚必须以事实为依据，与违法行为的事实、性质、情节以及社会危害程度相当。根据行政处罚法第五条的规定，实施行政处罚，纠正违法行为，应当坚持处罚与教育相结合，教育公民、法人或者其他组织自觉守法。

本案中，监管局结合在案证据，认定上诉人在其设立的网店"欧赫曼旗舰店"上发布含有表示功效断言内容的医疗器械广告，违反了广告法第十六

---

[1] 参见（2020）粤03行终18号《行政判决书》。

条的规定，认定事实准确，证据确凿。上诉人关于涉案商品不属于医疗器械的主张，与在案证据证明的事实不符，本院不予采纳。

关于上诉人提出的其违法行为情节轻微、处罚明显过重的上诉主张，本院认为，首先，根据行政处罚法第第二十七条的规定，当事人有下列情形之一的，应当依法从轻或者减轻行政处罚：……监管局一审答辩时确认上诉人系初次违法，违法行为未造成不良后果，发布广告时间持续不足半年，配合行政机关查处违法行为且已改正其宣传用语。故本案上诉人符合行政处罚法第二十七条关于依法应当从轻或减轻处罚的规定。其次，结合行政处罚法第四条第二款关于过罚相当的规定以及第五条关于处罚与教育相结合的规定，行政机关行使行政处罚裁量权，应当综合权衡违法情节及当事人具体情况，充分发挥行政处罚的惩戒与教育功能。本案中，上诉人不仅存在法定应当从轻或减轻的情形，而且上诉人本身系从事网店销售的小微企业，企业规模小，又是身处竞争极为激烈的电商行业，10万元罚款相对于上诉人的经营规模和经济承受能力而言明显过重。尤其是考虑到今年以来的疫情影响因素，这种处罚过重带来的不利后果将被进一步放大，甚至可能会造成上诉人陷入难以为继的困境。这种不考虑相对人经济承受能力的罚款处罚，已背离了行政处罚法关于实施行政处罚应当坚持处罚与教育相结合的规定。综合全案因素，虽然监管局作出被诉行政处罚时，已在法定处罚幅度内对上诉人予以从轻处罚，但罚款10万元仍属处罚过重，本院酌情将被诉行政处罚决定确定的罚款10万元变更为罚款1万元。

判决：1.撤销一审行政判决；2.撤销行政复议决定；3.变更被上诉人监管局作出的行政处罚决定中的罚款10万元为罚款1万元；4.驳回上诉人的其他诉讼请求。

第二章　行政处罚的种类和设定

一、行政处罚的种类

行政处罚种类，即行政处罚外在的具体表现形式。理论上，通常将行政处罚分为申诫罚、财产罚、行为罚、人身自由罚等4大类别。1996年3月12日，全国人民代表大会常务委员会秘书长曹志在第八届全国人民代表大会第四次会议上所作《关于〈中华人民共和国行政处罚法（草案）〉的说明》指出："行政处罚的种类较多，按其性质划分．大体可分为四类：一是，行政拘留等涉及人身权利的人身自由罚；二是，吊销许可证或执照、责令停产停业等行为罚；三是，罚款、没收非法财产等财产罚；四是，警告等申诫罚。这些行政处罚，对当事人权益的影响程度是不同的。"

（一）1996年《行政处罚法》

1996年《行政处罚法》第八条列举了8类行政处罚，分别是：

1.警告

是行政机关对行政违法行为人所作的谴责和告诫，系否定性评价，属于申诫罚（亦称声誉罚）范畴。

2.罚款

是行政机关对行政违法行为人强制收取一定数量金钱、剥夺一定财产权利的制裁方法，属于财产罚范畴。是行政机关最常用的行政处罚类型，可以是警示性的，也可以是经济性的。据初步统计，截至2020年7月，共有153部现行有效的法律设定了行政罚款，涉及907个条款；共有329部行政法规设定了行政罚款，涉及1277个条款。[①]

3.没收违法所得、没收非法财物

是行政机关将行政违法行为人占有的、通过违法途径和方法取得的财产、物品收归国有的制裁方法，属于财产罚范畴。

4.责令停产停业

是行政机关强制命令行政违法行为人暂时或永久地停止生产经营和其他业务活动的制裁方法，属于行为罚范畴。

5.暂扣或者吊销许可证、暂扣或者吊销执照

是行政机关暂时或者永久地取消行政违法行为人拥有的国家准许其享有某些权利或从事某些活动资格，使其丧失权利和活动资格的制裁方法，属于行为罚范畴。

6.行政拘留

是公安机关等行政机关对行政违法行为人短期剥夺其人身自由的制裁方法，属于人身自由罚范畴。

除上述8类行政处罚外，该条第七项又以"法律、行政法规规定的其他行政处罚"作为兜底，授权"法律""行政法规"这两种全国性、高位阶的法律文件可以创设其他行政处罚种类。

值得注意的是，上述"法律、行政法规规定的其他行政处罚"，指的是行政处罚的种类规定，不同于行政处罚设定。种类规定具有指引、规范功能，也有扩充行政处罚手段、加大处罚强度的间接功能。据统计，我国现行法律、行政法规中的行政处罚有23类，具体表述有150多种，主要在声誉罚、资格罚和行为罚方面。除此之外若需将其他行政行为规定为行政处罚，必须要有"法律、行政法规"依据，地方性法规、部门规章、地方政府规章均无规定权。这与行政处罚设定是两回事，经常容易混淆。

[①]参见袁雪石著：《中华人民共和国行政处罚法释义》，中国法制出版社2021年版，第64页。

（二）《行政处罚法》（2021年修订）

1996年行政处罚法第八条	行政处罚法（2021年修订）第九条
警告	警告、通报批评
罚款	罚款、没收违法所得、没收非法财物
没收违法所得、没收非法财物	
责令停产停业	限制开展生产经营活动、责令停产停业、责令关闭、限制从业
暂扣或者吊销许可证、暂扣或者吊销执照	暂扣许可证件、降低资质等级、吊销许可证件
行政拘留	行政拘留
法律、行政法规定的其他行政处罚	法律、行政法规定的其他行政处罚

一段时间以来，实践中不少意见反映，1996年《行政处罚法》所列举的行政处罚种类较少，不利于行政执法实践和法律的实施。本次修订，着重考虑将现行单行法律、法规中已经明确规定、行政执法实践中常用的行政处罚种类纳入。

对于法条安排，马怀德教授提出："为了更加科学有效地规范行政法上的各种制裁惩戒行为，应当将行政处罚进行类型化，以归类的方式代替具体列举，分别规定为自由罚、声誉罚、财产罚、行为罚、资格罚等。类型化的优势在于，可以在保持大类行政处罚不变的前提下，根据实际需要增减调整具体处罚种类、内容和幅度等，为创设更有效和更符合实际需要的行政处罚创造空间。"[1]《行政处罚法》（2021年修订）第九条按照这一思路，列举了13类行政处罚，并仍然以"法律、行政法规规定的其他行政处罚"作为兜底。具体为：

1.警告、通报批评

《行政处罚法》（2021年修订）第九条第一项增加了通报批评，与警告并列，丰富了声誉罚的内容。目前，《预算法》等10部法律、《船舶和海上

---
①马怀德：《〈行政处罚法〉修改中的几个争议问题》，《华东政法大学学报》2020年第4期。

设施检验条例》等20部行政法规、《医疗器械注册与备案管理办法》等10部部门规章以及多部地方性法规规定的通报批评属于行政处罚。如《预算法》第九十五条规定："各级政府有关部门、单位及其工作人员有下列行为之一的，责令改正，追回骗取、使用的资金，有违法所得的没收违法所得，对单位给予警告或者通报批评；……"同时，证券管理领域运用较多的公开谴责等也属于声誉罚。但是，行政机关内部监督和党内监督不属于行政处罚，如《残疾人教育条例》第五十六条规定："地方各级人民政府及其有关部门违反本条例规定，未履行残疾人教育相关职责的，由上一级人民政府或者其有关部门责令限期改正；情节严重的，予以通报批评，并对直接负责的主管人员和其他直接责任人员依法给予处分。"

2.罚款、没收违法所得、没收非法财物

罚款与没收违法所得、没收非法财物均属于财产罚范畴，故《行政处罚法》（2021年修订）第九条第二项将《行政处罚法》（2017年修正）第八条第二、三项合并为一项。

3.暂扣许可证件、降低资质等级、吊销许可证件

目前，《城乡规划法》等5部法律、《地质灾害防治条例》等10部行政法规、《公路建设监督管理办法》等100多部部门规章及300多部地方性法规、规章规定了降低资质等级的行政处罚，故《行政处罚法》（2021年修订）第九条第三项将降低资质等级增加为行政处罚种类，丰富了资格罚的内容。此外，还将《行政处罚法》（2017年修正）第八条第五项中的"暂扣或者吊销执照"删除，并将"许可证"改为"许可证件"，以与《行政许可法》相衔接。

4.限制开展生产经营活动、责令停产停业、责令关闭、限制从业

目前，《水污染防治法》等25部法律、《人力资源市场暂行条例》等16部行政法规规定了责令关闭企业、场所、职业中介机构、公共图书馆、建设项目、网站等行政处罚；《药品管理法》等30部法律、《认证认可条例》等29部行政法规、《江苏省征兵工作条例》等75部地方性法规、规章对公民不得担任单位法定代表人等作出规定。故《行政处罚法》（2021年修订）第九

条第四项将限制开展生产经营活动、责令关闭、限制从业增加为行政处罚种类，丰富了行为罚的内容。

5.行政拘留

该部分未发生变化。

我们注意到，2019年9月6日，国务院印发的《关于加强和规范事中事后监管的指导意见》（国发〔2019〕18号，以下简称国务院《事中事后监管指导意见》）提出："建立完善违法严惩制度、惩罚性赔偿和巨额罚款制度、终身禁入机制，让严重违法者付出高昂成本。"可见，随着新型行政违法行为的出现，未来行政处罚的种类还将相应有所增加。

（三）修订经过

本次修订对于行政处罚种类的具体安排分歧较大，从修订草案征求意见稿、修订草案、修订草案二次审议稿等内容的反复变化可见一斑。

1.修订草案征求意见稿

修订过程	法条内容
行政处罚法（2017年修正）	第八条　行政处罚的种类：（一）警告；（二）罚款；（三）没收违法所得、没收非法财物；（四）责令停产停业；（五）暂扣或者吊销许可证、暂扣或者吊销执照；（六）行政拘留；（七）法律、行政法规规定的其他行政处罚。
修订草案征求意见稿	第八条　行政处罚的种类：（一）警告；（二）罚款；（三）没收违法所得、没收非法财物；（四）责令拆除违法建筑物、构筑物或者设施；（五）限制开展生产经营活动、责令停产停业或者关闭；（六）扣留或者吊销许可证、扣留或者吊销执照；（七）限制或者禁止从事相关职业活动；（八）行政拘留；（九）法律、行政法规规定的其他行政处罚。

变化内容：

与《行政处罚法》（2017年修正）相比，修订草案征求意见稿增加了责令拆除违法建筑物、构筑物或者设施，限制于展生产经营活动、责令关闭，限制或者禁止从事相关职业活动等行政处罚种类。

2.修订草案

修订过程	法条内容
修订草案征求意见稿	**第八条**　行政处罚的种类：（一）警告；（二）罚款；（三）没收违法所得、没收非法财物；（四）责令拆除违法建筑物、构筑物或者设施；（五）限制开展生产经营活动、责令停产停业或者关闭；（六）扣留或者吊销许可证、扣留或者吊销执照；（七）限制或者禁止从事相关职业活动；（八）行政拘留；（九）法律、行政法规规定的其他行政处罚。
修订草案	**第九条**　行政处罚的种类：（一）警告、通报批评；（二）罚款、没收违法所得、没收非法财物；（三）暂扣许可证件、降低资质等级、吊销许可证件、不得申请行政许可；（四）责令停产停业、限制开展生产经营活动、限制从业、责令停止行为、责令作出行为；（五）行政拘留；（六）法律、行政法规规定的其他行政处罚。

变化内容：

与修订草案征求意见稿相比，修订草案增加了通报批评、降低资质等级、不得申请行政许可、责令停止行为、责令作出行为等行政处罚种类，删除了责令拆除违法建筑物、构筑物或者设施，责令关闭等行政处罚种类。

修订背景：

全国人大常委会法制工作委员会副主任许安标2020年6月28日在第十三届全国人民代表大会常务委员会第二十次会议上所作《关于〈中华人民共和国行政处罚法（修订草案）〉的说明》提出：将现行单行法律、法规中已经明确规定，行政执法实践中常用的行政处罚种类纳入本法，增加规定通报批评、降低资质等级、不得申请行政许可、限制开展生产经营活动、限制从业、责令停止行为、责令作出行为等行政处罚种类。

3.修订草案二次审议稿

修订过程	法条内容
修订草案	**第九条** 行政处罚的种类：（一）警告、通报批评；（二）罚款、没收违法所得、没收非法财物；（三）暂扣许可证件、降低资质等级、吊销许可证件、~~不得申请行致许可~~；（四）责令停产停业、限制开展生产经营活动、限制从业、~~责令停止行为、责令作出行为~~；（五）行政拘留；（六）法律、行政法规规定的其他行政处罚。
修订草案二次审议稿	**第九条** 行政处罚的种类：（一）警告、通报批评；（二）罚款、没收违法所得、没收非法财物；（三）暂扣许可证件、降低资质等级、吊销许可证件；（四）责令关闭、责令停产停业、限制开展生产经营活动、限制从业；（五）行政拘留；（六）法律、行政法规规定的其他行政处罚。

变化内容：

与修订草案相比，修订草案二次审议稿增加了责令关闭的行政处罚种类，删除了不得申请行政许可、责令停止行为、责令作出行为等行政处罚种类。

修订背景：

全国人民代表大会宪法和法律委员会《关于〈中华人民共和国行政处罚法（修订草案）〉修改情况的汇报》提出：修订草案第九条列举了六项行政处罚种类。有些常委委员、部门、地方和专家提出，有的常用的行政处罚种类尚未纳入，有些行政处罚种类与其他行政管理措施的边界不够清晰，建议进一步完善行政处罚种类的规定。宪法和法律委员会经研究，建议适当调整行政处罚种类：一是增加"责令关闭"的行政处罚种类；二是删去"不得申请行政许可""责令停止行为""责令作出行为"的行政处罚种类。

4.《行政处罚法》（2021年修订）

修订过程	法条内容
修订草案二次审议稿	**第九条** 行政处罚的种类：（一）警告、通报批评；（二）罚款、没收违法所得、没收非法财物；（三）暂扣许可证件、降低资质等级、吊销许可证件；（四）责令关闭、责令停产停业、限制开展生产经营活动、限制从业；（五）行政拘留；（六）法律、行政法规规定的其他行政处罚。
行政处罚法（2021年修订）	**第九条** 行政处罚的种类：（一）警告、通报批评；（二）罚款、没收违法所得、没收非法财物；（三）暂扣许可证件、降低资质等级、吊销许可证件；（四）限制开展生产经营活动、责令停产停业、责令关闭、限制从业；（五）行政拘留；（六）法律、行政法规规定的其他行政处罚。

变化内容：

与二次审议稿相比，《行政处罚法》（2021年修订）最终表决通过时按照处罚程度的轻重，调整了第九条第四项限制开展生产经营活动和责令关闭的顺序。

（四）客观评价

《行政处罚法》（2021年修订）第九条将现行单行法律、法规中已经明确规定、行政执法实践中常用的通报批评、降低资质等级、限制开展生产经营活动、责令关闭、限制从业等规定为行政处罚法定种类，使得行政处罚由8类上升到13类，无疑具有积极意义。但是，对于责令拆除违法建筑物、构筑物或者设施，不得申请行政许可，责令停止行为，责令作出行为等几经取舍，最终未作出规定。此外，实践中对于取缔、上"黑名单"等行政行为的性质认定长期存在争议，此次修订本望能够明确，但最终亦未有涉及。行政执法和司法实践将继续面临困惑，实乃憾事。例如：

1.责令限期拆除

（1）性质争议

《城乡规划法》《土地管理法》《公路法》《城市市容和环境卫生管理条例》等多部法律法规规定了责令限期拆除的法律责任形式，一直以来，责令限期拆除如何定性在理论界与实务界争议较大，纷繁复杂。有观点认为责令限期拆除是行政处罚，也有的认为是行政强制，还有的认为是一般行政决定或者行政命令。①

①行政处罚说

《土地管理法》第八十三条规定："依照本法规定，责令限期拆除在违法占用的土地上新建的建筑物和其他设施的，建设单位或者个人必须立即停止施工，自行拆除；对继续施工的，作出处罚决定的机关有权制止。建设单位或者个人对责令限期拆除的行政处罚决定不服的，可以在接到责令限期拆除决定之日起十五日内向人民法院起诉。期满不起诉又不自行拆除的，由作出处罚决定的机关依法申请人民法院强制执行，费用由违法者承担。"该条文非常明确地定性责令限期拆除是一种行政处罚决定。

上海市高级人民法院行政审判庭2002年出台的《关于物业管理中责令限期改正、责令限期拆除有关问题解答》、浙江省高级人民法院行政审判庭《对杭州市中级人民法院行政审判庭关于限期拆除通知书系何种行政行为请示的答复》（浙高法行复〔2008〕2号）也持这一观点。

②行政强制措施说

《住房城乡建设行政复议办法》第九条规定："有下列情形之一的，申请人可以依法向住房城乡建设行政复议机关提出行政复议申请：（一）不服县级以上人民政府住房城乡建设主管部门作出的警告，罚款，没收违法所得，没收违法建筑物、构筑物和其他设施，责令停业整顿，责令停止执业，降低资质等级，吊销资质证书，吊销执业资格证书和其他许可证、执照等行政处罚的；（二）不服县级以上人民政府住房城乡建设主管部门作出的限期拆除决定和强制拆除违法建筑物、构筑物、设施以及其他住房城乡建设相关行政

①与之相关的是，最高人民法院第一巡回法庭《关于行政审判法律适用若干问题的会议纪要》指出："规划部门对在建违法建筑物、构筑物、设施等作出责令停止建设或者限期拆除，实质是为制止违法行为、避免危害发生、控制危险扩大，对公民、法人或者其他组织的财物实施的暂时性控制行为，应当属于行政强制措施行为，不是行政强制执行措施；只有规划部门对已建成的违法建筑物、构筑物、设施等作出的限期拆除决定，当事人逾期不自行拆除，县级以上人民政府责成有关部门强制拆除的行为，才属于行政强制执行行为，受《行政强制法》第四十四条的限制。"

强制行为的；……"有观点认为，该规章已经将限期拆除归入行政强制。

③行政命令说

有学者认为，将城乡规划法上的"责令限期拆除"界定为行政命令，符合行政法理论和实践。[1]

（2）相关答复

2000年12月1日，原国务院法制办公室秘书行政司在四川省人民政府法制办公室《关于"责令限期拆除"是否是行政处罚行为的请示的答复》（国法秘函〔2000〕134号）中明确：根据《行政处罚法》第二十三条关于"行政机关实施行政处罚时，应当责令改正或者限期改正违法行为"的规定，《城市规划法》第四十条规定的"责令限期拆除"，不应当理解为行政处罚行为。

2012年12月19日，原国务院法制办公室在对陕西省人民政府法制办公室《关于"责令限期拆除"是否属于行政处罚行为的请示的复函》（国法秘研函〔2012〕665号）中明确：经研究并商全国人大常委会法工委，认为责令改正或责令限期改正违法行为与行政处罚是不同的行政行为，因此《城乡规划法》第六十四条规定的"限期拆除"、第六十八条规定的"责令限期拆除"不应当理解为行政处罚行为。

显然，原国务院法制办公室、全国人大常委会法制工作委员会均认为责令限期拆除并不是行政处罚。遗憾的是，上述两份复函并未就责令限期拆除究竟属于什么性质进行明确答复。

（3）不同裁判

依据上述复函，一段时间以来，行政复议、行政诉讼实践中，趋于认可责令限期拆除不属于行政处罚观点。但也有截然不同的判例。比如：

①责令限期拆除决定属于行政处罚[2]

如浙江省高级人民法院认为：申请人西南水晶厂所改建、升建、扩建的房屋未经审批，且不符合某县城市总体规划和县城西区块控制性详细规划，

---

[1]沈鸿伟：《城乡规划法上的"责令限期拆除"应界定为行政命令》，http://blog.sina.com.cn/s/blog_518417bb0102xozv.html，2021年9月16日访问。

[2]参见（2017）浙行申185号《行政裁定书》。

属于违法建筑。被申请人某县城市管理行政执法局依据相关规定，作出涉案处罚决定并进行送达，符合法律的规定。

②责令限期拆除违法建设拆除通知不属于行政处罚①

如湖北省高级人民法院认为：某区城管执法局在武汉包装器材厂、陈某光、王某兰提供"两证"复印件并主张权利的情况下未听取其陈述和申辩，于2004年10月20日下达责令限期拆除违法建设拆除通知不属于行政处罚决定，本案不应当适用《行政处罚法》第四十一条的规定。

③限期拆除决定属于行政命令②

如河南省郑州市中级人民法院认为：责令类行政行为以行政命令的形式体现，不具有制裁性。违法建筑物只有在符合法律规定并采取补救措施的情况下才能合法化，否则违法状态始终存在，消除违法状态本身不是一种惩戒，而是恢复原有的法律秩序，责令限期拆除的目的恰恰不是为了惩戒行为人，而是对违法建筑物的一种处置，这种处置是通过向相对人发出一定的行政命令实现的。据此，责令限期拆除应界定为行政命令行为。

但在2020年12月最高人民法院《印发〈关于行政案件案由的暂行规定〉的通知》（法发〔2020〕44号）中，二级案由"行政处罚"项中的第15项三级案由为"责令限期拆除"。由此可见，最高人民法院倾向于将责令限期拆除归入行政处罚。该规定在该院审理的一些案件中亦有所体现。如创思特公司因某经开区管理委员会城乡规划行政处罚一案，不服广西壮族自治区高级人民法院（2018）桂行终318号行政判决，申请再审。

最高人民法院经审查认为：关于申请人提出《限期拆除决定》不是行政处罚，系行政强制措施。此种认识，显然是混淆了对行政强制措施和行政强制执行的理解。《行政强制法》第十七条规定的行政强制措施是指在行政处罚决定作出前，行政机关采取的强制手段，通常是为了迅速查处违法行为而作出的临时性处置；而行政强制执行是在行政处罚决定作出后，为执行该行政处罚所采取的强制手段，二者具有显著区别。根据前述分析，经开区管

①参见（2017）鄂行再28号《行政判决书》。
②参见（2018）豫01行终822号《行政判决书》。

委会负责经开区城市管理综合行政执法工作，获得包括依照《城乡规划法》第六十四条规定对违法建筑依法作出行政处罚，和第六十八条规定受市政府"责成"实施强制拆除违法建筑的法定职权。行政处罚之后作出的强制拆除行为系行政处罚作出后采取的行政强制执行，并非行政强制措施……创思特公司未拆除超期临时建筑的行为违反了上述法律规定，经开区管委会根据《城乡规划法》第六十六条第三项的规定，作出限期拆除决定，认定事实清楚，适用法律正确。[①]

（4）本次修订情况

本次修订中，修订草案征求意见稿曾经将责令拆除违法建筑物、构筑物或者设施与限制开展生产经营活动、责令关闭，限制或者禁止从事相关职业活动等明确为法定行政处罚种类，但在修订草案及其之后的三次审议稿中，责令限期拆除均未再出现。而且，从《行政处罚法》（2021年修订）明确的行政处罚概念、特征分析，责令限期拆除一度因不属于"减损权益或者增加义务"、不构成"新的不利负担"，被解读为属于违法行为的改正措施，与行政处罚"撇清"了界限。

但有学者认为：值得一提的是，没收违法所得和责令拆除违法建筑两类行政处罚行为是否与"以减损权益或者增加义务的方式"的互恰问题。不可否认，没收违法所得和责令拆除违法建筑相当程度上不属于新的不利负担，但考虑到违法所得是因违法行为获取的款项（含合法成本），同时违法所得和违法建筑涉及当事人现实的、重大的利益，应当允许通过法律拟制的方式，将之视为增加新的不利负担，归入"以减损权益或者增加义务的方式"的情形，明确为行政处罚行为。[②]

至此，关于责令限期拆除的性质争议并未因行政处罚法修订而获得解决，未来司法实践中的同案不同判现象或将继续存在，值得重视。

（5）作者观点

如前所述，《行政处罚法》（2021年修订）第二条已经对行政处罚作

---

①参见（2019）最高法行申3615号《行政裁定书》。

②参见黄海华：《新行政处罚法的若干制度发展》，《中国法律评论》2021年第3期。

了明确界定，界定某一行政行为是否属于行政处罚，关键看其是否构成"以减损权益或者增加义务的方式予以惩戒"。有学者认为："责令改正或者纠正的形式因各种具体违法行为不同而分为停止违法行为、责令退还、责令赔偿、责令改正、限期拆除、限期治理等等。""根据土地管理法的上述规定，土地处罚的实施机关在给予违反土地法的公民、法人或其他组织予以罚款的同时（行政处罚），责令当事人退还非法占用的土地，限期拆除或者没收在非法占用的土地上新建的建筑物和其他设施就是责令当事人改正违法行为"。①"事实上，作为责令限期拆除行为对象的违法建筑设施存在着两种类型：已建成的违法建筑设施和在建的违法建筑设施。对于已建成的违法建筑设施，行政执法者责令建设主体将已经建成的违法建筑设施拆除应属于责令改正行为，而非行政处罚……而责令建设主体拆除已建成的部分建筑设施与前述责令拆除已建成建设设施的法律性质一致，也属于责令改正的种类之一。"②笔者予以赞同。对照行政处罚法的相关定义，限期拆除显然不属于行政处罚，除非法律另有规定；既将其从修订草案征求意见稿中删除，就不应该轻易地将其定性为行政处罚，否则，立法又何必如此？

但是，不属于行政处罚，绝不意味着可以忽视程序而恣意妄为。限期拆除属于对相对人不利的行为，而且违法建筑物造价高昂，拆除势必造成重大损失。国务院《全面推进依法行政实施纲要》（国发〔2004〕10号）对依法行政作了具体要求，其中重要的一条就是程序正当。因此，行政机关作出限期拆除必须遵循程序正当的基本规定，包括查明事实，先取证后裁决，事先告知，听取当事人陈述、申辩，以及赋予当事人行政复议、行政诉讼等救济权利，等等。《中国审判案例要览》《中国行政审判指导案例》《最高人民法院司法观点集成》刊录的"陈刚诉句容市规划局、句容市城市管理局城建行政命令案"明确提出：在法律、法规没有明确规定的情况下，人民法院可以把正当程序原则作为判断行政行为合法性的依据。被诉行政行为存在明显

---

① 应松年、马怀德主编：《中华人民共和国行政处罚法学习辅导》，人民出版社1996年版，第129—132页。

② 黄锫：《行政执法中责令改正的法理特质与行为结构研究》，https://www.sohu.com/a/306894237_648374，2021年8月25日访问。

违反正当程序原则情形的，可以按照《行政诉讼法》第五十四条第二项第3目作出判决。[①]

2.取缔

"取缔"是一个汉语词语，意思是明令取消或者禁止。在我国，取缔是行政执法行为中运用较多的一种具体行政行为。据统计，新中国成立以来，我国有2万余件法律、法规、规章、规范性文件规定过取缔，内容涉及诸多领域。

其中，法律有21部。如《建筑法》第六十五条第三款规定："未取得资质证书承揽工程的，予以取缔，并处罚款；有违法所得的，予以没收。"此外，还有《公司法》第二百一十条，《海关法》第八十八条，《电影产业促进法》第四十七条，《煤炭法》第三十六条第二款，《慈善法》第十六条，《商业银行法》第八十一条，《拍卖法》第六十条，《保险法》第一百五十八条、第一百五十九条、第一百七十三条，《证券投资基金法》第一百一十九条，《反恐怖主义法》第二条，《证券法》第一百八十八条，《安全生产法》第六十三条，《传染病防治法》第七十条第二款，《特种设备安全法》第八十五条第二款，《治安管理处罚法》第五十四条，《境外非政府组织境内活动管理法》第四十六条、第四十七条，《银行业监督管理法》第四十四条，《献血法》第十八条，以及《全国人民代表大会常务委员会关于取缔邪教组织、防范和惩治邪教活动的决定》《全国人民代表大会常务委员会关于全面禁止非法野生动物交易、革除滥食野生动物陋习、切实保障人民群众生命健康安全的决定》等。

行政法规有46部。如《娱乐场所管理条例》第四十一条规定："违反本条例规定，擅自从事娱乐场所经营活动的，由文化主管部门依法予以取缔；公安部门在查处治安、刑事案件时，发现擅自从事娱乐场所经营活动的，应当依法予以取缔。"此外，还有《互联网上网服务营业场所管理条例》第二十七条，《废旧金属收购业治安管理办法》第十三条，《国际海运条例》第五十二条，《机动车交通事故责任强制保险条例》第三十六条，《农业保

[①]参见（2010）句行初字第14号《行政判决书》。

险条例》第二十六条第二款,《宗教事务条例》第六十九条,《期货交易管理条例》第七十四条,《外资保险公司管理条例》第三十一条,《印刷业管理条例》第三十五条第一款,《出版管理条例》第六十一条,《公司登记管理条例》第七十五条,《认证认可条例》第五十七条、第五十八条第一款,《血液制品管理条例》第三十四条,《社会团体登记管理条例》第三十二条,《建设工程勘察设计管理条例》第三十五条第二款,《外资银行管理条例》第六十三条,《著作权集体管理条例》第四十二条、第四十四条,《征信业管理条例》第三十六条,《殡葬管理条例》第十八条,《食盐专营办法》第二十六条,《音像制品管理条例》第三十九条,《非法金融机构和非法金融业务活动取缔办法》第十二条,《生猪屠宰管理条例》第二十四条,《特种设备安全监察条例》第七十二条、第七十五条、第七十七条、第八十条第一款、第九十一条,《营业性演出管理条例》第四十三条,《大型群众性活动安全管理条例》第二十条第二款,《长城保护条例》第二十六条第一款,《直销管理条例》第三十九条、第四十条,《海关行政处罚实施条例》第三十条,《基金会管理条例》第四十条,《国家科学技术奖励条例》第二十三条第一款,《乡村医生从业管理条例》第四十二条,《军品出口管理条例》第二十六条,《生物两用品及相关设备和技术出口管制条例》第二十一条,《禁止使用童工规定》第九条,《导弹及相关物项和技术出口管制条例》第二十一条,《使用有毒物品作业场所劳动保护条例》第六十四条,《电影管理条例》第五十五条,《外国律师事务所驻华代表机构管理条例》第三十条,《金融机构撤销条例》第三十四条,《建设工程质量管理条例》第六十条第二款,《民办非企业单位登记管理暂行条例》第二十七条,《烟草专卖法实施条例》第四十七条,《国际货物运输代理业管理规定》第二十五条,《融资担保公司监督管理条例》第三十六条第一款等。

对于上述法律法规中的取缔的性质,实践中一直存在争议。有的取缔被认为是个抽象概念,不能作为具体行为来对待,如《煤炭法》第三十六条第二款;有的表现为行政机关对违法行为效力上的一种宣示性否定,如原《执业医师法》第三十九条。司法实践中,也有的取缔被认为属于行政处罚。如

2020年5月21日、5月29日、7月2日，中国裁判文书网相继公布了（2020）最高法行再1号、再2号、再3号、再5号、再9号、再10号《行政判决书》。上述6份判决书均明确指出"对违法行为的取缔，属于行政处罚行为"，同时明确"取缔违法生产经营活动的行政处罚决定，当然包含对违法行为所使用的专门工具的销毁"。有著作认为，"从处罚类型来看，资格罚、行为罚、财产罚、名誉罚都可以是取缔。"[1]因此，对于取缔的性质，要结合《行政处罚法》（2021年修订）第二条行政处罚的概念和特征一事一议，具体问题具体分析。

我们很欣慰地看到，立法机关已经充分注意到相关乱象，并采取了应对措施。如《药品管理法》（2015年修正）第七十二条规定："未取得《药品生产许可证》、《药品经营许可证》或者《医疗机构制剂许可证》生产药品、经营药品的，依法予以取缔，没收违法生产、销售的药品和违法所得，并处违法生产、销售的药品（包括已售出的和未售出的药品，下同）货值金额二倍以上五倍以下的罚款；构成犯罪的，依法追究刑事责任。"《药品管理法》（2019年修订）第一百一十五条规定："未取得药品生产许可证、药品经营许可证或者医疗机构制剂许可证生产、销售药品的，责令关闭，没收违法生产、销售的药品和违法所得，并处违法生产、销售的药品（包括已售出和未售出的药品，下同）货值金额十五倍以上三十倍以下的罚款；货值金额不足十万元的，按十万元计算。"显然，新法已经删除取缔规定。

此外，新通过的《医师法》也未保留原《执业医师法》第三十九条中的取缔规定。有著作认为：考虑到取缔立法含义的模糊性，将来的立法有必要结合《行政处罚法》《行政强制法》等规定进一步明确其性质，能以责令关闭、吊销许可证件等方式明确的，原则上不再单独使用取缔，确需使用的，可以考虑在法律条文、立法说明或者备案报告中明确其性质；已经采取该表述的，通过答复、案例指导等方式明确其含义和法律适用，以减少基层行政执法人员的困惑，增强法律适用的确定性。[2]笔者对此予以赞同。但是，新近制定（修订）的法律对于取缔并没有完全"封杀"。比如，《全国人民

---

[1] 袁雪石著：《中华人民共和国行政处罚法释义》，中国法制出版社2021年版，第88页。

[2] 袁雪石著：《中华人民共和国行政处罚法释义》，中国法制出版社2021年版，第89页。

代表大会常务委员会关于全面禁止非法野生动物交易、革除滥食野生动物陋习、切实保障人民群众生命健康安全的决定》及《安全生产法》（2021年修订）均保留了取缔规定。

3.责令停止行为、责令作出行为

一些法律、行政法规对责令停止行为、责令作出行为作出规定。前者主要有责令停止建设、责令停止活动、责令停止招生、责令停考、责令停止联网、责令停止传输、责令停止使用、责令不得举办涉外电影节（展）、责令停止试验、停航、停飞、责令停止设计、责令不得申购等；后者主要有责令赔礼道歉、责令拆除、责令拆毁、责令搬迁、责令撤换、责令补种、责令消除影响、责令退出、责令变更登记、责令限期改进、责令改组管理组织、责令限期出境、责令承担所邀外国人的出境费用、责令协助劝导交通等。修订草案将其规定为行政处罚种类，修订草案二次审议稿将其删除，理由是"与其他行政管理措施的边界不够清晰"。有学者认为："责令停止行为只能是责令停止违法而非合法的行为，从作出决定的基础看，都是以认定存在违法行为为前提，而认定违法行为当然会影响相对人的权益，从逻辑上讲，只要能够认定存在违法行为，为及时消除对管理秩序的影响，在认定存在违法行为的同时即应尽早责令停止和改正违法行为……责令停止行为作为行政处罚可能在某些个别领域具有必要性，但在处罚法中作出普遍规定，就难以有效嵌入各领域普遍性的执法程序当中。……"①

责令停止行为、责令作出行为究竟是否属于行政处罚？有学者认为，行政处罚法草案修改稿曾将"责令停止行为""责令作出行为"作为行政处罚行为，尽管新行政处罚法未作明确列举，但这两类行政行为符合新的不利负担标准，不同于责令停止违法行为和责令恢复原状等责令改正，所以属于行政处罚。②亦即，尽管新法未作明确列举，但责令停止行为、责令作出行为均属于行政处罚。

笔者认为，从行政处罚法修订过程中的反复看，责令停止行为、责令

---

① 《处罚法修订草案中的几个融贯性问题》，引自行政执法研究公众号。

② 参见黄海华：《新行政处罚法的若干制度发展》，《中国法律评论》2021年第3期。

作出行为的法律性质尚有争议，不能完全认定为属于行政处罚；未经具体剖析，"一刀切"地将责令停止行为、责令作出行为认定为行政处罚行为，不符合立法本意。

（1）关于责令停止行为

有学者认为，责令停止行为，如果是责令违法者停止其相关合法行为，增加了违法者的义务和负担，因此属于行政处罚；如果是责令违法者停止其相关违法行为，没有增加违法者的义务和负担，一般不属于行政处罚。[①]以责令停止建设为例，《核安全法》第七十九条规定："违反本法规定，核设施营运单位有下列情形之一的，由国务院核安全监督管理部门责令改正，处一百万元以上五百万元以下的罚款；拒不改正的，责令停止建设或者停产整顿；有违法所得的，没收违法所得；造成环境污染的，责令限期采取治理措施消除污染，逾期不采取措施的，指定有能力的单位代为履行，所需费用由污染者承担；对直接负责的主管人员和其他直接责任人员，处五万元以上二十万元以下的罚款：（一）未经许可，从事核设施建造、运行或者退役等活动的；……"这里的建设行为未经许可本身是违法的，因此责令停止建设属于责令改正。"《防治海洋工程建设项目污染损害海洋环境管理条例》第四十九条规定："在围填海洋工程中使用的填充材料不符合有关环境保护标准拒不改正的，责令停止建设。"这里的建设行为本身是合法的，但由于建设过程中出现了违法行为而被责令停止建设，因此责令停止建设属于责令停止行为的行政处罚。

笔者赞同上述理解。显然，责令停止行为的概念不清、范围不明，是产生认识分歧的"罪魁祸首"。既如此，不如从立法层面厘清责令停止行为与责令停止违法行为的关系，明确将后者纳入"责令改正或者限期改正违法行为"范畴，这样可能更加便于理论研究与实务操作。

（2）关于责令作出行为

有观点认为，责令作出行为，容易与责令改正中的责令恢复原状混淆。

---

①参见黄海华：《行政处罚的重新定义与分类配置》，《华东政法大学学报》2020年第4期。

两者的区分标准应以是否额外增加了当事人的不利负担为界限。以责令补种为例，《公路安全保护条例》第六十一条规定："未经批准更新采伐护路林的，由公路管理机构责令补种。"这里的责令补种擅自更新采伐的护路林，实际上是责令恢复原状，没有增加违法者的义务和负担，因此属于责令改正。《森林法》第七十六条规定："盗伐林木的，由县级以上人民政府林业主管部门责令限期在原地或者异地补种盗伐株数1倍以上5倍以下的树木，并处盗伐林木价值5倍以上10倍以下的罚款。"这里的责令补种盗伐株数1倍以上5倍以下的树木，超出了恢复原状的范围，增加了违法者的义务和负担，因此属于行政处罚。①

同样，责令作出行为与责令改正中的责令恢复原状混淆，直接导致对其性质的认识分歧。既如此，不如从立法层面厘清两者关系，将未对当事人产生不利负担的责令作出行为迳行纳入"责令改正或者限期改正违法行为"范畴。

4.收回国有土地使用权

收回国有土地使用权是指当出现某种法律事实时，原批准用地的人民政府自然资源主管部门经批准后依法收回用地单位或者个人使用的国有土地使用权。政府部门向当事人收回国有土地使用权是否属于行政处罚种类？实践中应当具体问题具体分析。

（1）原给予当事人土地使用权不合法（如当事人骗取批准或者行政机关违反法律规定出让），此类收回土地使用权系纠错行为，不属于行政处罚。

（2）原给予当事人土地使用权合法，现为了公共利益的需要而提前收回，并依法给予补偿。此类收回土地使用权系行政征收行为，不属于行政处罚。

（3）根据《土地管理法》第三十八条、《城市房地产管理法》第二十六条以及《城镇国有土地使用权出让和转让暂行条例》第十七条，当事

---

①一方面，行政处罚属于"处分"行为，它是对当事人权利和利益的一种处分（包括取消和限制），而责令当事人纠正违法是一种"命令"行为；另一方面，行政处罚，是让当事人承受一种"额外"的付出，而纠正违法仅仅是恢复原状，让违法状态回复到原始的合法状态。例如，当事人毁坏一株棵苗，政府管理部门责令他补种一株棵苗，这因不具有惩罚性而不是行政处罚，是对违法状态的"等价"修复；但如果政府责令他补种10倍甚至百倍的棵苗，这就具有惩罚性，当事人承受了"额外"的付出。参见胡建淼：《如何识别行政处罚行为》，2021年3月31日《学习时报》。

人受让国有土地使用权后，未经原批准机关同意，连续二年未使用的，土地管理部门有权收回土地使用权。此类收回土地使用权系行政处罚。1994年11月10日原国家土地管理局《对辽宁省土地管理局关于对执行〈土地管理法〉第十九条规定的请示的批复》已予以明确。

二、行政处罚的设定

（一）行政处罚的设定与规定

1.设定与规定

（1）设定

百度百科将设定解释为"陈设固定不动、犹拟定"。从字面理解，设定喻示"创设性规定"，即创制从来没有规定过的内容，相当于"原创"。

（2）规定

百度百科将规定解释为"是强调预先（即在行为发生之前）和法律效力，用于法律条文中的决定""规定作动词指对事物的数量，质量或方式，方法等做出具有约束力的决定"。从字面理解，规定表示"具体的规范、确定"，不具有创设性，并非"原创"。

2.行政处罚的设定与规定

"设定"与"规定"在行政处罚法中使用频率均比较高。据统计，《行政处罚法》（2021年修订）中，"设定"共计出现18次，"规定"共计出现73次。实践中，行政处罚的设定与规定是极易混淆的一对概念，百度百科也坦承："设定"是《行政处罚法》所贡献的一个重要概念。在此之前，行政处罚的设定问题一直没有引起我国学界特别是实务部门的关注。在行政处罚的实践中，往往将处罚的设定权与规定权及行政管理权相混同。尽管如此，两者的差别仍然非常明显：

（1）行政处罚的设定

是"创制"行政处罚的活动，属于立法的范畴。亦即它"创设"了应受行政处罚的行为、种类及幅度。有著作认为：行政处罚的设定权，也就是说特定的国家机关，通过一定形式，首次独立自主地规定公民、法人或者其他组织的行为规范，并规定违反行为规范的行政制裁措施。[1]

比如，《城乡规划法》第六十四条规定："未取得建设工程规划许可证或者未按照建设工程规划许可证的规定进行建设的，由县级以上地方人民政府城乡规划主管部门责令停止建设；尚可采取改正措施消除对规划实施的影响的，限期改正，处建设工程造价百分之五以上百分之十以下的罚款；无法采取改正措施消除影响的，限期拆除，不能拆除的，没收实物或者违法收入，可以并处建设工程造价百分之十以下的罚款。"该条即创设了应受行政处罚的城镇违法建设的行为、种类与幅度，属于行政处罚的设定。

有观点认为：行政处罚的设定权是指国家机关可以独立自主地设定行为规范，并对违反行为规范的公民、法人或者其他组织给予行政处罚。[2]该观点混同了行政处罚的设定与实施。

（2）行政处罚的规定

是在上位法已经对行政处罚作出了原创性规定的前提下，在上位法所设定的行政处罚行为、种类及幅度内再作出具体规定的活动。

比如，《山东省城乡规划条例》第七十二条规定："未取得建设工程规划许可证或者未按照建设工程规划许可证的规定进行建设，尚可采取改正措施消除对规划实施的影响的，由城乡规划主管部门责令停止建设，限期改正，处建设工程造价百分之五以上百分之十以下的罚款；无法采取改正措施消除影响的，依法拆除，不能拆除的，没收实物或者违法收入，可以并处建设工程造价百分之十以下的罚款。""前款所称无法采取改正措施消除影响应当限期拆除的情形包括：（一）擅自占用规划确定的道路、广场、绿地、河湖水面、海岸带、轨道交通、公交场站、燃气设施、供热设施、给水排水设施、公共服务设施用地等进行建设的；（二）违反建筑间距、建筑退让等技术规范、标准或者规划条件确定的强制性内容进行建设的；（三）擅自占用物业管理区域内业主共有的道路、绿地或者其他场地进行建设的；（四）

---

[1] 全国人大常委会法制工作委员会著：《〈中华人民共和国行政处罚法〉讲话》，法律出版社1996年版，第28页。

[2] 参见《什么是行政处罚的设定权？》，引自中国人大网"法律释义与问答"。

擅自在建筑物顶部、底层或者退层平台进行建设的；（五）其他对规划实施造成严重影响的违法建设行为。"该条即地方性法规对于法律设定的城镇违法建设行为行政处罚所作的具体规定，属于行政处罚的规定。

关于行政处罚的设定与规定的区别，有著作认为："设定"是"规定"的来源，"规定"是"设定"的衍生。[1]也有著作认为："设定"中不含"规定"，而"规定"中可能包含"设定"。[2]

（二）行政处罚设定与规定之变化

1.行政处罚的规定

认真比对《行政处罚法》（2021年修订）第十一条第二款、第十二条第二款、第十三条第一款、第十四条第一款与《行政处罚法》（2017年修正）相关条款可知，本次修订，有关行政法规、地方性法规、规章的行政处罚"规定"权几乎未发生变化。

2.行政处罚的设定

《行政处罚法》（2021年修订）有关行政处罚"设定"权变化主要有：

（1）明确了行政法规、地方性法规的补充设定权

《行政处罚法》（2021年修订）第十一条第三款、第十二条第三款规定，行政法规、地方性法规在上位法对违法行为未作出行政处罚规定的情况下，为了实施上位法，可以补充设定行政处罚。此即行政法规、地方性法规的"补充设定权"。

①缘起

多年来，地方性法规的行政处罚设定权一直颇受争议。众所周知，1996年《行政处罚法》出台的一个重要背景就是行政处罚的"滥"与"乱"，因此，该法对于行政处罚的设定权，尤其是地方立法中的行政处罚设定权秉持审慎、收紧态度。但经过二十多年的努力，我国各级政府依法行政水平显著提升，法治政府已经初步建成。乔晓阳认为：现在面临着两难的选择，是坚持法制统一原则，还是松一个口，任由地方根据自己的需要增加法律、行政

---

[1] 晏山嵘著：《行政处罚实务与判例释解》，法律出版社2019年版，第177页。

[2] 原江苏省人民政府法制局编：《〈行政处罚法〉培训手册》，第36-38页。

法规规定之外的违法行为？如果我们选择了后者，这个口子一开，可能又会出现行政处罚五花八门、各行其是的混乱局面，如此也就违背了制定行政处罚法的初衷。[①]晏山嵘认为：需要明确的是，上位法虽然对行政管理相对人行为作出禁止性规定（"禁止"），或者规定相对人不得实施某种行为（"不得"），但是未设定具体的罚则，下位法同样不能增加规定处罚罚则。[②]

　　一些地方反映，行政处罚法中有关地方性法规设定行政处罚的规定限制过严，地方保障法律法规实施的手段受限，建议扩大地方性法规的行政处罚设定权限。

　　②经过

修订过程	法条内容
行政处罚法 （2017年修正）	—
修订草案征求 意见稿	第十一条…… 法律、行政法规对违法行为未作出行政处罚规定，地方性法规为实施法律、行政法规需要增加规定行政处罚的，必须在该法律、行政法规规定的行政处罚种类和幅度的范围内规定。
修订草案	第十二条…… 地方性法规为实施法律、行政法规，对法律、行政法规未规定的违法行为可以补充设定行政处罚。地方性法规拟补充设定行政处罚的，应当通过听证会、论证会等形式听取意见，并向制定机关作出说明。
修订草案二次 审议稿	第十一条…… 法律对违法行为未作出行政处罚规定，行政法规为实施法律，可以补充设定行政处罚。拟补充设定行政处罚的，应当通过听证会、论证会等形式广泛听取意见，并向制定机关作出书面说明。行政法规报送备案时，应当说明补充设定行政处罚的情况。 第十二条…… 法律、行政法规对违法行为未作出行政处罚规定，地方性法规为实施法律、行政法规，可以补充设定行政处罚。拟补充设定行政处罚的，应当通过听证会、论证会等形式广泛听取意见，并向制定机关作出书面说明。地方性法规报送备案时，应当说明补充设定行政处罚的情况。

---

① 乔晓阳：《如何把握行政处罚法有关规定与地方立法权限的关系》，2017年9月12日《法制日报》。
② 晏山嵘著：《行政处罚实务与判例释解》，法律出版社2019年版，第178页。

修订过程	法条内容
行政处罚法 （2021年修订）	**第十一条**…… 法律对违法行为未作出行政处罚规定，行政法规为实施法律，可以补充设定行政处罚。拟补充设定行政处罚的，应当通过听证会、论证会等形式广泛听取意见，并向制定机关作出书面说明。行政法规报送备案时，应当说明补充设定行政处罚的情况。 **第十二条**…… 法律、行政法规对违法行为未作出行政处罚规定，地方性法规为实施法律、行政法规，可以补充设定行政处罚。拟补充设定行政处罚的，应当通过听证会、论证会等形式广泛听取意见，并向制定机关作出书面说明。地方性法规报送备案时，应当说明补充设定行政处罚的情况。

首先，修正草案征求意见阶段——地方性法规可以"增加规定"行政处罚，不受法律、行政法规规定的行为限制。修正草案征求意见稿第十一条第三款规定："法律、行政法规对违法行为未作出行政处罚规定，地方性法规为实施法律、行政法规需要增加规定行政处罚的，必须在该法律、行政法规规定的行政处罚种类和幅度的范围内规定。"[1]

其次，修订草案阶段——地方性法规对法律、行政法规未规定的违法行为可以"补充设定"行政处罚。修订草案第十二条第三款规定："地方性法规为实施法律、行政法规，对法律、行政法规未规定的违法行为可以补充设定行政处罚。地方性法规拟补充设定行政处罚的，应当通过听证会、论证会等形式听取意见，并向制定机关作出说明。"

再次，修订草案二次审议阶段——行政法规、地方性法规对于上位法对违法行为未作出行政处罚规定，可以"补充设定"行政处罚。修订草案二次审议稿第十一条第三款规定："法律对违法行为未作出行政处罚规定，行政法规为实施法律，可以补充设定行政处罚。拟补充设定行政处罚的，应当通过听证会、论证会等形式广泛听取意见，并向制定机关作出书面说明。行政

---

[1] "还有的建议修改行政处罚法，删去第十一条第二款中的'行为'，只保留'种类和幅度'"。上述征求意见稿恰是对这一建议的回应。参见乔晓阳：《如何把握行政处罚法有关规定与地方立法权限的关系》，2017年9月12日《法制日报》。

法规报送备案时，应当说明补充设定行政处罚的情况。"第十二条第三款规定："法律、行政法规对违法行为未作出行政处罚规定，地方性法规为实施法律、行政法规，可以补充设定行政处罚。拟补充设定行政处罚的，应当通过听证会、论证会等形式广泛听取意见，并向制定机关作出书面说明。地方性法规报送备案时，应当说明补充设定行政处罚的情况。"

最后，修订草案三次审议、提交表决阶段——《行政处罚法》（2021年修订）第十一条第三款、第十二条第三款与修订草案二次审议稿基本相同。

③评析

不难看出，随着修订工作的深入，对于地方性法规补充设定行政处罚问题，征求意见稿原先打开的口子逐步限缩，最终停留在上位法"对违法行为未作出行政处罚规定"层面；行政法规的"补充设定"权系在修订草案二次审议稿中首次出现；而且，法律同时规定了"为实施法律""为实施法律、行政法规"这一明确的目的限制，以及"应当通过听证会、论证会等形式广泛听取意见，并向制定机关作出书面说明""报送备案时，应当说明补充设定行政处罚的情况"等程序性规定，确保万无一失。

④争论

尽管法律、行政法规的"补充设定"权已经落地，但是，未来仍然可能围绕何为法律、行政法规"对违法行为未作出行政处罚规定"发生争论。

对此，乔晓阳认为，1996年《行政处罚法》第十一条第二款立法原意就是已经有法律、行政法规的，地方性法规可以结合本地情况，根据法律、行政法规关于行政处罚的规定予以具体化，但是不得超越法律、行政法规关于哪些违法行为应当给予行政处罚、给予什么种类的行政处罚和行政处罚的幅度的规定。这一条款是地方立法"不抵触"原则在行政处罚领域的具体化和重要体现，彰显了"国家法制统一"原则。[1]

但也有著作认为，对地方性法规设定行政处罚的权限的规定，有两种情况：一是，已经有法律、行政法规的，地方性法规可以结合本地具体情况，

---

[1] 乔晓阳：《如何把握行政处罚法有关规定与地方立法权限的关系》，2017年9月12日《法制日报》。

予以具体化，但是，不得超越法律、行政法规关于哪些违法行为应当给行政处罚、给予什么类的行政处罚和行政处罚的幅度等的规定。第二种情况是，省级地方人大对本省的特殊问题，如禁放鞭炮、限制养犬等，制定的地方性法规。这种地方性法规，可以对除人身罚和吊销企业营业执照外的行政处罚作出规定。[①]

　　笔者认为，应当对《行政处罚法》（2021年修订）第十一条第三款、第十二条第三款中的"对违法行为未作出行政处罚规定"作限缩理解，即上位法已经将某行为规定为违法，但未作出行政处罚规定的，行政法规、地方性法规才可以"补充设定"。[②]

　　比如，《城乡规划法》对于当事人擅自改变建设工程规划许可证确定的建筑物使用性质未作禁止性规定。《江苏省城乡规划条例》（2010年3月26日江苏省第十一届人民代表大会常务委员会第十四次会议通过）第六十五条规定："违反本条例第五十条第二款规定，未经城乡规划主管部门批准，擅自将住宅改变为经营性用房的，由城乡规划主管部门责令限期改正，逾期不改正的，可以处以一万元以上三万元以下的罚款。"在有关公民向全国人大常委会要求对该规定进行合法性审查的背景下，2018年3月28日，江苏省人大常委会作出《关于修改〈江苏省大气污染防治条例〉等十六件地方性法规的决定》，对该条作了删除处理。

---

　　①全国人大常委会法制工作委员会著：《〈中华人民共和国行政处罚法〉讲话》，法律出版社1996年版，第41页。

　　②补充设定行政处罚制度的核心含义是：违法与否由上位法规定，行政法规、地方性法规不能增加规定；上位法规定了违法但未规定相应行政处罚的，行政法规、地方性法规可以补充设定行政处罚。参见黄海华：《新行政处罚法的若干制度发展》，《中国法律评论》2021年第3期。

（2）增加了规章对于通报批评的设定权，删除了对于直属机构的相关授权

修订过程	法条内容
行政处罚法 （2017年修正）	**第十二条** 国务院部、委员会制定的规章可以在法律、行政法规规定的给予行政处罚的行为、种类和幅度的范围内作出具体规定。 尚未制定法律、行政法规的，前款规定的国务院部、委员会制定的规章对违反行政管理秩序的行为，可以设定警告或者一定数量额罚款的行政处罚。罚款的限额由国务院规定。 ~~国务院可以授权具有行政处罚权的直属机构依照本条第一款、第二款的规定，规定行政处罚。~~ **第十三条** 省、自治区、直辖市人民政府和省、自治区人民政府所在地的市人民政府以及经国务院批准的较大的市人民政府制定的规章可以在法律、法规规定的给予行政处罚的行为、种类和幅度的范围内作出具体规定。 尚未制定法律、法规的，前款规定的人民政府制定的规章对违反行政管理秩序的行为，可以设定警告或者一定数量罚款的行政处罚。罚款的限额由省、自治区、直辖市人民代表大会常务委员会规定。
行政处罚法 （2021年修订）	**第十三条** 国务院部门规章可以在法律、行政法规规定的给予行政处罚的行为、种类和幅度的范围内作出具体规定。 尚未制定法律、行政法规的，国务院部门规章对违反行政管理秩序的行为，可以设定警告、通报批评或者一定数额罚款的行政处罚。罚款的限额由国务院规定。 **第十四条** 地方政府规章可以在法律、法规规定的给予行政处罚的行为、种类和幅度的范围内作出具体规定。 尚未制定法律、法规的，地方政府规章对违反行政管理秩序的行为，可以设定警告、通报批评或者一定数额罚款的行政处罚。罚款的限额由省、自治区、直辖市人民代表大会常务委员会规定。

通报批评与警告同属申诫罚，属于较轻的处罚种类，将其设定权赋予规章尽在情理之中；删除第十三条第三款"国务院可以授权具有行政处罚权的直属机构依照本条第一款、第二款的规定，规定行政处罚"的规定，并不意味取消国务院直属机构的行政处罚设定权。《立法法》第八十条规定："国务院各部、委员会、中国人民银行、审计署和具有行政管理职能的直属机构，可以根据法律和国务院的行政法规、决定、命令，在本部门的权限范围

内，制定规章。"据此，具有行政管理职能的国务院直属机构是部门规章的制定主体，其依法设定行政处罚无需国务院另行授权。

（3）增加了行政处罚必要性"定期评估"制度

修订过程	法条内容
行政处罚法 （2017年修正）	—
修订草案	—
修订草案二次 审议稿	**第十五条** 国务院部门和省、自治区、直辖市人民政府及其有关部门应当定期组织评估行政处罚的实施情况和必要性，对不适当的行政处罚事项，应当提出修改或者废止的建议。
行政处罚法 （2021年修订）	**第十五条** 国务院部门和省、自治区、直辖市人民政府及其有关部门应当定期组织评估行政处罚的实施情况和必要性，对不适当的行政处罚事项及种类、罚款数额等，应当提出修改或者废止的建议。

2020年10月13日，行政处罚法修订草案二审稿提请十三届全国人大常委会第二十二次会议审议。其中，新增的有关行政处罚实施评估制度尤为值得关注。此前，中央编办提出，为了简政放权、优化营商环境，应当定期对已经设定的行政处罚进行评估，减少不必要的行政处罚事项。修订草案二审稿新增规定："国务院部门和省、自治区、直辖市人民政府及其有关部门应当定期组织评估行政处罚的实施情况和必要性，对不适当的行政处罚事项，应当提出修改或者废止的建议。"①《行政处罚法》（2021年修订）第十五条采纳了相关建议，对行政处罚实施评估制度作出规定。根据有关规定，国务院部门和省、自治区、直辖市人民政府及其有关部门要认真落实行政处罚定期评估制度，结合立法计划规划每5年分类、分批组织一次评估。对评估发现有不符合上位法规定、不适应经济社会发展需要、明显过罚不当、缺乏针对性和实用性等情形的行政处罚规定，要及时按照立法权限和程序自行或者建议有权机关予以修改、废止。

笔者认为，增设行政处罚实施评估制度确有必要，在顶层设计上也无难

---

① 参见朱宁宁：《行政处罚法修订草案二审稿新增行政处罚实施评估制度》，2020年10月15日《法治日报》。

度。而且，在行政许可、行政强制、立法等领域亦有经验可以借鉴。比如，《行政许可法》规定了行政许可设定机关的定期评价义务。该法第二十条规定："行政许可的设定机关应当定期对其设定的行政许可进行评价；对已设定的行政许可，认为通过本法第十三条所列方式能够解决的，应当对设定该行政许可的规定及时予以修改或者废止。""行政许可的实施机关可以对已设定的行政许可的实施情况及存在的必要性适时进行评价，并将意见报告该行政许可的设定机关。""公民、法人或者其他组织可以向行政许可的设定机关和实施机关就行政许可的设定和实施提出意见和建议。"又如，《行政强制法》规定了行政强制评价制度。该法第十五条规定："行政强制的设定机关应当定期对其设定的行政强制进行评价，并对不适当的行政强制及时予以修改或者废止。"再如，《立法法》规定了针对国家立法的立法后评估制度。该法第六十三条规定："全国人民代表大会有关的专门委员会、常务委员会工作机构可以组织对有关法律或者法律中有关规定进行立法后评估。评估情况应当向常务委员会报告。"《行政法规制定程序条例》第三十七条、《规章制定程序条例》第三十八条亦有类似规定。上述规定中的"评价""评估"应无本质差别。

但是，实践中的问题是，"评价""评估"制度实践中常常难以有效激活。正如有学者所言：许可评价程序长期处于休眠状态并沦为象征性条款。近年来行政审批改革重点放置于许可事项的取消、下放及其量化考核，却鲜有通过许可评价程序来考证放松规制的潜在消极后果及其后续影响，置于以放松规制为核心议题的改革环境下，如何评价事中事后监管模式相对于事前许可的比较优劣，以及合理评估当前各类事中事后监管手段的执法效能与承接效果，应当是一项慎之又慎的议题。可以说，规制改革议程重心更多放在了前端亦即行政许可事项的清理，事中事后监管作为规制改革的后端事项，尽管得到了中央政策的不断强调，但与之相比，并未获得有效的地方行政资源支撑，事前许可改革与事中事后监管之间缺乏常规且必要的衔接联动装置。[1]

---

[1]卢超：《事中事后监管改革：理论、实践与反思》，《中外法学》2020年第3期。

因此，在新增行政处罚实施评估制度的同时，应当下气力专攻"激活"之术，破解其中的拘束因素，实现简政放权、优化营商环境。

（三）行政处罚设定权的具体划分

1.法律

《行政处罚法》（2021年修订）第十条规定："法律可以设定各种行政处罚。""限制人身自由的行政处罚，只能由法律设定。"

法律可以设定所有形式的行政处罚，包括限制人身自由，而其他所有规定均不得设定限制人身自由的行政处罚。这是法律优先原则、法律保留原则的具体要求。

2.行政法规

修订过程	法条内容
行政处罚法（2017年修正）	**第十条** 行政法规可以设定除限制人身自由以外的行政处罚。 法律对违法行为已经作出行政处罚规定，行政法规需要作出具体规定的，必须在法律规定的给予行政处罚的行为、种类和幅度的范围内规定。
行政处罚法（2021年修订）	**第十一条** 行政法规可以设定除限制人身自由以外的行政处罚。 法律对违法行为已经作出行政处罚规定，行政法规需要作出具体规定的，必须在法律规定的给予行政处罚的行为、种类和幅度的范围内规定。 法律对违法行为未作出行政处罚规定，行政法规为实施法律，可以补充设定行政处罚。拟补充设定行政处罚的，应当通过听证会、论证会等形式广泛听取意见，并向制定机关作出书面说明。行政法规报送备案时，应当说明补充设定行政处罚的情况。

（1）行政法规的行政处罚设定权

①行政法规可以设定的行政处罚种类

行政法规可以设定除"限制人身自由"以外的行政处罚，具体包括：警告、通报批评；罚款、没收违法所得、没收非法财物；暂扣许可证件、降低资质等级、吊销许可证件；限制开展生产经营活动、责令停产停业、责令关闭、限制从业等。

②行政法规设定行政处罚的要求

《立法法》第六十五条规定："国务院根据宪法和法律，制定行政法规。""行政法规可以就下列事项作出规定：（一）为执行法律的规定需要制定行政法规的事项；（二）宪法第八十九条规定的国务院行政管理职权的事项。"行政法规设定行政处罚必须符合上述规定。

（2）行政法规的行政处罚补充设定权

前提是已经制定法律，但法律对违法行为未作出行政处罚规定。具体内容详见本章第二部分。

（3）行政法规的行政处罚规定权

法律对违法行为已经作出行政处罚规定，行政法规需要作出具体规定的，必须在法律规定的给予行政处罚的行为、种类和幅度的范围内规定。

3.地方性法规

修订过程	法条内容
行政处罚法 （2017年修正）	**第十一条** 地方性法规可以设定除限制人身自由、吊销企业营业执照以外的行政处罚。 法律、行政法规对违法行为已经作出行政处罚规定，地方性法规需要作出具体规定的，必须在法律、行政法规规定的给予行政处罚的行为、种类和幅度的范围内规定。
行政处罚法 （2021年修订）	**第十二条** 地方性法规可以设定除限制人身自由、吊销营业执照以外的行政处罚。 法律、行政法规对违法行为已经作出行政处罚规定，地方性法规需要作出具体规定的，必须在法律、行政法规规定的给予行政处罚的行为、种类和幅度的范围内规定。 法律、行政法规对违法行为未作出行政处罚规定，地方性法规为实施法律、行政法规，可以补充设定行政处罚。拟补充设定行政处罚的，应当通过听证会、论证会等形式广泛听取意见，并向制定机关作出书面说明。地方性法规报送备案时，应当说明补充设定行政处罚的情况。

（1）地方性法规的行政处罚设定权

①地方性法规可以设定的行政处罚种类

地方性法规可以设定除"限制人身自由、吊销营业执照"以外的行政处罚，具体包括：警告、通报批评；罚款、没收违法所得、没收非法财物；暂扣许可证件、降低资质等级、吊销许可证件（营业执照除外）；限制开展生产经营活动、责令停产停业、责令关闭、限制从业等。

值得注意的是，《行政处罚法》（2021年修订）第九条将《行政处罚法》（2017年修正）第八条第五项中的"暂扣或者吊销执照"删除，并将"许可证"改为"许可证件"，主要基于《行政许可法》第三十九条第一款第一项已将"许可证、执照或者其他许可证书"统一归为"行政许可证件"。因此，"暂扣或者吊销执照"已无必要作为一项单独的行政处罚种类存在。但是，营业执照是市场主体的"身份证"，营业执照被吊销，意味着主体资格消灭。因此，《行政处罚法》（2021年修订）第十二条第一款维系《行政处罚法》（2017年修正）第十一条第一款规定，将"吊销营业执照"纳入地方性法规禁止设定的范畴。而对于营业执照以外的其他众多许可证件，地方性法规仍可设定吊销类行政处罚。

此外，根据《行政处罚法》（2021年修订）第十二条第一款，新增加的行政处罚种类地方性法规都可以设定，实际上在很大程度上扩大了地方性法规创设行政处罚的权利，实践中不少观点对此深表担忧。特别是对于"限制从业"等影响市场主体基本权利的行政处罚，能否将设定权"一揽子"授予地方性法规，值得进一步思考。

②地方性法规设定行政处罚要求

根据《立法法》第七十二条、第七十三条规定，主要有4个方面：一是要符合本行政区域的具体情况和实际需要。二是不同宪法、法律、行政法规等上位法相抵触。三是具体事项包括为执行法律、行政法规的规定，需要根据本行政区域的实际情况作具体规定的事项，以及属于地方性事务需要制定地方性法规的事项。除此之外其他事项国家尚未制定法律或者行政法规的，省、自治区、直辖市和设区的市、自治州根据本地方的具体情况和实际需要，可以先制定地方性法规；在国家制定的法律或者行政法规生效后，地方性法规同法律或者行政法规相抵触的规定无效，制定机关应当及时予以修改或者废止。设区的市的人民代表大会及其常务委员会制定地方性法规的具体范围为"城乡建设与管理、环境保护、历史文化保护等方面的事项"。四是制定地方性法规，对上位法已经明确规定的内容，一般不作重复性规定。

（2）地方性法规的行政处罚补充设定权

前提是已经制定法律、行政法规，但法律、行政法规对违法行为未作出行政处罚规定。主要有3种情形：一是上位法对某一行为作了禁止性规定但未规定行政处罚；二是上位法明确了当事人的某项义务但未规定行政处罚；三是上位法对某违法行为规定了行政处罚但未对同类违法行为或者相关联主体规定行政处罚。

比如，《种子法》第十九条第一款规定："通过国家级审定的农作物品种和林木良种由国务院农业、林业主管部门公告，可以在全国适宜的生态区域推广。通过省级审定的农作物品种和林木良种由省、自治区、直辖市人民政府农业、林业主管部门公告，可以在本行政区域内适宜的生态区域推广；其他省、自治区、直辖市属于同一适宜生态区的地域引种农作物品种、林木良种的，引种者应当将引种的品种和区域报所在省、自治区、直辖市人民政府农业、林业主管部门备案。"该法"第九章 法律责任"并未对违反该备案规定的行为设定罚则。地方立法中，《吉林省农作物种子条例》第六十二条规定："违反本条例第二十条第一款、第二十七条第一款、第二十九条第一款、第三十条第一款、第三十五条第一款关于备案管理规定的，由县级以上人民政府农业农村主管部门责令改正，并处二千元以上二万元以下罚款。"但《江苏省种子条例》却未设定罚则。

在今天看来，《吉林省农作物种子条例》补充设定行政处罚符合规定，但在当时背景下，确有抵触上位法之嫌，这或许是《江苏省种子条例》未设定罚则的原因所在。

（3）地方性法规的行政处罚规定权

法律、行政法规对违法行为已经作出行政处罚规定，地方性法规需要作出具体规定的，必须在法律、行政法规规定的给予行政处罚的行为、种类和幅度范围内规定。

4.规章

（1）一个值得关注的细节

与法律、行政法规、地方性法规相应条款不同的是，《行政处罚法》

（2021年修订）第十三条、第十四条第一款为"规定"，第二款为"设定"，表明规章的主要功能是对行政处罚的"规定"，而非"设定"。

（2）关于规章的行政处罚设定权的争议

实践中，有观点认为赋予规章的行政处罚设定权不符合立法法，有的提出要废除规章的行政处罚设定权。如晏山嵘认为："《行政处罚法》第十二条第二款、第三款关于部门规章行政处罚的创设权与《立法法》有所冲突。从执法实践来看，取消部门规章对行政处罚的设定权也不会带来无法执法的情况发生，根据《立法法》的规定，部门规章不得自主性地设定任何行政处罚，哪怕是轻微的违法行为及与之相搭配的警告和一定数额的罚款，而只能根据上位法（不限于法律，也包括国务院的决定、命令）制定一些执行性的规定。"[1]刘莘也认为："部门规章一定要有上位法才能制定，是非常明确的了"。[2]

笔者认为：《立法法》第八十条强调的是没有法律或者国务院的行政法规、决定、命令等上位法依据，规章不得设定减损公民、法人和其他组织权利或者增加其义务的规范；行政处罚法明确授权规章可以设定警告、通报批评或者一定数额罚款的行政处罚。因此，规章行政处罚的创设权与《立法法》并不冲突。关于规章的行政处罚设定权，王汉斌副委员长当年所说"对规章的行政处罚设定权不加限制不行，不能不给，也不能多给"至今仍然符合我国实际。[3]警告、通报批评属于较轻的行政处罚种类，将其设定权授予规章完全可行；罚款则影响行政相对人权益，因此，对于规章的罚款设定权以"一定数额"作限制，亦合理可行。对于一定数额罚款的具体规定，将在本章第三部分专门论述。

需要注意的是，规章不得设定除警告、通报批评、一定数额罚款以外的其他行政处罚。实践中，必须十分谨慎地理解与适用相关规定。如《基层法律服务工作者管理办法》第四十六条第一款规定："基层法律服务工作者有下列行为之一的，由所在地县级司法行政机关或者直辖市的区（县）司法行

---

[1]晏山嵘著：《行政处罚实务与判例释解》，法律出版社2019年版，第184页。

[2]刘莘著：《行政立法研究》，法律出版社2003年版。

[3]1996年2月12日《法制日报》。

政机关予以警告；有违法所得的，依照法律、法规的规定没收违法所得，并由设区的市级或者直辖市的区（县）司法行政机关处以违法所得三倍以下的罚款，罚款数额最高为三万元：……"其中，警告、罚款系规章有权设定；罚款数额为"违法所得三倍以下的，最高为三万元"符合国务院当时的规定。但是，规章无权设定没收违法所得，故《办法》规定"有违法所得的，依照法律、法规的规定没收违法所得"。即若作出没收违法所得处罚，须"依照法律、法规的规定"，而不是依照该《办法》的规定。实践中须引起注意。①

5.其他规范性文件不得设定行政处罚

《行政处罚法》（2017年修正）第十四条规定："除本法第九条、第十条、第十一条、第十二条以及第十三条的规定外，其他规范性文件不得设定行政处罚。"《行政处罚法》（2021年修订）第十六条规定："除法律、法规、规章外，其他规范性文件不得设定行政处罚。"显然，新法对于规范性文件的行政处罚设定权态度更为明确，即突出"除法律、法规、规章外"，其他规范性文件不得设定行政处罚。但是，规范性文件可以对实施行政处罚作出具体规定。②

三、"一定数额罚款"的具体规定

《行政处罚法》（2021年修订）第十三条、第十四条授权国务院部门规章、地方政府规章"可以设定警告、通报批评或者一定数额罚款的行政处罚"，罚款的数额则分别由国务院和省、自治区、直辖市人民代表大会常务委员会规定。

（一）部门规章可以设定罚款的数额

根据《行政处罚法》（2021年修订）第十三条，部门规章可以设定罚款的数额由国务院规定。1996年4月15日，国务院印发《关于贯彻实施〈行政

①行政处罚法修订后，没收违法所得制度发生较大变化，若普遍性授权观点成立，可以直接依据《行政处罚法》（2021年修订）第二十八条作出决定。详见本书第四章第二节。

②规范性文件可以在上位法赋予的自由裁量权范围内，对行政处罚的行为、种类和幅度作出具体规定。参见曹康泰主编：《行政处罚法教程》，中国法制出版社2011年版。

处罚法〉的通知》（国发〔1996〕13号），明确："国务院各部门制定的规章对非经营活动中的违法行为设定罚款不得超过1000元；对经营活动中的违法行为，有违法所得的，设定罚款不得超过违法所得的3倍，但是最高不得超过30000元，没有违法所得的，设定罚款不得超过10000元；超过上述限额的，应当报国务院批准。地方政府规章设定罚款的限额，由省、自治区、直辖市人大常委会规定，可以不受上述规定的限制。"

2021年11月15日，国务院印发《关于进一步贯彻实施〈行政处罚法〉的通知》（国发〔2021〕26号），明确："尚未制定法律、行政法规，因行政管理迫切需要依法先以部门规章设定罚款的，设定的罚款数额最高不得超过10万元，且不得超过法律、行政法规对相似违法行为的罚款数额，涉及公民生命健康安全、金融安全且有危害后果的，设定的罚款数额最高不得超过20万元；超过上述限额的，要报国务院批准。"

（二）地方政府规章可以设定罚款的数额

根据《行政处罚法》（2021年修订）第十四条，地方政府规章可以设定罚款的数额由省、自治区、直辖市人民代表大会常务委员会规定。

1.省

（1）山东省

《山东省地方政府规章设定罚款限额规定》第三条：地方政府规章可以在法律、法规规定的给予罚款处罚的行为、幅度范围内作出具体规定；尚未制定法律、法规的，地方政府规章对违反行政管理秩序的行为设定罚款的限额为10万元。但是，对涉及公共安全、生态环境保护和自然资源开发利用、人身财产安全方面的违反行政管理秩序的行为，设定罚款的限额为20万元。

（2）江苏省

江苏省人大常委会《关于地方人民政府规章设定罚款限额的决定》第二条：省人民政府、较大的市人民政府制定的规章，对公民可以设定罚款的限额为：对公民违反公共安全、生态环境保护、有限自然资源开发利用以及直接关系人身健康、财产安全方面的行政管理秩序的行为，从事经营活动的，设定罚款不超过5万元；非从事经营活动的，设定罚款不超过3万元；对公民违反其他行政管理秩序的行为，设定罚款不超过500元。

第三条：省人民政府、较大的市人民政府制定的规章，对法人或者其他组织可以设定罚款的限额为：对法人或者其他组织违反公共安全、生态环境保护、有限自然资源开发利用以及直接关系人身健康、财产安全方面的行政管理秩序的行为，从事经营活动的，设定罚款不超过15万元；非从事经营活动的，设定罚款不超过10万元。可以同时对其主要负责人、直接责任人设定不超过3万元的罚款；对法人或者其他组织违反其他行政管理秩序的行为，设定罚款不超过3万元，可以同时对其主要负责人、直接责任人设定100元以上500元以下的罚款。

（3）陕西省

《陕西省地方政府规章设定罚款限额规定》第三条：地方政府规章可以在法律、行政法规或者地方性法规规定的给予作出处罚的行为、种类和幅度的范围内作出具体规定；尚未制定法律、行政法规或者地方性法规的，对违反行政管理秩序的行为，可以依法设定警告和一定数量罚款的行政处罚，设定罚款的限额为：（一）对公民设定的罚款不得超过1千元；但对涉及公共安全、生态环境保护、有限自然资源开发利用以及直接关系人身健康、生命财产安全方面的，可以设定不超过1万元的罚款。（二）对法人或者其他组织设定的罚款不得超过3万元；但对涉及公共安全、生态环境保护、有限自然资源开发利用以及直接关系人身健康、生命财产安全方面的，可以设定不超过10万元的罚款。

（4）湖北省

湖北省人大常委会《关于政府规章设定行政处罚罚款限额的规定》：一、对非经营活动中的违反行政管理秩序行为，设定罚款数额不得超过5000元。二、对经营活动中的违反行政管理秩序行为，有违法所得的，设定罚款数额不得超过违法所得的3倍，但最高不得超过15万元；没有违法所得的，设定罚款数额不得超过5万元。

（5）江西省

江西省人大常委会《关于政府规章设定罚款限额的规定》第三条：政

府规章设定罚款限额按下列规定执行：（一）对公民违反行政管理秩序的行为，设定罚款不超过五百元，但对直接关系人身健康、生命财产安全以及直接涉及国家安全、生态环境保护、历史文化保护、有限自然资源开发利用方面的违反行政管理秩序的行为，从事经营活动的，设定罚款不超过五万元；非经营活动的，设定罚款不超过三万元。（二）对法人或者其他组织违反行政管理秩序的行为，设定罚款不超过三万元，但对直接关系人身健康、生命财产安全以及直接涉及国家安全、生态环境保护、历史文化保护、有限自然资源开发利用方面的违反行政管理秩序的行为，从事经营活动的，设定罚款不超过二十万元；非经营活动的，设定罚款不超过十万元。

（6）四川省

四川省人大常委会《关于政府规章设定罚款限额的规定》第三条：政府规章对违反行政管理秩序的行为设定罚款不得超过一万元；对危害公共安全、生态环境保护、人身健康、生命财产安全等严重违反行政管理秩序的行为设定罚款不得超过十万元。

（7）云南省

云南省人大常委会《关于政府规章设定罚款限额的规定》第三条：对违反行政管理秩序的行为设定罚款的限额为20万元。

（8）浙江省

浙江省人大常委会《关于政府规章设定罚款限额的规定》第三条：对违反行政管理秩序的行为可以设定处以三万元以下的罚款。但对直接关系人身健康、生命财产安全以及直接涉及公共安全、生态环境保护、有限自然资源开发利用方面的违反行政管理秩序的行为，可以设定处以十万元以下的罚款。

（9）甘肃省

甘肃省人大常委会《关于政府规章设定罚款限额的规定》第二条：甘肃省人民政府、兰州市人民政府制定的规章，对违反行政管理秩序的行为，需要设定罚款的，设定罚款的限额为三万元。但对涉及公共安全、生态环境保护、有限自然资源开发利用以及关系公民人身健康、生命财产安全方面的违反行政管理秩序的行为，可以设定不超过十万元的罚款。

（10）贵州省

贵州省人大常委会《关于贵州省政府规章设定罚款限额的规定》：一、对非经营活动中的违法行为设定罚款不得超过1000元。二、对经营活动中的违法行为，有违法所得的，设定罚款不得超过违法所得的3倍，但最高不得超过30000元；没有违法所得的，设定罚款不得超过10000元。

（11）广东省

《广东省规章设定罚款限额规定》第二条：规章可以在法律、行政法规或者地方性法规规定的给予罚款处罚的行为、种类和幅度的范围内作出具体规定。

尚未制定法律、行政法规或者地方性法规的，规章对违反行政管理秩序的行为，设定的罚款数额不得超过二十万元；但对涉及公共安全、生态环境保护、历史文化保护、有限自然资源开发利用以及食品药品安全等直接关系人身健康、生命财产安全方面的违反行政管理秩序的行为，可以设定不超过三十万元的罚款。

规章设定罚款应当依据过罚相当原则，在前款规定的限额内，根据不同的违反行政管理秩序行为的事实、性质、情节以及对社会的危害程度，对公民、法人或者其他组织以及相应责任人设定不同幅度的罚款。

（12）湖南省

湖南省人大常委会《关于政府规章设定罚款限额的决定》：一、对非经营活动中的违反行政管理秩序的行为设定罚款处罚，不得超过五千元。二、对经营活动中违反行政管理秩序的行为设定罚款处罚，不得超过五万元；有违法所得的，不得超过十五万元。

（13）山西省

《山西省规章设定罚款限额规定》第三条：规章对公民、法人和其他组织非经营活动中违反行政管理秩序的行为设定罚款，对公民不得超过500元，对法人和其他组织不得超过1000元。规章对公民、法人和其他组织经营活动中违反行政管理秩序的行为，没有获得不正当利益的，设定罚款不得超过1万元；获得不正当利益的，设定罚款不得超过所获不正当利益的3倍，同时最高不得超过3万元，但是对涉及矿山企业安全生产，易燃、易爆危险物品的生产、储存、使用，生态环境保护以及自然资源的开发利用方面违反行政管理秩序的行为，设定罚款不得超过所获不正当利益的3倍，同时最高不得超过10万元。

（14）安徽省

《安徽省规章设定罚款限额规定》第二条：安徽省人民政府和合肥、淮南市人民政府制定的规章，需要设定罚款的，按下列规定执行：（一）对非经营活动中违反行政管理秩序的行为，设定罚款不得超过1000元。（二）对经营活动中违反行政管理秩序的行为，有违法所得的，设定罚款不得超过30000元；没有违法所得的，设定罚款不得超过10000元。

（15）海南省

《海南省规章设定罚款限额规定》第三条：规章可以在法律、行政法规或者本省地方性法规规定的给予罚款处罚的行为、幅度的范围内作出具体规定。

尚未制定法律、行政法规或者地方性法规的，对违反行政管理秩序的行为，规章可以在下列限额内设定罚款的数额：（一）对非经营活动中违反行政管理秩序的行为，设定罚款不得超过1000元；（二）对经营活动中违反行政管理秩序的行为，有违法所得的，设定罚款不得超过违法所得的3倍，但最高不得超过30000元；没有违法所得，设定罚款不得超过10000元。

规章（含本规定公布前制定的规章）设定罚款限额超过前款第一、二项设定的限额的，应当提请省人民代表大会常务委员会批准。

（16）黑龙江省

黑龙江省人大常委会《关于政府规章罚款限额的规定》：一、对非经营活动中的违法行为设定罚款不得超过1000元。二、对经营活动中的违法行为，有违法所得的，设定罚款不得超过违法所得的5倍，但是最高不得超过5万元，没有违法所得的，设定罚款不得超过2万元。规章中确需超过上述限额的罚款，应当报经省人大常委会批准。

（17）河南省

《河南省规章设定罚款限额规定》第三条：省人民政府、设区的市人民政府制定规章对违反行政管理秩序的行为设定罚款的限额为五万元。但对违反公共安全、人身财产安全、生态环境保护、有限自然资源开发利用方面行政管理秩序的行为，可以设定不超过二十万元的罚款。

（18）福建省

福建省人大常委会《关于设定福建省人民政府规章罚款限额的决定》：一、对违反行政管理秩序的行为设定罚款的限额为三万元。但对涉及公共安全、人身财产安全、生态环境保护、有限自然资源开发利用方面违反行政管理秩序的行为，可以设定不超过二十万元的罚款。

（19）辽宁省

《辽宁省规章设定罚款限额规定》：省人民政府和省人民政府所在地的市人民政府以及经国务院批准的较大的市人民政府制定的规章，对非经营活动中的违法行为设定罚款不得超过1000元；对经营活动中的违法行为，有违法所得的，设定罚款不得超过违法所得的3倍，但是最高不得超过3万元，没有违法所得的，设定罚款不得超过1万元。

（20）吉林省

吉林省人大常委会《关于政府制定规章设定罚款的限额的规定》：一、省人民政府、设区的市人民政府制定规章对违反行政管理秩序的行为设定罚款的限额为五万元。但对涉及公共安全、人身财产安全、生态环境保护、有限自然资源开发利用方面违反行政管理秩序的行为，可以设定不超过十万元的罚款。

（21）河北省

河北省人大常委会《关于贯彻实施〈行政处罚法〉的决定》：省人民政府和设区的市的人民政府制定规章时设定罚款的限额为三万元，对危害公共安全、人身财产安全、生态环境保护、有限自然资源开发利用方面的严重违反行政管理秩序的行为，可以设定不超过十万元的罚款；超过上述限额的，应当报河北省人民代表大会常务委员会决定。

（22）青海省

青海省人大常委会《关于实施〈行政处罚法〉几个问题的决定》：根据我省和西宁市的实际情况，省人民政府和西宁市人民政府制定的规章，对于尚未制定法律、法规的违反行政管理秩序的行为，属于非经营活动中的违法行为设定罚款不得超过1000元；对经营活动中的违法行为，有违法所得的，设定罚款不得超过违法所得的3倍，但是最高不得超过30000元；没有违法所得的，设定罚款不得超过10000元。确有必要超过上述限额而又可以上升为法规的，可按立法程序办理。不需要上升为法规，但个别条文的罚款规定确有必要突破限额的，报省人大常委会决定。

2.自治区

（1）宁夏回族自治区

宁夏回族自治区人大常委会《关于实施〈行政处罚法〉行政罚款限额的规定》：自治区人民政府和银川市人民政府制定的规章对非经营活动中的违法行为设定罚款不得超过1000元；对经营活动中的违法行为，有违法所得的，设定罚款不得超过违法所得的3倍，但最高不得超过30000元，没有违法所得的，设定罚款不得超过10000元；超过上述限额的，报自治区人大常委会批准。

（2）新疆维吾尔自治区

新疆维吾尔自治区人大常委会《关于规章设定行政罚款处罚限额的规定》：二、自治区人民政府和乌鲁木齐市人民政府在下列情况下制定规章设定行政罚款处罚，应当遵守本规定：（一）在尚未制定法律、法规情况下，规章对违反行政管理秩序的行为所设定的行政罚款处罚；（二）对于违反行政管理秩序的行为，法律、法规应当给予行政罚款处罚但无具体罚款数额，规章需要作出具体罚款处罚规定的。三、规章对非法经营活动中违法行为设定行政罚款处罚，公民不得超过200元，法人和其他组织不得超过1000元。对经营活动中的违法行为，有违法所得的，设定罚款不得超过违法所得的3倍，但最高不得超过30000元；无违法所得的，设定罚款不得超过10000元，超过上述限额的，应由自治区人大常委会作出规定。

（3）西藏自治区

西藏自治区人大常委会《关于自治区人民政府规章设定罚款限额的规定》第二条：西藏自治区人民政府制定的政府规章，设定罚款的，按下列规定执行：（一）对公民违反国家安全、公共安全、生态环境保护、有限自然资源开发利用以及直接关系人身健康、生命财产安全方面的行政管理秩序的行为，设定罚款不得超过2000元；除以上情形外，对公民违反其他行政管理秩序的行为，设定罚款不得超过200元。（二）对法人和其他组织违反国家安全、公共安全、生态环境保护、有限自然资源开发利用以及直接关系人身健康、生命财产安全方面的行政管理秩序的行为，设定罚款不得超过10万元；除以上情形外，对法人和其他组织违反其他行政管理秩序的行为，设定罚款不得超过3万元。

（4）内蒙古自治区

《内蒙古自治区规章设定罚款限额规定》第二条：自治区人民政府、呼和浩特市人民政府、包头市人民政府制定的规章，需要设定罚款的，按下列规定执行：（一）对非经营活动中的违法行为设定罚款不得超过1000元；（二）对经营活动中的违法行为，有违法所得的，设定罚款不得超过违法所得的3倍，但是最高不得超过3万元，没有违法所得的，设定罚款不得超过1万元。

（5）广西壮族自治区

《广西壮族自治区规章设定罚款限额规定》：一、对非经营活动中的违法行为，设定罚款不得超过10000元。二、对经营活动中的违法行为，有违法所得的，设定罚款不得超过违法所得的5倍；没有违法所得的，设定罚款不得超过50000元。

3.直辖市

（1）北京市

《北京市规章设定罚款限额规定》第二条：市人民政府制定的规章，对违反行政管理秩序的行为需要设定罚款的，设定罚款的限额为3万元。但对涉及公共安全、生态环境保护、有限自然资源开发利用以及关系人身健康、生命财产安全方面的违反行政管理秩序的行为，可以设定不超过10万元的罚款。

（2）天津市

《天津市制定规章设定罚款限额规定》第二条：在尚未制定法律、法规的情况下，市人民政府制定规章需要设定罚款的，其罚款限额按照下列规定执行：（一）对非经营活动中违反行政管理秩序的行为设定罚款不得超过1000元；（二）对经营活动中违反行政管理秩序的行为设定罚款，有违法所得的，不得超过30000元；无违法所得的，不得超过10000元。

（3）上海市

上海市人大常委会《关于市人民政府制定规章设定行政处罚罚款限额的规定》：一、对违反行政管理秩序的行为设定罚款的限额为30万元。

（4）重庆市

重庆市人大常委会《关于市人民政府规章设定罚款限额的规定》第四条：在某些领域尚未制定法律、行政法规或地方性法规的，对违反行政秩序的行为设定罚款的幅度，按下列规定执行：（一）对非经营活动中的违反行政管理秩序的行为设定行政罚款最高金额不得超过1000元；（二）对经营活动中违反行政管理秩序的行为设定行政罚款最高金额不得超过30000元；（三）市人民政府制定规章时，可以在规定的罚款限额范围内，根据过罚相当的原则，对公民、法人或者其他组织设定不同幅度的处罚。

（三）评析

1.关于部门规章

从国发〔1996〕13号文件可以看出，国务院按照是否属于"经营活动"为标准区分规章可以设定的罚款数额。对于非经营活动中的违法行为予以轻罚；对于经营活动中的违法行为则予以重罚。对于后者，又区分有无违法所得，作出不同规定。而国发〔2021〕26号文件则明确"设定的罚款数额最高不得超过10万元，且不得超过法律、行政法规对相似违法行为的罚款数额"之一般要求，在此基础上突出"涉及公民生命健康安全、金融安全且有危害后果"的严重违法行为，将其罚款限额提高至"最高不得超过20万元"；超过上述限额的，要报国务院批准。尽管地方政府规章设定罚款的限额依法由省、自治区、直辖市人大常委会规定，但上述新确定方式必将对地方政府规章设定罚款的限额产生一定影响。

2.关于地方政府规章

从22个省、5个自治区、4个直辖市规定看，具有以下特征：

（1）规定方式不一

有的按照国发〔1996〕13号文件，区分是否属于经营活动、有无违法所得作出不同规定；有的对公民和法人、其他组织作出不同规定；有的对直接关系人身健康、生命财产安全以及直接涉及国家安全、生态环境保护、历史文化保护、有限自然资源开发利用方面的违反行政管理秩序的行为规定较重罚款；有的则未区分具体情况作出单一规定。

（2）数额差异较大

受经济发展水平影响，各地对于规章可以设定的罚款数额规定差异较大，最低为200元，最高为30万元。

（3）调整较为频繁

有的地方已经进行了两次调整。比如上海市，1996年9月26日上海市第十届人民代表大会常务委员会第三十次会议通过的《关于市人民政府制定规章设定行政处罚罚款限额的规定》规定，对非经营活动中违反行政管理秩序的行为设定罚款，不得超过一千元；对经营活动中违反行政管理秩序的行为设定罚款，不得超过三万元。根据2014年4月23日上海市第十四届人民代表大会常务委员会第十二次会议通过的《关于修改〈关于市人民政府制定规章设定行政处罚罚款限额的规定〉的决定》第二次修正的《关于市人民政府制定规章设定行政处罚罚款限额的规定》规定为："对违反行政管理秩序的行为设定罚款的限额为三十万元。"调整后，相关数额提高了整整10倍。

第三章　行政处罚的实施机关

行政处罚的实施机关，也称行政处罚的实施主体，是指有权对违反行政管理秩序的公民、法人或者其他组织予以惩戒的组织。依据现行法律法规，我国行政处罚的实施机关包括：

一、行政机关

行政机关是按照宪法和组织法设立的代表国家依法行使行政权、组织和管理国家行政事务的国家机关，是国家权力机关的执行机关。它执行代议机关制定的法律和决定，管理国家内政、外交、军事等方面的行政事务。

关于行政机关实施行政处罚，《行政处罚法》（2021年修订）第十七条规定："行政处罚由具有行政处罚权的行政机关在法定职权范围内实施。"该条与《行政处罚法》（2017年修正）第十五条相比，只字未改。

（一）行政机关是最主要的行政处罚实施主体

从行政处罚法条文摆布看，行政机关位列第三章"行政处罚的实施机关"的首条，表明行政机关是最主要的行政处罚实施主体。有著作认为："在一元行政制"的大前提下，我国行政处罚实行以行政机关实施行政处罚为主体，以其他组织实施行政处罚为补充的处罚体制。[1]笔者对此予以赞同。

①冯军著：《行政处罚法新论》，中国检察出版社2003年版，第141页。

1.行政机关实施行政处罚，必须严格遵循职权法定原则

职权法定是指行政机关所行使的职权必须有法律规定，任何机关不得超越法律的授权。其特点包括：行政机关的创设具有法律依据，行政机关的权力来源于法律授权，行政机关在权限范围内行使权力符合法律规定，即主体合法性、授权明确性和权力行使的合法性，或者主体法定、适用法定和程序法定。也就是说，行政处罚由具有行政处罚权的行政机关在法定职权范围内实施，没有行政处罚权的行政机关或其他组织一般不能实施行政处罚。[①]比如，《城乡规划法》第六十三条规定："城乡规划编制单位取得资质证书后，不再符合相应的资质条件的，由原发证机关责令限期改正；逾期不改正的，降低资质等级或者吊销资质证书。"该条即对原发证机关降低资质等级或者吊销资质证书的具体规定，并非对县级以上城乡规划主管部门的一般授权；原发证机关以外的其他机关无权实施此项处罚。

实践中，有关行政机关的行政处罚权有时会发生争议，尤其在法规竞合情况下。比如，对于农村村民违法占地建房，适用《土地管理法》还是《城乡规划法》？违法占地与违法建设行为时常出现"粘连"，特别是在城郊结合地区。《土地管理法》赋予了县级以上自然资源主管部门依法查处非法占地的法定职责，《城乡规划法》赋予了县级以上城乡规划主管部门对违法建设行为依法进行查处的法定职责。虽然两者对违法行为查处的侧重点不同，但是违法建设行为可以表现出竞合性违法情形。因此，在非法占用的土地上的违法建设不仅是土地管理的事务，也是规划控制上的事务，在法律上，非法占地上的违法建设对应土地法律管理和规划法律管理双重行政管理领域。对于该种情形，相邻关系人认为其相邻权益受到侵害，既可以向自然资源主管部门也可以向城乡规划主管部门要求履行查处职责，两者都是法定执法主体。对规划区内非法占用集体所有农用地（耕地）建房行为应优先适用《土

[①] 有行政管理权不一定就有行政处罚权。行政处罚法规定，行政处罚由具有行政处罚权的行政机关在法定职权范围内实施。这里所说的"具有行政处罚权"的行政机关实施行政处罚，已经清楚地表明，有些行政机关有行政处罚权，有些行政机关没有行政处罚权。哪些行政机关具有行政处罚权，应当由法律、行政法规规定。参见《有行政管理权是否就一定有行政处罚权？》，引自中国人大网"法律释义与问答"。

地管理法》，由自然资源主管部门查处，但也绝非不可以依照《城乡规划法》对其进行查处。简单地认定"不能依照城乡规划法对非法占用集体所有农用地（耕地）的行为进行处罚"，并不符合立法本意。

案例5：依照《城乡规划法》对非法占用集体所有农用地（耕地）行为进行处罚的合法性①

2018年9月，林园街道办在工作中发现李某芹在耕地上建设了2000多平方米的建筑及构筑物，分别于2018年9月11日、10月11日进行调查，李某芹未提供上述建筑及构筑物的相关手续。在后续工作中，林园街道办分别取得了杨家粉房村民委员会情况汇报一份、市规划局绿园分局关于集体土地无证房屋是否取得规划审批手续的函的复函一份、市国土资源局绿园分局情况说明一份，均证实李某芹建设在耕地上的上述建筑、构筑物未取得国土、规划等部门审批，2018年9月27日，林园街道办对李某芹作出《责令拆除决定书》，李某芹提出行政复议申请。2018年12月26日，绿园区政府作出《行政复议决定书》，决定维持林园街道办的《责令拆除决定书》。李某芹不服，提起行政诉讼。

一审法院认为，林园街道办不是适格的处罚主体，被诉《责令拆除决定书》认定事实不清，适用法律不当，判决撤销《责令拆除决定书》；撤销《行政复议决定书》。林园街道办、绿园区政府不服，提起上诉。

二审法院认为，"法定职责必须为，法无授权不可为"要求行政机关既要积极履行职责，又不能违反职权法定的原则。本案需要明确的问题是《土地管理法》调整的"非法占用集体所有农用地（耕地）"的行为是否也可以依照《城乡规划法》进行处罚以及法律是否授权街道办事处对该类违法行为进行处罚。关于该类行为是否可以依照《城乡规划法》进行处罚问题。"合理利用土地，切实保护耕地"与"协调城乡空间布局，改善人居环境"是《土地管理法》和《城乡规划法》分别想要实现的行政管理目的。按照《土地管理法》和《城乡规划法》的规定，符合颁发建设工程规划许可证条件的

---

① 参见（2019）吉01行终297号《行政判决书》。

建设行为一般不会出现破坏耕地的情况，但是在耕地上的违法建设行为一定不符合城乡空间布局。这种情形的存在，是否等同于《城乡规划法》既可以对违规建设的行为进行处罚也可以对违法占地的行为进行处罚，结论是否定的。

首先，从关于法律责任的具体规定而言，《城乡规划法》主要针对的是"未取得建设工程规划许可证或者未按照建设工程规划许可证进行建设"的违法行为，该法只是将"确需占用农用地的，应当依照《土地管理法》有关规定办理农用地转用审批手续"作为"核发乡村建设规划许可证"的前提条件，而对于"未办理农用地转用审批手续""未经批准或者采取欺骗手段骗取批准"的违法行为如何处罚并未作出规定。而《土地管理法》主要针对的是违法占地行为，比如"擅自将农用地改为建设用地""占用耕地进行建设以及破坏种植条件的其他行为""未经批准或者采取欺骗手段骗取批准"等。由此可见，《土地管理法》和《城乡规划法》在对违法建设行为处罚方面是有分工的，《城乡规划法》不处罚擅自将农用地改为建设用地、占用耕地进行建设等违法行为，《土地管理法》不处罚未取得建设工程规划许可证或者未按照建设工程规划许可证进行建设的违法行为。

第二，在耕地上的违法建设行为一定不符合城乡空间布局，是针对城乡总体规划而言的。换言之，控制性详细规划、修建性详细规划仅是针对允许建设区域制定的，针对耕地来讲，毫无控制性详细规划、修建性详细规划可言。从行政处罚角度，《城乡规划法》主要是对建筑是否符合控制性详细规划、修建性详细规划等进行判断，不处罚与规划无关的违法行为。一是对尚可采取改正措施消除对规划实施的影响的，限期改正，补办手续；二是对于无法采取改正措施消除影响的，限期拆除。显而易见，在耕地上进行建设既不存在按照《城乡规划法》补办手续的问题，也不存在衡量是否符合控制性详细规划、修建性详细规划问题，对其合法性的判断依据是《土地管理法》规定的破坏种植条件等因素，其中对农用设施的考量因素是设施农用地建设标准，亦不是《城乡规划法》所指的规划条件，单纯依照《城乡规划法》对耕地上建设行为作出评价可能存在错误。

第三，在耕地上的违法建设行为侵犯的法益主要是耕地保护，从法律适用的角度而言，对破坏耕地的违法行为，《土地管理法》属于特别法，应优先适用。

综上，因为应优先适用《土地管理法》，所以不能依照《城乡规划法》对非法占用集体所有农用地（耕地）的行为进行处罚。关于法律是否授权街道办事处对该类违法行为进行处罚问题，根据"法无授权不可为"的原则，街道办事处无权对该类违法行为进行处罚。

判决：驳回上诉，维持原判。

2.应当依法区分行政处罚与事中事后监管职责

近年来，国家实施行政审批制度改革，取消、下放了大量行政审批事项。有的地方实行相对集中行政许可权改革，组建行政审批局，行使有关行政机关的行政许可权；有的地方实施综合行政执法改革，组建综合行政执法局，行使其他部门的行政执法权。改革中，一些部门没有认真对待事中事后监管体制机制建设，"盖着盒子摇"，为失职渎职埋下了种子。

国务院《事中事后监管指导意见》提出：要严格按照法律法规和"三定"规定明确的监管职责和监管事项，依法对市场主体进行监管，做到监管全覆盖，杜绝监管盲区和真空。除法律法规另有规定外，各部门对负责审批或指导实施的行政许可事项，负责事中事后监管；实行相对集中行政许可权改革的，要加强审管衔接，把监管责任落到实处，确保事有人管、责有人负；对已经取消审批但仍需政府监管的事项，主管部门负责事中事后监管；对下放审批权的事项，要同时调整监管层级，确保审批监管权责统一；对审批改为备案的事项，主管部门要加强核查，对未经备案从事相关经营活动的市场主体依法予以查处；对没有专门执法力量的行业和领域，审批或主管部门可通过委托执法、联合执法等方式，会同相关综合执法部门查处违法违规行为，相关综合执法部门要积极予以支持。

可以认为，国务院《事中事后监管指导意见》确定了"谁审批谁监管""谁指导谁监管"的基本原则，并对取消审批但仍需政府监管的事项、下放审批权的事项、审批改为备案的事项，以及没有专门执法力量的行业和领域监管责任作出了具体规定。而对于实行相对集中行政许可权改革，考虑到各地做法不尽一致，仅提出"要加强审管衔接，把监管责任落到实处，确保事有人管、责有人负"的原则要求，把具体的规定权留给了地方政府。一些地方已经对此进行细化。[①]

国务院《事中事后监管指导意见》印发后，一些行政主管部门也出台了具体规定，如：湖南省住房和城乡建设厅《关于建立城市管理领域事中事后监管与行政处罚衔接机制的指导意见》（湘建执〔2020〕77号），福建省住房和城乡建设厅《关于厘清城市管理综合行政执法中职责边界的指导意见》（闽建法函〔2020〕65号），等等。2020年11月23日，南阳市人民政府办公室印发《南阳市人民政府关于明确城市管理执法监管职责的通知》（宛政〔2020〕16号），明确了城市管理执法部门职责，住房城乡建设、自然资源、生态环境、交通管理、水务管理、市场监督管理等政府职能部门职责，以及属地县（市、区）政府（管委会）职责，并对执法重心下移、构建智慧城管、加强区级效能考核进行了周密的制度设计。在责任追究方面，《通知》规定：职能部门未履行监管主体责任、涉嫌违法线索移送、资源共享、业务协助等职责，致使违法危害后果扩大或者公共服务中断、公共利益受损的，职能部门承担责任；城市管理执法部门未依法履行行政处罚、行政强制、案件移送等职责，致使违法危害后果扩大或者公共服务中断、公共利益受损的，城市管理执法部门承担责任；未履行源头治理、巡查发现、举报、劝阻、制止、查封施工现场、暂扣施工设备、强制拆除等职责，致使违法危害后果扩大或者公共服务中断、公共利益受损的，由属地政府（管委会）和相关部门或组织承担责任。对未履行职责的，将严格依法依规依纪追究相关责任。

笔者认为，上述做法值得其他部门单位学习借鉴。

3. 一些地方行政处罚领域存在职责不清现象，值得重视

如2020年6月19日，孙某向江苏广电总台"我苏特稿"反映，称他所居住的某县天工锦绣尚品小区内，有300个地面停车位被加盖了自动伸缩棚，

[①] 如江苏省人民政府《省政府关于加强和规范事中事后监管的实施意见》（苏政发〔2020〕59号）明确："实行相对集中行政许可权改革的地区，审批部门对审批行为、过程和结果负责，审批部门、主管部门加强审管衔接，形成闭环。"

以每个28000元的价格出售给小区业主，拥有永久使用权。据小区业主介绍，这些伸缩车棚未经过规划部门审批，但也没有部门对其进行违建定性和拆除。6月25日，"我苏特稿"以《当"三定"方案遇到上位法，小区加盖车棚到底归谁管？》为题，进行了披露。旋即，《规划、城管甩锅：县城管局灵魂拷问规划局，县政府的三定和上位法，谁的地位高？》等文章相继在相关自媒体刊出，进而引发了跟帖与热议，可谓"一石激起千层浪"。笔者认为，上述事件本身并不复杂，至少说不应当存在法律问题。但三个公职人员代表本单位接受采访的言论，却悄然引发了三个法律问题，最终使得并不复杂的问题复杂化，卷入舆论漩涡。

（1）关于住房城乡建设部门的查处职责

针对记者的调查，县住建局回应称，车棚是开发商所建，且在规划图纸上是没有车棚的。"开发商这个行为，其他部门可以处罚开发商，比如说规划部门、城管部门。我们没有强制执法权。"实践中，开发商究竟实施了什么行为？如前所述，系"300个地面停车位被加盖了自动伸缩棚，以每个28000元的价格出售给小区业主，拥有永久使用权"。其中包含两个方面：一是"300个地面停车位被加盖了自动伸缩棚"，二是"以每个28000元的价格出售给小区业主，拥有永久使用权"。前者若未经批准，执法权确实不在住房城乡建设部门，但后者应当定性为房地产开发经营行为。《城市房地产开发经营管理条例》第二条规定："本条例所称房地产开发经营，是指房地产开发企业在城市规划区内国有土地上进行基础设施建设、房屋建设，并转让房地产开发项目或者销售、出租商品房的行为。"第四条规定："国务院建设行政主管部门负责全国房地产开发经营活动的监督管理工作。""县级以上地方人民政府房地产开发主管部门负责本行政区域内房地产开发经营活动的监督管理工作。"据此，"住建部门没有执法权"显然是推诿的借口。而且，《物权法》第七十四条第三款规定："占用业主共有的道路或者其他场地用于停放汽车的车位，属于业主共有。"根据最高人民法院《关于审理建筑物区分所有权纠纷案件具体应用法律若干问题的解释》（法释〔2009〕7号）第六条，建筑区划内在规划用于停放汽车的车位之外，占用业主共有道路或者其他场地增设的车位，应当认定为物权法第七十四条第三款所称的车位。因此，对于房地产开发企业实施的与业主公共利益相关的市场销售行为，县级以上住房城乡建设部门理应有权进行监督管理。

此外，"我们没有强制执法权"也是个别执法人员敷衍塞责惯用的"外交辞令"。执法权与"强制执法权"属于不同范畴，行政执法中的强制措施与强制执行，《行政强制法》非常明确。关于行政强制措施，该法第十条规定："行政强制措施由法律设定。""尚未制定法律，且属于国务院行政管理职权事项的，行政法规可以设定除本法第九条第一项、第四项和应当由法律规定的行政强制措施以外的其他行政强制措施。""尚未制定法律、行政法规，且属于地方性事务的，地方性法规可以设定本法第九条第二项、第三项的行政强制措施。"关于行政强制执行，该法第十三条规定："行政强制执行由法律设定。""法律没有规定行政机关强制执行的，作出行政决定的行政机关应当申请人民法院强制执行。"据此，有执法权的机关不一定具有"强制执法权"，但没有"强制执法权"并不当然没有执法权。动辄将两者勾连目的就是为推诿塞责寻找借口。尽管后期公众目光集中在"规划、城管甩锅"，但绝不能简单认定住房城乡建设部门没有执法权。

（2）关于自然资源规划部门的监管职责

针对记者的调查，县自然资源和规划局确认，该单位没有收到小区关于建设伸缩性车棚的申请，但认定其是否违建和拆除违建工作则由城管部门负责。按照机构改革的相关要求，"规划办"和"城建监察大队"都应该划归自然资源和规划局。但实际上只有"规划办"被划过来了，"城建监察大队"还在城管部门。因此，自然资源和规划局目前只具备规划审批职能。其意图非常明显——拿"自然资源和规划局目前只具备规划审批职能"，推定其与未经批准加盖车棚没有关系。实则不然。

首先，对于规划批后监管事项和监管职责，法律无具体规定，各地情况亦有差异，应由"三定"规定或者法规、规章、规范性文件等予以明确。国务院《事中事后监管指导意见》提出："要严格按照法律法规和'三定'规定明确的监管职责和监管事项，依法对市场主体进行监管，做到监管全覆

第三章　行政处罚的实施机关

盖，杜绝监管盲区和真空。""除法律法规另有规定外，各部门对负责审批或指导实施的行政许可事项，负责事中事后监管"。结合本案，即便加盖车棚未经批准，但因其位于天工锦绣尚品小区项目范围内，该项目势必已获得自然资源和规划部门许可，因此，不能简单地以"自然资源和规划局目前只具备规划审批职能"，推定其无事中事后监管义务。

其次，对于行政执法中的边界问题，相关部门应做好协调协作。比如在违法建筑查处中，自然资源和规划部门就城管执法部门提出的建设项目是否已经取得规划许可，是否按照规划许可内容进行建设，是否可以采取改正措施消除对城乡规划实施的影响等，理应予以协助。多地法规、规章、规范性文件对此有明确规定。

再次，实践中出现的机构改革不到位情况，使得问题更加复杂化，在此情况下不能将机构归属与执法权简单挂钩。依据"三定"规定，该县具体查处违法建设的执法队伍——县城建监察大队应当划归自然资源和规划部门，但实际上没有划归，还在城管部门。因此，轻言"自然资源和规划局目前只具备规划审批职能"显然不负责任。

（3）关于城管部门的查处职责

针对记者的调查，县城管局明确表示，根据《城乡规划法》，这件事情不归城管管。该局采访对象罗某反问记者："首先，第一职能部门是城乡规划行政主管部门，您觉得城市管理是城乡规划行政主管部门吗？您觉得县政府的'三定'跟《城乡规划法》相比，到底是'三定'的地位高，还是《城乡规划法》的地位高呢？"

众所周知，"三定"即定部门职责、定内设机构、定人员编制。该项工作始于1988年机构改革，承担着约束机构编制、规范权力运行的功能，三十多年来，对于划分和确定各部门的职责发挥了重要作用。"三定"规定是机构编制部门对各类机构主要职责、内设机构和人员编制等所作规定的简称，是各职能部门履行职责的重要依据，是维持部门间运转秩序的基本保障。通俗地说，就是规定某部门干什么事，有哪些内设机构，有多少人员编制和领导职数等。具体包括6个方面内容：一是职责调整，即明确部门取消、划出移交、划入和增加以及加强的职责。二是主要职责，即规定部门的主要职能和相应承担的责任。三是内设机构，即确定部门内设机构的设置和具体职责。四是人员编制，即核定部门的编制数、部门和内设机构的领导职数。五是其他事项，即明确与有关部门的职责分工、部门派出机构和直属事业单位的机构编制事宜等。六是附则，即明确"三定"规定是由谁解释和调整的事宜。机构改革前，"三定"工作由党委办公厅（局、室）会同政府机构编制委员会办公室负责；机构改革后，已归口党委组织部门管理，"三定"规定以同级党委办公厅（局、室）、政府办公厅（局、室）名义联合印发。

从属性上讲，"三定"规定属于规范性文件范畴，是对法律、法规确定的管理职责进行部门间分工与明确。比如，《城乡规划法》第十一条规定，国务院城乡规划主管部门负责全国的城乡规划管理工作，县级以上地方人民政府城乡规划主管部门负责本行政区域内的城乡规划管理工作。从中央到地方，各级"三定"规定则负责具体明确哪个部门是本级人民政府城乡规划主管部门，有哪些职责，等等。国家层面，中共中央办公厅、国务院办公厅印发的《自然资源部职能配置、内设机构和人员编制规定》（厅字〔2018〕69号）将这一部门确定为自然资源部，并明确了具体职责及对应司、局；地方层面则涉及各级自然资源和规划部门，不再赘述。

县政府的"三定"跟《城乡规划法》相比到底谁地位高？这显然是个伪命题。如前所述，"三定"规定属于规范性文件，《城乡规划法》属于法律，其位阶高低无需交代。然而，解决纷争的关键不是探究"三定"规定与法律法规的位阶高低，而是确定违法建设的执法主体。解决这一问题最终取决于相关部门的"三定"规定，而不是《城乡规划法》。违法建设事关城乡安全和群众利益，地方机构改革已结束多时，若上述问题仍未解决，实难想象何以推进基层治理体系和治理能力现代化。

党的十九届三中全会通过的《中共中央关于深化党和国家机构改革的决定》提出，要增强"三定"规定严肃性和权威性，完善党政部门机构设置、职能配置、人员编制规定。要推进机构编制法定化，依法管理各类组织机构，加快推进机构、职能、权限、程序、责任法定化。沸沸扬扬的加盖车棚事件，其实解决方法并不复杂——检视"三定"、确定职责。如果"三定"规定已经明确，严肃查纠推诿、懒政行为；如果"三定"规定尚不明确，相关部门应当依据《地方各级人民政府机构设置和编制管理条例》第十条规定，主动协商解决；协商不一致的，提请本级机构编制管理部门提出协调意见，报本级人民政府决定。

（二）作为行政处罚实施主体的行政机关的规范表述

1.相关规定

（1）《立法技术规范（试行）（一）》（法工委发〔2009〕62号）

10.部门的表述

10.1 法律中一般不写部门的具体名称。

10.2 法律中行政机关的表述，一般使用"××主管部门"。

示例：国务院城乡规划主管部门负责全国的城乡规划管理工作。

10.3 对某些部门，实践中已有固定表述的，如"公安机关"、"工商行政管理部门"、"海关"等，仍保留原来的表述方式。

示例：县级以上地方人民政府公安机关对本行政区域内的消防工作实施监督管理，并由本级人民政府公安机关消防机构负责实施。

10.4 对少数情况特殊的部门，应当表述准确，如司法部就不能表述为"司法部门"，而应当表述为"司法行政部门"。这里"行政"与"主管"不能并用。

示例：司法行政部门依照本法对律师、律师事务所和律师协会进行监督、指导。

10.5 法律授权履行监督管理职能的组织机构，表述为："××机构"。

示例：国务院保险监督管理机构依法对保险业实施监督管理。

国务院保险监督管理机构根据履行职责的需要设立派出机构。派出机构按照国务院保险监督管理机构的授权履行监督管理职责。

（2）《立法技术规范（试行）（二）》（法工委发〔2011〕5号）

①部门（机构）职责的表述

1.1 涉及一个职能部门（机构）的职责的，表述为：××部门（机构）主管（负责）全国××工作。

示例1：国家保密行政管理部门主管全国的保密工作。县级以上地方各级保密行政管理部门主管本行政区域的保密工作。（保守国家秘密法第五条）

示例2：国务院公安部门负责全国道路交通安全管理工作。县级以上地方各级人民政府公安机关交通管理部门负责本行政区域内的道路交通安全管理工作。（道路交通安全法第五条）

示例3：国务院银行业监督管理机构负责对全国银行业金融机构及其业务活动监督管理的工作。（银行业监督管理法第二条第一款）

1.2 涉及多个职能部门（机构），需要明确各自职责的，分别表述为：××部门（机构）主管（负责）全国××工作，××部门（机构）负责××工作，××部门（机构）负责××工作。

示例1：国务院农业行政主管部门主管全国农业和农村经济发展工作，国务院林业行政主管部门和其他有关部门在各自的职责范围内，负责有关的农业和农村经济发展工作。（农业法第九条第二款）

示例2：国务院环境保护行政主管部门……负责全国防治陆源污染物和海岸工程建设项目对海洋污染损害的环境保护工作。

国家海洋行政主管部门负责海洋环境的监督管理，组织海洋环境的调查、监测、监视、评价和科学研究，负责全国防治海洋工程建设项目和海洋倾倒废弃物对海洋污染损害的环境保护工作。

……

沿海县级以上地方人民政府行使海洋环境监督管理权的部门的职责，由省、自治区、直辖市人民政府根据本法及国务院有关规定确定。（海洋环境保护法第五条）

1.3 涉及多个职能部门（机构），需要明确主管部门（机构）及其职责，但不必明确其他部门（机构）及其具体职责的，表述为：××部门（机构）主管（负责）全国××工作，其他有关部门（机构）负责××工作。

示例1：国务院能源主管部门依照本法规定主管全国管道保护工作，负责组织编制并实施全国管道发展规划，统筹协调全国管道发展规划与其他专项规划的衔接，协调跨省、自治区、直辖市管道保护的重大问题。国务院其他有关部门依照有关法律、行政法规的规定，在各自职责范围内负责管道保护的相关工作。（石油天然气管道保护法第四条）

示例2：国务院社会保险行政部门负责全国的社会保险管理工作，国务院其他有关部门在各自的职责范围内负责有关的社会保险工作。（社会保险法第七条第一款）

2.部门（机构）在立法中的归类

反观我国立法实践，在部门（机构）的处理方法上一般并不按现状将相关职能与主管部门（机构）一一对应。比如，国家发展和改革委员会是国务院发展改革主管部门，其主要职责有17项，包括："拟订并组织实施有关价格政策，组织制定少数由国家管理的重要商品、服务价格和重要收费标准。参与拟订财政政策、货币政策和土地政策。"可见，国家发展和改革委员会是国务院价格主管部门。但《价格法》第五条规定："国务院价格主管部门统一负责全国的价格工作。国务院其他有关部门在各自的职责范围内，负责有关的价格工作。""县级以上地方各级人民政府价格主管部门负责本行政区域内的价格工作。县级以上地方各级人民政府其他有关部门在各自的职责范围内，负责有关的价格工作。"第三十三条规定："县级以上各级人民政府价格主管部门，依法对价格活动进行监督检查，并依照本法的规定对价格违法行为实施行政处罚。"显然，《价格法》并没有将价格主管部门明确为"发展和改革主管部门"。

又如，国家发展和改革委员会的主要职责包括："负责投资综合管理，拟订全社会固定资产投资总规模、结构调控目标和政策，会同相关部门拟订政府投资项目审批权限和政府核准的固定资产投资项目目录。安排中央财政性建设资金，按国务院规定权限审批、核准、审核重大项目。规划重大建设项目和生产力布局。拟订并推动落实鼓励民间投资政策措施。"可见，国家发展和改革委员会是国务院投资主管部门。但《企业投资项目核准和备案管理条例》第三条规定："对关系国家安全、涉及全国重大生产力布局、战略性资源开发和重大公共利益等项目，实行核准管理。具体项目范围以及核准机关、核准权限依照政府核准的投资项目目录执行。政府核准的投资项目目录由国务院投资主管部门会同国务院有关部门提出，报国务院批准后实施，并适时调整。国务院另有规定的，依照其规定。"第二十条规定："企业投资建设产业政策禁止投资建设项目的，由县级以上人民政府投资主管部门责令停止建设或者责令停产并恢复原状，对企业处项目总投资额5‰以上10‰以下的罚款；对直接负责的主管人员和其他直接责任人员处5万元以上10万元以下的罚款，属于国家工作人员的，依法给予处分。法律、行政法规另有规定的，依照其规定。"显然，《企业投资项目核准和备案管理条例》也没有将投资主管部门明确为"发展和改革主管部门"。

上述做法正是立法科学性的体现，可以最大限度地避免机构改革对法的稳定性产生影响。

3.尴尬与矛盾——以"自然资源主管部门"为例

2018年3月21日公布的《深化党和国家机构改革方案》提出：组建自然资源部，主要职责是"对自然资源开发利用和保护进行监管，建立空间规划体系并监督实施，履行全民所有各类自然资源资产所有者职责，统一调查和确权登记，建立自然资源有偿使用制度，负责测绘和地质勘查行业管理等。"显然，自然资源部的职能已经超出自然资源开发利用保护监管以及履行全民所有各类自然资源资产所有者职责，扩大至建立空间规划体系并监督实施以及测绘和地质勘查行业管理等。后者与自然资源管理显然不属于同一体系，但其职能又归口自然资源管理。正因为此，在相关法律法规与规范性文件中，如何对相关部门及职能进行规范表述值得探讨。

根据中央机构编制委员会办公室印发的《自然资源部职能配置、内设机构和人员编制规定》（以下简称自然资源部"三定方案"），自然资源部是国务院组成部门，为正部级，对外保留国家海洋局牌子，具体行使21项职能，设有25个内设机构和相关派出机构。2018年12月17日，自然资源部第1次部务会议通过的《自然资源规范性文件管理规定》第二条首次提及"县级以上自然资源主管部门"。2019年5月10日，中共中央、国务院印发的《关于建立国土空间规划体系并监督实施的若干意见》（中发〔2019〕18号，以下简称《若干意见》）中多处出现"自然资源主管部门"表述。此后，"自然资源主管部门"普遍被相关规范性文件采用，如自然资源部《关于以"多规合一"为基础推进规划用地"多审合一、多证合一"改革的通知》（自然资规〔2019〕2号）。

但是，实践中已出现不同表述。如《土地管理法》（2019年修正）第五条规定："国务院自然资源主管部门统一负责全国土地的管理和监督工作。""县级以上地方人民政府自然资源主管部门的设置及其职责，由省、自治区、直辖市人民政府根据国务院有关规定确定。"而一并修改的《城市房地产管理法》（2019年修正）第七条规定："国务院建设行政主管部门、土地管理部门依照国务院规定的职权划分，各司其职，密切配合，管理全国房地产工作。""县级以上地方人民政府房产管理、土地管理部门的机构设置及其职权由省、自治区、直辖市人民政府确定。"其中仍然保留了"土地管理部门"表述。

笔者认为，将机构改革后的各级自然资源机构统称为"自然资源主管部门"，符合《立法技术规范（试行）（一）》10.2"法律中行政机关的表述，一般使用'××主管部门'"要求；未来制定自然资源法时，也会在法条中具体明确。但是，将下列超出自然资源领域行使职能的主体统称为"自然资源主管部门"，值得商榷：

（1）林业和草原

《林业法》第十条规定："国务院林业主管部门主管全国林业工作。县级以上地方人民政府林业主管部门，主管本地区的林业工作。乡级人民政府设专职或者兼职人员负责林业工作。"《草原法》第八条规定："国务院草原行政主管部门主管全国草原监督管理工作。县级以上地方人民政府草原行政主管部门主管本行政区域内草原监督管理工作。"根据《国家林业和草原局职能配置、内设机构和人员编制规定》第二条，国家林业和草原局是自然资源部管理的国家局，为副部级，加挂国家公园管理局牌子。亦即，虽然国家林业和草原局是自然资源部管理的国家局，虽然地方林业（草原局）在自然资源局挂牌而不单设，但是，林业和草原的主管部门是各级林业草原部门，非自然资源部门。

（2）国土空间规划

笔者注意到，修订后的《土地管理法》已将原"土地管理部门"修改为"自然资源主管部门"，但是仍然保留了"城市规划行政主管部门"的相关规定。鉴于城乡规划职能的特性，未来制定国土空间规划法时，对于主管部门仍应表述为"国务院国土空间规划主管部门主管全国国土空间规划工作。""县级以上地方人民政府国土空间规划主管部门主管本行政区域内国土空间规划工作。"

（3）测绘地理信息

《测绘法》第四条规定："国务院测绘地理信息主管部门负责全国测绘工作的统一监督管理。国务院其他有关部门按照国务院规定的职责分工，负责本部门有关的测绘工作。""县级以上地方人民政府测绘地理信息主管部门负责本行政区域测绘工作的统一监督管理。县级以上地方人民政府其他有关部门按照本级人民政府规定的职责分工，负责本部门有关的测绘工作。"《基础测绘条例》第五条规定："国务院测绘行政主管部门负责全国基础测绘工作的统一监督管理。""县级以上地方人民政府负责管理测绘工作的行政部门（以下简称测绘行政主管部门）负责本行政区域基础测绘工作的统一监督管理。"根据自然资源部"三定方案"，自然资源部主要职责包括："（十四）负责测绘地理信息管理工作。负责基础测绘和测绘行业管理。负责测绘资质资格与信用管理，监督管理国家地理信息安全和市场秩序。负责地理信息公共服务管理。负责测量标志保护。"尽管自然资源部负责测绘地理信息管理工作，但是有关测绘行政主体的表述应当为"测绘地理信息主管部门"，而非"自然资源主管部门"。

（三）作为行政处罚实施主体的行政机关的层级

关于作为行政处罚实施主体的行政机关的层级，有著作认为："从理论上来说，各级政府都有可能成为行政处罚主体，包括国务院"，"但从执法实践来看，国务院目前还没有作为行政处罚主体。而且从法理上分析，层级越高的政府亲自实施行政处罚的可能性越小，其主要是把握宏观方面的管理、指导和协调。"①笔者予以赞同。

值得注意的是，职权法定是行政机关行使职权时必须遵守的基本原则。根据该原则，县级以上人民政府和所属工作部门根据法律法规授权对特定事项分别行使管辖权，工作部门不得越权行使属于人民政府的法定职权，人民政府也不得越权行使其所属工作部门的法定职权。县级以上人民政府虽然"领导所属各工作部门和下级人民政府的工作"，可以就一些重点工作组织有关部门或下级人民政府实施，并可对所属工作部门和下级人民政府发出指示，但是领导、组织或指示不是替代，具体事宜还应当由各工作部门或者下级人民政府根据其法定管辖权以自己的名义分别实施。②同样，各工作部门有认真落实、执行政府决定的责任和义务，但落实、执行也不是替代，法律规定由人民政府行使的职权，应当以人民政府的名义行使，工作部门不能以落实、执行的名义代行人民政府的职权。"在管辖权的转移中，不仅职责归口的上级主管部门有权管辖其所属部门实施的处罚，而且本级人民政府也有权管辖其所属部门实施的处罚"的观点③，在今天看来已无处立足。

案例6：擅自在耕地上建房、挖砂等应当由县级以上人民政府土地行政主管部门查处④

梁某云等3人因诉某区政府强拆违法并赔偿案申请再审称：其养殖场及附属用房系农用设施，用途有瑕疵但性质未变；其果树、水井、排水管线、厕所、大门、围墙等属于合法财产，区政府违法强拆，应予赔偿。即使认定

---

①晏山嵘著：《行政处罚实务与判例释解》，法律出版社2019年版，第210页。

②实践中也有例外情况。如《城乡规划法》第六十八条规定："城乡规划主管部门作出责令停止建设或者限期拆除的决定后，当事人不停止建设或者逾期不拆除的，建设工程所在地县级以上地方人民政府可以责成有关部门采取查封施工现场、强制拆除等措施。"最高人民法院（2017）最高法行申6673号《行政裁定书》认为："对拆违决定的执行行为可以分为县级以上人民政府的责成强拆行为和拆违实施部门实施拆违的行为。县级以上人民政府既然有责成权，当然也可以亲自实施，这样能够更好地协调各职能部门之间的分工协作，提高行政执法效率。"

③汪永清著：《行政处罚》，中国政法大学出版社1994年版，第68页。

④参见（2019）最高法行申8534号《行政裁定书》。

其所建库房和附属设施是违法建筑，但违法建筑物、构筑物中的建设材料也属于当事人的合法财产，属于赔偿范围。一、二审认定其不具有合法权益错误。请求改判酌定其损失数额。

最高人民法院经审查认为：根据《土地管理法》第三十六条第二款的规定，禁止擅自在耕地上建房、挖砂、采石、采矿、取土等。本案中，梁某云等3人自述于2007年在集体土地上兴建养殖场，厂房面积2520平方米，2009年开始作为库房使用，期间经历多次扩建，至被拆除之前使用面积已经达到了9484平方米。梁某云等3人于2007年兴建养殖场期间，属于从事农业生产经营活动的行为，搭建的与养殖相关的设施属于农用设施。但其2009年开始改作库房使用至强拆行为发生时，早已经改变了农用设施的性质，期间多次扩建属于擅自在耕地上建房、挖砂、取土等行为，违反了《土地管理法》第三十六条第二款的规定。

根据《土地管理法实施条例》第三十五条的规定，在临时使用的土地上修建永久性建筑物、构筑物的，由县级以上人民政府土地行政主管部门责令限期拆除，逾期不拆除的，由作出处罚决定的机关依法申请人民法院强制执行。依法可由县级以上人民政府土地行政主管部门责令限期拆除，逾期不拆除的，由作出处罚决定的机关依法申请人民法院强制执行。区政府作为县级以上人民政府，在集体土地上依据《城乡规划法》实施强制拆除行为，适用法律错误，不具职权依据，且不符合强制拆除的法定程序。一审法院据此判决确认区政府强制拆除行为违法正确。

裁定：驳回梁某云等3人的再审申请。

（四）派出机关与派出机构

1.概念

派出机关是由县级以上地方人民政府经有权机关批准，在特定行政区划内设立的行使相当于一级人民政府管理职权的行政机关，如行政公署、区公所、街道办事处等。

派出机构是政府或政府职能部门在一定区域或组织内设立、授权实施某方面行政管理职能的代表机构。在我国，上至国务院工作部门、下至县级人民政府的工作部门都有设置派出机构情况，前者如审计署派驻的审计机构（特派员办事处）；后者如公安派出所、税务所、自然资源管理所等。对派出机构作出明确规定始于1990年《行政复议条例》；1999年《行政复议法》沿用了相关规定。

2.法律地位

派出机构与派出机关都具有派出组织的性质、履行一定的行政职能，但又存在3点差异：一是设立机关不同。派出机构一般由人民政府工作部门依法设立；派出机关则由人民政府经批准后依法设立。二是权限范围不同。派出机构一般基于某一单项行政职能而设立，仅就某一类行政事务行使职权；而派出机关的职能是综合的、权限是多方面的，对所管辖的某一地域范围具有相当于一级人民政府的管理职能。三是法律地位不同。派出机关并不是一级人民政府，但它却承担着在一定行政区域内政府组织与管理职能，因而具有相当于一级人民政府的地位。它可以成为行政复议的被申请人、行政诉讼被告和行政赔偿义务人。派出机构的法律地位则要视具体法律、法规的授权而论，大多数情况下，它仅为行为主体而不能成为责任主体，除非有法律法规的明确授权，否则不能以自己的名义行使行政权力。[①]

行政处罚法未对派出机关与派出机构行使行政处罚权作出规定，但这又恰是行政机关实施行政处罚难以回避的问题。正确认识和处理这一问题，不能超出《行政复议法》《行政诉讼法》和最高人民法院相关司法解释的框架。

关于派出机构在行政复议中的地位，《行政复议法》第十五条第一款第二项规定，对政府工作部门依法设立的派出机构依照法律、法规或者规章规定，以自己的名义作出的具体行政行为不服的，该派出机构具有被申请人的地位，此时由设立该派出机构的政府工作部门或者该部门的本级地方人民政府受理申请人提出的行政复议。

---

① 比如，2021年7月29日河北省第十三届人民代表大会常务委员会第二十四次会议通过的《河北雄安新区条例》第六条规定："雄安新区管理委员会是省人民政府的派出机构，参照行使设区的市人民政府的行政管理职权，行使国家和省赋予的省级经济社会管理权限，领导雄安新区规划范围内各级人民政府的工作，根据雄安新区功能定位和建设目标，依法有序推进规划建设管理和发展。""雄安新区管理委员会按照国家和省有关规定设置所属管理机构，依法依规归口统筹行使设区的市人民政府行政管理部门的行政执法、监督管理等行政管理职权。"

关于派出机构在行政诉讼中的地位，根据最高人民法院《关于适用〈行政诉讼法〉的解释》（法释〔2018〕1号，以下简称2018年《行诉解释》），派出机构是否具有行政诉讼被告的主体资格主要取决于是否获得法定授权及是否超越授权。具体分为3种情况：首先，行政机关的派出机构在没有法律、法规或者规章授权的情况下，以自己的名义作出具体行政行为，公民、法人或者其他组织不服而提起诉讼的应以该行政机关为被告，由其承担相应的法律责任。其次，行政机关在缺乏法律根据即在没有法律、法规或者规章规定的情况下，自行决定授权其派出机构行使行政职权，公民、法人或者其他组织对之不服提起诉讼的，应当以该行政机关为被告承担相应责任。最后，派出机构获得法律、法规或者规章授权后，在行使其获授权的行政职权时超出了法定授权范围，公民、法人或其他组织不服提起诉讼的，应当以实施该行为的派出机构作被告。

案例7：派出机构没有法律法规授权作出行政处罚决定，属超越职权行为[1]

2019年8月12日，××生态环境局执法人员对鸿立鞋业公司正在生产从事鞋底贴合的现场进行检查并对现场负责人进行调查询问后，发现主要生产工艺为：原料-刷胶-组合-成型。环保设施配套情况：刷胶工序产生的废气通过管道收集后经UV光解处理后排放。该建设项目未依法报批环评文件，需配套的环保设施未经验收合格擅自投入生产。2019年8月15日，××生态环境局向鸿立鞋业公司作出闽莆涵环改〔2019〕38号《责令改正违法行为决定书》，责令其于2019年11月15日改正上述违法行为。2019年10月10日，发出《要求提供相关证明通知书》，2019年11月5日，送达《行政处罚事先（听证）告知书》，2019年11月19日举行听证会。经单位负责人集体研究讨论后，于2019年12月2日对鸿立鞋业公司作出《行政处罚决定书》，认为鞋底贴合生产项目需配套的环保设施未经验收合格擅自投入生产的行为，违反了《建设项目环境保护管理条例》第十九条第一款的规定，依据《建设项目环境保护管理条例》第二十三条第一款的规定，并参照《规范行政自由裁量权工作手册》第二类第六项第16种

---

[1] 参见（2020）闽03行终227号《行政判决书》。

情形，处人民币20万元整的罚款。鸿立鞋业公司不服，提起行政诉讼。

一审法院认为，被告作为本辖区环境保护工作的行政主管部门，负有环境保护监督管理职责，是本案适格的被告主体。被告作出《行政处罚决定书》，认定原告鞋底贴合生产项目未报批环评文件及该生产项目需配套的环保设施未经验收合格擅自投入生产的违法行为，事实清楚，证据充分，程序合法，适用法律正确，处罚恰当。判决：驳回鸿立鞋业公司的诉讼请求。鸿立鞋业公司不服，提起上诉。

二审法院认为，职权法定原则是行政法的基本原则，行政机关要做到依法行政，首先必须有法律明确授予的行政职权，必须在法律规定的职权范围内活动。非经法律授权，行政机关不得作出行政管理行为；超出法律授权范围，行政机关不享有对有关事务的管理权，否则都属于行政违法。2019年3月30日，中共莆田市委办公室、莆田市人民政府办公室印发的《关于〈莆田市生态环境局职能配置、内设机构和人员编制规定〉的通知》（莆委办发〔2019〕17号）第六条明确规定××生态环境局是莆田市生态环境局的派出机构，且已经完成机构改革并履行法定职责。××生态环境局作出《行政处罚决定书》的法律依据是《建设项目环境保护管理条例》第二十三条第一款。该法条只授权给县级以上环境保护行政主管部门，没有对派出机构进行授权。作为莆田市生态环境局的派出机构，××生态环境局在没有法律法规授权的情况下，是没有独立的法律地位，其法律责任应由其设立的机关莆田市生态环境局承担。2019年3月30日，莆田市生态环境局完成了机构改革，职责职能已调整到位。因此，自2019年3月30日起××生态环境局在没有法律法规授权的情况下作出《行政处罚决定书》，属超越职权行为，程序违法。

判决：1.撤销一审行政判决；2.撤销《行政处罚决定书》。

3.分歧

关于派出机关与派出机构，目前分歧最大的是开发区。20世纪90年代初期，伴随着全国各地出现的招商引资热，开发区应运而生。起初主要负责招商引资，后来逐步发展为行使管理经济、社会、文化事务，架构与县（市、区）一级政府相当。长期以来，理论界、实务界对于开发区的法律性质认识不一，相关法规规定不一，亟待进一步予以厘清。

（1）两种不同的解释

①律图认为，我国地方人民政府的派出机关主要有3种类型：省、自治区人民政府经国务院批准设立的行政公署；县、自治县人民政府经省、自治区、直辖市人民政府批准设立的区公所；市辖区、不设区的市人民政府经上一级人民政府批准设立的街道办事处。另外，市人民政府设立的经济技术开发区管理委员会也属于派出机关。

②360百科认为，政府派出机构是指政府或政府职能部门在一定区域或组织内设立、授权实施某方面行政管理职能的代表机构。根据派出主体的不同，政府派出机构主要有3种类型：一是各级政府驻外办事机构，如驻京办、驻外办等；二是政府在特殊经济区域或特殊地区的派出机构，如各类开发区（含高新技术产业园区、经济开发区、出口加工区）及风景名胜区管理机构等；三是政府职能部门设立的派出机构，如公安分局与派出所。

从上述规定可以看出，律图的观点是，开发区管委会属于派出机关；360百科的观点是，开发区（含高新技术产业园区、经济开发区、出口加工区）及风景名胜区管理机构属于派出机构。

（2）两个相反的判例

①某市政府与张某信、张某敏、××开发区管委会行政复议纠纷案[①]

河南省高级人民法院认为，××经济技术开发区于2010年11月经国务院批准升级为国家级经济技术开发区，行使职权且能独立承担法律责任，该开发区管理机构具有行政主体资格。2017年12月20日，河南省人民政府办公厅印发《河南省经济技术开发区管理办法（试行）》（豫政办〔2017〕160号）第九条规定，经省政府批准设立后，省辖市、省直管县（市）政府明确省级经开区管理委员会为其派出机关，故××开发区管委会系市政府的派出机关，可以作为行政复议被申请人。

②徐某五、徐某毛诉某市政府、××经济技术开发区管委会等房屋强制拆

[①]参见（2019）豫行终369号《行政判决书》。

迁案①

最高人民法院认为,《国家高新技术产业开发区管理暂行办法》第八条第二款规定:"开发区管理委员会作为开发区日常管理机构,可以行使省、自治区、直辖市、计划单列市人民政府所授予的省市级规划、土地、工商、税务、财政、劳动人事、项目审批、外事审批等经济管理权限和行政管理权限,对开发区实行统一管理"。国家级经济技术开发区管理委员会系人民政府的派出机构,有独立明确的管理权限和范围,有独立的财政预算和行政编制,具有行政主体资格,能够独立承担法律责任。

从上述案例可以看出,河南省高级人民法院认为案涉经开区管委会系政府的派出机关;最高人民法院认为案涉经开区管委会系政府的派出机构。

（3）两类不同的定性

①作为派出机构的开发区管委会

首先,《国家高新技术产业开发区管理暂行办法》（国科发火字〔1996〕061号）第八条规定,国家高新技术产业开发区应当根据各地具体情况,按照精简、统一、高效的原则建立适合于社会主义市场经济和高新技术产业发展的管理体制和运行机制。开发区管理委员会作为开发区日常管理机构,可以行使省、自治区、直辖市、计划单列市人民政府所授予的省市级规划、土地、工商、税务、财政、劳动人事、项目审批、外事审批等经济管理权限和行政管理权限,对开发区实行统一管理。

其次,最高人民法院《关于审理涉及国有土地使用权合同纠纷案件适用法律问题的解释》（法释〔2005〕5号）第二条规定,开发区管理委员会作为出让方与受让方订立的土地使用权出让合同,应当认定无效。本解释实施前,开发区管理委员会作为出让方与受让方订立的土地使用权出让合同,起诉前经市、县人民政府土地管理部门追认的,可以认定合同有效。

再者,地方立法中,《陕西省经济技术开发区条例》第四条、《天津经济技术开发区条例》第六条、《银川经济技术开发区条例》第二条、《西安

---

① 参见（2019）最高法行申1381号《行政裁定书》。

市开发区条例》第四条认定开发区管委会是同级人民政府的派出机构。

从上述规定可以看出，在《国家高新技术产业开发区管理暂行办法》将开发区管委会定性为"开发区日常管理机构"的背景下，陕西、天津等多地通过地方立法均将开发区管委会定性为"人民政府的派出机构"。

②作为派出机关的开发区管委会

首先，国务院办公厅《关于促进开发区改革和创新发展的若干意见》（国办发〔2017〕7号，以下简称《开发区若干意见》）明确，开发区管理机构作为所在地人民政府的派出机关。

其次，2018年《行诉解释》第二十一条规定，当事人对由国务院、省级人民政府批准设立的开发区管理机构作出的行政行为不服提起诉讼的，以该开发区管理机构为被告；对由国务院、省级人民政府批准设立的开发区管理机构所属职能部门作出的行政行为不服提起诉讼的，以其职能部门为被告；对其他开发区管理机构所属职能部门作出的行政行为不服提起诉讼的，以开发区管理机构为被告；开发区管理机构没有行政主体资格的，以设立该机构的地方人民政府为被告。

再次，地方立法中，《江苏省开发区条例》第二条、第二十三条，《湖北省开发区条例》第二条、第六条认定开发区管理机构作为开发区所在地人民政府的派出机关。

从上述规定可以看出，《开发区若干意见》将经国务院批准设立的国家级经济技术开发区、高新技术产业开发区和省人民政府批准设立的省级经济开发、高新技术产业开发区定性为所在地"人民政府的派出机关"。此后，最高人民法院司法解释、地方立法均作出回应。2018年《行诉解释》第二十一条赋予了经国务院、省级人民政府批准设立的开发区管理机构及其所属职能部门的行政主体资格。江苏、湖北等地通过地方立法，将开发区管委会定性为"人民政府的派出机关"。

（4）解决路径

这些年，我国开发区建设对促进体制改革、改善投资环境、引导产业集聚、发展开放型经济发挥了不可替代的作用，开发区已成为推动我国工业化、城镇化快速发展和对外开放的重要平台。面对新形势，必须进一步发挥开发区作为改革开放排头兵的作用，形成新的集聚效应和增长动力，引领经济结构优化调整和发展方式转变。想必这正是《开发区若干意见》将开发区管委会定性为所在地"人民政府的派出机关"的初衷。

但是，关于派出机关，《地方各级人民代表大会和地方各级人民政府组织法》（以下简称《地方组织法》）第六十八条规定："省、自治区的人民政府在必要的时候，经国务院批准，可以设立若干派出机关。""县、自治县的人民政府在必要的时候，经省、自治区、直辖市的人民政府批准，可以设立若干区公所，作为它的派出机关。""市辖区、不设区的市的人民政府，经上一级人民政府批准，可以设立若干街道办事处，作为它的派出机关。"开发区管委会显然不在上述之列。从法律保留与机构法定原则看，《开发区若干意见》明确开发区管委会为派出机关是否符合授权要求仍有进一步探讨的空间。终结尴尬局面，最为稳妥的方法是对《地方组织法》第六十八条进行修改，依法解决这一既成事实又不容回避的问题。

二、综合行政执法、相对集中行政处罚权

修订过程	法条内容
行政处罚法（2017年修正）	**第十六条**　国务院或者经国务院授权的省、自治区、直辖市人民政府可以决定一个行政机关行使有关行政机关的行政处罚权，但限制人身自由的行政处罚权只能由公安机关行使。
修订草案	**第十七条**　国家在城市管理、市场监管、生态环境、文化市场、交通运输、农业等领域实行综合行政执法，相对集中行政处罚权，由一个行政机关统一实施相关领域的行政处罚。 国务院或者省、自治区、直辖市人民政府可以决定一个行政机关行使有关行政机关的行政处罚权。 限制人身自由的行政处罚权只能由公安机关行使。
修订草案二审稿	**第十八条**　国家在城市管理、市场监管、生态环境、文化市场、交通运输、农业等领域推行建立综合行政执法制度，相对集中行政处罚权。 国务院或者省、自治区、直辖市人民政府可以决定一个行政机关行使有关行政机关的行政处罚权。 限制人身自由的行政处罚权只能由公安机关行使。

续表

修订过程	法条内容
行政处罚法（2021年修订）	**第十八条** 国家在城市管理、市场监管、生态环境、文化市场、交通运输、应急管理、农业等领域推行建立综合行政执法制度，相对集中行政处罚权。 国务院或者省、自治区、直辖市人民政府可以决定一个行政机关行使有关行政机关的行政处罚权。 限制人身自由的行政处罚权只能由公安机关和法律规定的其他机关行使。

（一）综合行政执法改革纳入法治轨道

行政处罚法修订前，大家对综合行政执法的认识是，它是一项改革措施。有著作提出："在《行政处罚法》的制定过程中，行政部门的同志曾要求将综合执法写入《行政处罚法》，使综合执法合法化。由于意见不一，《行政处罚法》未直接规定综合执法的问题。"①

应当说，综合行政执法在国家层面提出于2002年10月，国务院办公厅转发中央编办《关于清理整顿行政执法队伍实行综合行政执法试点工作的意见》（国办发〔2002〕56号），决定在广东省、重庆市开展清理整顿行政执法队伍、实行综合行政执法试点工作。2015年4月，中央编办印发《关于开展综合行政执法体制改革试点工作的意见》（中央编办发〔2015〕15号），确定在全国22个省（自治区、直辖市）的138个试点城市开展综合行政执法体制改革试点。2017年2月，中共中央办公厅、国务院办公厅印发的《关于加强乡镇政府服务能力建设的意见》中提出，探索乡镇综合执法有效形式，开展综合执法工作。综合行政执法的试点范围不断扩大。

党的十八届三中、四中全会和十九届三中、四中全会决定均明确提出推进综合行政执法，探索实行跨领域跨部门综合行政执法。行政处罚法修订回应改革呼唤，从修订草案阶段就紧盯这一问题，直至修订完成。《行政处罚法》（2021年修订）第十八条规定："国家在城市管理、市场监管、生态环境、文化市场、交通运输、应急管理、农业等领域推行建立综合行政执法制

①冯军著：《行政处罚法新论》，中国检察出版社2003年版，第148页。

度，相对集中行政处罚权。"至此，综合行政执法制度上升为法律制度。这是本次修订的亮点。

关于综合行政执法的概念，有学者认为："综合执法，先是由一些地方和中央有关部门在20世纪80年代末90年代初开始逐步探索实践的，主要做法是将一个部门几支执法队伍整合成一支队伍，或将几个部门整合成一个部门组建一支执法队伍，或将几个部门执法职责委托给一支执法队伍行使。"①笔者认为，正确理解综合行政执法制度，须注意以下4点：

第一，国家对于综合行政执法制度的基本态度是"推行建立"，尚未达到"实行"程度。修订草案第十七条第一款曾经规定："国家在城市管理、市场监管、生态环境、文化市场、交通运输、农业等领域实行综合行政执法，相对集中行政处罚权，由一个行政机关统一实施相关领域的行政处罚。"修订中，将"实行"调整为"推行建立"。"推行建立"表示尚未完全成熟，属于"推广试行"，而非全面实施。

第二，综合行政执法的范围有所拓展。中共中央《深化党和国家机构改革方案》第五部分"深化行政执法体制改革"提出，整合组建市场监管综合执法队伍；整合组建生态环境保护综合执法队伍；整合组建文化市场综合执法队伍；整合组建交通运输综合执法队伍；整合组建农业综合执法队伍，亦即我们熟知的"五大领域综合行政执法"。与《深化党和国家机构改革方案》相比，《行政处罚法》（2021年修订）第十八条增加了"城市管理""应急管理"。关于城市管理，2015年12月，中共中央、国务院印发《关于深入推进城市执法体制改革改进城市管理工作的指导意见》（中发〔2015〕37号，以下简称中共中央、国务院《深入推进城市执法体制改革指导意见》），对城市管理领域推进综合执法进行了专门部署；关于应急管理，2020年9月27日，中共中央办公厅、国务院办公厅印发《关于深化应急管理综合行政执法改革的意见》（中办发〔2020〕35号），就深化应急管理综合行政执法改革提出明确意见。这两个领域的综合行政执法虽然不在《深

①马太建：《论相对集中行政处罚权与综合执法的关系》，《法治现代化研究》2018年第6期。

化党和国家机构改革方案》提出的"五大领域综合行政执法"范围，但都依据党中央、国务院有关批复开展。

第三，综合行政执法的具体实现途径是"国务院或者省、自治区、直辖市人民政府"决定。考虑到国务院印发《关于进一步推进相对集中行政处罚权工作的决定》（国发〔2002〕17号）已经普遍授权省、自治区、直辖市人民政府决定在本行政区域内开展相对集中行政处罚权工作，《行政处罚法》（2021年修订）第十八条第二款删除了《行政处罚法》（2017年修正）第十六条中的"经国务院授权的"限制。

第四，未来综合行政执法制度或将有更大发展。中共中央《深化党和国家机构改革方案》提出："要继续探索实行跨领域跨部门综合执法，建立健全综合执法主管部门、相关行业管理部门、综合执法队伍间协调配合、信息共享机制和跨部门、跨区域执法协作联动机制。"《行政处罚法》（2021年修订）第十八条亦以"等领域"作为兜底，为未来改革发展留下空间。

（二）限制人身自由行政处罚权的行使机关

1996年《行政处罚法》第十六条规定："限制人身自由的行政处罚权只能由公安机关行使。"实践中，限制人身自由的行政处罚主要由公安机关依据《治安管理处罚法》作出。但是，法律对于国家安全机关、海警机构行使限制人身自由的行政处罚权亦有授权。比如《反间谍法》第二十九条规定："明知他人有间谍犯罪行为，在国家安全机关向其调查有关情况、收集有关证据时，拒绝提供的，由其所在单位或者上级主管部门予以处分，或者由国家安全机关处十五日以下行政拘留；构成犯罪的，依法追究刑事责任。"又如《海警法》第七十三条规定："有下列阻碍海警机构及其工作人员依法执行职务的行为之一，由公安机关或者海警机构依照《中华人民共和国治安管理处罚法》关于阻碍人民警察依法执行职务的规定予以处罚：……"据此，国家安全机关以及海警机构也是作出限制人身自由行政处罚的主体。故《行政处罚法》（2021年修订）第十八条第三款修改为："限制人身自由的行政处罚权只能由公安机关和法律规定的其他机关行使。"

此外，对行政拘留作出规定的法律还包括但不限于《护照法》《中国

人民银行法》《居民身份证法》《安全生产法》《消防法》《枪支管理法》
《人民警察法》《国徽法》《国旗法》《出境入境管理法》《食品安全法》
《环境保护法》《道路交通安全法》《劳动法》《禁毒法》《网络安全法》
《反恐怖主义法》等。

（三）综合行政执法与相对集中行政处罚权的关系

相对集中行政处罚权是1996年《行政处罚法》第十六条确立的一项制
度，其概念界定比较明确、清楚。1996年4月，国务院印发《关于贯彻实施
〈行政处罚法〉的通知》（国发〔1996〕13号），要求各省、自治区、直辖
市人民政府要认真做好相对集中行政处罚权的试点工作，国务院各部门要支
持省、自治区、直辖市人民政府做好相对集中行政处罚权工作。1999年，国
务院印发《关于全面推进依法行政的决定》（国发〔1999〕23号），强调要
继续积极推进相对集中行政处罚权的试点工作，并在总结试点经验的基础
上，扩大试点范围。2000年，国务院办公厅印发《关于继续做好相对集中
行政处罚权试点工作的通知》（国办发〔2000〕63号），明确相对集中行
政处罚权有关事宜由原国务院法制办公室具体办理。2002年8月，国务院印
发《关于进一步推进相对集中行政处罚权工作的决定》（国发〔2002〕17
号），明确授权省、自治区、直辖市人民政府决定在本行政区域内有计划、
有步骤地开展相对集中行政处罚权工作。

在上述政策推动下，相对集中行政处罚权制度在全国得到广泛、迅速
实施。当然，该制度也曾受到"违反组织法""不符合职权法定原则"等质
疑，但因其具有明确的法律依据，影响甚微。通说认为，"合并行政处罚权
是人民政府对部门职能的重新配置，不违背组织法的规定。"①

关于综合行政执法与相对集中行政处罚权的关系，学界争论较多，此次
修法未有涉及，也未见官方评判。有学者认为："综合行政执法取代了原先
的相对集中处罚权制度，成为正式法律概念，具有更强的稳定性。综合行政
执法制度的核心是行政执法机构的综合、行政处罚权的集中，产生了综合行

①全国人大常委会法制工作委员会著：《〈中华人民共和国行政处罚法〉讲话》，法律出版社1996年
版，第59页。

政执法机关这一类新型的行政处罚实施主体。"①按照以上理解，相对集中处罚权制度已经被综合行政执法"取代"，不复存在。

笔者认为，综合行政执法与相对集中处罚权具有相互不同的内涵和外延。理论上，综合行政执法的范围远大于相对集中行政处罚权，但不应当完全取代相对集中处罚权。

三、授权、委托的组织

（一）授权的组织

关于授权的组织实施行政处罚，《行政处罚法》（2021年修订）第十九条规定："法律、法规授权的具有管理公共事务职能的组织可以在法定授权范围内实施行政处罚。"该条与《行政处罚法》（2017年修正）第十七条相比，只字未改。据此，法律、法规授权的具有管理公共事务职能的组织，可以在法定授权范围内实施行政处罚。

1.法律

比如《渔业法》第四十八条规定："本法规定的行政处罚，由县级以上人民政府渔业行政主管部门或者其所属的渔政监督管理机构决定。"其中的"渔政监督管理机构"即法律授权的行使渔业行政处罚权的组织。

又如《道路交通安全法》第八十七条规定："公安机关交通管理部门及其交通警察应当依据事实和本法的有关规定对道路交通安全违法行为予以处罚。对于情节轻微，未影响道路通行的，指出违法行为，给予口头警告后放行。"第一百一十一条规定："对违反本法规定予以拘留的行政处罚，由县、市公安局、公安分局或者相当于县一级的公安机关裁决。"据此，除拘留外，违反《道路交通安全法》的其他行政处罚都由公安机关交通管理部门作出。

公安机关执法主体较为复杂，对此，《公安机关办理行政案件程序规定》第二条第二款规定："本规定所称公安机关，是指县级以上公安机关、公安派出所、依法具有独立执法主体资格的公安机关业务部门以及出入境边防检查站。"《道路交通安全法》第八十七条中的"公安机关交通管理部

---

① 参见黄海华：《新行政处罚法的若干制度发展》，《中国法律评论》2021年第3期。

门"就属于法律授权的具有独立执法主体资格的公安机关业务部门。而同级公安机关治安管理、网路安全管理等部门，则因没有法律法规授权，而不能以本部门名义实施行政处罚。

2.法规

（1）行政法规

如《公路安全保护条例》第五十六条规定："违反本条例的规定，有下列情形之一的，由公路管理机构责令限期拆除，可以处5万元以下的罚款。逾期不拆除的，由公路管理机构拆除，有关费用由违法行为人承担：（一）在公路建筑控制区内修建、扩建建筑物、地面构筑物或者未经许可埋设管道、电缆等设施的；（二）在公路建筑控制区外修建的建筑物、地面构筑物以及其他设施遮挡公路标志或者妨碍安全视距的。"其中的"公路管理机构"即行政法规授权的行使公路安全保护行政处罚权的组织。

（2）地方性法规

如《山东省风景名胜区条例》第四十四条第二款规定："违反国务院《风景名胜区条例》和本条例规定的行为，由风景名胜区主管部门或者风景名胜区管理机构实施行政处罚。"其中的"风景名胜区管理机构"即地方性法规授权的行使风景名胜区违法行为行政处罚权的组织。

值得注意的是，行政处罚法将授权依据定位于"法律、法规"。首先，它排除了部门规章、地方政府规章的授权资格，以示授权的法定性、严肃性。[①]其次，这里的"法规"，包括行政法规、地方性法规。实践中对此误读较多，特别是遗漏了地方性法规的授权资格。如有著作认为："只有法律、行政法规可以授权具有管理公共事务的组织实施行政处罚，将授权的主体资格规定为中央的位阶""行政处罚法把行政处罚权的授权限定在法律、行政法规授权的范围内，地方性法规和规章不得授权非行政机关的组织实施

---

①由于授权是将行政处罚权授予非行政机关的组织行使，该组织取得授权后，可以以自己的名义作出行政决定。因此，授权必须慎重。行政处罚法将授权限定在法律、行政法规和地方性法规层面，将规章排除在外，就是出于慎重考虑的结果。参见《什么是授权执法？非行政机关取得授权的依据有哪些？》，引自中国人大网"法律释义与问答"。

行政处罚"。[1]上述观点显然不符合法条本意。还有的著作认为："法律、行政法规授权的具有管理公共事务职能的组织可以在法定职权范围内实施行政处罚""法律、行政法规授权的实施机关是指具有法律、行政法规、地方性法规授权依据的可以在法定职权范围内实施行政处罚的管理公共事务职能的组织。"[2]其内容前后不一。

（二）委托的组织

修订过程	法条内容
行政处罚法（2017年修正）	**第十八条** 行政机关依照法律、法规或者规章的规定，可以在其法定权限内委托符合本法第十九条规定条件的组织实施行政处罚。行政机关不得委托其他组织或者个人实施行政处罚。 委托行政机关对受委托的组织实施行政处罚的行为应当负责监督，并对该行为的后果承担法律责任。 受委托组织在委托范围内，以委托行政机关名义实施行政处罚；不得再委托其他任何组织或者个人实施行政处罚。 **第十九条** 受委托组织必须符合以下条件：（一）依法成立的管理公共事务的事业组织；（二）具有熟悉有关法律、法规、规章和业务的工作人员；（三）对违法行为需要进行技术检查或者技术鉴定的，应当有条件组织进行相应的技术检查或者技术鉴定。
行政处罚法（2021年修订）	**第二十条** 行政机关依照法律、法规、规章的规定，可以在其法定权限内书面委托符合本法第二十一条规定条件的组织实施行政处罚。行政机关不得委托其他组织或者个人实施行政处罚。 委托书应当载明委托的具体事项、权限、期限等内容。委托行政机关和受委托组织应当将委托书向社会公布。委托行政机关对受委托组织实施行政处罚的行为应当负责监督，并对该行为的后果承担法律责任。 受委托组织在委托范围内，以委托行政机关名义实施行政处罚；不得再委托其他组织或者个人实施行政处罚。 **第二十一条** 受委托组织必须符合以下条件：（一）依法成立并具有管理公共事务职能；（二）有熟悉有关法律、法规、规章和业务并取得行政执法资格的工作人员；（三）需要进行技术检查或者技术鉴定的，应当有条件组织进行相应的技术检查或者技术鉴定。

---

[1]全国人大常委会法制工作委员会著：《〈中华人民共和国行政处罚法〉讲话》，法律出版社1996年版，第60—61页。

[2]应松年、马怀德主编：《中华人民共和国行政处罚法学习辅导》，人民出版社1996年版，第95页、第102页。

变化内容：

一是增加了签订委托书等要求。《行政处罚法》（2021年修订）第二十条第一款强调要书面委托，排除口头等其他不规范的委托方式；第二款强调"委托书应当载明委托的具体事项、权限、期限等内容。委托行政机关和受委托组织应当将委托书向社会公布。"在法律、法规、规章明确可以进行委托，但在有权机关未明确委托的情形下，相关组织不得迳行实施行政处罚。[①]

二是修订了受委托组织的条件。《行政处罚法》（2021年修订）第二十一条删除了受委托组织必须为"事业组织"的规定，进一步扩大了受委托组织的范围，适应机场、地铁等管理公共事务的企业单位实施行政处罚的实际需要；增加工作人员需取得行政执法资格的要求；对技术检查或者技术鉴定的对象不再局限于"违法行为"。

根据《行政处罚法》（2021年修订）第二十条，行政机关依照法律、法规、规章的规定，可以在其法定权限内书面委托符合法定条件的组织实施行政处罚。行政机关不得委托其他组织或者个人实施行政处罚。实践中，有的地方委托执法存在混乱现象。[②]对此，有学者认为：委托应当是专项委托、一事一委托，不宜全部、"一揽子"委托。[③]有著作认为：为避免出现随意委托、怠于履职、处罚主体泛滥等问题，本条规定行政机关委托组织实施行

[①]如在一起危险化学品行政处罚案件中，某药业公司未取得危险化学品安全生产许可证，擅自从事危险化学品生产，被县安全生产监督管理部门予以处罚。法院认为，《危险化学品生产企业安全生产许可证实施办法》第五十二条规定：本办法规定的行政处罚，由国家安监总局、省级安监部门决定。省级安监部门可以委托设区的市级或者县级安监部门实施。虽然该条规定省级安监部门可以委托设区的市级或者县级案件部门实施，但在省级安监部门没有明确委托的情形下，县安监部门对未取得安全生产许可证擅自生产的违法行为进行处罚，超越了其法定职权，应予撤销。参见赵龙、戴伟民：《未取得许可证擅自生产的违法行为应如何处罚》，2013年3月27日《人民法院报》。

[②]如某县农业农村局官网公开的《县农业农村局行政执法委托公告》显示：根据《行政处罚法》、《农业行政处罚程序规定》、《湖南省行政程序规定》及其他相关法规、规章的规定，县农业农村局作为委托机关将农业综合行政执法的相关职能委托给各乡镇人民政府（街道办）。该委托系"一揽子"笼统规定，无具体的法律、法规、规章依据，涉嫌违法。

[③]参见黄海华：《新行政处罚法的若干制度发展》，《中国法律评论》2021年第3期。

政处罚必须要有法律、法规或者规章的依据，否则不得自行委托。[①]亦有著作认为：根据职权法定原则，委托处罚的前提是必须有法律、法规或者规章的明确规定，规范性文件和单纯的委托协议不能作为委托执法的依据。没有法定依据委托处罚的，实施的委托是无权委托，委托的行政机关可以成为行政诉讼中的被告，但并不意味着委托处罚合法。[②]笔者予以赞同。

实践中，委托处罚的具体依据包括：

1.法律

如原《治安管理处罚条例》第三十三条规定："对违反治安管理行为的处罚，由县、市公安局、公安分局或者相当于县一级的公安机关裁决。""警告、五十元以下罚款，可以由公安派出所裁决；在农村，没有公安派出所的地方，可以由公安机关委托乡（镇）人民政府裁决。"其中的"委托乡（镇）人民政府"即法律规定委托。

2.法规

（1）行政法规

如《城市市容和环境卫生管理条例》第三十八条规定："损坏各类环境卫生设施及附属设施的，城市人民政府市容环境卫生行政主管部门或者其委托的单位除责令其恢复原状外，可以并处罚款；盗窃、损坏各类环境卫生设施及其附属设施，应当给予治安管理处罚的，依照《治安管理处罚条例》的规定处罚；构成犯罪的，依法追究刑事责任。"其中的"委托的单位"即行政法规规定委托。

（2）地方性法规

如《广东省湿地保护条例》第二十二条第四款规定："林业、农业、水、国土资源、建设、环境保护、海洋与渔业等湿地保护有关部门，可以在其法定权限内，委托自然保护区管理机构实施行政处罚。"其中的"委托自然保护区管理机构"即地方性法规规定委托。

[①] 许安标主编：《中华人民共和国行政处罚法释义》，中国民主法制出版社2021年版，第81页。

[②] 袁杰、赵振华主编：《中华人民共和国行政处罚法问答》，中国民主法制出版社2021年版，第164页。

3.规章

（1）部门规章

如《环境行政处罚办法》第十五条规定："环境保护主管部门可以在其法定职权范围内委托环境监察机构实施行政处罚。受委托的环境监察机构在委托范围内，以委托其处罚的环境保护主管部门名义实施行政处罚。"其中的"委托环境监察机构"即部门规章规定委托。

（2）地方政府规章

如《黑龙江省建设工程安全生产管理办法》第三条第三款规定："县级以上建设行政主管部门所属的建设工程安全监督管理机构具体负责建设工程安全生产的监督管理工作，并根据建设行政主管部门的委托实施行政处罚权。"其中的"根据建设行政主管部门的委托"即地方政府规章规定委托。

关于可以委托实施的行政处罚种类，有著作认为："可以当场处罚的，都是比较轻的，事实清楚、当事人没有异议的，如警告、小额罚款可以委托。一些重的行政处罚，如行政拘留、吊销许可证或营业执照，则不得委托。"[1]也有著作认为："行政处罚法并未对委托行政处罚的种类作出规定，一般来讲，可以委托的行政处罚都是程度较轻的行政处罚，如申诫罚和数额较小的财产罚""一些比较严重的行政处罚，如人身罚（如行政拘留）、能力罚（如吊销企业营业执照）和较重的财产罚，则应当由有权机关自己实施，而不宜委托给其他组织实施。"[2]笔者认为后一种观点更为客观，但法律对此并没有禁止性规定。

（三）授权与委托的关系

授权与委托在行政法中使用较为频繁，有的法规、规章竟同时出现授权、委托的规定，如《环境行政处罚办法》第十四条规定："县级以上环境保护主管部门在法定职权范围内实施环境行政处罚。经法律、行政法规、地方性法规授权的环境监察机构在授权范围内实施环境行政处罚，适用本办法关于环境保护主管部门的规定。"第十五条规定："环境保护主管部门可以

---

[1]应松年、马怀德主编：《中华人民共和国行政处罚法学习辅导》，人民出版社1996年版，第105页。

[2]原江苏省人民政府法制局编：《〈行政处罚法〉培训手册》，第72页。

在其法定职权范围内委托环境监察机构实施行政处罚。受委托的环境监察机构在委托范围内，以委托其处罚的环境保护主管部门名义实施行政处罚。委托处罚的环境保护主管部门，负责监督受委托的环境监察机构实施行政处罚的行为，并对该行为的后果承担法律责任。"

两者的主要区别是：

1.依据不同

授权必须有明确的法律、法规依据，不包括规章；委托则必须有明确的法律、法规、规章依据。

应当注意的是，《行政诉讼法》（2014年修订）第二条规定："公民、法人或者其他组织认为行政机关和行政机关工作人员的行政行为侵犯其合法权益，有权依照本法向人民法院提起诉讼。""前款所称行政行为，包括法律、法规、规章授权的组织作出的行政行为。"原《行政诉讼法》第二十五条第四款规定："由法律、法规授权的组织所作的具体行政行为，该组织是被告。由行政机关委托的组织所作的具体行政行为，委托的行政机关是被告。"笔者认为，《行政诉讼法》（2014年修订）增加"规章授权的组织"，目的是解决行政诉讼受案范围问题，与行政处罚法将授权依据限于"法律、法规"并不矛盾。换言之，规章无权授权组织实施行政处罚；但是，规章授权的组织实施的行政行为属于人民法院受理行政诉讼案件范围。

2.方式不同

行政委托必须签订委托书并向社会公布；委托行政机关对受委托组织实施行政处罚的行为应当负责监督。行政授权无此要求。

3.后果不同

行政授权职权、职责发生转移，法律、法规授权的组织在授权范围内以自己名义实施行政处罚，并独立承担由此而产生的法律后果；行政委托职权、职责不发生转移，受委托组织以委托的行政机关名义实施行政处罚，相关的法律责任也由委托的行政主体承担。

案例8：高等级公路管理处应以对其授权的行政机关的名义作出行政处罚[①]

某高等级公路管理处2008年9月27日在齐齐哈尔鹤城晚报刊登了齐北罚字第001号交通行政处罚决定书的公告，以启东广告有限公司于2006年在G015国道齐甘公路K776+470米处公路右侧未经公路管理部门批准，在公路控制区内设置地面构筑物的行为，违反了交通管理秩序为由，依据《公路法》第五十六、八十一条之规定，对该公司作出限七日内自行拆除广告牌，并处罚款50000元的行政处罚决定书。启东广告公司看到此公告后，以高等级公路管理处所作的行政处罚违法为由，提起行政诉讼。

一审法院认为，高等级公路管理处在作出该行政处罚决定之前，没有告知启东广告公司其作出行政处罚决定的事实、理由及证据，以及依法应享有的权利；高等级公路管理处向法庭提交的据以作出行政处罚的证据不符合证据规则，不能作为行政处罚的依据，且罚款的履行方式亦违反了《行政处罚法》第四十六条的规定。另高等级公路管理处以找不到启东广告公司为由，在报纸上公告行政处罚决定书的方式不符合法律规定，不能作为其公告送达的理由。判决：齐北罚字第001号交通行政处罚决定书依法不成立。高等级公路管理处不服，提起上诉。

二审法院认为，《行政处罚法》第十八条规定，行政机关依照法律、法规或者规章的规定，可以在其法定权限内委托符合本法第十九条规定条件的组织实施行政处罚。行政机关不得委托其他组织或者个人实施行政处罚。委托行政机关对受委托的组织实施行政处罚的行为应当负责监督，并对该行为的后果承担法律责任。受委托组织在委托范围内，以委托行政机关名义实施行政处罚。高等级公路管理处在对启东广告公司处罚时是以事业单位高等级公路管理处的名义进行的处罚，按照法律规定，高等级公路管理处应以对其授权的行政机关的名义作出行政处罚。因此，高等级公路管理处以自己的名义对启东广告公司所作出的处罚决定因违反法律规定而不成立。

判决：驳回上诉，维持原判。

[①] 参见（2010）齐行再终字第2号《行政判决书》。

第四章　行政处罚的管辖和适用

第一节　行政处罚的管辖

一、管辖概论

管辖是指管理、统辖。根据百度百科解释：法律意义上的管辖，分为级别管辖和地域管辖。其中地域管辖进一步分为一般地域管辖、特殊地域管辖、移送管辖和协议管辖。

二、行政处罚的管辖

（一）概念

关于行政处罚管辖的概念，目前学界认识不一，比较典型的有：

1.行政处罚的管辖是确定对某个行政违法行为应由哪一级或者哪一个行政机关实施处罚的法律制度。[①]

2.行政处罚管辖是与违法行为的处罚规则相关联的一个问题，它具体是指行政机关或者组织实施行政处罚的权限划分和分工。[②]

3.行政处罚管辖是指法律、行政法规规定的有权行使行政处罚权的行政

[①]全国人大常委会法制工作委员会著：《〈中华人民共和国行政处罚法〉讲话》，法律出版社1996年版，第70页。

[②]汪永清著：《行政处罚》，中国政法大学出版社1994年版，第52页。

机关或授权的组织对于行政处罚案件的最初裁决分工。[①]

（二）种类

1.基本种类

通说认为，行政处罚管辖的基本种类包括地域管辖、级别管辖、职能管辖、指定管辖4种。

（1）地域管辖

是指同种职能的行政机关之间在实施行政处罚方面的地域分工。违法行为发生地是确定地域管辖的一般原则，如《市场监督管理行政处罚程序规定》第七条规定："行政处罚由违法行为发生地的县级以上市场监督管理部门管辖。法律、行政法规、部门规章另有规定的，从其规定。"

（2）级别管辖

是指上、下级行政机关之间在实施行政处罚方面的分工。根据行政违法案件的性质、情节、社会影响及应给予的行政处罚等的不同，行政机关一般依级别高低分别行使行政处罚的管辖权。如《市场监督管理行政处罚程序规定》第八条规定："县级、设区的市级市场监督管理部门依职权管辖本辖区内发生的行政处罚案件。法律、法规、规章规定由省级以上市场监督管理部门管辖的，从其规定。"

（3）职能管辖

是指行政机关依据各自不同的行政管理职能对行政处罚案件管辖所作的分工，这是行政管理专业化的必然要求。如《土地管理法》第七十五条规定："违反本法规定，占用耕地建窑、建坟或者擅自在耕地上建房、挖砂、采石、采矿、取土等，破坏种植条件的，或者因开发土地造成土地荒漠化、盐渍化的，由县级以上人民政府自然资源主管部门、农业农村主管部门等按照职责责令限期改正或者治理，可以并处罚款；构成犯罪的，依法追究刑事责任。"

（4）指定管辖

是指两个或者两个以上的行政机关因对同一违法行为的处罚管辖权问

---

①应松年、马怀德主编：《中华人民共和国行政处罚法学习辅导》，人民出版社1996年版，第107页。

题发生争议时，由有权机关以决定的方式指定某个行政机关对该违法行为进行管辖、实施行政处罚。如《市场监督管理行政处罚程序规定》第十三条规定："两个以上市场监督管理部门因管辖权发生争议的，应当自发生争议之日起七个工作日内协商解决，协商不成的，报请共同的上一级市场监督管理部门指定管辖；也可以直接由共同的上一级市场监督管理部门指定管辖。"

2.其他种类

包括移送管辖、管辖权的转移、共同管辖、特定管辖等。对此，理论界认识不一。

（1）移送管辖

是指行政机关受理某一案件后，发现对该案无管辖权，将该案件移送给有管辖权的行政机关。移送管辖的实质是对管辖发生错误所采用的一种纠正措施。如《市场监督管理行政处罚程序规定》第十四条规定："市场监督管理部门发现立案查处的案件不属于本部门管辖的，应当将案件移送有管辖权的市场监督管理部门。受移送的市场监督管理部门对管辖权有异议的，应当报请共同的上一级市场监督管理部门指定管辖，不得再自行移送。"第十七条第一款规定："市场监督管理部门发现立案查处的案件属于其他行政管理部门管辖的，应当及时依法移送其他有关部门。"

（2）管辖权的转移

是指上级行政机关决定将某个案件的管辖权转交给下级行政机关，或者下级行政机关将某个案件的管辖权转交给上级行政机关，亦称"提级管辖"。①管辖权转移的实质是对级别管辖的一种变通和补充。如《市场监督管理行政处罚程序规定》第十五条规定："上级市场监督管理部门认为必要时，可以将本部门管辖的案件交由下级市场监督管理部门管辖。法律、法规、规章明确规定案件应当由上级市场监督管理部门管辖的，上级市场监督管理部门不得将案件交由下级市场监督管理部门管辖。""上级市场监督管理部门认为必要时，可以直接查处下级市场监督管理部门管辖的案件，也可

———————
① "提级"管辖的称法不准确，因为也有上级行政机关决定将案件的管辖权转交给下级行政机关情况。

以将下级市场监督管理部门管辖的案件指定其他下级市场监督管理部门管辖。""下级市场监督管理部门认为依法由其管辖的案件存在特殊原因，难以办理的，可以报请上一级市场监督管理部门管辖或者指定管辖。"

（3）共同管辖

是指法律规定两个以上行政机关对同一案件都有管辖权的情形。有著作认为，它是发生管辖权争议的原因。[1]

（4）特定管辖

类似于诉讼中的"专属管辖"。有著作提出了这一概念，但又称："行政处罚中的地域管辖，没有这样的专属管辖"。[2]

三、地域管辖

修订过程	法条内容
行政处罚法（2017年修正）	**第二十条** 行政处罚由违法行为发生地的县级以上地方人民政府具有行政处罚权的行政机关管辖。法律、行政法规另有规定的除外。
修订草案	**第二十一条** 行政处罚由违法行为发生地的行政机关管辖。法律、行政法规、部门规章另有规定的除外。
修订草案二次审议稿	**第二十二条** 行政处罚由违法行为发生地的行政机关管辖。法律、行政法规、部门规章另有规定的，从其规定。
行政处罚法（2021年修订）	**第二十二条** 行政处罚由违法行为发生地的行政机关管辖。法律、行政法规、部门规章另有规定的，从其规定。

变化内容：

一是移除"县级以上地方人民政府具有行政处罚权的"，以与级别管辖、职能管辖相区别；

二是增列"部门规章"作为特殊地域管辖的依据。

修订背景：

如何理解违法行为发生地，是实施行政处罚首先要解决的问题。应当

---

[1]应松年、马怀德主编：《中华人民共和国行政处罚法学习辅导》，人民出版社1996年版，第110页；汪永清著：《行政处罚》，中国政法大学出版社1994年版，第64页；

[2]汪永清著：《行政处罚》，中国政法大学出版社1994年版，第59-60页。

说，行为人实施了行政违法行为，在其实施过程中任何一个阶段被发现，该地方都可以成为违法行为发生地。实践中应当考虑便于行政处罚的实施、有利于提高行政执法效率。《行政处罚法》（2021年修订）增列"部门规章"作为特殊地域管辖的依据，一方面，立足于从国家层面统一解决地域管辖中的特殊问题，防止地方政出多门、各自为政。另一方面，回应了行政管理中的实际情况——在行政处罚法修订前，一些部门规章已经对特殊地域管辖作出规定，包括但不限于：

1.《公安机关办理行政案件程序规定》

第十条 行政案件由违法行为地的公安机关管辖。由违法行为人居住地公安机关管辖更为适宜的，可以由违法行为人居住地公安机关管辖，但是涉及卖淫、嫖娼、赌博、毒品的案件除外。

违法行为地包括违法行为发生地和违法结果发生地。违法行为发生地，包括违法行为的实施地以及开始地、途经地、结束地等与违法行为有关的地点；违法行为有连续、持续或者继续状态的，违法行为连续、持续或者继续实施的地方都属于违法行为发生地。违法结果发生地，包括违法对象被侵害地、违法所得的实际取得地、藏匿地、转移地、使用地、销售地。

居住地包括户籍所在地、经常居住地。经常居住地是指公民离开户籍所在地最后连续居住一年以上的地方，但在医院住院就医的除外。

移交违法行为人居住地公安机关管辖的行政案件，违法行为地公安机关在移交前应当及时收集证据，并配合违法行为人居住地公安机关开展调查取证工作。

第十一条 针对或者利用网络实施的违法行为，用于实施违法行为的网站服务器所在地、网络接入地以及网站建立者或者管理者所在地，被侵害的网络及其运营者所在地，违法过程中违法行为人、被侵害人使用的网络及其运营者所在地，被侵害人被侵害时所在地，以及被侵害人财产遭受损失地公安机关可以管辖。

第十二条 行驶中的客车上发生的行政案件，由案发后客车最初停靠地公安机关管辖；必要时，始发地、途经地、到达地公安机关也可以管辖。

2.《律师和律师事务所违法行为处罚办法》

第三十一条　司法行政机关对律师的违法行为给予警告、罚款、没收违法所得、停止执业处罚的，由律师执业机构所在地的设区的市级或者直辖市区（县）司法行政机关实施；给予吊销执业证书处罚的，由许可该律师执业的省、自治区、直辖市司法行政机关实施。

司法行政机关对律师事务所的违法行为给予警告、罚款、没收违法所得、停业整顿处罚的，由律师事务所所在地的设区的市级或者直辖市区（县）司法行政机关实施；给予吊销执业许可证书处罚的，由许可该律师事务所设立的省、自治区、直辖市司法行政机关实施。

3.《农业行政处罚程序规定》

第十三条　渔业行政违法行为有下列情况之一的，适用"谁查获、谁处理"的原则：

（一）违法行为发生在共管区、叠区；

（二）违法行为发生在管辖权不明确或者有争议的区域；

（三）违法行为发生地与查获地不一致。

第十四条　电子商务平台经营者和通过自建网站、其他网络服务销售商品或者提供服务的电子商务经营者的农业违法行为由其住所地县级以上农业行政处罚机关管辖。

平台内经营者的农业违法行为由其实际经营地县级以上农业行政处罚机关管辖。电子商务平台经营者住所地或者违法物品的生产、加工、存储、配送地的县级以上农业行政处罚机关先行发现违法线索或者收到投诉、举报的，也可以管辖。

4.《教育行政处罚暂行实施办法》

第五条　教育行政处罚由违法行为发生地的教育行政部门管辖。

对给予撤销学校或者其他教育机构处罚的案件，由批准该学校或者其他教育机构设立的教育行政部门管辖。

以上部门规章对于地域管辖的另行规定不符合《行政处罚法》（2017年修正）第二十条，本次修订及时弥补了缺陷。

四、级别管辖、职能管辖

修订过程	法条内容
行政处罚法（2017年修正）	第二十条　行政处罚由违法行为发生地的县级以上地方人民政府具有行政处罚权的行政机关管辖。法律、行政法规另有规定的除外。
修订草案	第二十二条　行政处罚由县级以上地方人民政府具有行政处罚权的行政机关管辖。法律、行政法规另有规定的除外。 省、自治区、直辖市根据当地实际情况，可以决定符合条件的乡镇大民政府、街道办事处对其管辖区域内的违法行为行使有关县级大民政府部门的部分行政处罚权。
修订草案二次审议稿	第二十三条　行政处罚由县级以上地方人民政府具有行政处罚权的行政机关管辖。法律、行政法规另有规定的，从其规定。 省、自治区、直辖市根据当地实际情况，可以决定将基层管理迫切需要的县级人民政府部门的行政处罚权交由能够有效承接且符合条件的乡镇人民政府、街道办事处行使。
行政处罚法（2021年修订）	第二十三条　行政处罚由县级以上地方人民政府具有行政处罚权的行政机关管辖。法律、行政法规另有规定的，从其规定。

（一）行政处罚法对于级别管辖、职能管辖规定较为原则

作为行政处罚的通用规范，行政处罚法对于级别管辖、职能管辖只作原则性规定，并将另行规定的主体限定为"法律、行政法规"。根据《行政处罚法》（2021年修订）第二十三条，行政处罚由县级以上地方人民政府具有行政处罚权的行政机关管辖。"县级以上地方人民政府具有行政处罚权的行政机关"包括县（市、区）、设区的市、省（自治区、直辖市）三级人民政府具有行政处罚权的行政机关，究竟由上述哪一级行政机关管辖，应由实体法予以规定。

此外，有权对"县级以上地方人民政府具有行政处罚权的行政机关"这一确定级别管辖、职能管辖的一般原则作出另行规定的只能是"法律、行政法规"，不包括地方性法规和部门规章、地方政府规章。如《村庄和集镇规划建设管理条例》第三十七条规定："在村庄、集镇规划区内，未按规划审批程序批准或者违反规划的规定进行建设，严重影响村庄、集镇规划的，由县级人民政府建设行政主管部门责令停止建设，限期拆除或者没收违法建筑物、构筑物

和其他设施；影响村庄、集镇规划，尚可采取改正措施的，由县级人民政府建设行政主管部门责令限期改正，处以罚款。""农村居民未经批准或者违反规划的规定建住宅的，乡级人民政府可以依照前款规定处罚。"第三十九条规定："有下列行为之一的，由乡级人民政府责令停止侵害，可以处以罚款；造成损失的，并应当赔偿：（一）损坏村庄和集镇的房屋、公共设施的；（二）乱堆粪便、垃圾、柴草，破坏村容镇貌和环境卫生的。"第四十条规定："擅自在村庄、集镇规划区内的街道、广场、市场和车站等场所修建临时建筑物、构筑物和其他设施的，由乡级人民政府责令限期拆除，并可处以罚款。"

　　根据该行政法规授权，对于农村居民未经批准或者违反规划的规定建住宅，损坏村庄和集镇的房屋、公共设施，乱堆粪便、垃圾、柴草破坏村容镇貌和环境卫生，以及擅自在村庄、集镇规划区内的街道、广场、市场和车站等场所修建临时建筑物、构筑物和其他设施等4类违法行为，乡级人民政府可以作出行政处罚。

　　（二）实体法对于级别管辖、职能管辖规定较为复杂

　　实践中，实体法对于级别管辖、职能管辖的规定不尽一致，情况较为复杂。其中，大部分未作具体区分，表述为"县级以上地方人民政府××主管部门"；有的区分至市、县两级；也有的区分至省、市、县三级；有的在同一部法律、法规、规章中出现不同区分。主要考虑因素包括行政处罚轻重，相对人基本情况，违法行为性质等。比如：

　　1.《城乡规划法》

　　第六十四条　未取得建设工程规划许可证或者未按照建设工程规划许可证的规定进行建设的，由县级以上地方人民政府城乡规划主管部门责令停止建设；尚可采取改正措施消除对规划实施的影响的，限期改正，处建设工程造价百分之五以上百分之十以下的罚款；无法采取改正措施消除影响的，限期拆除，不能拆除的，没收实物或者违法收入，可以并处建设工程造价百分之十以下的罚款。

　　第六十六条　建设单位或者个人有下列行为之一的，由所在地城市、县人民政府城乡规划主管部门责令限期拆除，可以并处临时建设工程造价一倍

以下的罚款：（一）未经批准进行临时建设的；（二）未按照批准内容进行临时建设的；（三）临时建筑物、构筑物超过批准期限不拆除的。

从上述法条规定看，"未取得建设工程规划许可证或者未按照建设工程规划许可证的规定进行建设的"行为的管辖主体为"县级以上地方人民政府城乡规划主管部门"，涵括了县（市、区）、设区的市、省（自治区、直辖市）三级人民政府城乡规划主管部门；"临时违法建设"行为的管辖主体为"城市、县人民政府城乡规划主管部门"。

2.《律师法》

第四十九条 律师有下列行为之一的，由设区的市级或者直辖市的区人民政府司法行政部门给予停止执业六个月以上一年以下的处罚，可以处五万元以下的罚款；有违法所得的，没收违法所得；情节严重的，由省、自治区、直辖市人民政府司法行政部门吊销其律师执业证书：（一）违反规定会见法官、检察官、仲裁员以及其他有关工作人员，或者以其他不正当方式影响依法办理案件的；（二）向法官、检察官、仲裁员以及其他有关工作人员行贿，介绍贿赂或者指使、诱导当事人行贿的；（三）向司法行政部门提供虚假材料或者有其他弄虚作假行为的；（四）故意提供虚假证据或者威胁、利诱他人提供虚假证据，妨碍对方当事人合法取得证据的；（五）接受对方当事人财物或者其他利益，与对方当事人或者第三人恶意串通，侵害委托人权益的；（六）扰乱法庭、仲裁庭秩序，干扰诉讼、仲裁活动的正常进行的；（七）煽动、教唆当事人采取扰乱公共秩序、危害公共安全等非法手段解决争议的；（八）发表危害国家安全、恶意诽谤他人、严重扰乱法庭秩序的言论的；（九）泄露国家秘密的。

律师因故意犯罪受到刑事处罚的，由省、自治区、直辖市人民政府司法行政部门吊销其律师执业证书。

第五十二条 县级人民政府司法行政部门对律师和律师事务所的执业活动实施日常监督管理，对检查发现的问题，责令改正；对当事人的投诉，应当及时进行调查。县级人民政府司法行政部门认为律师和律师事务所的违法行为应当给予行政处罚的，应当向上级司法行政部门提出处罚建议。

从上述法条规定看，该法按照管理内容和行政处罚轻重，对律师行政处罚的管辖主体作了区分。县级人民政府司法行政部门对律师和律师事务所的违法行为有权责令改正、调查，并提出行政处罚建议，但无行政处罚权；设区的市级或者直辖市的区人民政府司法行政部门有权作出停止执业六个月以上一年以下、五万元以下罚款以及没收违法所得的行政处罚；最重的吊销律师执业证书处罚，只能由省、自治区、直辖市人民政府司法行政部门作出。

3.《基层法律服务工作者管理办法》

第四十六条　基层法律服务工作者有下列行为之一的，由所在地县级司法行政机关或者直辖市的区（县）司法行政机关予以警告；有违法所得的，依照法律、法规的规定没收违法所得，并由设区的市级或者直辖市的区（县）司法行政机关处以违法所得三倍以下的罚款，罚款数额最高为三万元：（一）超越业务范围和诉讼代理执业区域的；（二）以贬损他人、抬高自己、虚假承诺或者支付介绍费等不正当手段争揽业务的；（三）曾担任法官的基层法律服务工作者，担任原任职法院办理案件的诉讼代理人的；（四）冒用律师名义执业的；……

司法行政机关对基层法律服务工作者实施上述行政处罚的同时，应当责令其改正。

从上述法条规定看，该法按照有无违法所得，对基层法律服务工作者行政处罚的管辖主体作了区分。即：一般情况下由所在地县级司法行政机关或者直辖市的区（县）司法行政机关予以警告；有违法所得的，没收违法所得，并由设区的市级或者直辖市的区（县）司法行政机关罚款。但适用中存在一个潜在问题：有违法所得的，在设区的市级或者直辖市的区（县）司法行政机关管辖的同时，警告由谁作出？单从法条看，警告的作出主体只能是县级司法行政机关或者直辖市的区（县）司法行政机关。笔者认为，一般而言，对于同一违法行为不应由两级司法行政机关分别作出处罚。此种情形下应按照吸收原则，由设区的市级或者直辖市的区（县）司法行政机关一并管辖。

（三）移除"违法行为发生地的"，以与地域管辖相区别

《行政处罚法》（2021年修订）第二十三条移除《行政处罚法》（2017

年修正）第二十条中的"违法行为发生地的"，确保该条仅对级别管辖、职能管辖进行规定，以与地域管辖相区分。

五、管辖权的转移

如前所述，根据《行政处罚法》（2021年修订）第二十三条，只有"法律、行政法规"才有权对级别管辖、职能管辖作出另行规定。由于行政处罚法没有对管辖权转移作出规定，因此，规章对于管辖权的转移进行规定，必须以"法律、行政法规"规定上下级部门均有管辖权为前提。

如《农业行政处罚程序规定》第十八条规定："上级农业行政处罚机关认为有必要时，可以直接管辖下级农业行政处罚机关管辖的案件，也可以将本机关管辖的案件交由下级农业行政处罚机关管辖；必要时可以将下级农业行政处罚机关管辖的案件指定其他下级农业行政处罚机关管辖。""下级农业行政处罚机关认为依法应由其管辖的农业行政处罚案件重大、复杂或者本地不适宜管辖的，可以报请上一级农业行政处罚机关直接管辖或者指定管辖。上一级农业行政处罚机关应当自收到报送材料之日起七个工作日内作出书面决定。"

农业农村执法实践中，上述规定的正确理解和执行，还要结合法律法规的具体规定。如《饲料和饲料添加剂管理条例》第三十八条规定："未取得生产许可证生产饲料、饲料添加剂的，由县级以上地方人民政府饲料管理部门责令停止生产，没收违法所得、违法生产的产品和用于违法生产饲料的饲料原料、单一饲料、饲料添加剂、药物饲料添加剂、添加剂预混合饲料以及用于违法生产饲料添加剂的原料，违法生产的产品货值金额不足1万元的，并处1万元以上5万元以下罚款，……"其中对于管辖主体的规定是"县级以上"地方人民政府饲料管理部门，据此，管辖权可以依据《农业行政处罚程序规定》第十八条进行转移。但该条例第四十三条规定："饲料、饲料添加剂经营者有下列行为之一的，由县级人民政府饲料管理部门责令改正，没收违法所得和违法经营的产品，违法经营的产品货值金额不足1万元的，并处2000元以上2万元以下罚款，货值金额1万元以上的，并处货值金额2倍以上5倍以下罚款；……"其中对于管辖主体的规定是"县级"人民政府饲料管理部门，据此，管辖权不能依据《农业行政处罚程序规定》第十八条进行转移。

六、赋予乡镇人民政府、街道办事处行政处罚权

修订过程	法条内容
行政处罚法（2017年修正）	—
修订草案征求意见稿	第二十一条…… 省、自治区、直辖市根据当地实际需要，可以决定由乡镇人民政府、街道办事处实施与基层行政管理相关的行政处罚。 ……
修订草案	第二十二条…… 省、自治区、直辖市根据当地实际情况，可以决定符合条件的乡镇人民政府、街道办事处对其管辖区域内的违法行为行使有关县级人民政府部门的部分行政处罚权。
修订草案二次审议稿	第二十三条…… 省、自治区、直辖市根据当地实际情况，可以决定将基层管理迫切需要的县级人民政府部门的行政处罚权交由能够有效承接且符合条件的乡镇人民政府、街道办事处行使。
行政处罚法（2021年修订）	第二十四条　省、自治区、直辖市根据当地实际情况，可以决定将基层管理迫切需要的县级人民政府部门的行政处罚权交由能够有效承接的乡镇人民政府、街道办事处行使，并定期组织评估。决定应当公布。 承接行政处罚权的乡镇人民政府、街道办事处应当加强执法能力建设，按照规定范围、依照法定程序实施行政处罚。 有关地方人民政府及其部门应当加强组织协调、业务指导、执法监督，建立健全行政处罚协调配合机制，完善评议、考核制度。

修订背景：

近年来，北京市实施"街乡吹哨、部门报到"改革，进一步推进行政执法权限和力量向基层延伸和下沉，获得中央肯定。2018年11月14日，习近平总书记主持召开中央全面深化改革委员会第五次会议，审议通过了《关于推进基层整合审批服务执法力量的实施意见》和《"街乡吹哨、部门报到"——北京市推进党建引领基层治理体制机制创新的探索》等文件。2019

年1月31日，中共中央办公厅、国务院办公厅印发《关于推进基层整合审批服务执法力量的实施意见》，部署行政执法权重心下移工作。此后，各地赋权改革方兴未艾。本次修法，从法律层面对赋予乡镇人民政府、街道办事处行政处罚权作出回应。

变化内容：

本条为新增条款，系本次修法的亮点。从修订过程中的"字斟句酌"可知，立法在对赋权改革予以肯定、支持的同时，也在制度设计层面进行严格规范，包括：有权决定机关必须是"省、自治区、直辖市"，省以下不可以；必须"根据当地实际情况"，不能脱离实际；赋予权力必须是"基层管理迫切需要的县级人民政府部门的行政处罚权"，非"基层管理迫切需要"或者法律法规明确授予设区的市（自治州）、省（自治区、直辖市）人民政府部门的行政处罚权不在赋权之列，不搞"一刀切"；被赋权的乡镇人民政府、街道办事处必须"能够有效承接"，防止落空；必须"定期组织评估"，实事求是、注重绩效；赋权决定"应当公布"，杜绝暗箱操作；承接行政处罚权的乡镇人民政府、街道办事处"应当加强执法能力建设，按照规定范围、依照法定程序实施行政处罚"；有关地方人民政府及其部门"应当加强组织协调、业务指导、执法监督，建立健全行政处罚协调配合机制，完善评议、考核制度"，等等。足见立法的谨慎谦抑与良苦用心。

（一）乡镇人民政府、街道办事处的行政执法主体资格——以查处违法建设为例

1.街道办事处不同于乡镇人民政府

关于乡镇人民政府，《宪法》第九十五条规定："省、直辖市、县、市、市辖区、乡、民族乡、镇设立人民代表大会和人民政府。地方各级人民代表大会和地方各级人民政府的组织由法律规定。"《地方组织法》第五十四条规定："地方各级人民政府是地方各级人民代表大会的执行机关，是地方各级国家行政机关。"据此，乡镇人民政府属于国家行政机关，其具体职权依据由该法第六十一条规定。

关于街道办事处，《地方组织法》第六十八条第三款规定："市辖区、

不设区的市的人民政府，经上一级人民政府批准，可以设立若干街道办事处，作为它的派出机关。"据此，街道办事处属于市辖区、不设区的市的人民政府的派出机关。派出机关不构成一级国家行政机关，其权力是委派机关的延伸，属于派出行政机关的分支机关。

综上，街道办事处与乡镇人民政府是两类不同的行政主体。

2.一般而言，街道办事处不具备行政执法主体资格

关于派出机关的行政主体资格，《行政诉讼法》（2014年修订）及其司法解释均未规定。街道办事处是否具有行政主体资格？是否能够成为行政诉讼被告？答案是肯定的，近年来，最高人民法院在多起涉征收拆迁的行政强制案件裁判中反复重申，街道办事处属于依法享有行政职权、独立对外承担法律责任的行政主体，具有以行政诉讼被告身份参与诉讼能力。如果市、县人民政府已将案涉土地征收项目的强拆工作交由下级街道办事处实施，应当推定街道办事处为被诉强拆行为的实施主体。[1]

此外，根据《地方组织法》第六十八条第三款，市辖区、不设区的市的人民政府设立街道办事处有法律依据，而县政府设立街道办事处暂没有依据。但是，最高人民法院有关裁判文书认为："根据《地方组织法》第六十一条、第六十八条的规定，虽然街道办事处属于市辖区、不设区的市的人民政府的派出机关，但其行使职权的依据是法律授权，并非上一级人民政府的授权或者委托。由此可见，郑山街道办属于依法享有行政职权、独立对外承担法律责任的行政主体，具有以被告身份参与行政诉讼的能力。高某春对郑山街道办作出的行政行为不服，不能以其上一级机关县政府为被告进行起诉。"[2]可见，最高人民法院并没有区分市辖区、不设区的市人民政府设立的街道办事处和县人民政府设立的街道办事处，认为其均具有行政诉讼主体资格。

---

①比如，（2016）最高法行申285号《行政裁定书》指出：根据《地方组织法》第六十八条规定，街道办事处是下级人民政府的派出机关，属于依法享有行政职权，能够独立对外承担法律责任的行政主体。再根据《行政诉讼法》第二十六条第一款规定，公民、法人或者其他组织直接向人民法院提起诉讼的，作出行政行为的行政机关是被告。因此，街道办事处具备行政诉讼被告的主体资格。

②参见（2018）最高法行申5847号《行政裁定书》。

街道办事处具有行政诉讼主体资格，是否表明其当然具有行政执法主体资格？过去的回答是否定的。多地地方立法规定，街道办事处应当配合有关部门查处违法建设，比如《上海市拆除违法建筑若干规定》第三条规定，街道办事处、镇人民政府应当配合拆违实施部门做好违法建筑的拆除工作。又如《海南省查处违法建筑若干规定》第十五条规定，街道办事处、居（村）民委员会、物业服务企业在本区域内发现城镇违法建筑的，应当及时向当地负有查处职责的机关报告并予以配合。最高人民法院的多起判决也持上述观点，如罗某昌诉郑州市某区人民政府、长兴路街道办事处拆除房屋违法一案，最高人民法院认为："街道办事处可以在其职权范围内独立承担相应的法律责任，但相关法律规范并未赋予街道办事处对违法建筑予以拆除的职权，因此，街道办事处对当事人的房屋予以强制拆除，属于超越职权。根据有关规定，市县级人民政府是辖区内城中村改造的主体，负责组织实施本辖区内的城中村改造工作，既对拆除行为负有监督管理的职责，又对城中村改造的拆迁补偿安置工作负责，在此情况下，出于实质解决纠纷的考虑，判令市县级人民政府与街道办事处共同对当事人的损失采取补救措施并无不当。"[1]尽管《郑州市城乡规划管理条例》第八十四条规定："乡、镇人民政府管辖区域调整为街道办事处的，由所在地街道办事处参照本条例有关规定行使乡、镇人民政府对城乡规划的监督管理职责"，但是，最高人民法院并没有认可街道办事处对违法建设的查处职权。

然而，随着党建引领"街乡吹哨、部门报到"工作机制的持续深入推进，相关情况已发生颠覆性变化。具体将在下文中详述。

3.乡镇人民政府根据法律、法规授权，具有行政执法主体资格

如《城乡规划法》第六十五条、《村庄和集镇规划建设管理条例》第三十七条第二款、第三十九条、第四十条等。应当注意的是，以上法定职权本来就属于乡镇人民政府，无需"赋权"。

---

[1] 参见（2017）最高法行申1064号《行政裁定书》。

（二）赋予乡镇人民政府、街道办事处行政处罚权实践——以北京市为例

2020年4月16日，北京市人民政府作出《关于向街道办事处和乡镇人民政府下放部分行政执法职权并实行综合执法的决定》（京政发〔2020〕9号，以下简称《北京市下放行政执法职权决定》），自2020年7月1日起，将部分行政执法职权下放至街道办事处和乡镇人民政府并以其名义相对集中行使。《北京市下放行政执法职权决定》的核心内容是"放权"——将原由市、区有关部门承担的职权下放至街道办事处和乡镇人民政府行使。毋庸置疑，这是落实《关于推进基层整合审批服务执法力量的实施意见》要求、深化党建引领"街乡吹哨、部门报到"改革的重要举措，对构建现代化的国家治理新体系产生深远影响。

1.为什么要下放权力

在我国，国家机关的组成和活动原则一般由组织法调整，如《全国人民代表大会组织法》《国务院组织法》等。关于地方各级人民政府的职权，《地方组织法》第五十九条、第六十一条分别作了规定。比对上述两个条款发现，除第五十九条第二、三、四项外，管理环境和资源保护、城乡建设事业、民族事务、监察（监察体制改革后已经调整，笔者注）的职权原则上由县级以上地方各级人民政府行使，乡、镇人民政府无该权力。实体法中大量出现的"由县级以上人民政府××主管部门"就是对这一基本职权定位的回应。

但是，近年来，我国城乡社会治理出现了新的问题，特别是街道办事处、乡镇人民政府"看得见管不着"、区县部门"管得着看不见"联动不顺等问题长期困扰基层。基层是党和政府联系人民群众的纽带、服务人民群众的平台。基层管理水平直接关系人民群众生产生活，决定着党执政的社会基础和执政能力、国家治理的根基和水平。根据党中央明确提出的构建简约高效基层管理体制要求，北京市结合乡镇和街道改革，推进基层整合审批服务执法力量，按照依法下放、宜放则放原则，将点多面广、基层管理迫切需要且能有效承接的审批服务执法等权限赋予乡镇和街道，无疑具有时代意义和标杆作用。

2.下放了哪些权力

根据《北京市下放行政执法职权决定》附件2，向街道办事处和乡镇人民政府下放的行政执法职权共涉及431项，主要是：

（1）原由城管执法部门行使的市政管理、园林绿化管理、环境保护管理、施工现场管理、停车场管理、交通运输管理、食品摊贩管理等方面和对流动无照经营、违法建设、无导游证从事导游活动等行为的全部行政处罚权、行政强制权。

（2）原由城管执法部门行使的市容环境卫生管理、公用事业管理、能源运行管理等方面的部分行政处罚权、行政强制权。石油天然气管道保护的行政检查权由城管执法部门和街道办事处、乡镇人民政府共同行使，行政处罚权仍由城管执法部门行使。

（3）原由生态环境部门行使的大气、噪声污染防治方面的部分行政处罚权。

（4）原由水务部门行使的河湖保护、水土保持等方面的部分行政处罚权、行政强制权。

（5）原由农业农村部门行使的禁止垂钓方面的行政处罚权。

（6）原由卫生健康部门行使的控制吸烟、除四害等方面的全部行政处罚权。

可见，《北京市下放行政执法职权决定》下放的主要是《地方组织法》第五十九条第五项规定的、应当由县级以上地方人民政府行使的管理环境和资源保护、城乡建设事业方面的行政执法职权。

3.放权依据

2019年2月23日，中共北京市委、北京市人民政府发布《关于加强新时代街道工作的意见》，明确："街道党工委、办事处依据法律、法规、规章和上级党委、政府的授权，代表区委区政府对辖区党的建设、公共服务、城市管理、社会治理等行使综合管理职能，全面负责辖区地区性、社会性、群众性工作的统筹协调。"

2019年11月27日，北京市第十五届人民代表大会常务委员会第十六次会议通过《北京市街道办事处条例》，对街道办事处依法履行辖区公共服务、城市管理、社会治理等综合管理职能，统筹协调辖区地区性、社会性、群众性工作等进行了明确授权。①此前，2019年3月29日，北京市第十五届人民代表大会常务委员会第十二次会议对《北京市城乡规划条例》进行修订，明确规定街道办事处可以开展综合执法工作，按照有关法律规定相对集中行使行政处罚权。②

　　《北京市下放行政执法职权决定》指出：根据中共中央办公厅、国务院办公厅印发《〈关于推进基层整合审批服务执法力量的实施意见〉的通知》要求，为深化党建引领"街乡吹哨、部门报到"改革，推进行政执法权限向基层延伸，依据《行政处罚法》《行政强制法》《北京市街道办事处条例》等法律法规规定，市政府决定将由市、区有关部门承担的部分行政处罚权、行政强制权下放至街道办事处和乡镇人民政府，并由其依法行使与之相关的行政检查权，实行综合执法。从这一层面看，《北京市下放行政执法职权决定》是有上位法依据的。2020年9月29日，北京市人民政府第86次常务会议审议通过《北京市禁止违法建设若干规定》，对街道办事处查处违法建设进

①《北京市街道办事处条例》第三条规定："街道办事处是区人民政府的派出机关，在本街道党的工作委员会领导下，执行党的路线方针政策，依法履行辖区公共服务、城市管理、社会治理等综合管理职能，统筹协调辖区地区性、社会性、群众性工作。"第十条第一款规定："街道办事处应当依法履行下列职责：（一）组织实施辖区与居民生活密切相关的公共服务工作，落实卫生健康、养老助残、社会救助、住房保障、就业创业、文化教育、体育事业和法律服务等领域的相关法律法规和政策；（二）组织实施辖区环境保护、秩序治理、街区更新、物业管理监督、应急管理等城市管理工作，营造辖区良好发展环境；（三）组织实施辖区平安建设工作，预防、排查、化解矛盾纠纷，维护社会和谐稳定；（四）组织动员辖区单位和各类社会组织参与基层治理工作，统筹辖区资源，实现共建共治共享；（五）推进社区发展建设，指导居民委员会工作，支持和促进居民依法自治，完善社区服务功能，提升社区治理水平；（六）做好国防教育和兵役等工作；（七）法律、法规、规章及市、区人民政府作出的决定、命令规定的其他职责。"

②《北京市城乡规划条例》第五十八条规定："市人民政府应当明确规划自然资源主管部门、城市管理综合行政执法机关、乡镇人民政府、街道办事处等查处违法建设的职责分工。""街道办事处查处违法建设，可以依照国家和本市有关规定开展综合执法工作，按照有关法律规定相对集中行使行政处罚权。"第六十二条规定："乡镇人民政府、街道办事处应当对本辖区内建设情况进行巡查，发现违法建设行为的，应当予以制止，并依法予以处理。""居民委员会、业主委员会、村民委员会和物业服务企业发现本区域内违法建设行为的，应当予以劝阻，并报告街道办事处、乡镇人民政府或者其他执法机关。"

行了具体规范。

北京市为了实施党建引领"街乡吹哨、部门报到"改革，专门针对街道办事处进行立法，从实体上对街道办事处进行赋权，首开先河、难能可贵。但是，笔者认为，《地方组织法》是关于国家机关的组成、活动原则的最高依据，属于宪法性法律，地方性法规不能违反其规定。诚然，该法于1979年7月1日经第五届全国人民代表大会第二次会议通过，至今已经四十余年，有关内容或已与当今形势不完全相符，但在其后进行的五次修订中，有关地方各级人民政府职权范围的规定几无调整。时下，多地已在部署实施行政执法力量向基层延伸改革，但《关于推进基层整合审批服务执法力量的实施意见》毕竟属于政策性文件。未来若能够修订《地方组织法》，则更能顺应"凡属重大改革必须于法有据"要求。

4.承接要求

长期以来，街道办事处客观上不是"一级政府"，其人员配备等方面还存在不少薄弱环节，因此，改革成功与否关键是如何做好承接行政执法权的相关工作。比如行政执法职权的下放及划转衔接，基层综合执法队伍人员力量的调整补充，以及完善基层综合执法相关管理制度，建立基层综合执法协调配合机制，等等。据报载，截至2017年底，北京市各区城管执法监察局已将共计332支街乡执法队，由"区城管执法监察局统一管理"调整为"以街乡为主的双重管理"，近6500名编制划至街乡，16个区全部实现一线执法人员比例不低于90%的目标。[①]

（三）依法、审慎实施赋权改革——以广东省调整村民非法占用土地建住宅行政执法权为例

2020年5月21日，广东省人民政府发布《关于农村村民非法占用土地建住宅行政执法权的公告》（粤府函〔2020〕84号，以下简称《广东省公告》），将农村村民非法占用土地建住宅行政执法权调整由乡镇人民政府（街道办事处）行使，并对乡镇人民政府（街道办事处）承接宅基地行政执

[①]参见金可：《北京城管由区管变街乡为主双重管理 一线执法人员比例不低于90%》，2019年2月26日《北京日报》。

法权应当严格执行"三项制度"以及行政复议、行政诉讼等事项安排作出了具体规定。应当说,《广东省公告》对于解决《土地管理法》修订后出现的农业农村部门与自然资源部门的职责交叉与执法尴尬具有积极意义,但也存在一些深层次问题,值得进一步思考。

1.农村村民非法占用土地建住宅的执法主体变化经过

(1)《土地管理法》(1986年;1988年修订)

第四十五条 农村居民未经批准或者采取欺骗手段骗取批准,非法占用土地建住宅的,责令退还非法占用的土地,限期拆除或者没收在非法占用的土地上新建的房屋。

第五十二条 本法规定的行政处罚由县级以上地方人民政府土地管理部门决定,本法第四十五条规定的行政处罚可以由乡级人民政府决定。当事人对行政处罚决定不服的,可以在接到处罚决定通知之日起15日内,向人民法院起诉;期满不起诉又不履行的,由作出处罚决定的机关申请人民法院强制执行。受到限期拆除新建建筑物和其他设施的处罚的单位和个人必须立即停止施工。对继续施工的,作出处罚决定的机关有权制止。拒绝、阻碍土地管理工作人员依法执行职务的,依照治安管理处罚条例的有关规定处罚。

(2)《土地管理法》(1998年第一次修正;2004年第二次修正)

第七十七条 农村村民未经批准或者采取欺骗手段骗取批准,非法占用土地建住宅的,由县级以上人民政府土地行政主管部门责令退还非法占用的土地,限期拆除在非法占用的土地上新建的房屋。

超过省、自治区、直辖市规定的标准,多占的土地以非法占用土地论处。

(3)《土地管理法》(2019年第三次修正)

第七十八条 农村村民未经批准或者采取欺骗手段骗取批准,非法占用土地建住宅的,由县级以上人民政府农业农村主管部门责令退还非法占用的土地,限期拆除在非法占用的土地上新建的房屋。

超过省、自治区、直辖市规定的标准,多占的土地以非法占用土地论处。

可以看出，1998年以前，农村村民非法占用土地建住宅的行政执法主体为乡级人民政府；1998年至2019年，调整为县级以上人民政府土地行政主管部门；2020年后，划归县级以上人民政府农业农村主管部门。①

2.农业农村部门作为农村村民非法占地建住宅执法主体之客观分析

2018年党和国家机构改革，有关农民承包地、农村宅基地的管理体制发生了较大变化。中共中央办公厅、国务院办公厅印发的《农业农村部职能配置、内设机构和人员编制规定》（厅字〔2018〕47号）明确："农业农村部负责农民承包地、农村宅基地改革和管理有关工作。"2019年8月26日，第十三届全国人民代表大会常务委员会第十二次会议通过《关于修改〈土地管理法〉的决定》，将原《土地管理法》第七十七条中的"土地行政主管部门"修改为"农业农村主管部门"，作为第七十八条。2019年12月，农业农村部、自然资源部印发《关于规范农村宅基地审批管理的通知》，就宅基地审批管理中的职责分工予以进一步明确。

应该说，关于农村村民非法占用土地建住宅查处，无论是《土地管理法》（2019年修正），还是部门"三定"规定，都明确由农业农村部门负责，但是，一直以来各级农业农村部门没有从事过此类业务工作，在执法队伍及体制机制建设等方面普遍存在短板，无法承接这一职权。据了解，目前一些地方农业农村部门与自然资源部门就此产生争议，有的地方出现"两不管"，有的地方仍然由自然资源部门履行查处职责。改革之初笔者就已发现这一情况，并吁请有关方面采取有针对性措施。从这一维度看，广东省政府调整农村村民非法占用土地建住宅行政执法权反应较为迅速。

3.《广东省公告》之法理分析

《广东省公告》提出：根据《行政处罚法》《行政强制法》《国务院关于进一步推进相对集中行政处罚权工作的决定》，现就农村村民非法占用土

①2020年5月29日，中共山东省委农业农村委员会办公室、山东省农业农村厅印发《关于转发中农发〔2019〕11号文件进一步加强农村宅基地管理的通知》（鲁农委办发〔2020〕30号），内容为："近日，省委编办明确将省级农村宅基地管理职责由省自然资源厅划转省农业农村厅……"机构改革后一年多，山东划转农村宅基地管理职责，可以想象地方对该项职能调整认识的模糊程度。

地建住宅行政执法权有关事项公告如下：一、将《土地管理法》第七十八条规定的行政处罚权，以及与该行政处罚相关的行政检查、行政强制措施权，调整由乡镇人民政府（街道办事处）行使，跨行政区域的案件和县级以上人民政府及其行政主管部门认为影响较大的案件除外。……显然，广东省调整农村村民非法占用土地建住宅行政执法权系依据"《行政处罚法》《行政强制法》《国务院关于进一步推进相对集中行政处罚权工作的决定》"，按照相对集中行政处罚权的相关规定实施。《关于推进基层整合审批服务执法力量的实施意见》第二部分"积极推进基层综合行政执法改革"也提出："推进行政执法权限和力量向基层延伸和下沉，强化乡镇和街道的统一指挥和统筹协调职责。整合现有站所、分局执法力量和资源，组建统一的综合行政执法机构，按照有关法律规定相对集中行使行政处罚权，以乡镇和街道名义开展执法工作，并接受有关县级主管部门的业务指导和监督，逐步实现基层一支队伍管执法。"从这一层面看，《广东省公告》完全符合基层综合行政执法改革方向。

笔者认为，在1996年《行政处罚法》背景下，集中行使行政处罚权的主体应当为县级以上地方人民政府的行政机关。理由是，该法第二十条规定："行政处罚由违法行为发生地的县级以上地方人民政府具有行政处罚权的行政机关管辖。法律、行政法规另有规定的除外。"《行政强制法》第十七条第二款规定："依据《行政处罚法》的规定行使相对集中行政处罚权的行政机关，可以实施法律、法规规定的与行政处罚权有关的行政强制措施。"国务院《关于进一步推进相对集中行政处罚权工作的决定》规定："集中行使行政处罚权的行政机关应作为本级政府直接领导的一个独立的行政执法部门，依法独立履行规定的职权，并承担相应的法律责任。"

《广东省公告》将《土地管理法》第七十八条规定的由县级以上人民政府农业农村部门行使的农村村民非法占用土地建住宅行为的行政处罚权，以及与该行政处罚相关的行政检查、行政强制措施权，调整由乡镇人民政府（街道办事处）行使，突破了《行政处罚法》（2017年修正）第二十条、《行政强制法》第十七条规定。此外，尽管广东省政府有权决定相对集中行使行政处罚权，但是，将乡镇人民政府（街道办事处）确定为集中行使行政处罚权的机关，不符合1996年《行政处罚法》第十六条的立法本意和国务院《关于进一步推进相对集中行政处罚权工作的决定》的具体要求。

此外，《土地管理法》第七十五条规定："违反本法规定，占用耕地建窑、建坟或者擅自在耕地上建房、挖砂、采石、采矿、取土等，破坏种植条件的，或者因开发土地造成土地荒漠化、盐渍化的，由县级以上人民政府自然资源主管部门、农业农村主管部门等按照职责责令限期改正或者治理，可以并处罚款；构成犯罪的，依法追究刑事责任。"可见，《广东省公告》亦未完全厘清农业农村执法与自然资源执法职责。

（四）关于行政执法权重心下移的再思考

随着改革的深入推进，乡镇街道成为行政处罚实施主体不再是例外情形，将成为常态。因此，必须对行政执法权重心下移认真进行再思考。

1.关于行政执法权重心下移的定位

行政执法权重心下移首先不是法律术语，而是一种政策表述。向乡镇人民政府、街道办事处赋予行政处罚权仅仅是一项改革措施，有待进一步探索。实践中，对于行政执法权重心下移，理论界、实务界依然争论不断。应松年教授认为："从全国的情况来看，适宜由乡镇、街道执法的情况并不普遍，甚至可以说只占到一小部分，我国的大部分乡镇、街道尚不具备执法的能力、条件和水平，还是应当定位于面向群众的日常服务、一般管理、日常巡查等方面，不宜赋予其执法权。"[1]有学者认为：我们不能仅仅"以属地管理""守土有责"等为由，一股脑地、不加区别地将行政执法权下移到基层，否则，既与执法权重心下移的制度意涵相悖，也会影响到我国整个行政体制框架。应当警惕和反思"属地管理"原则在行政执法权重心下移中作用的绝对化，而需将行政执法权重心下移自身的限度、分级负责原则与归口管理在执法权配置中的意义充分吸纳进来，在此基础上从受权主体适格、授权主体法定以及下移权限适度三个方面进行制度设计，以此实现行政执法权重

---

[1]应松年、张晓莹：《〈行政处罚法〉二十四年：回顾与前瞻》，《国家检察官学院学报》2020年第5期。

心下移制度合法性与有效性的融合。^①上述建言与观点均出于公心、心诚意正，值得有关方面认真对待。动辄将饱含争议的执法事项下放以及"运动式"赋权、"一揽子"赋权等做法，值得检视。^②

2.关于处罚权下放的性质

在我国的行政法制度和行政法理论中，有关行政职权的产生和转移已形成了3种形态，即行政职权的设定、行政职权的授予和行政职权的委托，简称为"设定—授权—委托"。《行政处罚法》（2021年修订）第二十四条的处罚权下放，属于授权还是委托？胡建淼教授认为：这首先不是设定；其次也不是委托。这一制度应当属于授权，而且是一种间接授权。^③有学者认为，"交由"既可以是授权，也可以是委托。^④也有的认为，这实际上属于行政处罚权依法从县级人民政府工作部门向乡镇人民政府或者街道办事处转移的情形，而非乡镇人民政府或者街道办事处受县级人民政府工作部门委托实施行政处罚，因此乡镇人民政府或者街道办事处应当以其自己的名义实施行政处罚。^⑤

笔者认为，《行政处罚法》（2021年修订）第二十四条的处罚权下放既不是委托，也不是授权（间接授权）。它属于管辖权转移，但超脱了传统意义上的管辖权转移^⑥。从法条摆布看，《行政处罚法》（2021年修订）第

---

①卢护锋：《行政执法权重心下移的制度逻辑及其理论展开》，《行政法学研究》2020 年第 5 期，第117-134页。

②2021年4月，上海市政府常务会议决定：推动执法权下放街镇，首批共423项；2020年10月20日起，中山市23个镇街获得市级授权下放的2521项行政执法事项权限，其中行政处罚事项2234项、行政检查167项、行政强制120项；2020年12月31日，佛山市政府常务会议审议佛山镇街综合行政执法改革工作，决定首批下放镇街综合行政执法权3632项；2021年1月，湛江第一批已下放4140项县级执法权至镇街，第二批又梳理出3500余项，两批共计7640项……相关数据来自网络。

③参见《〈行政处罚法〉第24条规定可将处罚权下放给基层政府，这属于授权还是委托？》，引自法治咖啡屋公众号。

④参见黄海华：《新行政处罚法的若干制度发展》，《中国法律评论》2021年第3期。

⑤江必新主编：《行政处罚法条文精释与实例精解》，人民法院出版社2021年版，第133页。

⑥传统意义中的管辖权转移发生于上下级行政机关之间，而《行政处罚法》（2021年修订）第二十四条发生于县级人民政府相关主管部门与没有隶属关系的乡镇人民政府、街道办事处之间。

二十四条位于"第四章 行政处罚的管辖和适用"中，因而排除行政处罚主体及与之相关的委托、授权的可能。遗憾的是，北京市实施的赋权改革，系按"综合行政执法，相对集中行政处罚权"模式进行；广东省实施的农村村民非法占用土地建住宅行政执法权下放，系按"相对集中行政处罚权"模式进行。

3.关于处罚权下放的决定

胡建淼教授认为："乡镇人民政府和街道办事处最终是否具有行政处罚权，还须依照法律规定，考虑乡镇人民政府和街道办事处的具体条件，由省、自治区、直辖市人民政府酌情另行决定。"[1]其在另外一篇文章中也提到，乡镇人民政府和街道办事处最终是否具有行政处罚权，还须依照新修订的《行政处罚法》第二十四条规定，考虑乡镇人民政府和街道办事处的具体条件，由省、自治区、直辖市人民政府酌情另行决定。[2]

笔者认为，根据《行政处罚法》（2021年修订）第二十四条，有权决定处罚权下放的主体是"省、自治区、直辖市"。首先，法条没有特指"省、自治区、直辖市人民政府"，从文义解释角度，省、自治区、直辖市人大及其常委会，省、自治区、直辖市人民政府均为有权决定主体。江苏省高级人民法院行政庭课题组提出："权力下放的形式，既可以是由省人大常委会以制定地方性法规形式下放，也可由省政府出台政府规章进行下放，还可以由省政府以规范性文件的形式予以明确。"[3]其次，也并不当然排除由省、自治区、直辖市党委决定，或者党委、政府联合决定。因为，行政处罚权下放是一项改革措施，其最初依据——《关于推进基层整合审批服务执法力量的实施意见》就是中共中央办公厅、国务院办公厅联合印发的；而且，由党委决定或者党委、政府联合决定，可以更好地在机构设置、人员编制方面提供保障。

4.关于有关主体的关系

行政处罚权下放后，放权的县级人民政府及其工作部门与承接的乡镇人

---

[1] 胡建淼：《行政处罚法修订带来行政执法的新考验》，2021年3月3日《学习时报》。

[2] 胡建淼：《行政处罚法修订的若干亮点》，《中国司法》2021年第5期。

[3] 江苏省高级人民法院行政庭课题组：《行政处罚法修订后司法、执法如何应对》，2021年7月6日《江苏法治报》。

民政府、街道办事处系何关系？实践中，有的地方出现"一赋了之"现象，县级人民政府工作部门成了"甩手掌柜"；有的地方承接的乡镇人民政府、街道办事处成立综合执法局（或者综合执法大队、行政执法中心），并以局（队、中心）名义作出行政处罚。笔者认为：

首先，承接的乡镇人民政府、街道办事处应以自己的名义实施行政处罚。这一点，无论从管辖权转移，还是综合行政执法、相对集中行政处罚权角度看，都应如此。对此，江苏省高级人民法院行政庭课题组认为："省级层面有权依法作出行政处罚权下放乡镇（街道）的决定，且对外公布的，自实施之日起，所涉处罚职责应由乡镇（街道）依法行使，并由其自行承担法律责任。"①

其次，《行政处罚法》（2021年修订）第二十四条第三款规定："有关地方人民政府及其部门应当加强组织协调、业务指导、执法监督，建立健全行政处罚协调配合机制，完善评议、考核制度。"显然，放权的县级人民政府相关主管部门应当在组织协调、业务指导、执法监督、建立健全协调配合机制等方面积极作为，绝不能"事不关己，高高挂起"。

再次，应当加强执法保障，确保承接的乡镇人民政府、街道办事处具有履职条件。尤其是要加强机构编制管理，不能因为赋权改革造成机构臃肿人浮于事，违背改革初衷。这一点，北京市的做法值得真学细究。

案例9：违法建设查处职权下放至街道办后，作出强制拆除行为并承担法律责任的行政机关仅为街道办②

宏顺康泰公司认为，2020年9月4日至17日期间，西罗园街道办、某区城管执法局在未出具任何书面通知的情况下，实施强制拆除该公司房屋第三层的行为，属于超越职权执法，且强制拆除行为存在严重程序违法，故以西罗园街道办、某区城管执法局为被告提起行政诉讼。

一审法院认为，现有证据亦不能证明区城管执法局作出了该行为。同

---

① 江苏省高级人民法院行政庭课题组：《行政处罚法修订后司法、执法如何应对》，2021年7月6日《江苏法治报》。

② 参见（2021）京02行终78号《行政裁定书》。

时，作出该强制拆除行为并承担相应法律责任的行政机关仅为西罗园街道办。此外，宏顺康泰公司与被诉强制拆除行为不具有行政法律上的利害关系。裁定：驳回起诉。宏顺康泰公司不服，提起上诉。

二审法院认为，公民、法人或者其他组织提起行政诉讼，应当符合法定起诉条件，不符合法定起诉条件的，已经立案的，应当裁定驳回起诉。《北京市下放行政执法职权决定》规定，根据中共中央办公厅、国务院办公厅《印发〈关于推进基层整合审批服务执法力量的实施意见〉的通知》要求，为深化党建引领"街乡吹哨、部门报到"改革，推进行政执法权限向基层延伸，依据《行政处罚法》《行政强制法》《北京市街道办事处条例》等相关法律法规规定，自2020年7月1日起，原由城管执法部门行使的市政管理、园林绿化管理、环境保护管理、施工现场管理、停车场管理、交通运输管理、食品摊贩管理等方面和对流动无照经营、违法建设、无导游证从事导游活动等行为的全部行政处罚权、行政强制权，下放至街道办事处和乡镇人民政府并以其名义相对集中行使。本案中，宏顺康泰公司主张2020年9月4日至17日期间西罗园街道办与区城管执法局共同实施了被诉强制拆除行为，但区城管执法局对此予以否认，现有证据亦不能证明区城管执法局作出了该行为。同时，被诉强制拆除行为系2020年9月4日至17日期间作出，根据上述决定要求，自2020年7月1日起原由区城管执法局行使的对违法建设的查处职权下放至街道办事处，故作出该强制拆除行为并承担相应法律责任的行政机关仅为西罗园街道办。此外，宏顺康泰公司并非涉案房屋的建设单位、个人或实际管理人，宏顺康泰公司与被诉强制拆除行为不具有行政法律上的利害关系，不具备提起本诉讼的原告主体资格。

裁定：驳回上诉，维持一审裁定。

七、管辖权争议与解决

修订过程	法条内容
行政处罚法（2017年修正）	第二十一条 对管辖发生争议的，报请共同的上一级行政机关指定管辖。

修订过程	法条内容
修订草案征求意见稿	第二十二条　两个以上行政机关都有管辖权，由最先立案的行政机关管辖。对管辖发生争议的，应当协商解决；协商不成的，报请共同的上一级行政机关指定管辖。
修订草案	第二十三条　两个以上行政机关都有管辖权，由最先发现的行政机关管辖。对管辖发生争议的，应当协商解决，协商不成的，报请共同的上一级行政机关指定管辖；也可以由共同的上一级行政机关直接指定管辖。
修订草案二次审议稿	第二十四条　两个以上行政机关都有管辖权，由最先立案的行政机关管辖。对管辖发生争议的，应当协商解决，协商不成的，报请共同的上一级行政机关指定管辖；也可以由共同的上一级行政机关直接指定管辖。
行政处罚法（2021年修订）	第二十五条　两个以上行政机关都有管辖权的，由最先立案的行政机关管辖。 对管辖发生争议的，应当协商解决，协商不成的，报请共同的上一级行政机关指定管辖；也可以直接由共同的上一级行政机关指定管辖。

变化内容：

1.确立了"最先立案的行政机关管辖"原则

该原则的确定，经历了一个复杂反复的过程：从修订草案征求意见稿"最先立案"，到修订草案"最先发现"，到修订草案二次审议稿"最先立案"，再到《行政处罚法》（2021年修订）"最先立案"。最终回到"最先立案"，基于两个原因：一是《行政处罚法》（2021年修订）第五十四条第二款将"应当及时立案"作为普通程序启动的硬性规定。二是吸收了相关法规、规章的立法经验。如《市场监督管理行政处罚程序规定》第十二条规定："对当事人的同一违法行为，两个以上市场监督管理部门都有管辖权的，由最先立案的市场监督管理部门管辖。"

2.设计了"先行协商"或者"直接指定"的灵活处置方式

对管辖发生争议的，行政机关应当"先行协商"，协商不成的再报请指定管辖；但为了提高行政效率，也并不囿于协商解决，可以"直接指定"。

八、执法协助

修订过程	法条内容
行政处罚法（2017年修正）	—
修订草案征求意见稿	**第二十三条** 行政机关因实施行政处罚的需要，可以向有关行政机关提出协助请求。协助请求事项属于有关行政机关职权范围内的，应当配合。
修订草案	**第二十四条** 行政机关因实施行政处罚的需要，可以向有关机关提出协助请求。协助事项属于被请求机关职权范围内的，应当予以协助。
修订草案二次审议稿	**第二十五条** 行政机关因实施行政处罚的需要，可以向有关机关提出协助请求。协助事项属于被请求机关职权范围内的，应当依法予以协助。
行政处罚法（2021年修订）	**第二十六条** 行政机关因实施行政处罚的需要，可以向有关机关提出协助请求。协助事项属于被请求机关职权范围内的，应当依法予以协助。

变化内容：

本条属于新增条款，主要以行政执法中存在的各自为政问题为导向，有针对性地提出解决措施。实践中，协助执法行为一般不可诉；除非明显超出行政机关请求协助的事项范围。

修订背景：

增加上述条款，使得协助请求机关解决本机关职权范围内的相关事项成为法定义务；此外，从修订过程看，修订草案删除征求意见稿中的"行政"二字，使得执法协助不再拘泥于行政机关体系，丰富了行政执法手段，必将有效提升行政执法效能。

九、"两法衔接"

修订过程	法条内容
行政处罚法（2017年修正）	**第二十二条**　违法行为构成犯罪的，行政机关必须将案件移送司法机关，依法追究刑事责任。
修订草案征求意见稿	**第二十四条**　违法行为涉嫌犯罪的，行政机关必须将案件移送司法机关，依法追究刑事责任；刑事诉讼程序过程中或者结束后，司法机关认为需要追究行政责任的，可以提出司法建议，由行政机关依法实施行政处罚。
修订草案	**第二十五条**　违法行为涉嫌犯罪的，行政机关必须及时将案件移送司法机关，依法追究刑事责任。
修订草案二次审议稿	同修订草案
行政处罚法（2021年修订）	**第二十七条**　违法行为涉嫌犯罪的，行政机关应当及时将案件移送司法机关，依法追究刑事责任。对依法不需要追究刑事责任或者免予刑事处罚，但应当给予行政处罚的，司法机关应当及时将案件移送有关行政机关。 行政处罚实施机关与司法机关之间应当加强协调配合，建立健全案件移送制度，加强证据材料移交、接收衔接，完善案件处理信息通报机制。

变化内容：

一是将"构成"犯罪改为"涉嫌"犯罪，"必须"移送改为"应当及时"移送。修改后的法条表述更加精准，因为只有人民法院生效判决才能定罪，行政机关只能认为违法行为"涉嫌"犯罪；"应当及时"，更加精确地提出了案件移送要求。

二是增加了司法机关向行政机关移送的规定。对依法不需要追究刑事责任或者免予刑事处罚，但应当给予行政处罚的，司法机关应当及时将案件移送有关行政机关，防止脱节现象发生。

三是建立健全案件移送制度。要求行政处罚实施机关与司法机关之间应当加强协调配合，建立健全案件移送制度，加强证据材料移交、接收衔接，完善案件处理信息通报机制。

上述修改，使得行政机关案件移送司法机关的门槛降低，案件只需要涉嫌犯罪即可移送司法机关，行政机关不及时移送可能涉嫌违法，是否构成犯罪由司法机关判断。移送司法机关后，司法机关认为不需要追究刑事责任或者免予刑事处罚，但应当给予行政处罚的，仍需"回移"有关行政机关，由行政机关继续处理。

修订背景：

党的十八届三中全会作出的《关于全面深化改革若干重大问题的决定》和党的十八届四中全会作出的《关于全面推进依法治国若干重大问题的决定》提出，要立足于深化行政执法体制改革，解决"有案不移、有案难移、以罚代刑现象，实现行政处罚与刑事处罚无缝衔接"问题。过去，"两法衔接"（亦称"行刑衔接"）主要聚焦"行政—司法"，很少涉及"司法—行政"。中央有关两法衔接的规范性文件，除《食品药品行政执法与刑事司法衔接工作办法》《安全生产行政执法与刑事司法衔接工作办法》等少数几部涉及司法机关向行政机关移送追究行政责任外，其余20多部都是关于行政机关向司法机关移送。行政执法与刑事司法之间的衔接不仅仅是行政机关向司法机关移送涉嫌犯罪案件，也涉及司法机关向行政机关移送追究行政处罚或行政处分的案件。故作以上修订。

需要注意的是，《行政处罚法》（2021年修订）第二十七条仅仅是"两法衔接"制度的一般规定。关于行政执法案件移送期限和工作程序等，必须严格按照《行政执法机关移送涉嫌犯罪案件的规定》等执行。如该规定第五条规定："行政执法机关对应当向公安机关移送的涉嫌犯罪案件，应当立即指定2名或者2名以上行政执法人员组成专案组专门负责，核实情况后提出移送涉嫌犯罪案件的书面报告，报经本机关正职负责人或者主持工作的负责人审批。""行政执法机关正职负责人或者主持工作的负责人应当自接到报告之日起3日内作出批准移送或者不批准移送的决定。决定批准的，应当在24小时内向同级公安机关移送；决定不批准的，应当将不予批准的理由记录在案。"第八条规定："公安机关应当自接受行政执法机关移送的涉嫌犯罪案件之日起3日内，依照刑法、刑事诉讼法以及最高人民法院、最高人民检察院关于立案标准和公安部关于公安机关办理刑事案件程序的规定，对所移送的案件进行审查。认为有犯罪事实，需要追究刑事责任，依法决定立案的，应当书面通知移送案件的行政执法机关；认为没有犯罪事实，或者犯罪事实显著轻微，不需要追究刑事责任，依法不予立案的，应当说明理由，并书面通知移送案件的行政执法机关，相应退回案卷材料。"等。此外，有的地方也出台了操作性强的规范性文件，如上海市食品安全委员会办公室等五部门近日联合印发的《上海市食品安全监管部门行政执法与公安机关行政拘留处罚衔接工作指南》（沪食药安办〔2021〕9号）。

总之，《行政处罚法》（2021年修订）对于"两法衔接"提出了更高要求，具有深远影响。行政处罚实施机关须与司法机关加强协调配合，细化制度设计，畅通工作渠道，逐步实现"无缝对接"。

第二节　行政处罚的适用

一、行政处罚适用概论

（一）概念

通说认为，行政处罚的适用是指行政机关在认定行政相对人违法事实的基础上，依照法律规范规定的原则和具体方法，决定对行政相对人是否给予行政处罚和如何科以行政处罚，将法律规范运用到具体案件中的行政执法活动。

（二）内容

行政处罚的适用，从广义上讲是指行政处罚的实施主体将法律规范中的抽象规定具体运用于行政处罚的全过程，包括行政处罚的决定和执行。从狭义上讲是指从行政处罚的基本原则入手，重点对如何确定行为人违法事实以及对违法者裁量适用何种行政处罚作出规定，不包括行政处罚的决定和执行。

行政处罚法第四章行政处罚的适用，是"狭义"的适用，具体包括应受处罚的构成要件，不予处罚的规定，从轻或减轻处罚的规定，行政处罚的追诉时效等。

（三）行政处罚适用之变化

1.明确违法所得概念和没收范围

修订过程	法条内容
行政处罚法 （2017年修正）	—
行政处罚法 （2021年修订）	**第二十八条**　行政机关实施行政处罚时，应当责令当事人改正或者限期改正违法行为。 当事人有违法所得，除依法应当退赔的外，应当予以没收。违法所得是指实施违法行为所取得的款项。法律、行政法规、部门规章对违法所得的计算另有规定的，从其规定。

变化内容：

明确了违法所得是指"实施违法行为所取得的款项"，将另行规定主体限制于"法律、行政法规、部门规章"，结束了实践中对于违法所得认定的乱象；厘清了没收与依法退赔的关系。

2.细化一事不再罚款

修订过程	法条内容
行政处罚法 （2017年修正）	**第二十四条**　对当事人的同一个违法行为，不得给予两次以上罚款的行政处罚。
行政处罚法 （2021年修订）	**第二十九条**　对当事人的同一个违法行为，不得给予两次以上罚款的行政处罚。同一个违法行为违反多个法律规范应当给予罚款处罚的，按照罚款数额高的规定处罚。

变化内容：

在《行政处罚法》（2017年修正）第二十四条基础上，补充规定了罚款"就高"规则，以解决罚款标准差异问题，填补法律漏洞。

3.完善未成年人以及精神病人、智力残疾人行政处罚规定

（1）未成年人

修订过程	法条内容
行政处罚法（2017年修正）	**第二十五条**　不满十四周岁的人有违法行为的，不予行政处罚，责令监护人加以管教；已满十四周岁不满十八周岁的人有违法行为的，从轻或者减轻行政处罚。
行政处罚法（2021年修订）	**第三十条**　不满十四周岁的未成年人有违法行为的，不予行政处罚，责令监护人加以管教；已满十四周岁不满十八周岁的未成年人有违法行为的，应当从轻或者减轻行政处罚。

（2）精神病人、智力残疾人

修订过程	法条内容
行政处罚法（2017年修正）	**第二十六条**　精神病人在不能辨认或者不能控制自己行为时有违法行为的，不予行政处罚，但应当责令其监护人严加看管和治疗。间歇性精神病人在精神正常时有违法行为的，应当给予行政处罚。
行政处罚法（2021年修订）	**第三十一条**　精神病人、智力残疾人在不能辨认或者不能控制自己行为时有违法行为的，不予行政处罚，但应当责令其监护人严加看管和治疗。间歇性精神病人在精神正常时有违法行为的，应当给予行政处罚。尚未完全丧失辨认或者控制自己行为能力的精神病人、智力残疾人有违法行为的，可以从轻或者减轻行政处罚。

变化内容：

一是明确了"未成年人"的特定称谓，强调"应当"从轻或者减轻行政处罚。

二是增加了智力残疾人在不能辨认或者不能控制自己行为时有违法行为的，"不予"行政处罚的规定。

三是增加了尚未完全丧失辨认或者控制自己行为能力的精神病人、智力残疾人有违法行为的，"可以"从轻或者减轻行政处罚的规定。

4.丰富从轻或者减轻处罚、不予处罚情形

（1）应当从轻或者减轻行政处罚

修订过程	法条内容
行政处罚法（2017年修正）	第二十七条　当事人有下列情形之一的，应当依法从轻或者减轻行政处罚：（一）主动消除或者减轻违法行为危害后果的；（二）受他人胁迫有违法行为的；（三）配合行政机关查处违法行为有立功表现的；（四）其他依法从轻或者减轻行政处罚的。 违法行为轻微并及时纠正，没有造成危害后果的，不予行政处罚。
行政处罚法（2021年修订）	第三十二条　当事人有下列情形之一，应当从轻或者减轻行政处罚：（一）主动消除或者减轻违法行为危害后果的；（二）受他人胁迫或者诱骗实施违法行为的；（三）主动供述行政机关尚未掌握的违法行为的；（四）配合行政机关查处违法行为有立功表现的；（五）法律、法规、规章规定其他应当从轻或者减轻行政处罚的。

变化内容：

一是删除了"依法"二字，凸出了行政处罚法的通用性；

二是增加了受他人诱骗实施违法行为的，应当从轻或者减轻行政处罚的规定；

三是增加了主动供述行政机关尚未掌握的违法行为的，应当从轻或者减轻行政处罚的规定；

四是移除了《行政处罚法》（2017年修正）第二十七条第二款"违法行为轻微并及时纠正，没有造成危害后果的，不予行政处罚"规定，以与轻微不罚进行区分。

（2）不予行政处罚

修订过程	法条内容
行政处罚法（2017年修正）	第二十七条…… 违法行为轻微并及时纠正，没有造成危害后果的，不予行政处罚。
修订草案	第三十条…… 违法行为轻微并及时纠正，没有造成危害后果的，不予行政处罚。当事人有证据证明没有主观过错的，不予行政处罚。法律、行政法规有特别规定的，依照其规定。

修订过程	法条内容
行政处罚法（2021年修订）	**第三十三条** 违法行为轻微并及时改正，没有造成危害后果的，不予行政处罚。初次违法且危害后果轻微并及时改正的，可以不予行政处罚。 当事人有证据足以证明没有主观过错的，不予行政处罚。法律、行政法规另有规定的，从其规定。 对当事人的违法行为依法不予行政处罚的，行政机关应当对当事人进行教育。

变化内容：

新增首违不罚、无错不罚规定，扩大了不予行政处罚的情形，更好地体现处罚与教育相结合原则，也为实践中的包容审慎监管、行政和解等做法提供了法律支撑。

5.增设行政处罚裁量基准制度

修订过程	法条内容
行政处罚法（2017年修正）	—
行政处罚法（2021年修订）	**第三十四条** 行政机关可以依法制定行政处罚裁量基准，规范行使行政处罚裁量权，行政处罚裁量基准应当向社会公布。

变化内容：

提出制定行政处罚裁量基准并向社会公布的明确要求，规范行使行政处罚裁量权，接受社会监督。

6.延长重点领域的行政处罚追诉时效

修订过程	法条内容
行政处罚法（2017年修正）	**第二十九条** 违法行为在二年内未被发现的，不再给予行政处罚。法律另有规定的除外。 前款规定的期限，从违法行为发生之日起计算；违法行为有连续或者继续状态的，从行为终了之日起计算。

续表

修订过程	法条内容
行政处罚法（2021年修订）	**第三十六条** 违法行为在二年内未被发现的，不再给予行政处罚；涉及公民生命健康安全、金融安全且有危害后果的，上述期限延长至五年。法律另有规定的除外。前款规定的期限，从违法行为发生之日起计算；违法行为有连续或者继续状态的，从行为终了之日起计算。

变化内容：

对于涉及公民生命健康安全、金融安全且有危害后果的违法行为，加大打击力度，延长追诉时效至五年。

7.确立"从旧兼从轻"原则

修订过程	法条内容
行政处罚法（2017年修正）	—
行政处罚法（2021年修订）	**第三十七条** 实施行政处罚，适用违法行为发生时的法律、法规、规章的规定。但是，作出行政处罚决定时，法律、法规、规章已被修改或者废止，且新的规定处罚较轻或者不认为是违法的，适用新的规定。

变化内容：

明确规定了"从旧兼从轻"的法律适用原则，与《立法法》等保持了衔接。

8.重构行政处罚无效制度

修订过程	法条内容
行政处罚法（2017年修正）	**第三条** 没有法定依据或者不遵守法定程序，行政处罚无效。
行政处罚法（2021年修订）	**第三十八条** 行政处罚没有依据或者实施主体不具有行政主体资格的，行政处罚无效。 违反法定程序构成重大且明显违法的，行政处罚无效。

变化内容：

新增实施主体不具有行政主体资格的，行政处罚无效。同时明确，程序违法只有构成"重大且明显违法"才归于无效，与《行政诉讼法》（2014年修订）第七十五条"重大且明显违法"相衔接。

9.明确外国人、无国籍人、外国组织的适用

修订过程	法条内容
行政处罚法（2017年修正）	—
修订草案	**第七十九条** 外国人、无国籍人、外国组织在中华人民共和国领域内有违法行为，应当给予行政处罚的，适用本法，法律另有规定的除外。
修订草案二次审议稿	同修订草案
行政处罚法（2021年修订）	**第八十四条** 外国人、无国籍人、外国组织在中华人民共和国领域内有违法行为，应当给予行政处罚的，适用本法，法律另有规定的除外。

变化内容：

本条为新增条款，首次强调外国人、无国籍人和外国组织在中国不是"法外之地"，明确其在中华人民共和国领域内有违法行为，应当给予行政处罚的，适用行政处罚法，除非法律另有规定，体现了国家主权原则。

其中"法律另有规定的除外"，实践中主要指《外交特权与豁免条例》第十四条有关外交代表享有刑事管辖豁免、民事管辖豁免和行政管辖豁免，以及《领事特权与豁免条例》第十四条有关领事官员和领馆行政技术人员执行职务的行为享有司法和行政管辖豁免等。

二、责令改正或者限期改正违法行为

（一）行政处罚法的规定

修订过程	法条内容
行政处罚法（2017年修正）	**第二十三条** 行政机关实施行政处罚时，应当责令当事人改正或者限期改正违法行为。

续表

修订过程	法条内容
修订草案征求意见稿	**第二十五条** 行政机关实施行政处罚时，应当责令当事人改正或者限期改正违法行为。 有违法所得且有受害人的，应当责令退赔或者返还受害人；退赔、返还受害人后的剩余部分或者没有受害人、无法确定受害人的，应当依法予以没收。
修订草案	**第二十六条** 行政机关实施行政处罚时，应当责令当事人改正或者限期改正违法行为；有违法所得的，应当予以没收。
修订草案二次审议稿	**第二十七条** 行政机关实施行政处罚时，应当责令当事人改正或者限期改正违法行为。 当事人因违法行为获取的违法所得，除依法应当退赔的外，应当予以没收。
行政处罚法（2021年修订）	**第二十八条** 行政机关实施行政处罚时，应当责令当事人改正或者限期改正违法行为。 当事人有违法所得，除依法应当退赔的外，应当予以没收。违法所得是指实施违法行为所取得的款项。法律、行政法规、部门规章对违法所得的计算另有规定的，从其规定。

如前所述，本次修订中，行政机关实施行政处罚时应当"责令当事人改正或者限期改正违法行为"只字未改。[①]但是，其性质与适用仍然存在争议。

1. "责令改正或者限期改正违法行为"与行政处罚的区别

对此，最高人民法院认为：

首先，责令改正（或者限期改正）与行政处罚概念有别。行政处罚是行政主体对违反行政管理秩序的行为依法定程序所给予的法律制裁；而责令改正或限期改正违法行为是指行政机关在实施行政处罚的过程中对违法行为人发出的一种作为命令。

其次，两者性质、内容不同。行政处罚是法律制裁，是对违法行为人的人身自由、财产权利的限制和剥夺，是对违法行为人精神和声誉造成损害的惩戒；而责令改正或者限期改正违法行为，其本身并不是制裁，只是要求违

---

① 《行政处罚法》（2021年修订）第二十八条与《行政处罚法》（2017年修正）第二十三条相比，除增加第二款违法所得认定与没收以外，其余内容没有变化。

法行为人履行法定义务，停止违法行为，消除不良后果，恢复原状。

第三，两者的规制角度不同。行政处罚是从惩戒的角度，对行政相对人科处新的义务，以告诫违法行为人不得再违法，否则将受罚；而责令改正或者限期改正则是命令违法行为人履行既有的法定义务，纠正违法，恢复原状。

第四，两者形式不同。行政处罚法第八条规定了行政处罚的具体种类，具体有：警告，罚款，没收违法所得、非法财物，责令停产停业，暂扣或者吊销许可证、执照和行政拘留等；而责令改正或者限期改正违法行为，因各种具体违法行为不同而分别表现为停止违法行为、责令退还、责令赔偿、责令改正、限期拆除等形式。①

上述4个方面就两者的区别界定得非常清晰。

2.行政处罚法中"责令改正或者限期改正违法行为"的性质

有多部著作或论文进行过阐述，主要观点包括：

（1）行政处罚实施机关在处罚行政违法行为时，同时责令其改正违法行为，有关具体法律法规作了规定，行政处罚法是在此基础上制定出来的，并作出了总结性规定。行政处罚和责令改正联系紧密还在于，在实施行政处罚时，往往同时责令当事人改正或者纠正违法行为，这也可以看成行政处罚法律适用的一个方面。为此，行政处罚法明确规定，行政机关实施行政处罚应当责令当事人改正或者限期改正违法行为。②

（2）行政处罚法规定的责令改正的原则，是在行政违法行为产生后彻底消除违法行为及其所造成的后果的有效途径。不管对当事人的行政违法行为应当给予何种类型的行政处罚，责令当事人改正或者限期改正违法行为是一个基本原则。③

（3）行政机关在处理行政违法案件时，无论准备对违法行为人处以何种行政处罚，都应当首先要求违法行为人及时纠正违法行为。有些较轻微的

---

① 参见（2018）最高法行申4718号《行政裁定书》。

② 应松年、马怀德主编：《中华人民共和国行政处罚法学习辅导》，人民出版社1996年版，第128-132页。

③ 原江苏省人民政府法制局编：《〈行政处罚法〉培训手册》，第83页。

违法行为是可以立即改正的，但也有相当一部分行政违法行为情况比较复杂，立即改正确有困难，因此《行政处罚法》第二十三条规定对有些违法行为可以限期改正。无论是立即改正还是限期改正，对于行政违法行为都必须依法纠正，不能以罚代改，因为行政处罚的首要任务是纠正违法行为。[1]

（4）行政处罚法的草稿曾将责令改正作为行政处罚种类之一，有的同志提出，对任何一种违法行为，均应当予以改正，责令改正不应当是一种处罚。立法机关认为，这种意见是有道理的。[2]

3.作者观点

行政处罚法中"责令改正或者限期改正违法行为"属于行政处罚适用范畴，既不属于行政处罚，也不属于行政强制。根据行政处罚法，行政机关实施行政处罚时，应当责令当事人改正或者限期改正违法行为；未责令当事人改正或者限期改正违法行为迳行作出行政处罚的，程序违法。

案例10：公安机关未经责令整改直接适用反恐怖主义法处罚酒店，程序违法[3]

某市公安局就纳川商务酒店诉其与某市人民政府治安管理行政处罚纠纷一案，不服海南省第一中级人民法院（2018）琼96行终98号行政判决，提出再审申请。

海南省高级人民法院认为，本案的争议焦点是市公安局作出的1530号处罚决定及市政府作出的31号复议决定是否合法。已查明，因纳川酒店存在不按规定对住宿旅客进行实名登记的情况，市公安局于2017年10月1日适用《治安管理处罚法》对其作出当场处罚决定书，罚款人民币200元，并在当日下发14号整改通知，内容为："纳川商务酒店：经调查，发现你（单位）存在下述：不按规定实名登记和漏登记住宿客人身份信息，造成酒店住宿旅客漏登和信息漏传现象。现建议你（单位）立即予以改正。建议1.如实登记

①全国人大常委会法制工作委员会著：《〈中华人民共和国行政处罚法〉讲话》，法律出版社1996年版，第87-88页。

②黄海华：《行政处罚的重新定义与分类配置》，《华东政法大学学报》2020年第4期。

③参见（2019）琼行申57号《行政裁定书》。

住宿旅客信息；2.及时上传住宿旅客信息。在2017年10月3日前整改或者整改完毕，并将结果函告我单位。"虽然市公安局在14号整改通知中未写明具体适用的法律，但是根据《行政处罚法》第二十三条"行政机关实施行政处罚时，应当责令当事人改正或者限期改正违法行为"的规定，公安机关就纳川酒店不按规定对住宿旅客进行实名登记的行为适用《治安管理处罚法》对纳川酒店进行行政处罚的同时，应当责令当事人改正或者是限期改正违法行为。

　　市公安局主张，在其作出14号整改通知后，纳川酒店若拒不改正，根据特殊法优于一般法的法律适用原则，其可以适用《反恐怖主义法》第八十六条的规定对纳川酒店进行行政处罚。且《反恐怖主义法》第八十六条第二款未规定在对行政相对人作出处罚决定之前，必须以责令整改为前提。对此，本院认为，行政行为的内容应当明确具体，市公安局应当明确告知纳川酒店未按规定整改再次违法的法律后果，使其对违法行为可能造成的后果有明确的心理预期。但从该14号整改通知的内容看，市公安局并未明确告知纳川酒店再次不按规定实名登记或漏登记信息将会造成依照《反恐怖主义法》的规定被处以十万元以上五十万元以下罚款的法律后果。市公安局在适用《治安管理处罚法》对纳川酒店作出行政处罚后，再次发现纳川酒店存在不按规定对旅客登记姓名时，准备适用《反恐怖主义法》对纳川酒店进行行政处罚之前，应当履行《反恐怖主义法》第八十六条规定的程序要求，责令纳川酒店进行整改，且应当明确告知如再次违反规定的法律后果，在其明知却拒不改正的情况下，才能依法对其处以十万元以上五十万元以下的罚款。虽然市公安局负有对辖区内发生的涉及反恐工作的案件予以查处的法定职责，但其未经责令纳川酒店整改直接适用《反恐怖主义法》第八十六条第二款作出的1530号处罚决定违反法定程序，且对纳川酒店的合法权利产生了实际影响。

　　裁定：驳回市公安局的再审申请。

　　（二）相关法律法规中的"责令改正或者限期改正"

　　我国现行法律法规中存在若干"责令改正或者限期改正"规定，就其性质，学界一直存在争议。胡建淼教授认为，在中国现行法律和法规中，存在着大量的行政机关责令当事人纠正违法行为（针对已完成的违法行为）或者责令当事人停止违法行为（针对继续着的违法行为）的规定，如"责令限期治理""责令停止生产、销售"等。关于这类行政机关"责令纠正违法或者停止违法"的行为是否属于行政处罚，实践中和理论界有两种不同的意见：一种意见主张是行政处罚，因为它是要求违法行为人承担不利后果（纠正违法义务）；另一种观点主张不是行政处罚，它是一种补救性措施。最高人民法院专家法官的主流观点是倾向于前一种。行政机关责令当事人纠正违法或者停止违法，是否属于行政处罚，不能一概而论，需作具体分析。通过对现行立法和执法实践的考察，将责令行为分为命令型（属于行政命令）、处罚型（属于行政处罚）、执行型（属于行政强制执行）3类。①

有学者认为，实践中，责令改正形式多样，总体上可以分为责令停止违法行为和责令恢复原状两种类型，是产生争议和分歧的"重灾区"。根据"依法减损合法权益或者增加新的义务"标准，可以有效地将作为行政处罚的责令停止行为、责令作出行为，与责令停止违法行为、责令恢复原状区分开。②

笔者认为，本次修法的一个重要亮点就是明确了行政处罚的概念，为判定行政处罚提供了重要遵循。根据《行政处罚法》（2021年修订）第二条，是否属于"以减损权益或者增加义务的方式予以惩戒"，是区分行政处罚与其他行政行为的关键。因此，对于相关法律法规中林林总总的"责令改正或者限期改正"，应当以是否"减损权益或者增加义务"、是否"予以惩戒"为标准进行判定。唯其如此，才有可能解决司法实践中的争议。

（三）"责令停止建设""限期改正"性质与适用之辨

作为行政法律责任方式，责令停止建设、限期改正在法律法规中出现较为频繁。但《城乡规划法》第六十四条中，责令停止建设、限期改正、限期拆除3种行政行为同时在该条出现，这在法律法规中并不多见，其性质与适用也一直存在争议。

---

① 参见《取缔、责拆、禁入、通报批评等是否属于"其他行政处罚"？》，引自法治咖啡屋公众号。
② 参见黄海华：《行政处罚的重新定义与分类配置》，《华东政法大学学报》2020年第4期。

1.责令停止建设

（1）关于责令停止建设的性质

在某些领域，责令停止建设属于行政处罚，如《安全生产违法行为行政处罚办法》第五条第四项就将"责令停产停业整顿、责令停产停业、责令停止建设、责令停止施工安全生产违法行为"作为法定行政处罚种类。但是，《城乡规划法》第六十四条中的责令停止建设针对的是"未取得建设工程规划许可证或者未按照建设工程规划许可证的规定进行建设的"违法行为，非合法行为，显然不属于"以减损权益或者增加义务的方式予以惩戒"。因此，《城乡规划法》第六十四条中的责令停止建设不属于行政处罚。这一点应当没有争议。

（2）关于责令停止建设是否可诉

司法实践中存在两种截然不同的观点：

①不可诉

如四川省成都市中级人民法院认为：《责令停止违法建设行为决定书》是高新环城局在履行查处、拆除违法建筑的职能过程中，对蒋某莲涉嫌违法行为所作的程序性、阶段性行为，该决定书中高新环城局要求蒋某莲停止违法建设、接受进一步调查，但并未对案涉建筑是否属于违法建设、是否应采取强制措施作出最终决定，尚未对蒋某莲的权益产生实质性影响，且上述程序性、阶段性的行为已被高新环城局后续作出的《限期自行拆除违法建设决定书》吸收，该《限期自行拆除违法建设决定书》已明确蒋某莲修建的建（构）筑物属于违法建设，并责令蒋某莲限期拆除，若逾期未拆除，高新环城局将采取强制拆除措施。《限期自行拆除违法建设决定书》对蒋某莲的权益产生了实际影响，对其重新设定了权利义务，且蒋某莲已就该决定书提起了行政诉讼，法院已判决撤销《限期自行拆除违法建设决定书》。根据上述情况，高新环城局作出的《责令停止违法建设行为决定书》确实未对蒋某莲的权益产生实际影响，不属于人民法院行政诉讼的受案范围。[①]

---

①参见（2020）川01行申5号《行政裁定书》。

②可诉

如山东省高级人民法院认为：责令停止或改正违法行为一经作出便对行政相对人设定了义务，无论该行政行为是否合法，若行政相对人不执行土地行政主管部门的责令行为，就会受到行政处罚或其他形式的不利后果。责令停止或改正违法行为是行政执法过程中的一种独立的行政行为，如果行政相对人实施的合法行为被行政主体错误地责令停止，就会导致行政相对人合法权益受到侵害。因此，为保障被责令单位或个人的合法权益，应赋予被责令单位或个人法律救济的途径。①

笔者认为，上述两个案例并不矛盾。一般而言，责令停止建设属于程序性、阶段性行为，且通常会被后续作出的责令限期改正、限期拆除等吸收，未对当事人权益产生实际影响，不属于人民法院行政诉讼的受案范围；但如果其已成为一种独立的行政行为，就应当可诉。

案例11：在作出行政处罚决定前作出的责令改正违法行为决定是否可诉？②

再审申请人某区人民政府因李某国诉其行政复议一案，不服湖南省高级人民法院（2020）湘行终669号行政判决，申请再审。

最高人民法院经审查认为，《行政处罚法》（2017年修正）第二十三条规定："行政机关实施行政处罚时，应当责令当事人改正或者限期改正违法行为。"本案中，某区环保局在作出行政处罚决定二十余日前，对李某国（悦鑫宝汽车维修服务中心）作出《责令改正违法行为决定书》，责令其立即停止违法行为，并限期改正违法行为，同时告知了李某国申请行政复议和提起行政诉讼的权利。因《责令改正违法行为决定书》可能影响李某国的经营权，应当可以申请行政复议或提起行政诉讼。区政府不予受理李某国针对《责令改正违法行为决定书》的复议申请，适用法律错误。

裁定：驳回区人民政府的再审申请。

2.限期改正

关于《城市规划法》第四十条责令限期改正的具体内容，原建设部城

---

① 参见（2020）鲁行再51号《行政判决书》。

② 参见（2021）最高法行申2757号《行政裁定书》。

市规划司编写的《城市规划法解说》一书认为，改正措施包括改建、改造的具体要求，补办或重办规划许可证等。《城乡规划法》第六十四条延续了限期改正的规定，但对其具体内容与方式，一直没有作出规定，行政执法与司法实践层面偶有涉及。比如，《温州市行政执法联席会纪要》认为："《城乡规划法》第六十四条、第六十五条规定的限期改正措施，既包括责令补办规划许可手续等程序性补正措施，也包括拆除违法建筑物等实体性整改措施。"有学者认为："分为两种情形：一是改正建筑物。在获得建设工程规划许可的条件下，将建筑物不符合规划的部分进行改正，使之符合规划许可。二是改正规划。具体包括：其一，已经获得规划许可的，申请变更规划许可，使规划许可的内容与建设情况相符；其二，未获得规划许可的，按照建设情况补办规划许可。上述两种改正措施可以并行存在，违法建设者可以选择其中一种措施，也可以同时采取两种措施，从而使建设与规划许可相符，如对建筑物的某部分进行拆除或调整，对其余部分申请补办或变更规划许可等。"[1]

关于限期改正是否可诉，北京市高级人民法院《关于行政审判适用法律问题的解答（二）》明确："行政执法机关在行政检查中发现违法行为，做出责令整改通知，能否针对该'通知'提起行政诉讼？答：……一般情况下，该类行为对公民、法人或者其他组织权利义务不产生实际影响，不可诉。但是如果该类行为对行政管理相对人的权利、义务产生实际影响的，属于受案范围。"江苏省高级人民法院行政庭课题组认为：判断责令改正行为是否属于行政处罚应区别看待，对于以减损权益或者增加义务的方式予以惩戒的行为属于行政处罚；而对实施目的在于恢复行政管理有序状态的责令改正行为，不应视为行政处罚，可归入行政命令范畴。[2]

笔者认为，《城乡规划法》第六十四条中的责令限期改正与前述责令停止建设一样，针对的是"未取得建设工程规划许可证或者未按照建设工程

[1] 章文英、梁卓：《"严重"影响城市规划违法建设的界定与处理》，《行政执法与行政审判》第66集。
[2] 江苏省高级人民法院行政庭课题组：《行政处罚法修订后司法、执法如何应对》，2021年7月6日《江苏法治报》。

规划许可证的规定进行建设"的违法行为，显然不属于"以减损权益或者增加义务的方式予以惩戒"，不属于行政处罚。就其性质，应当是行政处罚法"责令改正或者限期改正违法行为"规则在实体法中的规定。但是，《城乡规划法》第六十四条中的责令限期改正与行政处罚法中的"责令改正或者限期改正违法行为"又不能完全等同。两者主要区别是：行政处罚法中的"责令改正或者限期改正违法行为"是行政处罚适用的一个原则，是通则性规定，没有具体限制。亦即：无论违法行为客观上能否改正，都应当先责令改正或者限期改正，否则不能作出行政处罚。而《城乡规划法》第六十四条中的责令限期改正是对违法建设作出的实体性处理，其适用前提是该违法建设属于"尚可采取改正措施消除对规划实施的影响"情形；反之，如属于"无法采取改正措施消除影响的"，则应当限期拆除，不能拆除的，没收实物或者违法收入，可以并处罚款。由此观之，有的执法机关依据《行政处罚法》（2017年修正）第二十三条作出《责令限期改正违法行为通知书》，责令当事人改正违法行为，改正措施包括"自行拆除""恢复原状"，并在改正期限届满后实施强制拆除，是不符合法律规定的。《人民司法》刊载的"宣城市伟伟毛巾厂与宣城市宣州区城市管理行政执法局强制拆除行政纠纷上诉案"提出：仅凭责令改正通知书即实施的强拆行为违法。[1]

3.限期拆除

前文已作详述。虽然限期拆除也是一种改正方式或者措施，但是，根据《城乡规划法》第六十四条，限期改正与限期拆除又有不同的适用条件。即：前者适用于"尚可采取改正措施消除对规划实施的影响"，后者适用于"无法采取改正措施消除影响"。两者泾渭分明，行政机关对此并无自由裁量权。易言之，后者是对更严重的违法建设采取的更严格的改正措施。

（四）对于当事人拒绝改正情形补充设定行政处罚之争

行政处罚法修订中，曾就能否对于当事人拒绝改正情形补充设定行政处罚问题有过争论。对此，有学者认为，从法律制度安排看，当事人拒不改

---

[1]《人民司法·案例》2017年第32期。

正、不依法履行改正义务的，宜由行政强制执行制度来解决，运用行政处罚手段并不能直接实现行政管理目的。对于在行政机关依法作出责令改正决定的同时已经给予行政处罚的，不宜再对拒不改正情形补充设定行政处罚。"能否对当事人不配合监督检查情形补充设定行政处罚问题，本文也认为应当慎重。首先有兜底的制度保障，《治安管理处罚法》第五十条已对'阻碍国家机关工作人员依法执行职务的'行为规定了处罚；其次要发挥行政机关的主动性，而非一罚了之；再次考虑平衡性，行政执法机关众多，行政监督检查规范性还有提升空间，需要注意当事人不堪其扰的问题；最后从法理上讲，当事人有配合义务，但也要遵循避免自证其罪的法治原则。"①故最终未予考虑。

但实践中，有的实体法已作规定，应当遵照执行。比如《种子法》第八十八条规定："违反本法第五十条规定，拒绝、阻挠农业、林业主管部门依法实施监督检查的，处二千元以上五万元以下罚款，可以责令停产停业整顿；构成违反治安管理行为的，由公安机关依法给予治安管理处罚。"又如《生产安全事故报告和调查处理条例》第三十六条规定："事故发生单位及其有关人员有下列行为之一的，对事故发生单位处100万元以上500万元以下的罚款；对主要负责人、直接负责的主管人员和其他直接责任人员处上一年年收入60%至100%的罚款；属于国家工作人员的，并依法给予处分；构成违反治安管理行为的，由公安机关依法给予治安管理处罚；构成犯罪的，依法追究刑事责任：……（四）拒绝接受调查或者拒绝提供有关情况和资料的。"

三、违法所得的认定与处置

"违法所得"作为一个跨部门法的法律概念，广泛存在于我国立法特别是行政法中。作为查究违法行为的一种法律手段，没收违法所得在立法上频繁出现，比如在《证券法》中，"没收违法所得"先后出现22次。在行政执法中，没收违法所得更是被广泛运用。与此形成对比的是，《行政处罚法》（2017年修正）仅仅将没收违法所得与没收非法财物并列规定为行政处罚的

---

① 黄海华：《新行政处罚法的若干制度发展》，《中国法律评论》2021年第3期。

一个种类，但未对其作出更为具体的规定。一段时间以来，理论界对于没收违法所得争议较大，有观点认为其不属于行政处罚。实践中，相关部门对其认识不一、操作不一，自由裁量幅度大，个别执法人员因此被问责甚至构成犯罪，值得警示。

（一）当前法律规定中的"没收违法所得"立法例

有学者对我国违法所得的立法现状进行归纳，包括要求违法行为人退还所获取的非法收益，再给予没收违法所得、直接规定没收违法所得、可以或者必须对违法行为人处以违法所得一定倍数以下的罚款、没收违法所得与以涉案金额为基数的罚款并行等。[①]实际远不止这些。经初步梳理，当前法律规定中的"没收违法所得"立法例有：

1.处罚款；有违法所得的，并处没收违法所得

如《招标投标法》第五十三条规定："投标人相互串通投标或者与招标人串通投标的，投标人以向招标人或者评标委员会成员行贿的手段谋取中标的，中标无效，处中标项目金额千分之五以上千分之十以下的罚款，对单位直接负责的主管人员和其他直接责任人员处单位罚款数额百分之五以上百分之十以下的罚款；有违法所得的，并处没收违法所得；……"此外还有《消防法》《海关法》《产品质量法》《精神卫生法》等。

2.处罚款，没收违法所得

如《固体废物污染环境防治法》第一百零九条规定："违反本法规定，生产、销售、进口或者使用淘汰的设备，或者采用淘汰的生产工艺的，由县级以上地方人民政府指定的部门责令改正，处十万元以上一百万元以下的罚款，没收违法所得；情节严重的，由县级以上地方人民政府指定的部门提出意见，报经有批准权的人民政府批准，责令停业或者关闭。"

3.有违法所得的，没收违法所得

如《教育法》第七十五条规定："违反国家有关规定，举办学校或者其他教育机构的，由教育行政部门或者其他有关行政部门予以撤销；有违法

---

① 叶平、陈昌雄：《行政处罚中的违法所得研究》，《中国法学》2006年第1期。

所得的，没收违法所得；对直接负责的主管人员和其他直接责任人员，依法给予处分。"此外还有《外商投资法》《社会保险法》《环境影响评价法》《义务教育法》等。

4.有违法所得的，没收违法所得；违法所得一定数额以上的，处罚款；没有违法所得或者违法所得不足一定数额的，处罚款

如《电子签名法》第二十九条规定："未经许可提供电子认证服务的，由国务院信息产业主管部门责令停止违法行为；有违法所得的，没收违法所得；违法所得三十万元以上的，处违法所得一倍以上三倍以下的罚款；没有违法所得或者违法所得不足三十万元的，处十万元以上三十万元以下的罚款。"此外还有《职业病防治法》《港口法》等。

5.没收违法所得，可以并处罚款

如《未成年人保护法》第一百二十一条规定："违反本法第五十条、第五十一条规定的，由新闻出版、广播电视、电影、网信等部门按照职责分工责令限期改正，给予警告，没收违法所得，可以并处十万元以下罚款；拒不改正或者情节严重的，责令暂停相关业务、停产停业或者吊销营业执照、吊销相关许可证，……"此外还有《广告法》《城市房地产管理法》《民用航空法》《电力法》等。

6.没收违法所得，可以并处罚款；没有违法所得的，可以并处罚款

如《草原法》第六十九条规定："违反本法第五十二条规定，在草原上开展经营性旅游活动，破坏草原植被的，由县级以上地方人民政府草原行政主管部门依据职权责令停止违法行为，限期恢复植被，没收违法所得，可以并处违法所得一倍以上二倍以下的罚款；没有违法所得的，可以并处草原被破坏前三年平均产值六倍以上十二倍以下的罚款；……"

7.没收违法所得，并处罚款

如《草原法》第六十四条规定："买卖或者以其他形式非法转让草原，构成犯罪的，依法追究刑事责任；尚不够刑事处罚的，由县级以上人民政府草原行政主管部门依据职权责令限期改正，没收违法所得，并处违法所得一倍以上五倍以下的罚款。"此外还有《反不正当竞争法》《食品安全法》等。

8.没收违法所得，并处罚款；没有违法所得或者违法所得不足一定数额的，处罚款

如《证券法》第一百八十三条规定："证券公司承销或者销售擅自公开发行或者变相公开发行的证券的，责令停止承销或者销售，没收违法所得，并处以违法所得一倍以上十倍以下的罚款；没有违法所得或者违法所得不足一百万元的，处以一百万元以上一千万元以下的罚款；……"此外还有《野生动物保护法》等。

9.没收违法所得与警告、责令停业整顿等其他行政处罚措施并用

如《公司法》第二百零五条规定："公司在清算期间开展与清算无关的经营活动的，由公司登记机关予以警告，没收违法所得。……"又如《建筑法》第六十七条规定："承包单位将承包的工程转包的，或者违反本法规定进行分包的，责令改正，没收违法所得，并处罚款，可以责令停业整顿，降低资质等级；情节严重的，吊销资质证书。""工程监理单位转让监理业务的，责令改正，没收违法所得，可以责令停业整顿，降低资质等级；情节严重的，吊销资质证书。"此外还有《公共图书馆法》等。

现行法律法规中，没收违法所得往往还与"退还""赔偿"等民事法律责任交织在一起，如《民办教育促进法》第六十二条规定："民办学校有下列行为之一的，由县级以上人民政府教育行政部门、人力资源社会保障行政部门或者其他有关部门责令限期改正，并予以警告；有违法所得的，退还所收费用后没收违法所得；情节严重的，责令停止招生、吊销办学许可证；构成犯罪的，依法追究刑事责任；……"又如《消防法》第六十九条规定："消防设施维护保养检测、消防安全评估等消防技术服务机构，不具备从业条件从事消防技术服务活动或者出具虚假文件的，由消防救援机构责令改正，处五万元以上十万元以下罚款，并对直接负责的主管人员和其他直接责任人员处一万元以上五万元以下罚款；不按照国家标准、行业标准开展消防技术服务活动的，责令改正，处五万元以下罚款，并对直接负责的主管人员和其他直接责任人员处一万元以下罚款；有违法所得的，并处没收违法所得；给他人造成损失的，依法承担赔偿责任；……"

还有的使用了"非法所得""违法收入""非法收入"等概念，如《农业法》第九十二条规定："有下列行为之一的，由上级主管机关责令限期归还被截留、挪用的资金，没收非法所得，并由上级主管机关或者所在单位给予直接负责的主管人员和其他直接责任人员行政处分；……"又如《城乡规划法》第六十四条规定："未取得建设工程规划许可证或者未按照建设工程规划许可证的规定进行建设的，由县级以上地方人民政府城乡规划主管部门责令停止建设；……无法采取改正措施消除影响的，限期拆除，不能拆除的，没收实物或者违法收入，可以并处建设工程造价百分之十以下的罚款。"再如《工业产品质量责任条例》第二十四条规定："生产、经销企业违反本条例规定，有下列行为之一者，由企业主管机关对企业负责人和直接责任者给以行政处分，由工商行政管理机关没收其全部非法收入，……"

（二）没收违法所得的性质

关于没收违法所得的性质，理论上一度存在争议，有两种截然不同的观点：

1.没收违法所得不属于行政处罚

有学者认为，没收的违法所得并不是违法者的合法财产，没收实质上具有追缴的性质，而非违法者因实施违法行为而付出的代价。[①]

2.没收违法所得属于行政处罚

马怀德教授认为，违法所得也是"所得"，这种财产利益，在未被没收之前，实际处于违法当事人的控制和支配之下，没收这种利益，即使它是违法取得的，也同样会产生惩戒的心理和精神效果。尽管相对人的所得是违法获取的，但是这些利益在事实上仍然属于违法行为人自身所占有使用的权益、财产，那么剥夺这种权益和财产自然会对当事人产生不利的制裁和惩戒效果，因此将其视为行政处罚中的一种，并无不可。

有学者认为，考虑到违法所得是因违法行为获取的款项（含合法成本），同时涉及当事人现实的、重大的利益，应当允许通过法律拟制的方式，将之视为增加新的不利负担，归入"以减损权益或者增加义务的方式"

---

①王青斌：《行政法中的没收违法所得》，《法学评论》2019年第6期。

的情形，明确为行政处罚行为。[①]

笔者认为，从实定法的角度看，行政处罚法修改前、后，没收违法所得均属于法定行政处罚种类。因此，就其性质无争议必要。

（三）违法所得的认定

1.理论界存在已久的争议

理论界对违法所得的认定存在"总额说"与"净额说"两种观点。"总额说"主张，以违法行为直接获得的收入作为违法所得，不扣除投资成本、纳税、人力资源成本等间接费用。"净额说"认为，不法利益的计算应扣除行为人取得该不法利益所缴纳的法定规费和合理支出等必要成本，以实现过罚相当。[②]

（1）"总额说"——不扣除成本

又称"收入说"，即以违法行为直接获得的收入作为违法所得，收入的具体形式包括销售收入、服务收入、报酬、经营额等，不扣除投资成本、纳税、人力资源成本等间接费用。有学者认为："较之违法所得，涉案金额更容易确定，也更能体现过罚相当。"[③]马怀德教授认为："违法所得应该指违反法律法规等义务规范产生的全部利益，这种利益应当扣除已经缴纳的税费，但不能扣除所谓的成本。"[④]

（2）"净额说"——扣除成本

又称"收益说"，即应当扣除行为人取得该不法利益所缴纳的法定规费和合理支出等必要成本，以实现"过罚相当"。有学者认为："在违法所得的认定标准上，应当坚持违法所得是非法收益这一标准，扣除合理的支出或成本。"[⑤]实践中，扣除成本计算的方法在某些领域备受诟病。比如，由于房地产开发经营成本数额巨大，房地产开发企业擅自预售商品房的全部收入

[①]参见黄海华：《新行政处罚法的若干制度发展》，《中国法律评论》2021年第3期。

[②]马怀德：《〈行政处罚法〉修改中的几个争议问题》，《华东政法大学学报》2020年第4期。

[③]陈昌雄：《行政处罚中的违法所得研究》，《中国法学》2006年第1期。

[④]马怀德：《〈行政处罚法〉修改中的几个争议问题》，《华东政法大学学报》2020年第4期。

[⑤]王青斌：《行政法中的没收违法所得》，《法学评论》2019年第6期。

往往不足以扣除开发建设经营成本，所以此类案件很少使用没收违法所得。

2.实务界互不一致的解释

（1）全国人大常委会法制工作委员会答复

①《关于"没收非法所得"是否包含没收土地问题的答复》（1990年）

土地管理法第四十七条规定的"没收非法所得"不能解释为包含没收土地。对这一案件的非法出卖自留地的农民，我们考虑，在给予没收非法所得和罚款的处罚后，可以不收回该自留地的使用权；同时，农村集体经济组织也可以对该自留地的使用权作出处理。

②《关于违法转让土地行为"非法所得"计算问题的答复》（1992年）

对"非法所得"的计算中"所得款额"不应扣除转让者原取得土地的代价（如征地费用）及对土地的投入；但在土地与地上建筑物和其他附着物同时转让时，应扣除地上建筑物和其他附着物的价值部分。

③《关于申请解释固体废物污染环境防治法第七十七条有关规定的答复意见》（法工委复字〔2005〕34号）

固体废物污染环境防治法第七十七条对无经营许可证或者不按照经营许可证规定从事收集、贮存、利用、处置危险废物经营活动规定的"没收违法所得"，是指没收违法行为人违法收集、贮存、利用、处置危险废物所获得的收益。

依照固体废物污染环境防治法第五十五条的规定，处置危险废物的责任主体是产生危险废物的单位。如确属对违法收集的危险废物的原产生单位无法认定的，该危险废物的违法收集者应作为该危险废物的产生单位承担处置责任。

④《关于对违法建设进行行政处罚计算违法收入有关问题的函》（法工委发〔2011〕1号）

根据城乡规划法第六十四条规定，违法建设工程不能拆除的，应当没收实物或者违法收入。没收的违法收入应当与应依法没收的实物价值相当。

（2）原国务院法制办公室《对商务部关于请明确〈导弹及相关物项和技术出口管制条例〉等行政法规中"违法所得"的函的复函》（国法函〔2003〕240号）

《导弹及相关物项和技术出口管制条例》中的"违法所得"是指从事违法行为的全部实际收入。

（3）地方性法规

如《广东省盐业管理条例》第四十八条规定："本条例所称的违法所得是指：（1）违法销售盐产品的收入或者按政府规定的销售价计算违法所得收入；（2）违法运输盐产品的运输费收入或者按规定的运费计算违法所得收入；（3）违法制售假冒包装物、商标标识收入或者按规定的价格计算违法所得收入。"

（4）部门规章

①《工商行政管理机关行政处罚案件违法所得认定办法》

第三条 违法生产商品的违法所得按违法生产商品的全部销售收入扣除生产商品的原材料购进价款计算。

第四条 违法销售商品的违法所得按违法销售商品的销售收入扣除所售商品的购进价款计算。

第五条 违法提供服务的违法所得按违法提供服务的全部收入扣除该项服务中所使用商品的购进价款计算。

......

第九条 在违法所得认定时，对当事人在工商行政管理机关作出行政处罚前依据法律、法规和省级以上人民政府的规定已经支出的税费，应予扣除。

②《农药管理条例实施办法》

第四十一条 本《实施办法》所称"违法所得"，是指违法生产、经营农药的销售收入。

③《餐饮服务食品安全监督管理办法》

第四十四条 本办法所称违法所得，指违反《食品安全法》、《食品安全法实施条例》等食品安全法律法规和规章的规定，从事餐饮服务活动所取得的相关营业性收入。

④《环境行政处罚办法》

第七十七条　当事人违法所获得的全部收入扣除当事人直接用于经营活动的合理支出，为违法所得。

法律、法规或者规章对"违法所得"的认定另有规定的，从其规定。

（5）规范性文件

①《关于规范城乡规划行政处罚裁量权的指导意见》（建法〔2012〕99号）

第十一条　第八条所称违法收入，按照新建、扩建、改建的存在违反城乡规划事实的建筑物、构筑物单体出售所得价款计算；出售所得价款明显低于同类房地产市场价格的，处罚机关应当委托有资质的房地产评估机构评估确定。

②《国土资源违法行为查处工作规程》（国土资发〔2014〕117号）

9.2.6.1　违法转让土地使用权的违法所得认定

依法取得的土地使用权违法转让的，违法所得为当事人转让全部所得扣除当事人依法取得土地使用权的成本和对土地的合法投入；违法取得的土地使用权违法转让的，违法所得为当事人转让全部所得。

转让全部所得数额按照转让合同及交易凭据所列价款确定。没有转让合同及交易凭据、当事人拒不提供或者提供的转让合同及交易凭据所列价款明显不符合实际的，可以按照评估价认定。

对土地的合法投入包括土地开发、新建建筑物和构筑物的建设投入等，但是违法新建建筑物和构筑物的建设投入除外。

9.2.6.2　矿产资源违法所得的认定

对无证开采和越界开采的，违法所得数额应当按照销售凭据确定；没有销售凭据的，按照违法行为发生时当地原矿的市场价格计算，不扣除开采成本。

对买卖、出租和转让矿产资源的，违法所得数额应当为买卖、出租和转让的全部所得。

（6）国务院部委（司、局）复函

①建设部关于对河北省建设厅《关于提请解释"违法所得"具体含义的

请示》的复函（建法函〔2008〕326号）

"违法所得"为房地产开发企业擅自预售商品房的全部收入扣除其开发建设经营成本的所得。

②农业部办公厅关于认定蚕种违法所得问题的函（农办政函〔2014〕15号）

蚕种违法案件中的"违法所得"，是指违反《畜牧法》《蚕种管理办法》的规定，从事蚕种生产、经营活动所取得的销售收入。

③卫生部法监司关于如何计算化妆品生产经营行为的违法所得请示的复函（卫法监食发〔2000〕第16号）

《化妆品卫生监督条例》所称的违法所得，是指违反《化妆品卫生监督条例》，从事化妆品生产经营活动所取得的全部营业收入（包括成本和利润）。

上述解释性文件种类繁多，答复口径不一，甚至相反。如建设部《关于对河北省建设厅〈关于提请解释"违法所得"具体含义的请示〉的复函》（建法函〔2008〕326号）提出"违法所得为房地产开发企业擅自预售商品房的全部收入扣除其开发建设经营成本的所得"，即"扣除成本"；而住建部致全国人大常委会法制工作委员会并获复函同意的《关于违法收入计算问题的请示》（建法函〔2010〕313号）提出"违法收入就是违法建设工程的销售收入"，即"不扣除成本"。

3.《行政处罚法》（2021年修订）的规定

（1）《行政处罚法》（2021年修订）采信"总额说"

习近平总书记强调指出，要坚决改变"违法成本低、守法成本高"的现象，谁违法就要付出比守法更大的代价，甚至几倍、十几倍、几十倍的代价。[1]尽管有观点认为将违法行为所产生的所有"收入"全部认定为违法所得显然不合理，只应将违法行为所产生的"收益"认定为违法所得，并且建议"应当在未来《行政处罚法》的修改中统一我国的违法所得认定标准，明确违法所得是违法行为所获取的收益，将获得非法利益的合理支出等予以扣

---

[1]习近平：《论坚持全面依法治国》，中央文献出版社2020年版，第24页。

除"，但立法机关并未采纳。《行政处罚法》（2021年修订）第二十八条第二款规定："违法所得是指实施违法行为所取得的款项。法律、行政法规、部门规章对违法所得的计算另有规定的，从其规定。"显然，立法最终采信了"总额说"。

修订过程	法条内容
行政处罚法（2017年修正）	—
修订草案征求意见稿	第二十五条　行政机关实施行政处罚时，应当责令当事人改正或者限期改正违法行为。 有违法所得且有受害人的，应当责令退赔或者返还受害人；退赔返还受害人后的剩余部分或者没有受害人、无法确定受害人的，应当依法予以没收。
修订草案	第二十六条　行政机关实施行政处罚时，应当责令当事人改正或者限期改正违法行为；有违法所得的，应当予以没收。
修订草案二次审议稿	第二十七条　行政机关实施行政处罚时，应当责令当事人改正或者限期改正违法行为。 当事人因违法行为获取的违法所得，除依法应当退赔的外，应当予以没收。
行政处罚法（2021年修订）	第二十八条　行政机关实施行政处罚时，应当责令当事人改正或者限期改正违法行为。 当事人有违法所得，除依法应当退赔的外，应当予以没收。违法所得是指实施违法行为所取得的款项。法律、行政法规、部门规章对违法所得的计算另有规定的，从其规定。

从上述过程可以看出，修订草案征求意见稿、修订草案二次审议稿仅仅对退赔和没收作一般性规定。2021年1月20日，全国人民代表大会宪法和法律委员会《关于〈中华人民共和国行政处罚法（修订草案）〉审议结果的报告》提出："有的常委委员、部门、地方、专家学者和社会公众建议完善行政处罚的适用规则，加强对行政处罚的社会监督。宪法和法律委员会经研究，建议作以下修改：一是增加规定违法所得是指实施违法行为所取得的款项，法律、行政法规、部门规章另有规定的除外。"可见，关于违法所得的计算，是三审后确定的。

修订后的行政处罚法为什么将没收违法所得置于"第四章 行政处罚的管辖和适用"中？同为财产罚，为什么只规定没收违法所得，没有规定没收非法财物？笔者认为：其一，从执法实践看，对于没收非法财物定性没有争议。其二，在"行政处罚的管辖和适用"中对没收违法所得作出规定，诠释了不让违法者获利原则。法谚云："任何人不得因自身的不法获得利益"（Commodum ex injuria sua nemo habere debet），意即利益的取得都要通过合法的方式，违法行为不能获利。实践中，一些违法行为攫取了大量非法利益，仅仅靠没收非法财物、罚款等处罚方式不能从根本上起到打击、震慑作用，必须对相关执法制度进行检视与重构。《行政处罚法》（2021年修订）搁置争议，不但将没收违法所得作为行政处罚种类予以保留，而且对其适用作出具体规定，一定程度上解决了存在已久的争议，对于行政执法实践无疑具有积极意义。

（2）法律、行政法规、部门规章可以对违法所得计算作出例外规定

《行政处罚法》（2021年修订）在采信"总额说"的同时，规定："法律、行政法规、部门规章对违法所得的计算另有规定的，从其规定。"理解该规定须注意两点：

首先，法律、行政法规、部门规章可以对违法所得计算作出有别于"实施违法行为所取得的款项"的规定，具体包括但不限于扣除成本、税金等。马怀德教授提出："当然，《行政处罚法》所调整的情形千差万别，不排除在个别执法领域，扣除成本是更为公正合理的违法所得计算方法，此时违法所得的计算方式应当另行明确规定。"[1]《行政处罚法》（2021年修订）遵循了这一思路。

其次，有权进行例外规定限于"法律、行政法规、部门规章"，不包括地方性法规、地方政府规章及规章以下的规范性文件。[2]从立法本意看，主

---

[1]马怀德：《〈行政处罚法〉修改中的几个争议问题》，《华东政法大学学报》2020年第4期。

[2]对于法律、行政法规、部门规章对违法所得的计算规则作出例外规定，行政机关执行该规定的，人民法院应予支持；对于地方立法甚至规范性文件作出的例外性规定，则不具有法律效力。江苏省高级人民法院行政庭课题组：《行政处罚法修订后司法、执法如何应对》，2021年7月6日《江苏法治报》。

要是力求在国家层面保持统一性。按照这一要求，有关违法所得计算的地方性法规、地方政府规章和规章以下的规范性文件（如建设部关于对河北省建设厅《关于提请解释"违法所得"具体含义的请示》的复函等）需要进行清理。

　　上述规定在坚持原则性的同时兼顾了灵活性。原则性，即明确违法所得是指实施违法行为所取得的款项。灵活性，即法律、行政法规、部门规章可以对违法所得计算另行规定，另行规定权保留在国家层面，而且须通过立法途径进行。实践中，对于违法所得的计算必须十分谨慎，切忌随意扣除相关款项，这方面教训十分深刻。

　　案例12：违法所得的土地使用权违法转让的，违法所得为当事人转让全部所得[①]

　　2014年4月14日，某市国土资源与房产管理局同安分局向佳家福公司发出责令停止违法行为通知书，以佳家福公司的行为涉嫌非法买卖土地，违反了《土地管理法》的规定，责令立即停止上述违法活动。10月23日，向佳家福公司发出行政处罚告知书。10月29日，作出厦国土房同执罚字〔2014〕4号土地违法案件行政处罚决定，对佳家福公司处以没收违法所得1361.5983万元，并处违法所得40%的罚款计544.63932万元。佳家福公司不服，提起行政诉讼。

　　一审法院认为，1991年4月，国家土地管理局对湖北省土地管理局作出了《关于贯彻〈土地管理法实施条例〉几个问题的答复》（国土函字〔1991〕第53号），其中第二条规定"非法转让土地，是非法所得的前提条件。构成非法转让土地行为，其非法所得的款额都属非法所得，按照《实施条例》第三十一条规定处理。"1992年，国家土地管理局政策法规司在对湖北省土地管理局、广东省国土厅的批复中再次强调：关于对"非法所得"的计算中"所得款额"不应扣除转让者原取得土地的代价（如征地费用）及对土地的投入；但在土地与地上建筑物和其他附着物同时转让时，应扣除地上建筑物和其他附着物的价值部分。如果土地与地上建筑物和其他附着物同

---

①参见（2015）厦行终字第122号《行政判决书》。

时转让，而转让价格只相当于地上建筑物和其他附着物价格，及不含地价，对非法转让土地行为，可以依照《土地管理法》第四十七条和《土地管理法实施条例》第三十一条规定的其他处罚予以处理。同安国土房产分局对佳家福公司"违法所得"的计算，没有将建筑物的价值部分予以扣除显然是错误的，基于此而计算出的40%的罚款金额也是错误的。判决：撤销厦国土房同执罚字〔2014〕4号土地违法案件行政处罚决定。同安国土房产分局不服，提起上诉。

二审法院认为，参照2014年10月1日实施的国土资源部发布的《国土资源违法行为查处工作规程》第9.2.6.1"违法所得土地使用权的违法所得认定：……违法所得的土地使用权违法转让的，违法所得为当事人转让全部所得"的规定，被上诉人佳家福公司取得售卖房屋使用权的款项系违法所得。根据本案查明及双方无争议的事实，佳家福公司实际取得房屋售卖款1361.5983万元，上诉人同安国土房产分局将上述款项认定为违法所得，并无不当。原审判决认定违法所得应扣除已建建筑物的价值部分，与上述国土资源部的规定不符，应予更正。根据《福建省实施〈土地管理法〉办法》第五十二条"依照《土地管理法》第七十三条的规定处以罚款的，罚款额为非法所得的百分之二十以上百分之五十以下；……"的规定，以及《市国土资源与房产管理局行政处罚自由裁量权标准（试行）》的标准，同安国土房产分局以佳家福公司违法所得的百分之四十予以罚款，处罚幅度在法定范围内，并无不当。

判决：1.撤销一审行政判决；2.驳回佳家福公司的诉讼请求。

案例13：违法收入认定不清、计算错误，构成玩忽职守罪[①]

2011年，城信公司违反规划将某县育英南区住宅小区内居民存车处和垃圾箱放置地改建成车库和储藏间。同年7月19日县住建局监察大队执法人员王某、许某、耿某对此进行了查处，期间城信公司法人代表岳某提供6张销售收据，告知11个车库每个6万元，8个储藏间每个1.6万元，且已售罄，销售

---

① 参见（2016）冀09刑终239号《刑事判决书》。

收入78.8万元，成本56.3079万元。经上报主管副局长王某，听取了法律顾问的意见，该局相关领导、执法人员、法律顾问集体研究讨论决定"按照售价减去建设成本进行处罚"，通过了"没收违法收入22.4921万元，并处罚款5000元"的处罚意见，并于同年8月12日作出行政处罚决定。实际查处时，19个车库和储藏间并未售罄，最终实际销售收入为118.3万元（剩余1个储藏间未卖，评估价值为28140元）。2015年6月24日，城信公司向县检察院上缴986219元。

一审法院于2015年12月31日作出判决，认定王某等三被告人无罪。县检察院提出抗诉。二审法院认为，原审被告人王某等三人在执法过程中，严重不负责任，不认真履行职责，导致国家利益重大损失，均构成玩忽职守罪。根据2011年1月4日全国人大常委会法制工作委员会的批复及2012年6月25日印发的住建部《关于规范城乡规划行政处罚裁量权的指导意见》通知，证明各地对如何理解违法收入上有不同认识，且涉案的处罚行为经过了集体讨论，作为执行人，过错程度应相对减轻。案发后，王某等三名原审被告人如实供述自己的罪行，并积极履行职责，使得城信公司向县检察院上缴986219元，其犯罪情节轻微，可不判处刑罚。

判决：王某等三人犯玩忽职守罪，免予刑事处罚。

4.破解违法建设案件适用没收违法收入瓶颈

（1）未出售也形成违法收入

根据《城乡规划法》第六十四条，无法采取改正措施消除影响的违法建设，应当限期拆除，不能拆除的，没收实物或者违法收入，可以并处建设工程造价百分之十以下的罚款。对于违法收入的计算，住建部《关于规范城乡规划行政处罚裁量权的指导意见》（建法〔2012〕99号）第十一条规定："第八条所称违法收入，按照新建、扩建、改建的存在违反城乡规划事实的建筑物、构筑物单体出售所得价款计算；出售所得价款明显低于同类房地产市场价格的，处罚机关应当委托有资质的房地产评估机构评估确定。"有观点认为，根据《指导意见》，违法建设唯有"出售"才形成违法收入。

笔者认为，违法建设所形成的违法收入，应当包括但不限于出售所得价款;《指导意见》第十一条仅对出售情况下计算违法所得作出规定,不能理解为唯有"出售"才能形成违法收入。有的地方立法已对"未出售"情况下如何计算违法收入作出规定,如《北京市城乡规划条例》(2019年修订)第七十五条规定:"违法建设未出售或者出售所得价款明显低于周边同类型房地产市场价格的,执法机关应当委托评估机构参照委托时周边同类型房地产市场价格进行评估确定。"

(2)应建未建也形成违法收入

近年来,城市管理综合执法部门查明,一些建设单位未按照规划要求进行配套设施建设。①此类违法行为危害极大,按照《城乡规划法》第六十四条,无法适用限期拆除;适用罚款,显然不符合"违法不能得利"原则。有的地方专门通过地方立法予以重罚,如《郑州市城乡规划管理条例》第七十四条规定:"未按照规划要求进行配套设施建设的,责令限期补建,在限定期限内仍未补建或者无法补建的,由城乡规划主管部门处以应建配套设施工程造价一倍以上五倍以下罚款。"

笔者认为,未按照规划要求进行配套设施建设行为,首先应当按照《城乡规划法》第六十四条界定为"无法采取改正措施消除影响",排除单处罚款。其次,地方立法有惩罚性规定的,依法予以处罚;未进行地方立法的,可以将未配建部分造价作为违法收入予以没收,并处罚款,以体现"违法不能得利"原则。

案例14:未按照规划要求进行配套设施建设,按违法少建面积乘以市场单价(工程造价),确定违法收入②

2011年11月17日,信和公司某项目获得市规划局的规划许可,内容包括:地上建筑面积55038.8平方米,地下建筑面积14876.9平方米,总建筑面积69915.7平方米。此后,因技术及施工工艺等原因需调整原规划,信和公司拟将应建的地下室面积14485.02平方米调整为4570.34平方米。2013年5月,某市规划咨询中心针对减少涉案项目地下室建设规模的问题出具《规划咨询

①此类违法行为并非通常的"多建",而是"少建"。
②参见(2014)鄂黄石港行初字第00025号《行政判决书》。

166

报告》，结论为：地下室已竣工并交付使用，地下室规模减少对整个项目的规划及建设产生的影响有限，技术上基本可行。但该报告未经市规划局审批通过。

2013年9月27日，市规划局发送《认定违法建筑的函》，确认涉案项目地下室未按规划实施，擅自少建，根据《城乡规划法》第六十四条及住建部《关于规范城乡规划行政处罚裁量权的指导意见》，按"无法采取改正措施消除对规划实施影响"进行处理。2013年10月13日，市规划局立案，进行现场勘查、拍摄现场照片，并调查了该公司总经理韩某，韩某陈述该项目地下室审批面积为14876.90平方米，实建面积为4570.34平方米，少建面积10306.56平方米。

2013年12月17日，某房地产估价公司受市规划局委托，对涉案项目地下室作出估价报告书，结论为：建筑面积10306.56平方米，单价1380元/平方米，工程造价总价14223052.8元。2013年12月31日，市规划局送达《行政处罚告知书》及《行政处罚听证告知书》，告知拟处罚1220.8064万元。信和公司在3日内提出书面听证申请。2014年1月17日，市规划局召开听证会。2014年5月8日，市规划局作出《行政处罚决定书》，认为该公司"未按规划条件擅自将地下室少建，规划审批地下室面积14876.90平方米，规划审批地下室总工程造价为2053.0122万元，实建地下室面积4570.34平方米，少建10306.56平方米，少建地下室工程造价为1422.3052万元，单价1380元／平方米，违反了《城乡规划法》第四十三条之规定。根据《城乡规划法》第六十四条、《湖北省城乡规划条例》第五十八条之规定，决定没收少建地下室实物价值，折合人民币601.0217万元，并处规划审批的地下室总工程造价10%罚款，计人民币205.3012万元，合计处罚人民币806.3229万元。"该公司不服，申请复议。维持后仍不服，提起行政诉讼。

法院经审理认为，建设工程规划许可证是建设项目符合城乡规划要求的法律凭证。规划许可证审批单及控规图（即红线图）同样由规划部门依法确定。根据原告提交的规划许可证审批单之中记载的发证时间，可以确定涉案项目已获得规划审批。原告明知规划审批的地下室面积为14876.90平方米，却在未取得变更情况下，违反控规图（即红线图），擅自少建地下室面积10306.56平方米，违反了《城乡规划法》第四十三条、第六十四条的规定，属于"未按照建设工程规划许可证的规定进行建设的"行为，且"无法采取改正措施消除对规划实施影响"。被告对原告进行行政处罚，经过了立案、调查、现场勘查、召开听证会等程序，执法程序合法。某估价公司具备二级房地产价格评估资质，并经省司法厅许可，可以对房地产纠纷案件中的房地产进行造价评估，该估价报告书有效，估价程序合法。被告根据《湖北省城乡规划条例》第五十八条的规定，通过估价报告书中评估确定的少建面积的市场单价（工程造价），乘以违法少建面积，确定违法收入。故被告对原告作出的行政处罚决定适用法律法规正确。被告作出的行政处罚决定书中"没收少建地下室实物价值，折合人民币601.0217万元"系表述上的瑕疵，实质为没收违法收入，这种表述瑕疵对处罚结果没有影响。

判决：驳回诉讼请求。

（四）没收违法所得与退赔的关系处理

违法所得是指违法行为人因违法行为而所获得的、不存在相应权利请求人的利益。亦即，违法所得不包括违法行为人所拥有的、但仍须返还给受害人的那部分因违法行为而产生的收益。通说认为，没收违法所得返还受害人具有赔偿受害人损失功能。

1.没收违法所得返还受害人的立法例

（1）有违法所得的，退还所收取费用后没收违法所得

如《民办教育促进法》第六十二条规定："民办学校有下列行为之一的，由县级以上人民政府教育行政部门、人力资源社会保障行政部门或者其他有关部门责令限期改正，并予以警告；有违法所得的，退还所收费用后没收违法所得；……"

（2）有违法所得的，并处没收违法所得；给他人造成损失的，依法承担赔偿责任

如《消防法》第六十九条规定："消防设施维护保养检测、消防安全评估等消防技术服务机构，不具备从业条件从事消防技术服务活动或者出具

虚假文件的，由消防救援机构责令改正，处五万元以上十万元以下罚款，并对直接负责的主管人员和其他直接责任人员处一万元以上五万元以下罚款；有违法所得的，并处没收违法所得；给他人造成损失的，依法承担赔偿责任；……"

（3）责令限期退还；难以查找多付价款的消费者或者其他经营者的，责令公告查找；不按规定退还多付的价款，以及期限届满没有退还的价款，予以没收

如《价格违法行为行政处罚规定》第十六条规定："本规定第四条至第十三条规定中的违法所得，属于价格法第四十一条规定的消费者或者其他经营者多付价款的，责令经营者限期退还。难以查找多付价款的消费者或者其他经营者的，责令公告查找。""经营者拒不按照前款规定退还消费者或者其他经营者多付的价款，以及期限届满没有退还消费者或者其他经营者多付的价款，由政府价格主管部门予以没收，消费者或者其他经营者要求退还时，由经营者依法承担民事责任。"

2.没收违法所得返还受害人制度设计之分歧

实践中，没收违法所得返还受害人存在较大分歧，焦点在于将作为行政处罚的没收违法所得与退赔这一民事责任结合在一起是否妥当。对此，马怀德教授认为，不宜在《行政处罚法》中增加关于责令退赔的规定。具体理由是：首先，如果行为人的违法所得确实属于受害人的合法权益，受害人完全可以在民事法律关系中寻求充分救济，不存在救济难题；其次，实践中对于寻找受害人、确定退赔数额情形较为复杂，"责令退还"会极大增加行政执法成本，可能影响到没收的正常进行，在现阶段执法实践中缺乏现实可操作性。尤其是在受害人不确定或人数众多的情况下，责令退还程序极有可能沦为功能虚置的程序要求。例如，在价格执法领域，由于所涉服务范围广、对象多、社会影响大，主管部门下达的"责令退还多收价款通知书"往往只能是例行公文，责令公告查找并不能达到预期效果和立法目的。因此，将"责令退还"作为必经程序，不仅致使案件处置环节繁琐，案件办理期限变长，影响执法效率，增大执法成本，而且在保护广大消费者、其他经营者合法利

益的功能上也并不理想。①行政处罚法修订中，有关没收违法所得返还受害人的规定出现反复，但几经周折终于落地。

3.《行政处罚法》（2021年修订）的规定

修订过程	法条内容
行政处罚法（2017年修正）	—
行政处罚法（2021年修订）	第二十八条…… 当事人有违法所得，除依法应当退赔的外，应当予以没收。违法所得是指实施违法行为所取得的款项。法律、行政法规、部门规章对违法所得的计算另有规定的，从其规定。

（1）《行政处罚法》（2021年修订）有关退赔规定与《民法典》一致

《民法典》第一百八十七条规定："民事主体因同一行为应当承担民事责任、行政责任和刑事责任的，承担行政责任或者刑事责任不影响承担民事责任；民事主体的财产不足以支付的，优先用于承担民事责任。"《行政处罚法》（2021年修订）第二十八条有关退赔规定与《民法典》"民事责任优先于行政责任"的精神一致。

（2）《行政处罚法》（2021年修订）有关退赔规定与相关法律法规一致

比如《电力法》第六十六条规定："违反本法第三十三条、第四十三条、第四十四条规定，未按照国家核准的电价和用电计量装置的记录向用户计收电费、超越权限制定电价或者在电费中加收其他费用的，由物价行政主管部门给予警告，责令返还违法收取的费用，可以并处违法收取费用五倍以下的罚款；情节严重……给予行政处分。"又如《价格违法行为行政处罚实施办法》第十条规定："因价格违法行为致使消费者或者其他经营者多付价款的，责令限期退还；期限届满后逾期不退或者难以退还的价款，以违法所得论处。"再如《海警法》第六十二条规定："海警机构对应当退还所有人或者其他当事人的涉案财物，通知所有人或者其他当事人在六个月内领取；所有人不明确的，应当采取公告方式告知所有人认领。……"

---

①马怀德：《〈行政处罚法〉修改中的几个争议问题》，《华东政法大学学报》2020年第4期。

　　《行政处罚法》（2021年修订）第二十八条有关退赔规定与上述法律法规的规定基本一致。

　　（3）虽然"没收不破退赔"，但亦须"依法"退赔

　　《行政处罚法》（2021年修订）第二十八条的表述是"依法应当退赔"，上述"依法"中的"法"，包括全部法律、法规、规章。亦即，是否应当退赔，退赔多少数额，如何退赔，都必须具有法律、法规、规章依据；突破退赔范围以及不正确处理退赔费用等均不合法。

　　（五）没收违法所得是否"普遍授权"？

　　1.分歧

　　《行政处罚法》（2021年修订）颁布以来，没收违法所得是否属于"普遍授权"受到热议。有学者认为："不得因违法而获益是公认的法律原则。尽管有近130部法律、200件行政法规和大量地方性法规、规章规定了没收违法所得的行政处罚，但仍有不少法律、法规未规定没收违法所得。这也是一些领域中违法行为屡禁不止、违法成本低、处罚威慑力不够的主要原因，需要对没收违法所得普遍授权、统一规定。"[1]

　　亦有学者认为："在第二十八条第二款明确规定'当事人有违法所得，除依法应当退赔的外，应当予以没收。违法所得是指实施违法行为所取得的款项'。这是在法律上第一次明确适用处罚种类的一般原则，也就是说行政执法机关实施处罚时凡是有违法所得的，除应当退赔的外，都要没收，以体现违法不能得利的原则。同时也是第一次在法律上明确违法所得是实施违法行为所取得的款项，这也是加大了违法的成本。"[2]

　　上述观点均持"普遍授权"说。但也有学者认为："与此相关的一个问题是，《修订草案》第二十六条规定：'有违法所得的，应当予以没收。'本条规定为行政机关进行了没收违法所得的一揽子授权，并且将其确定为羁束性而非裁量性的义务。对这一规定可提出如下批评：其一，没收违法所得对相对人权益影响重大，其适用条件、没收范围等适宜在实体法中规定，

①黄海华：《行政处罚的重新定义与分类配置》，《华东政法大学学报》2020年第4期。
②赵振华：《新修订的〈行政处罚法〉对行政执法的新要求》，《中国司法》2021年第4期。

不宜在《行政处罚法》中作出一揽子授权。其二，对违法所得并非一概要没收，是否要予以没收要根据个案的情况判断。例如，如果罚款的设定和实施中就已经将违法所得考虑在内，就不宜再单独处以没收违法所得。又如，在有受害人的情况下，是否没收违法所得还要考虑赔偿受害人损失的需要。"①

笔者注意到，国家市场监管总局"国市监处〔2021〕28号"《行政处罚决定书》载明：根据《反垄断法》第四十七条、第四十九条规定，综合考虑当事人违法行为的性质、程度和持续的时间，同时考虑当事人能够按照要求深入自查，停止违法行为并积极整改等因素，国家市场监管总局对当事人责令停止违法行为，处以其2019年度中国境内销售额4557.12亿元4%的罚款，计182.28亿元。而《反垄断法》第四十七条的规定是，经营者违反本法规定，滥用市场支配地位的，由反垄断执法机构责令停止违法行为，没收违法所得，并处上一年度销售额百分之一以上百分之十以下的罚款。上述条款中，没收违法所得是基础法律责任，且属于"应处"，但具体案件却"未处"。可见实践中具体裁量情节的复杂程度。

2.背景

有关没收违法所得的规定位列《行政处罚法》（2021年修订）"第四章 行政处罚的管辖和适用"中，且与"责令当事人改正或者限期改正违法行为"在同一条。在"责令当事人改正或者限期改正违法行为"属于普适性条款的实定法背景下，没收违法所得属于普适性条款的立法意图更为明显。有学者认为："'当事人有违法所得，……应当予以没收'意味着行政机关可以直接依照新行政处罚法作出没收违法所得处罚决定。这一方面符合任何人不得因违法而获益的基本法理，另一方面也回应了执法实践需求以及要求在规章设定权中增加没收违法所得的相关意见。"②

---

① 李洪雷：《论我国行政处罚制度的完善——兼评〈中华人民共和国行政处罚法〉（修订草案）》，《法商研究》2020年第6期。
② 黄海华：《新行政处罚法的若干制度发展》，《中国法律评论》2021年第3期。

3.质疑

（1）对没收违法所得普遍授权，是否意味着无论实体法是否对没收违法所得作出规定，均可没收？

比如《土地管理法》第七十四条规定："买卖或者以其他形式非法转让土地的，由县级以上人民政府自然资源主管部门没收违法所得；对违反土地利用总体规划擅自将农用地改为建设用地的，限期拆除在非法转让的土地上新建的建筑物和其他设施，恢复土地原状，对符合土地利用总体规划的，没收在非法转让的土地上新建的建筑物和其他设施；可以并处罚款；对直接负责的主管人员和其他直接责任人员，依法给予处分；构成犯罪的，依法追究刑事责任。"该法其他条款均未规定没收违法所得。

又如《公路法》第七十四条规定："违反法律或者国务院有关规定，擅自在公路上设卡、收费的，由交通主管部门责令停止违法行为，没收违法所得，可以处违法所得三倍以下的罚款，没有违法所得的，可以处二万元以下的罚款；对负有直接责任的主管人员和其他直接责任人员，依法给予行政处分。"该法第七十五条、第七十六条、第七十七条、第七十八条、第七十九条、第八十条、第八十一条均未规定没收违法所得。

对于上述情况，实践中是否均可适用没收违法所得？若"普遍授权"说成立，应当是可以的。有学者认为："当然，新行政处罚法作出普遍授权，并不是一味要求在所有行政处罚案件中都必须查清当事人有无违法所得的情形，也不是机械地要求行政机关对所有当事人一律实施没收违法所得。在能够达到行政管理目的、符合过罚相当原则的前提下，对于是否没收违法所得，行政机关应当有一定的裁量权。另外，既然是普遍授权，也就意味着在依法不予行政处罚的情形下，行政机关也可以单独作出没收违法所得的处罚决定。"①

按照上述理解，"普遍授权"说语境下的没收违法所得可以选择适用、自由裁量。另一方面，在实体法没有规定没收违法所得情况下，行政机关及

---

①黄海华：《新行政处罚法的若干制度发展》，《中国法律评论》2021年第3期。

其执法人员应当对违法行为是否产生违法所得进行查证，凡是有违法所得的均应当予以没收。这要求行政执法机制须作相应调整，否则必然衍生执法风险。有观点认为："还需要探讨是否所有违法所得都应当没收。虽然从第二十八条的条文来看全部没收并无问题，但实际中却不能简单适用这一规定。如广告法中对'虚假广告'只规定罚款而未规定没收违法所得。这是因为一旦没收违法所得，行政处罚的过罚相当原则就难以实现。所以即便适用第二十八条作出处罚决定，也需要进一步明确违法行为和违法所得之间的关系，避免该条款被滥用。"[①]

（2）在实体法没有对没收违法所得作出规定的情况下，以何依据作出没收决定？

依据实体法，法无规定不可为；依据行政处罚法，该法是规范共同行政行为法律，宏观层面属于程序法范畴，以其直接作为行政处罚依据并无前例，尚需进一步论证。对此，有观点认为："行政处罚法不再仅作为分则设定行政处罚的依据，而是也可以为行政机关实施行政处罚提供直接的依据。况且在规范层面上，新法设定行政处罚并不违背第二章有关设定权分配的规定。所以行政处罚法具有处罚设定权限。"[②]江苏省高级人民法院行政庭课题组亦认为："单行法律规范如果未规定没收违法所得这一法律责任条款的，但客观上当事人确实存在违法所得的，行政机关适用行政处罚法第二十八条第二款规定并处没收违法所得的，人民法院应予支持。"[③]

（3）在单行法的罚则未规定没收违法所得的情况下没收违法所得，是否符合处罚法定原则？

如前所述，法定原则是行政处罚的六大基本原则之一。与"责令改正或者限期改正违法行为"不同，没收违法所得属于法定行政处罚种类。既如

---

① "新行政处罚法与法治政府建设"智库座谈会内容纪要，https://www.163.com/dy/article/GDT5SD9U0524TEUR.html，2021年9月5日访问。

②同上注。

③江苏省高级人民法院行政庭课题组：《行政处罚法修订后司法、执法如何应对》，2021年7月6日《江苏法治报》。

此，在单行法的罚则未规定没收违法所得的情况下没收违法所得，符合处罚法定原则吗？

（六）不予处罚与没收违法所得能不能同时适用？

对此，有学者认为，既然是普遍授权，也就意味着在依法不予行政处罚的情形下，行政机关也可以单独作出没收违法所得的处罚决定。[1]笔者认为，在认可"普遍授权"说的前提下，上述观点理应成立，实践中也可行。但是，在行政处罚法语境中，同时作出不予行政处罚决定和没收违法所得显然存在逻辑矛盾。因为，没收违法所得属于行政处罚的法定种类；既然没收了违法所得，那还能叫不予行政处罚？因此，在适用不予行政处罚的同时，一并作出或单独作出没收违法所得的决定，较为尴尬，除非法律法规有明文规定。如《药品管理法实施条例》第七十五条规定："药品经营企业、医疗机构未违反《药品管理法》和本条例的有关规定，并有充分证据证明其不知道所销售或者使用的药品是假药、劣药的，应当没收其销售或者使用的假药、劣药和违法所得；但是，可以免除其他行政处罚。"

四、一事不再罚款

"一事不二罚"（或称为"一事不再罚"）是普通法上的一项重要原则，原先只适用刑事领域，后来慢慢扩展至行政、民事领域。行政处罚法上的"一事不再罚款"源自"一事不二罚"原则，但两者又有明显区别。

（一）作为普通法原则的"一事不二罚"

作为国际上公认的法治原则，"一事不二罚"最早起源于罗马共和国时期的民事诉讼，后来也运用于刑事审判，目前已被世界上大多数国家所采纳。该原则一方面保证了在诉讼中处于弱势的一方不会被无止境地骚扰，另一方面还保证了国家的司法资源不会被无谓地浪费，对于维持法律尊严也有重要意义。联合国《公民及政治权利国际公约》第十四条第七款规定："任何人已依一国的法律及刑事程序被最后定罪或宣告无罪者，不得就同一罪名再予审判或惩罚。"

---

[1]参见黄海华：《新行政处罚法的若干制度发展》，《中国法律评论》2021年第3期。

在我国，"一事不二罚"并不属于行政法的基本原则。行政法的基本原则是指导和规范行政法的立法、执法以及行政行为实施和行政争议处理的基础性法则，是贯穿于行政法具体规范之中，同时又高于行政法具体规范、体现行政法基本价值观念的准则，分为实体性基本原则和程序性基本原则。实体性原则包括"依法行政原则，尊重和保障人权原则，越权无效原则，信赖保护原则，比例原则"；程序性原则包括"正当法律程序原则，行政公开原则，行政公正原则，行政公平原则"。根据国务院《全面推进依法行政实施纲要》，行政法的基本原则包括"合法行政原则、合理行政原则、信赖保护原则、高效原则。"因此，行政法上的"一事不二罚"充其量只是一项制度或者规则，而非原则。

遗憾的是，早期的行政处罚法著作以及大部分司法裁判文书或称之为"一事不再罚原则"，或将"一事不再罚"与"一事不再罚款"相混淆。

（二）作为行政处罚制度的"一事不再罚款"

1996年《行政处罚法》确立了"一事不再罚款"制度。该法第二十四条规定："对当事人的同一个违法行为，不得给予两次以上罚款的行政处罚。"作为一项重要的行政处罚制度，"一事不再罚款"有着极其深刻的背景。

1996年3月12日，全国人大常委会秘书长曹志在第八届全国人民代表大会第四次会议上作行政处罚法草案说明时指出，实践中存在一些问题，主要表现在处罚的随意性，特别是有些地方和部门随意罚款，或一事几次罚、几个部门罚等，人民群众很有意见。规定"一事不再罚款"，目的在于解决实践中的多头处罚、重复处罚的问题。[①]马怀德教授亦认为：《行政处罚法》起草过程中，由于对于"一事不再罚"是否应当成为立法的基本原则和对这一概念的理解不统一，实践中存在的重复处罚又以罚款为主，所以立法者选择了将"一事不再罚"限定为"一事不再罚款"。从文义解释的角度出发，该条文的意思应当理解为，就同一个违法行为，在同时违反多个法律规范

[①]曹志：《关于〈中华人民共和国行政处罚法（草案）〉的说明——1996年3月12日在第八届全国人民代表大会第四次会议上》。

时，可以给予多个行政处罚。但若选择罚款进行处罚的话，只能进行一次罚款，而不能多次罚款。[①]

可见，从立法之初就已明确，行政处罚法上的一事不二罚专指"一事不再罚款"。有著作认为：这一规定，与理论上的一事不再罚原则不完全相同，它是一事不再罚原则的主要内容和组成部分。它既肯定了一事不再罚的精神，又考虑到了行政执法职权范围内的实际情况，把一事不再罚的"罚"仅仅局限在"罚款"。这是因为罚款是行政处罚的主要形式，几乎所有的行政处罚实施机关都具有这项权力，而且它与当事人的利害关系最为密切，在罚款领域规定一事不再罚，具有积极的现实意义。[②]上述阐述较为客观真实。

（三）"一事不再罚款"制度的新发展

二十多年来，"一事不再罚款"制度在行政执法实践中发挥了重要的规范和指导作用，但也遇到了不少问题，理论界、实务界存在较大争议。"本次修订中，要求细化该制度的呼声较高，特别是建议明确一个违法行为同时触犯多个法律规定、处罚标准不同的情形应当如何处理。"[③]马怀德教授认为：《行政处罚法》可采从重与并罚的结合模式。具体而言，可在《行政处罚法》第二十四条中增加第二款"同一违法行为违反多个行政法律规范的，应当由具有管辖权的行政机关按照法定罚款幅度内的最高限额处罚"，在罚款上确立从一重处罚的制度。[④]

《行政处罚法》（2021年修订）采纳了上述建议，对一个违法行为同时触犯多个法律规定、处罚标准不同的情形进行了回应。该法第二十九条补充规定："同一个违法行为违反多个法律规范应当给予罚款处罚的，按照罚款数额高的规定处罚。"此为"择一从重"规则（也有称之为罚款"就

---

①马怀德：《〈行政处罚法〉修改中的几个争议问题》，《华东政法大学学报》2020年第4期。

②曹康泰主编：《行政处罚法教程》，中国法制出版社2011年版。

③黄海华：《新行政处罚法的若干制度发展》，《中国法律评论》2021年第3期。

④马怀德：《〈行政处罚法〉修改中的几个争议问题》，《华东政法大学学报》2020年第4期。

高"规则）。①

修订过程	法条内容
行政处罚法（2017年修正）	**第二十四条** 对当事人的同一个违法行为，不得给予两次以上罚款的行政处罚。
修订草案征求意见稿	**第二十六条** 对当事人的同一个违法行为，不得给予两次以上罚款的行政处罚。同一个违法行为违反多个法律规范的，按照罚款额度最高的规定罚款。
修订草案	**第二十七条** 对当事人的同一个违法行为，不得给予两次以上罚款的行政处罚。
修订草案二次审议稿	**第二十八条** 对当事人的同一个违法行为，不得给予两次以上罚款的行政处罚。同一个违法行为违反多个法律规范应当给予罚款处罚的，按照罚款数额高的规定执行。
行政处罚法（2021年修订）	**第二十九条** 对当事人的同一个违法行为，不得给予两次以上罚款的行政处罚。同一个违法行为违反多个法律规范应当给予罚款处罚的，按照罚款数额高的规定处罚。

应当说，"择一从重"规则并非《行政处罚法》（2021年修订）"首创"。2002年6月14日，原国家环境保护总局对江苏省环境保护厅《关于对同一行为违反不同法规实施行政处罚时适用法规问题的复函》（环函〔2002〕166号）提出：有关单位在人口集中地区和其他依法需要特殊保护的区域内，焚烧高浓度医药废液，该行为同时违反《固体废物污染环境防治法》和《大气污染防治法》的有关规定。按照《行政处罚法》第二十四条关于"对当事人的同一违法行为，不得给予两次以上罚款的行政处罚"的规定，环保部门对违法行为人可依照两种法律规定中处罚较重的规定，定性处罚。此外，一些国家和地区立法例对于法规竞合的处理原则也是"择一重处"。比如，我国台湾地区"行政罚法"第二十四条规定："一行为违反数

---

① 有学者认为，有的违法行为可能同时触犯两个或者两个以上的法律规范，由于它们之间所规定的行政处罚，尤其是罚款幅度不一样，因而会产生行政法律规范冲突现象。对于这种情况，行政机关应当依据不同的法律规范分别实施处罚，不违反"一事不再罚"的规定。参见吴高盛主编：《〈中华人民共和国行政处罚法〉释义及实用指南》，中国民主法制出版社2015年版，第71—72页。

个行政法上义务规定而应处罚锾者，依法定罚锾额最高之规定裁处。但裁处之额度，不得低于各该规定之罚锾最低额。前项违反行政法上义务行为，除应处罚锾外，另有没入或其他种类行政罚之处罚者，得依该规定并为裁处。但其处罚种类相同，如择一重处罚已足以达成行政目的者，不得重复裁处。"

关于该规则在行政执法实践中的具体运用，《行政处罚法》（2021年修订）并未进行具体规定。有学者认为："按照罚款数额高的规定处罚"表明"就高"不是以行政执法中具体处以的罚款数额为标准，而是以法律规范中罚款数额规定为标准：对于固定数额的罚款，直接适用罚款数额高的规定给予罚款处罚；对于有幅度的罚款，"就高"先比较罚款上限，适用罚款上限高的规定；没有罚款上限或者罚款上限一致的，适用罚款下限高的规定；对于从形式上难以比较高低的，如一部法律规定罚款以违法所得为计算标准，另一部法律罚款以合同标的额为计算标准，则需要根据案情等实际情况来作出判断。[1]有著作认为：经咨询全国人大法工委参与立法的相关人员，解答称这里的"法律规范"包括法律、法规、规章，且这里的"多个法律规范"是指不同领域的法律规范，即同一个违法行为违反了不同领域的法律规范应当给予罚款处罚的，按照罚款数额高的规定处罚。[2]

（四）"一事不再罚款"制度的实践问题

1.何为"一事"？

从文字理解，"一事"即当事人的同一个违法行为。有学者认为，一事即当事人实施了一个违反行政法规范的行为或者说一个违反行政管理秩序的行为，当事人在客观上仅有一个独立完整的违法事实；也有学者认为，一事指符合一个行政违法构成要件的行为。马怀德教授认为："一事"实质上是指"一个违法行为"。尽管学界已经普遍接受了"一事不再罚款"这一概念，但"一事'更偏重于诉讼法上的概念，如"一事不再理"，其本质上相当于程序法上的"一案"；而"一个违法行为"则更偏重于实体法上确定行

①黄海华：《新行政处罚法的若干制度发展》，《中国法律评论》2021年第3期。
②孙茂利主编：《公安机关办理行政案件程序规定释义与实务指南》，中国人民公安大学出版社2021年版。

为的单复数用语。"一个违法行为",可界定为同一行为主体在紧密连接的同一时间空间内,基于同一意思而实施的一次行为。[①]上述论述貌似能解决对于"一事"的认定,实则不然。

(1)从有关政策看,对于"一事"的认定较为严格

比如,技术监控资料记录的当事人多次违法行为,虽然时间、地点各不相同,但行为内容极为"相似",甚至有连续或者延续。对此,能否认定为"一事"?公安部《关于对交通技术监控记录的违法行为如何进行处罚的请示的批复》(公法〔2005〕66号)提出:我们认为,交通技术监控记录的违法行为人在一段时间内多次实施的同种违法行为,属于数个相互独立的违法行为,公安机关受案查处时,不宜作为"同一个违法行为"从重处罚一次,而应当依照道路交通管理法律、法规和规章的规定分别作出裁决处罚。

(2)从有关判例看,对于"一事"的认定同样较为严格

近年来,不少司法裁判涉及对于"一事"的认定,总体看,口径较为严格,比如:

①行政机关作出两次或两次以上罚款的行政处罚不是针对同一行政相对人的,不适用"一事不再罚"

如吴某海不服治安行政处罚案,江苏省扬州市中级人民法院认为:公安机关虽然基于同一违法事实分别作出了两个罚款的行政处罚,但两份处罚决定是针对不同的行政相对人分别承担不同法律责任所作出的。实践中,业主与负责经营、治安管理人员有可能是同一人员,也有可能不是同一人员。即使最终的法律责任会由一人承担,也不能以此说明公安机关违反了《行政处罚法》所规定的"一事不再罚"原则。[②]

②多个当事人共同实施同一个违法行为不适用"一事不再罚"

如陈某诉某市自然资源和规划局行政处罚案,最高人民法院认为:《行政处罚法》中"一事不再罚"的规定是针对同一个当事人实施同一个违法行

[①] 马怀德:《〈行政处罚法〉修改中的几个争议问题》,《华东政法大学学报》2020年第4期。

[②] 参见(2007)扬行终字第0050号《行政判决书》,《中国审判案例要览》(2008年行政审判案例卷)。

为的情形。多个当事人共同实施同一个违法行为，并不适用该规定。行政机关对两个不同的行为主体分别给予处罚，不违反"一事不再罚"原则。[1][2]

③符合两个及以上违法行为的构成，则不属"一事"

如刘某兴与某市安全生产监督管理局、某省安全生产监督管理局安全生产行政处罚案，青海省西宁市中级人民法院认为：消防部门以"火灾发生期间擅自停用消防设施"为由处以罚款，而安监局是以"某厂对本次事故负有责任"，它与"擅自停用消防设施"不是"一事"，故不违反"一事不再罚"原则。[3]

④判断是否为"同一个违法行为"，关键要看违法行为是否单一

如北京顾亿人教育科技有限公司诉某区市场监督管理局行政处理及罚款案，北京市第一中级人民法院认为：适用"一事不二罚款"条款须以"同一个违法行为"为前提。对于多个违法行为，则应分别按照不同的法律规定给予罚款处罚。判断是否为"同一个违法行为"，关键要看违法行为是否单一。对此，可以从两个层面进行认定，一是行为本身客观上是单一的，为自然的一行为；二是客观上自然可分的数个行为，因法律的特别规定而被拟制为一个行为予以处断，为处断的一行为。对于自然的一行为，不能给予两次以上的罚款处罚。对于处断的一行为，因法律的拟制而成为法律上的一行为，同样不能给予两次以上的罚款处罚。[4]

⑤相互独立并在法律上分别评价的两个行为不属于"一事"

如周某远诉某市公安局公安交通管理局西城交通支队樱桃园大队行政处罚、行政复议案，北京市第二中级人民法院认为：驾驶摩托车从其他道路驶入二环主路和从二环主路驶入应急车道属于相互独立并在法律上分别评价的两个行为。故，周某远提出的在二环主路应急车道内驾驶摩托车属于"一行

---

①参见（2020）最高法行申11987号《行政裁定书》。

②有观点认为，同一个违法行为是一个当事人实施的行为，两个以上当事人共同实施的违法行为，是共同违法行为，不是同一个违法行为。参见李国光主编：《行政处罚法及配套规定新释新解》，人民法院出版社2006年版，第265-266页。

③参见（2016）青01行终68号《行政判决书》。

④参见（2021）京01行终191号《行政判决书》。

为"的主张，应不予支持。①

⑥行政处罚并非针对同一行政管理领域，并不违反"一事不再罚"的原则

如熊某诉被告某市公安局××分局行政处罚案，北京市海淀区人民法院认为："一事不再罚"原则适用的前提为"一事"，即"同一个违法行为"。同一个违法行为应当包含内在意思决定、外在行为表现以及法律规范评价三个要件。当事人驾驶机动车在过街天桥上行驶，《道路交通安全法》及《治安管理处罚法》，对此作了两种不同的评价。公安机关依据治安管理处罚法所赋予的职权作出处罚决定，与交通管理部门适用《道路交通安全法》作出交通处罚并非同一行政管理领域，并不违反"一事不再罚"的原则。②

⑦对同一当事人未被检察机关或审判机关追究刑事责任的行为依法作出行政处罚决定，没有违背"一事不再罚"原则

行政机关对同一当事人未被检察机关或审判机关在刑事诉讼中追究刑事责任的行为，依法作出行政处罚决定，不属于重复性处罚，没有违背"一事不再罚"原则。呼和浩特市回民区人民检察院虽然认定某公司和桑某实施了走私行为，但犯罪情节轻微，不需要判处刑罚，因此作出了不起诉决定。呼和浩特海关调查后，对该行为作出行政处罚，有事实和法律依据。③

此外，有学者还归纳出不属于"一事"的特殊情形，如：受申诫罚后，行为人拒不改正违法行为的；责令改正违法行为，行为人拒不改正的；④对违法行为进行行政处罚的，又裁决由行为人承担民事责任的；在具备法定条件下实施并处的；同时作出治安管理处罚和强制隔离戒毒决定；被追究刑事责任后，又对其涉案财物予以没收的，等等。

①参见（2016）京02行终1410号《行政判决书》。
②参见（2020）京0108行初20号《行政判决书》。
③参见（2017）最高法行申3110号《行政裁定书》。
④最典型的是生态环境执法、安全生产执法提出的按日计罚。《环境保护法》第五十九条规定："企业事业单位和其他生产经营者违法排放污染物，受到罚款处罚，被责令改正，拒不改正的，依法作出处罚决定的行政机关可以自责令改正的次日起，按照原处罚数额按日连续处罚。"《安全生产法》第一百一十二条规定："生产经营单位违反本法规定，被责令改正且受到罚款处罚，拒不改正的，负有安全生产监督管理职责的部门可以自作出责令改正之日的次日起，按照原处罚数额按日连续处罚。"

（3）作者观点

有学者认为："一事"并不存在争议，都指同一违法行为，关键是"不再罚"[①]。笔者对此不予赞同。"一事"是"不再罚款"的前提，因此，适用"一事不再罚款"最重要的、实践中争议最大的是对"同一个违法行为"的认定。《行政处罚法》（2021年修订）第二十九条增加了"同一个违法行为违反多个法律规范应当给予罚款处罚的，按照罚款数额高的规定处罚"，表面看将"同一个违法行为违反多个法律规范"规定为"一事"，解决了法规竞合情况下"一事"的认定问题，但实际上，仍不能绕过"同一个违法行为"的基本判定。曾有学者举例认为，擅自在城市街道摆摊设点，同时违反了《食品安全法》《城市市容和环境卫生管理条例》《无证无照经营查处办法》等法律法规，但该行为属于"一事"，适用"不再罚"规定。[②]那么，未经批准进行违法建设，同时违反了《土地管理法》《城乡规划法》《建筑法》等法律法规，相关行为是否属于"一事"？实践中认识不一，有关判例截然相反。马怀德教授提出的"同一行为主体在紧密连接的同一时间空间内，基于同一意思而实施的一次行为"的判定标准有其合理性，但实践中比较难以把握。

欣慰的是，立法已经关注到这一情况。有学者提出："在修法过程中，对一事不再罚款还有一些修改建议，但综合各方面因素，新行政处罚法未作调整。……如何界定同一违法行为是一个老问题，情况比较复杂，类似于刑法中罪数问题，除了从行政处罚构成要件角度作出规范外，难以在行政处罚法中作出统一规定——有些可以在单行法中规定，有些可以在实践中予以探

[①] 应松年、马怀德主编：《中华人民共和国行政处罚法学习辅导》，人民出版社1996年版，第134页。

[②] 也有相反观点。有学者认为，如同一个违法行为是一次性行为，在同一时间或者连续的时间内实施的两个或者两个以上的违法行为，是连续几个违法行为，不是同一个违法行为。比如，某甲在道路上擅自设摊，无照销售未经检验的酱肉。显然，某甲从设摊销售酱肉起，就实施了工商违法行为（无照经营）、公安交通违法行为（影响车辆通行）和卫生违法行为（经营未经检验的肉制品）。非法贩运、销售爆炸物品的，既违反了民用爆炸物品管理规定，又违反了投机倒把行政处罚的规定，这种行为不是同一个违法行为，而是一种规范竞合的行为。参见李国光主编：《行政处罚法及配套规定新释新解》，人民法院出版社2006年版，第265-266页。

索总结。"①显然，立法机关也苦于没有更好的规制对策。

笔者认为，"一事不再罚款"制度的根本目的在于根治乱罚款问题，这一点没有改变；罚款以外的其他处罚，与"一事不再罚款"不可同日而语；修订后的行政处罚法已经补充"择一重处"规则，增设没收违法所得制度，为"不让违法者有利可图"原则的实现树立了坚强保障。在此背景下，行政执法实践对于"一事"的认定可稍作放松。正如有学者所言："实践中，'同一个违法行为违反多个法律规范'包括多种类型，如同一个违法行为触犯数个具有包容关系的法律规范，同一个违法行为同时触犯数个不同领域的法律规范，违法行为的实施手段违反另一个法律规范。这三种类型对应于刑法中的法条竞合、想象竞合、牵连犯。""新行政处罚法对属于同一违法行为的情形还是有一些不那么直接的规定，如第二十九条中'同一个违法行为违反多个法律规范'的表述，实际上将违反多个法律规范的违法行为作为同一违法行为；第三十六条中'违法行为有连续或者继续状态的，从行为终了之日起计算'的表述，实际上将连续或者继续状态的违法行为视为同一违法行为。"②

如果以上观点成立，前述案例中的"相互独立并在法律上分别评价的两个行为不属于"一事"，行政处罚并非针对同一行政管理领域并不违反"一事不再罚"的原则等，值得进一步探讨。

2.何为"不再罚款"？

（1）从行政处罚法的规定看，对同一违法行为只能"一次罚款"

实践中，"一次罚款"暴露出制度设计方面的先天缺陷。一些违法行为违反了多个行政法律规范，而多个法律规范规定了不同类型的处罚和不同的罚款金额、幅度，形成法规竞合情况。有学者认为，"不得给予两次以上罚款，在已经实施了较小数额的罚款以后，较大数额的罚款也不得进行，这就可能使当事人规避法律责任"。2007年，全国人大常委会法制工作委员会就一个滥收费用行为同时违反《反不正当竞争法》和《价格法》时，如何适用

①黄海华：《新行政处罚法的若干制度发展》，《中国法律评论》2021年第3期。
②同上注。

法律和确定管辖权，作出答复称，《行政处罚法》第二十四条规定："对当事人的同一个违法行为，不得给予两次以上罚款的行政处罚。"根据这一规定，对同一个滥收费用行为罚款的行政处罚，适用一事不再罚的原则，由首先实施监督检查的行政机关给予罚款的行政处罚为宜。其他依法有行政处罚权的行政机关可以给予罚款以外的其他行政处罚；依照处罚较重的规定是否给予较重的行政处罚，实践中可再研究。[1]可见，全国人大常委会法制工作委员会当时的基本态度是"最先查处"，对"择一重处"的态度是"实践中可再研究"。但是，仅仅以处罚决定作出时间作为判断是否违反一事不再罚原则的标准，确也会产生诸多消极影响，不排除当事人钻法律空子逃避处罚。

《行政处罚法》（2021年修订）增设了"择一重处"规则，很大程度上堵塞了"最先查处"的漏洞。但面临的新的问题是，"择一重处"涉及不同的法律法规和执法主体，在不同行政机关实施行政处罚的情况下又如何协调？[2]有学者提出："对此，曾有过多种建议和方案，比如由不同行政机关分别处以罚款，同时适用折抵规则；由先立案的行政机关直接依据罚款数额高的法律规范予以罚款，本条规定可以作为法律依据解决职权法定问题；由先立案的行政机关作出除罚款以外的其他行政处罚决定后，移送相关行政机关根据罚款数额高的规定予以罚款；条件具备的，在立案阶段通过立案协商来解决，或者通过委托方式来解决；通过综合行政执法机制来解决，将相关联的执法事项明确纳入综合行政执法中，由综合行政执法机关来统一实施。考虑到罚款'就高'规则是新增的制度，有待实践积累经验，探索简便、可行的方式来实施，因此新行政处罚法并未规定具体操作程序。"[3]

---

[1]全国人大常委会法制工作委员会：《对〈反不正当竞争法〉和〈价格法〉有关规定如何适用问题的答复》（行复字〔2007〕6号）。

[2]行政处罚法第二十九条规定的"择一重罚"适用规则，可能是着眼于不同行政机关同步启动的行政处罚程序，如果在先立案的行政机关已经作出罚款，后面的行政机关也不宜再就同一违法行为作出罚款。江苏省高级人民法院行政庭课题组：《行政处罚法修订后司法、执法如何应对》，2021年7月6日《江苏法治报》。

[3]黄海华：《新行政处罚法的若干制度发展》，《中国法律评论》2021年第3期。

（2）从理论研究看，对于罚款以外的其他处罚能否"再罚"争议较大

对于罚款之外的其他类型处罚是否可以并处，行政处罚法未作说明。有观点认为，行政处罚法规定一事不再罚的范围是有限的，仅仅限制的是二次以上罚款的行政处罚，而不限制其他行政处罚种类的第二次或多次适用。也有观点认为，鉴于违法行为人只作了一个行为，因此，不管多少法律规范对其规定了多少不同的处罚，违法行为人只能受一次处罚。实践中，可以"再罚"与不可"再罚"争论激烈。

①可以"再罚"

比如有观点认为：从文义解释的角度出发，该条文的意思应当理解为，就同一个违法行为，在同时违反多个法律规范时，可以给予多个行政处罚。但若选择罚款进行处罚的话，只能进行一次罚款，而不能多次罚款。[①]

又如有观点认为：不能因为《行政处罚法》仅规定了涉及罚款的一事不再罚，就认为一事不再罚仅限于重复罚款的禁止。这是说，"一事不二罚款"应当适用所有的行政处罚。[②]

再如有观点认为：当同一违法行为触犯两个以上法律规范时，行政机关可以分别依据不同的法律规范实施处罚，也就是说行为人的一个行为，同时违反了两个以上法律、法规的规定，可以给予两次以上的处罚，但如果处罚是罚款则只能罚一次，另一次处罚可以是依法吊销许可证、责令停产停业、没收财产等，只是不能再罚款。[③]

②不可"再罚"

比如有观点认为：对同一个违法行为，给予两次以上的罚款不行，给予两次以上的其他处罚，如警告、通报批评、没收、吊扣证照、降低资质等级、限制开展生产经营活动、责令停产停业、责令关闭、限制从业和行政拘

---

①参见马怀德：《〈行政处罚法〉修改中的几个争议问题》，《华东政法大学学报》2020年第4期。

②曹康泰主编：《行政处罚法教程》，中国法制出版社2011年版。

③吴高盛主编：《〈中华人民共和国行政处罚法〉释义及实用指南》，中国民主法制出版社2015年版，第71-72页。

留等，同样不行。①

又如有观点认为：现行《行政处罚法》第二十四条仅对实践中较为常见的多次罚款问题进行了限制，但在法理上，一事不再罚不应仅适用于罚款。最高人民法院在其裁定中也曾明确指出，一事不再罚应当是指同一违法行为不能给予两次以上的相同或者类似性质的行政处罚。因此，对于罚款之外其他相同或者类似性质的行政处罚，如在一定期限内暂扣许可证或执照、行政拘留等，从一重罚已经可以达到行政目的，同样也应根据一事不再罚原则限制处罚的次数。②

（3）从全国人大常委会法制工作委员会有关答复看，对于罚款以外的其他处罚倾向于可以"再罚"

全国人大常委会法制工作委员会《对〈反不正当竞争法〉和〈价格法〉有关规定如何适用问题的答复》（行复字〔2007〕6号）指出：对同一个滥收费用行为罚款的行政处罚，适用一事不再罚的原则，由首先实施监督检查的行政机关给予罚款的行政处罚为宜。其他依法有行政处罚权的行政机关可以给予罚款以外的其他行政处罚。因此，全国人大常委会法制工作委员会对于罚款以外的其他处罚倾向于可以"再罚"。

（4）从有关司法判例看，对于罚款以外的其他处罚也倾向于可以"再罚"

①同一违法行为不能给予两次以上的相同或者类似性质的行政处罚

如邱某容诉某省农垦总局等复议案，最高人民法院认为：《行政处罚法》第二十四条规定，对当事人的同一个违法行为，不得给予两次以上罚款的行政处罚。这是"一事不再罚"原则的法定含义，并非是指同一违法行为，不同的行政机关不能给予两次以上的行政处罚。即便按照一般法律适用规则理解，"一事不二罚"也应当是指同一违法行为不能给予两次以上的相

①参见《〈行政处罚法〉只规定一事不得二次"罚款"，是否意味着其他处罚不受二次限制？》，引自法治咖啡屋公众号。

②李洪雷：《论我国行政处罚制度的完善——兼评〈中华人民共和国行政处罚法（修订草案）〉》，《法商研究》2020年第6期。

同或者类似性质的行政处罚。[①]

②两个行政主体依据不同的法律法规作出不同性质的行政行为，不适用"一事不再罚"

如吴某平与某区城市管理行政执法局限制拆除决定案，辽宁省大连市中级人民法院认为：因吴某平所建项目未取得规划许可，执法局向吴某平作出《责令限期拆除决定书》。此前，林业局对吴某平占用公益林建设项目进行立案查处，责令限期恢复林地原状并处罚款，吴某平交纳了罚款，但未将林地恢复原状。林业局曾以吴某平擅自改变林地用途，违反森林法的相关规定给予其行政处罚。执法局以吴某平未取得规划许可，违反《城乡规划法》的规定对其作出限期拆除决定。两个行政主体依据不同的法律法规作出不同性质的行政行为，不适用"一事不再罚"原则。[②]

③不同行政机关不得对行为人同一违法行为作出同种类的行政处罚

如许某诉某国土资源局行政处罚决定违法案，法院认为：城乡规划局作出《拆除通知》和国土资源局的没收建筑物的处罚是针对建筑物违法行为的同种处罚，违反行政法一事不再罚原则的基本原则。[③]

（5）作者观点

"一事不再罚"应当指除非法律有特别规定，对于一个违法行为，行政主体只能给予一次处罚。但行政处罚法仅将罚款作为规制对象，规定"一事不再罚款"。因司法实践中对于"一事"与"不再罚"的认识争议较大、把握口径不一，行政处罚法修订未涉及深层次问题，该问题有待进一步研究探讨。[④]

[①]参见（2016）最高法行申4096号《行政裁定书》。

[②]参见（2016）辽02行终335号《行政判决书》。

[③]2013年8月28日《人民法院报》。

[④]有学者提出：在修法过程中，对一事不再罚款还有一些修改建议，但综合各方面因素，新行政处罚法未作调整。比较集中的有三种意见：第一，建议将一事不再罚款扩大为一事不再罚，不仅罚款只罚一次，其他行政处罚也只罚一次。在原行政处罚法制定过程中对此问题已研究过，认为罚款以外的其他行政处罚从性质上看一般只能罚一次，不可能给予两次行政拘留、吊销两次行政许可证、没收两次违法所得，因此没有规定一事不再罚。参见黄海华：《新行政处罚法的若干制度发展》，《中国法律评论》2021年第3期。

案例15：一事不再罚原则的适用应基于同一事实和同一理由①

再审申请人某区人民政府、区应急管理局（原区安全生产监督管理局）因与被申请人联华恒基经贸有限公司安监行政处罚纠纷一案，不服山东省济南市中级人民法院（2018）鲁01行终792号行政判决，申请再审。

山东省高级人民法院认为：本案争议的焦点问题是涉案行政处罚决定认定事实和适用法律是否正确。《行政处罚法》第二十四条规定，"对当事人的同一个违法行为，不得给予两次以上罚款的行政处罚。"该条是对行政处罚有关一事不再罚原则的规定。一事不再罚是行政处罚的重要原则之一，是指对当事人的同一个违法行为，不得以同一事实和同一理由给予两次以上罚款的行政处罚。同一事实和同一理由是一事不再罚原则的共同要件，二者缺一不可。同一事实是指同一个违法行为，即从其构成要件上，符合一个违法行为的特征。同一理由是指同一法律依据。

具体到本案中，××铁路监督管理局因联华恒基公司的行为违反了《铁路安全管理条例》第三十二条之规定，依据《铁路安全管理条例》第九十条、《违反〈铁路安全管理条例〉行政处罚实施办法》第二十六条第三项作出55号铁路处罚决定。区安监局因联华恒基公司违反了《安全生产法》第二十五条、第四十一条的规定，依据《安全生产法》第一百零九条第一款第一项的规定作出了0619号处罚决定。55号铁路处罚决定系针对联华恒基公司违反了"在铁路线路安全保护区及其邻近区域建造或者设置的建筑物、构筑物、设备等，不得进入国家规定的铁路建筑限界"的规定，而0619号处罚决定系针对联华恒基公司违反了"生产经营单位应当对从业人员进行安全生产教育和培训，保证从业人员具备必要的安全生产知识，熟悉有关的安全生产规章制度和安全操作规程，掌握本岗位的安全操作技能，了解事故应急处理措施，知悉自身在安全生产方面的权利和义务。未经安全生产教育和培训合格的从业人员，不得上岗作业"和"生产经营单位应当教育和督促从业人员严格执行本单位的安全生产规章制度和安全操作规程；并向从业人员如实告知作业

---

① 参见（2019）鲁行再66号《行政判决书》。

场所和工作岗位存在的危险因素、防范措施以及事故应急措施"的规定，二者系针对不同的违法行为，处罚的法律依据亦有所不同，因此并不违反上述法律的规定。原审法院认定涉案处罚决定违反了"一事不再罚"的原则，属于认定事实不清，适用法律错误，应予纠正。

判决：1.撤销二审行政判决；2.撤销一审行政判决；3.驳回联华恒基公司的诉讼请求。

五、行政处罚的量罚情节

亦称决定处罚的情节，是指行政处罚机关处罚违法行为人时，作为决定处罚轻重或者免除处罚根据的各种情况，包括从轻或者减轻、不予处罚以及从重处罚等。在公法责任中，量罚情节占有重要地位，行政处罚领域更是如此。近年来，因备受公众关注而将行政机关推至舆论的风口浪尖的案（事）件，争议焦点往往不在于认定事实、法律适用，而是量罚情节的考量以及与其直接关联的行政处罚结果。

比如，2021年8月，上了热搜的"上海男子修剪自家的香樟树被罚14万"案，城管执法部门认为，李某对于香樟树的修剪已经逾越了"过度修剪"的尺度，而直接将其砍成了没有枝叶的树桩，属于《上海市绿化条例》所禁止的违法"砍伐行为"，因此按照被砍的香樟树价值5倍的标准对其予以处罚。从争论观点看，专家、学者对于移出自己院内的树木种植人不可自行修剪，擅自修剪树木的行为应当受到行政处罚等认识相对统一。原最高法院行政审判庭审判长蔡小雪举例认为：20世纪90年代最高人民法院在建大法庭时，施工单位不小心将楼前的皂角树折损了一个枝条（该树在最高法院院内），被北京市园林局罚款5万元。中国政法大学法学院教授赵宏也认为，"主张树木是个人购买，只是移植入公共绿地，并不能成为免责的理由。""但是，本案之所以引发争议其原因主要在于，这一处罚即使在一般公众看来，也是明显过当的。""鉴于此树的确是由李先生私人购入，而且过度修剪并未造成树木彻底死亡的后果，对其处以如此高额的处罚就是不符合其性质情节和社会危害性。而造成城管执法部门在处罚时过罚不当的很大原因又在于，其处罚时并未考虑当事人的主观意图和主观过错，而仅以客观后果作为处罚的唯一依据。""毕竟，法律并非冰冷的机器，也不只是治理的工具，相反，它应该成为公众一般认知和朴素情感的载体。"[1]

非常巧合的是，本次修法的一个重要理念，就是让行政处罚既有"力度"又有"温度"，杜绝"为罚而罚"。但一段时间以来，在"多一事不如少一事"和严肃问责追责等复杂背景下，一些行政机关及其执法人员在具体执法时怠于全面考察当事人的主观认知、动机目的等情节，并综合评估违法行为的社会危害性，只是机械地仅依赖于客观后果进行简单归责和惩戒。笔者相信，随着修法后量罚情节的进一步丰富，随着清单与基准的进一步完善，随着热点案例的深入剖析与违法行为大力纠正，相关问题定会在很大程度上得到缓解。

（一）一般规定

《行政处罚法》（2021年修订）所涉量罚情节见下表。

量罚情节		法定情形
从轻或者减轻行政处罚	应当从轻或者减轻处罚	主动消除或者减轻违法行为危害后果的
		受他人胁迫或者诱骗实施违法行为的
		主动供述行政机关尚未掌握的违法行为的
		配合行政机关查处违法行为有立功表现的
		已满十四周岁不满十八周岁的未成年人有违法行为的
		法律、法规、规章规定其他应当从轻或者减轻行政处罚的
	可以从轻或者减轻处罚	尚未完全丧失辨认或者控制自己行为能力的精神病人、智力残疾人有违法行为的

---

[1] 赵宏：《修剪自买的香樟树被高额处罚合法吗？》，"澎湃新闻"2021年8月19日。

续表

量罚情节		法定情形
不予行政处罚	不予行政处罚	不满十四周岁的未成年人有违法行为的
		违法行为轻微并及时改正，没有造成危害后果的
		当事人有证据足以证明没有主观过错的（法律、行政法规另有规定的，从其规定）
		精神病人、智力残疾人在不能辨认或者不能控制自己行为时有违法行为的
	不再给予行政处罚	违法行为在二年内未被发现的（涉及公民生命健康安全、金融安全且有危害后果的，延长至五年。法律另有规定的除外）
	可以不予行政处罚	初次违法且危害后果轻微并及时改正的

1.从轻或者减轻处罚

（1）概念

关于从轻或者减轻处罚的概念，有关著作论述不一：

①从轻处罚是指行政机关在法定的处罚方式和处罚幅度内，对违法行为人在几种可能的处罚方式内选择较轻的处罚方式或者在一种处罚方式下在允许的幅度内选择幅度的较低限进行处罚。减轻处罚，是指行政机关在法定的处罚方式和处罚幅度的最低限以外，对违法行为人适用行政处罚。[1]

②从轻是在法定种类或幅度以内给予较低的处罚，减轻则是在应予处罚的种类之下或在法定幅度以下处罚。[2]

③从轻处罚是指在法定处罚范围内对行为人适用较轻的处罚种类或者较少的罚款；减轻处罚是指在法定处罚范围内对行为人适用最轻的处罚种类或者最少的罚款。[3]

上述观点①②虽然表述不同，但均认为减轻处罚是在"法定的处罚方

---

[1]全国人大常委会法制工作委员会著：《〈中华人民共和国行政处罚法〉讲话》，法律出版社1996年版，第97页。

[2]应松年、马怀德主编：《中华人民共和国行政处罚法学习辅导》，人民出版社1996年版，第147－149页。

[3]汪永清著：《行政处罚》，中国政法大学出版社1994年版，第82页。

式和处罚幅度的最低限以外"（之下，以下）；观点③则认为减轻处罚是在"法定处罚范围内"对行为人适用最轻的处罚种类或者最少的罚款。笔者赞同观点①②。

　　需要注意的是，从轻处罚不是绝对要适用最轻的处罚方式，更不是一定要在幅度最低限进行处罚。行政机关要综合考虑其违法情节，同时针对违法者的具体情况，作出如何从轻处罚的具体决定。减轻处罚，在处罚的程度上，介乎从轻处罚和免除处罚之间，包括在法定的处罚方式以下对违法者实施处罚，以及在法定的处罚幅度最低限以下实施处罚。在适用从轻、减轻处罚时，要注意综合考虑违法行为的具体情况以及违法行为人的悔过情节，对于有些法定只能从轻处罚而不能减轻处罚的，不能给予减轻处罚，更不能不予处罚。

　　（2）法律规定

量罚情节	法条内容
应当从轻或者减轻处罚	**第三十二条**　当事人有下列情形之一，应当从轻或者减轻行政处罚：（一）主动消除或者减轻违法行为危害后果的；（二）受他人胁迫或者诱骗实施违法行为的；（三）主动供述行政机关尚未掌握的违法行为的；（四）配合行政机关查处违法行为有立功表现的；（五）法律、法规、规章规定其他应当从轻或者减轻行政处罚的。
	第三十条……已满十四周岁不满十八周岁的未成年人有违法行为的，应当从轻或者减轻行政处罚。
可以从轻或者减轻处罚	**第三十一条**……尚未完全丧失辨认或者控制自己行为能力的精神病人、智力残疾人有违法行为的，可以从轻或者减轻行政处罚。

　　上表可见，从轻或者减轻处罚的情形主要包括3个方面：

　　①责任年龄。根据《行政处罚法》（2021年修订）第三十条，已满十四周岁不满十八周岁的未成年人有违法行为的，应当从轻或者减轻行政处罚。当然，不满十四周岁的未成年人有违法行为的，不予行政处罚，责令监护人加以管教。这主要考虑到未成年人正处在体力和智力发育过程中，虽有一定辨别和控制自己行为的能力，但其成熟程度与抵抗外界不良影响的能力毕竟不同于成年人。对未成年人从轻或者减轻行政处罚体现了行政处罚的公正、

人权保障以及惩罚与教育相结合原则。

②精神状态。根据《行政处罚法》（2021年修订）第三十一条，尚未完全丧失辨认或者控制自己行为能力的精神病人、智力残疾人有违法行为的，可以从轻或者减轻行政处罚。当然，精神病人、智力残疾人在不能辨认或者不能控制自己行为时有违法行为的，不予行政处罚，责令监护人加以管教。如此规定，同样体现了行政处罚的公正、人权保障以及惩罚与教育相结合原则。

"智力残疾人"为本次修订新增加。根据国家标准《中国残疾人实用评定标准》，智力残疾，是指人的智力活动能力明显低于一般人的水平，并显示出适应行为的障碍。智力残疾包括：在智力发育期间（18岁之前），由于各种有害因素导致的精神发育不全或智力迟缓；智力发育成熟以后，由于各种有害因素导致的智力损害或老年期的智力明显衰退。参照世卫组织（WHO）和美国智能迟缓协会（AAMD）的智力残疾分级标准，按其智力商数（IQ）及社会适应行为来划分智力残疾的等级，共有一级智力残疾（极重度）至四级智力残疾（轻度）4个级别。

③法定情形。《行政处罚法》（2021年修订）第三十二条还列举了应当从轻或者减轻行政处罚的4种"小错"情形，并以"法律、法规、规章规定其他应当从轻或者减轻行政处罚的"作为兜底。具体在下文详述。

2.不予处罚

（1）概念

不予处罚是指行为人的行为不构成应受行政处罚的违法行为或者行为人虽实施了违法行为，但由于法定原因而免除处罚，包括不予行政处罚、不再给予行政处罚、可以不予行政处罚3种情况。

应当注意的是，行政处罚法中从未出现过"免予处罚"概念。有观点认为：免予处罚是指行政机关依照法律、法规的规定，考虑到有法定的特殊情况存在，对本应给予处罚的违法行为人免除对其适用行政处罚。它与不予处罚的规定有本质的区别。不予处罚是针对违法事实不构成行政处罚意义的违法，本不应该处罚而不对行为人进行处罚的情况；而免予处罚是针对违法事实已构成行政违法而只是由于考虑到有特殊情况存在，如：情节显著轻微等，不再科处行政处罚的情况。我们在适用行政处罚时，应当认真区分免予处罚和不予处罚，才能准确地运用好这两种手段。①上述论述在行政处罚法中找不到相应依据。

（2）法律规定

量罚情节	法条内容
不予行政处罚	**第三十条**　不满十四周岁的未成年人有违法行为的，不予行政处罚，责令监护人加以管教；……
	第三十一条　精神病人、智力残疾人在不能辨认或者不能控制自己行为时有违法行为的，不予行政处罚，但应当责令其监护人严加看管和治疗。……
	第三十三条　违法行为轻微并及时改正，没有造成危害后果的，不予行政处罚。…… 当事人有证据足以证明没有主观过错的，不予行政处罚。法律、行政法规另有规定的，从其规定。 对当事人的违法行为依法不予行政处罚的，行政机关应当对当事人进行教育。
不再给予行政处罚	**第三十六条**　违法行为在二年内未被发现的，不再给予行政处罚；涉及公民生命健康安全、金融安全且有危害后果的，上述期限延长至五年。法律另有规定的除外。 前款规定的期限，从违法行为发生之日起计算；违法行为有连续或者继续状态的，从行为终了之日起计算。
可以不予行政处罚	**第三十三条**……初次违法且危害后果轻微并及时改正的，可以不予行政处罚。 ……

从上表可以看出，不予处罚的情形，除涉及违法行为人责任年龄、精神状态外，还包括轻微不罚、首违不罚、无错不罚以及超过处罚时效不再处罚等。具体在下文详述。

此外，有的实体法对于不予行政处罚作了专门规定，这些也是不予行政处罚的依据，包括但不限于下表。

①参见《在行政处罚中如何运用和理解免予处罚、从轻和减轻处罚的规定？》，引自中国人大网"法律释义与问答"。

法律法规名称	法条内容
食品安全法	第一百三十六条 食品经营者履行了本法规定的进货查验等义务，有充分证据证明其不知道所采购的食品不符合食品安全标准，并能如实说明其进货来源的，可以免予处罚，但应当依法没收其不符合食品安全标准的食品；造成人身、财产或者其他损害的，依法承担赔偿责任。
药品管理法实施条例	第七十五条 药品经营企业、医疗机构未违反《药品管理法》和本条例的有关规定，并有充分证据证明其不知道所销售或者使用的药品是假药、劣药的，应当没收其销售或者使用的假药、劣药和违法所得；但是，可以免除其他行政处罚。
医疗器械监督管理条例	第六十六条…… 医疗器械经营企业、使用单位履行了本条例规定的进货查验等义务，有充分证据证明其不知道所经营、使用的医疗器械为前款第一项、第三项规定情形的医疗器械，并能如实说明其进货来源的，可以免予处罚，但应当依法没收其经营、使用的不符合法定要求的医疗器械。

（3）注意区分"不予处罚"与"不得给予处罚""不再给予处罚"的关系

《行政处罚法》（2021年修订）第五十七条规定："调查终结，行政机关负责人应当对调查结果进行审查，根据不同情况，分别作出如下决定：（三）违法事实不能成立的，不予行政处罚；……"这是对于该法第四十条："公民、法人或者其他组织违反行政管理秩序的行为，依法应当给予行政处罚的，行政机关必须查明事实；违法事实不清、证据不足的，不得给予行政处罚。"的回应。

值得注意的是，"不予处罚"并不等同于"不得给予处罚"。"不予处罚"的适用前提是有违法行为，也就是说违法事实成立，根据《行政处罚法》（2021年修订）第五十七条第一款第二项规定，违法行为轻微，依法可以不予行政处罚。而"不得给予处罚"是禁止性条款，被禁止的主体是行政机关，适用前提是"违法事实不能成立"，也就是说证据不足，无法证明违法事实成立。尽管上述两种情形的最终处理结果均为"不予处罚"，但其适用的前提具有根本性差别。

而且，"不予处罚"也并不等同于"不再给予处罚"。后者适用于超过追究时效情形，具体在本节"七、追究时效"中详述。

3.从重处罚

从重处罚是指行政机关在法定的处罚方式和幅度内，对行政违法行为人在数种处罚方式中选择较严厉的处罚方式或者在某一处罚方式允许的幅度内选择上限①或者接近于上限进行的处罚。除《行政处罚法》（2021年修订）第四十九条违反突发事件应急措施快速从重处罚以外，行政处罚法没有对从重处罚情节专门予以规定。②实践中，一些实体法作了规定。如《治安管理处罚法》第二十条规定："违反治安管理有下列情形之一的，从重处罚：（一）有较严重后果的；（二）教唆、胁迫、诱骗他人违反治安管理的；（三）对报案人、控告人、举报人、证人打击报复的；（四）六个月内曾受过治安管理处罚的。"

需要注意的是，对违法行为从重处罚，必须在法律、法规规定的种类和幅度内进行，不能擅自逾越。

（二）小错轻罚

1.法条修改过程

修订过程	法条内容
行政处罚法（2017年修正）	**第二十七条**　当事人有下列情形之一的，应当依法从轻或者减轻行政处罚：（一）主动消除或者减轻违法行为危害后果的；（二）受他人胁迫有违法行为的；（三）配合行政机关查处违法行为有立功表现的；（四）其他依法从轻或者减轻行政处罚的。 违法行为轻微并及时纠正，没有造成危害后果的，不予行政处罚。

---

①其中，适用上限的处罚也被称为"顶格处罚"。

②行政处罚法没有对行政处罚的从重情节作出明确规定，是考虑到行政违法达到一定的严重程度往往触犯了刑律，会受到刑事法律的制裁，而且在实践中，违法情节严重需要从重给予行政处罚还是构成犯罪需要给予刑事处罚的情况比较复杂，因此暂未作规定。参见《如何理解行政处罚中的从重处罚？》，引自中国人大网"法律释义与问答"。

续表

修订过程	法条内容
修订草案征求意见稿	第二十九条　当事人有下列情形之一的，应当依法从轻或者减轻行政处罚：（一）主动消除或者减轻违法行为危害后果的；（二）违法行为受他人胁迫或者没有其他主观过错的；（三）配合行政机关查处违法行为的；（四）有立功表现的；（五）其他依法从轻或者减轻行政处罚的。 违法行为轻微并及时纠正，没有造成危害后果的，不予行政处罚。
修订草案	第三十条　当事人有下列情形之一的，应当从轻或者减轻处罚：（一）主动消除或者减轻违法行为危害后果的；（二）受他人胁迫或者诱骗实施违法行为的；（三）主动供述行政机关尚未掌握的违法行为的；（四）配合行政机关查处违法行为有立功表现的；（五）法律、法规、规章规定其他应当从轻或者减轻处罚。 当事人有证据证明没有主观过错的，不予行政处罚。法律、行政法规有特别规定的，依照其规定。
修订草案二次审议稿	第三十一条　当事人有下列情形之一的，应当从轻或者减轻处罚：（一）主动消除或者减轻违法行为危害后果的；（二）受他人胁迫或者诱骗实施违法行为的；（三）主动供述行政机关尚未掌握的违法行为的；（四）配合行政机关查处违法行为有立功表现的；（五）法律、法规、规章规定其他应当从轻或者减轻处罚的。 违法行为轻微并及时纠正，没有造成危害后果的，不予行政处罚。 当事人有证据证明没有主观过错的，不予行政处罚。法律、行政法规另有规定的，从其规定。
行政处罚法（2021年修订）	第三十二条　当事人有下列情形之一，应当从轻或者减轻行政处罚：（一）主动消除或者减轻违法行为危害后果的；（二）受他人胁迫或者诱骗实施违法行为的；（三）主动供述行政机关尚未掌握的违法行为的；（四）配合行政机关查处违法行为有立功表现的；（五）法律、法规、规章规定其他应当从轻或者减轻行政处罚的。

2.法定情形

《行政处罚法》（2021年修订）第三十二条规定了从轻、减轻处罚的情形，具体为：

（1）主动消除或减轻违法行为危害后果的

"主动"一词，汉语辞海释义为"不靠外力促进而自动""能够由自己把握"。可以认为，在没有任何外力强制的前提下的自发行为都应当算是

"主动"行为。因而，实践中认定"主动"，主要是查证当事人消除或减轻违法行为危害后果的目的。实践中，当事人在行政机关作出行政处罚决定之前，自行停止违法行为，恢复原状，以及通过发布纠正声明、致歉书（公告）等形式向受害人或者社会公众承认违法、表达歉意，召回问题商品等，都应当属于"主动消除或减轻违法行为危害后果"情形。因行政执法领域情况复杂，宜由实体法另行作出规定。

（2）受他人胁迫或者诱骗实施违法行为的

"胁迫"即威胁强迫，是指以立即实施暴力或者其他有损身心健康的行为等相要挟，逼迫他人实施某一行为。被胁迫行为是指因受到他人的胁迫而被迫实施的危害社会的行为，其性质不同于一般的违法行为。有观点认为，虽然对于被胁迫行为的性质定位存在很大的争议，但英美法系国家普遍将被胁迫行为规定为一种可宽恕的辩护理由；大陆法系大多数国家则将被胁迫行为作为紧急避险的一种特殊类型进行规定。从行为本质上分析，被胁迫行为应该是特殊的独立的责任阻却事由。

"诱骗"即引诱欺骗，是指行为人利用他人的弱点，以许愿、诱惑、欺骗等手段指使他人实施某一行为。该规定系本次修订新增。

（3）主动供述行政机关尚未掌握的违法行为的

该规定系本次修订新增。《刑法》第六十七条第三款规定："犯罪嫌疑人虽不具有前两款规定的自首情节，但是如实供述自己罪行的，可以从轻处罚；因其如实供述自己罪行，避免特别严重后果发生的，可以减轻处罚。"该规定主要参考了上述规定。但是，"供述"一词主要见于刑事法律，其他较为少见。行政法中，有关当事人的言词证据，一般表述为"陈述"。

（4）配合行政机关查处违法行为有立功表现的

"立功表现"原本为刑事法律术语，指犯罪分子确有悔改之意而受到政府奖励的行为。1996年《行政处罚法》第二十七条第一款第三项即对此作出规定，但实践中使用不多。未来可参照刑法及相关司法解释，对"立功表现"的具体情形予以规定，包括但不限于：阻止他人实施违法活动的；检举、揭发违法活动，或者提供重要的线索，经查证属实的；协助行政机关查处其他违法案件的；对国家和社会有其他贡献的，等等。此外，还应当注意以下3个问题：

一是此处的行政机关并非仅指本行政机关，比如，如果被市场监管局立案后当事人配合司法机关查处犯罪行为有立功表现，也应当适用。

二是对于立功表现的内涵、立功表现与减轻处罚之间应当具有某种关联性以及认定主体、怎样防止滥用等需要后续完善，比如慈善活动能否减轻行政处罚，防止不当联结。

三是考虑到配合行政机关查处违法行为是公民应尽的义务，单此情节不必然适用从轻或者减轻，还需要审查是否有立功表现。

（5）法律、法规、规章规定其他应当从轻或者减轻行政处罚的

限定了设置其他应当从轻或者减轻行政处罚情形的主体，即只能是法律、法规、规章，不包括规范性文件。该规定较之《行政处罚法》（2017年修正）第二十七条第一款第四项的"其他依法"，更具有可操作性。如《海关稽查条例实施办法》第二十七条规定："对主动披露的进出口企业、单位，违反海关监管规定的，海关应当从轻或者减轻行政处罚；违法行为轻微并及时纠正，没有造成危害后果的，不予行政处罚。"

实践中，法律、法规、规章以外的规范性文件突破行政处罚法对应当从轻或者减轻行政处罚情形作出的规定，将面临合法性问题。如国家市场监管总局《关于规范市场监督管理行政处罚裁量权的指导意见》（国市监法〔2019〕244号）规定："有下列情形之一的，可以依法从轻或者减轻行政处罚：（1）积极配合市场监管部门调查，如实陈述违法事实并主动提供证据材料的；（2）违法行为轻微，社会危害性较小的；（3）受他人诱骗实施违法行为的；（4）在共同违法行为中起次要或者辅助作用的；（5）当事人有充分证据证明不存在主观故意或者重大过失的；（6）当事人因残疾或者重大疾病等原因生活确有困难的；（7）其他依法可以从轻或者减轻行政处罚的。"其中超出《行政处罚法》（2021年修订）第三十二条部分，原则上不能继续适用。

案例16：仅配合调查但无证据证明有立功表现的事实，不能适用从轻或减轻处罚①

再审申请人欣泰电气股份有限公司因与被申请人中国证券监督管理委员会行政处罚决定和行政复议决定一案，不服北京市高级人民法院（2017）京行终3243号行政判决，申请再审。

最高人民法院认为：欣泰电气申请再审主张被诉处罚决定存在处罚过重以及标准不一致。《行政诉讼法》第七十七条第一款规定，行政处罚明显不当，或者其他行政行为涉及对款额的确定、认定确有错误的，人民法院可以判决变更。本院认为，新股发行上市将给拟上市公司的股东带来巨大利益，为获取巨额不正当利益，通过报送虚假信息的发行申请材料获取核准发行的行为，严重扰乱证券发行秩序，破坏市场投资秩序，严重损害了投资者投资信心和利益，该危害的影响恶劣。虚构收回应收账款是财务造假的一种手段，不同案件中造假手段不同，但都对投资者构成欺诈。根据《行政处罚法》第四条第二款规定，设定和实施行政处罚必须以事实为依据，与违法行为的事实、性质、情节以及社会危害程度相当。上市公司在发行阶段就弄虚作假，骗取发行核准，这种行为会直接导致投资者失去对资本市场的信任，资本市场的流动性将会受到巨大冲击，资本市场会因此失去生机和活力。对于该违法行为予以坚决打击是监管部门的职责所在。欣泰电气虚构收回应收账款的造假手法多样，虚减应收账款的数额特别巨大，致使其报送和披露的文件严重背离其真实的经营状况，极大误导投资者。被诉处罚决定并不存在明显不当的情形。

欣泰电气主张其主动提供的财务信息、账册材料以及公司董事长、财务总监等在询问笔录中的言词证据。本院认为，发行申请文件的真实性是公司取得上市资格，保障未来投资者利益的前提，诚信是资本市场得以存在的基石。欣泰电气虽然有配合中国证监会进行调查的行为，但并无证据证明其有立功表现的事实，不能适用《行政处罚法》第二十七条第一款三项规定的配

---

① 参见（2018）最高法行申4640号《行政裁定书》。

合行政机关查处违法行为有立功表现，予以从轻或减轻行政处罚的情形。欣泰电气主张的其他案件中国证监会作出的处理结果与本案的事实并不具有可比性，在其他案件中的处理是否合法适当也并非本案的审查范围。欣泰电气关于被诉处罚决定处罚明显不当的主张，本院不予支持。

裁定：驳回欣泰电气的再审申请。

3.裁量规则

《行政处罚法》（2021年修订）第三十二条属于"绝对轻罚"，系义务性规定，即只要具备法定情形的，就"应当"从轻或者减轻处罚而非"可以"。实践中，已发生多起行政败诉案例。

案例17：具有法定情形的，应当依法从轻行政处罚[①]

2016年8月5日15时30分，吴某亚驾驶牌照为xxx的车辆在某市七里河区西客站附近搭载两名乘客，被正在查处车辆非法营运的市城运处执法人员拦下车辆，并将车辆暂扣。经调查，市城运处于2016年8月9日、2016年9月7日依据《出租汽车经营服务管理规定》第四十七条第一项的规定，分别作出违法行为通知书及行政处罚决定书，决定罚款20000元。吴某亚不服，提起行政诉讼。

一审法院认为，被告作出的行政处罚，认定事实的主要证据充分，适用法律、法规正确，程序合法，处罚适当。依照《行政诉讼法》第六十九条之规定，判决驳回吴某亚的诉讼请求。吴某亚不服，提出上诉。

二审法院认为，本案争议的焦点是市城运处作出的行政处罚是否存在明显不当的问题。行政机关实施行政处罚，纠正违法行为，应当坚持处罚与教育相结合的原则，教育公民、法人或者其他组织自觉守法。行政处罚的实施应该符合法律的目的和精神，不应当轻错重罚或重错轻罚。根据《行政处罚法》第四条第二款规定，设定和实施行政处罚必须以事实为依据，与违法行为的事实、性质、情节以及社会危害程度相当。第三十八条第一款第一项规定，调查终结，行政机关负责人应当对调查结果进行审查，根据不同情况，

---

① 参见（2017）甘行终511号《行政判决书》。

分别作出如下决定：确有应受行政处罚的违法行为的，根据情节轻重及具体情况，作出行政处罚决定。据此，城运处在作出交通行政处罚时，应当遵循该条规定的"过罚相当原则"，综合考虑处罚相对人的主观过错程度、违法行为的情节、性质、后果及危害程度等因素行使自由裁量权。《甘肃省规范行政处罚自由裁量权规定》第四条第二项规定，行政处罚实施机关行使行政处罚自由裁量权应当遵守合理性原则。行使行政处罚自由裁量权，应当以事实为依据，符合法律目的，排除不相关因素的干扰。在保证行政管理目标实现的同时，兼顾保护行政相对人的合法权益，行政处罚以达到行政执法目的和目标为限，并尽可能使相对人的权益遭受最小的损害。如果行政机关作出的行政处罚明显违背"过罚相当原则"，使行政处罚结果与违法程度不相适应，则应当认定属于行政处罚显失公正。

就本案而言，纵观已查明的基本事实，吴某亚未取得出租客运经营许可，以盈利为目的搭载乘客，从事出租汽车客运经营行为的事实清楚，但是，其行为属于第一次被发现，且协议收取费用为10元，在行驶途中即被查处，并未实际收取费用。市城运处按照处罚上限作出20000元行政处罚时，既未考虑吴某亚只有一次违法行为且未实际收取费用的客观事实，也没有提供上诉人的违法行为对社会造成严重危害后果的事实证据，该行政处罚的结果与违法行为的社会危害程度之间明显不适当，其行政处罚20000元缺乏适当合理性和违反比例原则，属于行政处罚明显不当，依法应当予以变更。根据本案违法行为的具体情节和危害程度，依据《出租汽车经营服务管理规定》第四十七条第一项的规定，应当从轻给予处罚，已能达到纠正违法行为，教育其自觉守法的执法目的。

判决：1.撤销一审行政判决；2.变更市城运处作出的给予吴某亚罚款20000元的行政处罚决定，改为罚款5000元。

案例18：具有法定情形的，应当依法减轻行政处罚[①]

2017年6月12日，冯某在快乐三六五商店购买了一袋超过保质期的"徽

①参见（2018）京01行终763号《行政判决书》。

记蜜汁山核桃味瓜子",生产日期是2016年9月18日,保质期8个月,售价12.8元。2017年6月14日,市民热线将冯某的投诉转至某区食药监局。2017年6月15日,该局予以立案并进行现场检查,发现该商店货架上摆放有"徽记蜜汁山核桃味瓜子",但没有被投诉的涉案生产日期批次食品,且均未超过保质期,该商店亦不承认其经营过期食品。2017年6月29日,执法人员对投诉人进行询问调查,冯某向执法人员出示了购物小票与超过保质期的涉案食品,该局留存了购物小票及涉案食品的照片。此后投诉人又通过电子邮箱提供了购物当天其录制的视频资料。2017年7月12日,该局对上诉人店主车某进行询问调查,车某承认投诉人提供的购物小票由其店里出具,该店也经营过涉案食品,但其称照片上的该袋瓜子不是其店里经营的;商店内有监控,但十天就覆盖,已经无法调取。

2017年10月23日,区食药监局作出《责令改正通知书》,同日作出《行政处罚决定书》,认定当事人的行为违反了《食品安全法》第三十四条第十项的规定,依据《食品安全法》第一百二十四条第一款第五项,处以没收违法所得12.8元、罚款5万元。该店不服申请行政复议,维持后提起行政诉讼。一审法院判决驳回该店的诉讼请求。该店不服,提起上诉。

二审法院认为,关于处罚幅度是否适当的问题。行政处罚法是规范行政处罚的种类、设定及实施的基本法律,食品安全法是规范食品生产经营活动及其监督管理的基本法律。在处罚食品安全违法行为方面,二者之间是一般法与特别法的关系,即通常应优先适用食品安全法,但在食品安全法没有明确规定时,可以适用行政处罚法。行政处罚法第四条第二款规定,"设定和实施行政处罚必须以事实为依据,与违法行为的事实、性质、情节以及社会危害程度相当"。行政处罚法第五条规定,"实施行政处罚,纠正违法行为,应当坚持处罚与教育相结合,教育公民、法人或者其他组织自觉守法"。行政处罚应遵循过罚相当原则,行政处罚所适用的处罚种类和处罚幅度要与违法行为的性质、情节及社会危害程度相适应。行政处罚兼具惩罚和教育的双重功能,通过处罚既应达到纠正违法行为的目的,也应起到教育违法者及其他公民自觉守法的作用。对违法行为施以适度的处罚,既能纠正违法行为，又能使违法者自我反省，同时还能教育其他公民自觉守法。如果处罚过度，则非但起不到教育的作用，反而会使被处罚者产生抵触心理，甚至采取各种手段拖延或抗拒执行处罚，无形中增加了行政机关的执法成本，也不利于树立行政处罚的公信力。

行政处罚法第二十七条第一款规定，"当事人有下列情形之一的，应当依法从轻或者减轻行政处罚：（一）主动消除或者减轻违法行为危害后果的；（二）受他人胁迫有违法行为的；（三）配合行政机关查处违法行为有立功表现的；（四）其他依法从轻或者减轻行政处罚的"。其中，"从轻处罚"是指在法定幅度内选择较低限度予以处罚，"减轻处罚"是指在法定幅度最低限以下予以处罚。

《食品安全法》第一百二十四条第一款第五项规定，生产经营标注虚假生产日期、保质期或者超过保质期的食品、食品添加剂，尚不构成犯罪的，由县级以上人民政府食品药品监督管理部门没收违法所得和违法生产经营的食品、食品添加剂，并可以没收用于违法生产经营的工具、设备、原料等物品；违法生产经营的食品、食品添加剂货值金额不足一万元的，并处五万元以上十万元以下罚款；货值金额一万元以上的，并处货值金额十倍以上二十倍以下罚款；情节严重的，吊销许可证。

本案中，上诉人销售的涉案过期瓜子仅有一袋，货值金额仅为12.8元，未造成任何实际危害后果，且在现场检查时未发现上诉人销售被投诉的同类过期食品，依据行政处罚法第二十七条第一款第四项的规定，应当予以减轻处罚。若依据食品安全法对上诉人处以五万元罚款，在处罚幅度上存在明显不当。行政诉讼法第七十七条第一款规定，"行政处罚明显不当，或者其他行政行为涉及对款额的确定、认定确有错误的，人民法院可以判决变更"，故本院将罚款数额变更为1万元。

判决：1.撤销一审行政判决；2.撤销行政复议决定；3.变更某区食品药品监督管理局作出的行政处罚决定中"罚款5万元"为"罚款1万元"。

4.实践中的问题

实践中，一些行政机关与执法人员不愿使用"从轻处罚"、不敢使用

"减轻处罚"，主要原因一是害怕被追责，二是行政处罚法相关规定过于原则无法操作。《行政处罚法》（2021年修订）第三十四条规定："行政机关可以依法制定行政处罚裁量基准，规范行使行政处罚裁量权。行政处罚裁量基准应当向社会公布。"依法制定行政处罚裁量基准和清单或将有利于解决上述问题。具体下文详述。

（三）轻微不罚

"轻微不罚"是1996年《行政处罚法》第二十七条规定的行政处罚适用规则。近年来，为贯彻落实"放管服"改革要求，进一步优化营商环境，推动包容审慎监管，有关方面围绕"轻微不罚"进行制度设计，规范了行政处罚裁量权，激发了市场主体活力。《行政处罚法》（2021年修订）第三十三条第一款规定："违法行为轻微并及时改正，没有造成危害后果的，不予行政处罚。"与《行政处罚法》（2017年修正）第二十七条第二款相比，"轻微不罚"内容未有变动，但具体位次发生了调整。

修订过程	法条内容
行政处罚法（2017年修正）	第二十七条…… 违法行为轻微并及时纠正，没有造成危害后果的，不予行政处罚。
修订草案	第三十条…… 违法行为轻微并及时纠正，没有造成危害后果的，不予行政处罚。 ……
修订草案二次审议稿	同上
行政处罚法（2021年修订）	第三十三条 违法行为轻微并及时改正，没有造成危害后果的，不予行政处罚。初次违法且危害后果轻微并及时改正的，可以不予行政处罚。 ……

1.轻微不罚的内涵

理解轻微不罚，应当把握以下3点：

（1）轻微不罚指向的是违法行为

轻微不罚是指因法定事由存在，行政机关对本应给予行政处罚的违法行为人免除处罚。显然，其指向的行为已经构成违法，只不过是该行为"轻微并及时改正，没有造成危害后果"。这一点与无错不罚不同，后者指向的行为并未构成违法。

（2）轻微不罚的适用条件非常严格

根据《行政处罚法》（2021年修订）第三十三条第一款，适用轻微不罚必须同时具备"违法行为轻微""及时改正""没有造成危害后果"3个条件。其中，"及时改正""没有造成危害后果"可以直观考量，"违法行为轻微"却难以认定。有观点认为，判断违法行为轻微需考虑三个方面因素：违法行为单一，没有主观故意，没有涉案物品。亦有观点认为，可从下面几个因素考虑：行为人先前行为的合法性、合理性；违法行为发生的次数、违法状态时间长短；违法行为辐射的区域范围、人群规模；违法行为涉及金额的大小。

（3）轻微不罚的结果是"不予行政处罚"

这一点与无错不罚相同，但区别于首违不罚。首违不罚的结果是"可以不予行政处罚"。

2.不罚清单的制定

因缺乏明确的制度依据，不少一线行政执法人员不会或者不敢适用轻微不罚。有观点认为：执法人员可以在办案过程中运用逻辑推理和日常生活经验，结合查明的事实，遵循比例原则，全面客观地作出判断。笔者认为，因缺乏实施性规定，实践中的"不罚"很容易被扣上执法不公、滥用职权的帽子。监督问责的高压态势导致不少行政机关宁可选择"轻罚"也不愿"不罚"。故此，各地各部门必须结合经济发展状况和执法实际，制定科学合理、便于操作的不罚清单，细化认定标准，便于基层执法人员执行和操作，提升执法效能。

近年来，一些部门和地方进行了积极尝试。比如，《青岛市农业领域轻微违法行为不予行政处罚清单》包含11项轻微违法行为不予行政处罚事项，涉及农业投入品、畜牧养殖、农业机械、动物防疫、农产品质量安全等5个农业执法领域。又如，《上海市城市管理轻微违法违规行为免罚清单》明确了12项免罚事项，涉及市容环卫、文明施工、房屋市场管理等方面，主要是危害较轻的违法行为种类中首次被发现、没有造成危害后果且及时改正的情况，不予行政处罚。再如，《北京市市场监督管理局轻微违法行为容错纠错清单》明确了79种违法行为轻微、及时纠正可以不予行政处罚及依法不予行政处罚的情形。截至2020年12月20日，北京市场监管首推轻微违法行为容错纠错机制，358件案件免于行政处罚。

3.具体问题的探讨

（1）轻微不罚是否需要在立案后作出？

有观点认为，案件线索如果在立案前经调查被认定为不予处罚事项，就可能不再符合立案条件。因此，不予处罚决定不必一定要在立案后作出。如果立案后经调查发现符合不予处罚的情形，作撤销立案处理。也有观点认为，上海市所有的不处罚决定都是在已经立案的前提下做出的，执法部门还会出具免罚通知书。

笔者认为，上述观点混淆了立案与轻微不罚的关系。立案是普通程序启动的标志；轻微不罚是对违法行为作出的实体性处理，既可以适用于普通程序，也可以适用于简易程序，并不拘泥于违法行为是否已经立案。

（2）适用轻微不罚是否需要集体讨论？

《行政处罚法》（2021年修订）第五十七条第二款将行政机关负责人应当集体讨论决定的案件规定为"对情节复杂或者重大违法行为给予行政处罚"，轻微不罚显然不在其中。因此，适用轻微不罚无需集体讨论。但是，为防止滥用自由裁量权，实践中一些行政机关在适用轻微不罚时坚持集体讨论制度，确保作出的处罚决定更加公平、公正、合理。这是行政机关审慎决策的体现，属于"自我加压"，法律不予禁止。

案例19：施工中未按标准设置硬质围挡具有法定情形的，应当依法不予行政处罚①

2019年10月28日21时许，莲花池东路106号汇融大厦西侧停车场出口处

———
① 参见（2021）京02行终3号《行政判决书》。

路面塌陷，污水外溢。天宇恒业物业公司第二分公司在挖开地面及回填的施工过程中仅设置了警戒带，未按标准设置硬质围挡。10月29日10点30分，某区城管执法局在发现该情况后，向天宇恒业物业公司送达《责令改正通知书》《谈话通知书》，要求天宇恒业物业公司于当日16时前完成整改，并于10月31日到区城管执法局处接受调查。11月19日，区城管执法局制作并向天宇恒业物业公司送达《行政处罚事先告知书》。11月28日，区城管执法局依法作出并向天宇恒业物业公司送达《行政处罚决定书》，依据《北京市大气污染防治条例》第一百一十九条的规定，并综合考虑事件的事实、性质、情节、社会危害程度，决定对天宇恒业物业公司第二分公司罚款人民币2万元整。天宇恒业物业公司不服，提起行政诉讼。

一审法院认为，区城管执法局具有对西城区内大气污染实施行政处罚的法定职权。天宇恒业物业公司在抢修工程中未设置硬质围挡，虽然存在紧急情况下被迫抢修，晚上没法采购、没有储备围挡情形，但是该行为依然违反了法律规定，区城管执法局认定天宇恒业物业公司在抢修工程中未设置围挡的行为违法是正确的。天宇恒业物业公司的违法行为的事实是紧急情况下迫不得已为之，从性质上讲其并非恶意去进行违法行为，从情节以及社会危害程度上讲，因为污水外溢，相对于没有水的施工环境造成灰尘应该是有限的，可以认定情节轻微，社会危害不大。行政机关在执法过程中应当考虑社会效果，天宇恒业物业公司及时设置警戒线、进行人车疏导提醒过往的行人和车辆注意安全和及时抢修的行为，是有社会责任感、有担当的行为，不应当受到处罚，反而应当得到赞赏和鼓励。这样才符合我国社会所提倡的公序良俗。判决：撤销被诉处罚决定。区城管执法局不服，提起上诉。

二审法院认为，《行政处罚法》第四条第二款规定，"设定和实施行政处罚必须以事实为依据，与违法行为的事实、性质、情节以及社会危害程度相当。"第二十七条规定，"当事人有下列情形之一的，应当依法从轻或者减轻行政处罚：（一）主动消除或者减轻违法行为危害后果的；（二）受他人胁迫有违法行为的；（三）配合行政机关查处违法行为有立功表现的；（四）其他依法从轻或者减轻行政处罚的。违法行为轻微并及时纠正，没有造成危害后果的，不予行政处罚。"本案中，根据审理查明的事实，在天宇恒业物业公司管理范围内，于夜晚突然发生污水管断裂，造成污水外溢及路面塌陷的情况，由于该公司未配备硬质围挡，遂在进行抢修过程中，仅设置了警戒线，并进行人车疏导，其行为违反了上述法律所述施工单位应当设置硬质围挡的规定，已构成违法。区城管执法局在次日上午发现上述问题后，即向天宇恒业物业公司下发《责令改正通知书》，天宇恒业物业公司随即购置了硬质围挡，并于当日下午在规定时限内整改完毕。从天宇恒业物业公司违法行为的性质、情节、危害程度及结果来看，符合《行政处罚法》第二十七条第二款的规定。

判决：驳回上诉，维持一审判决。

案例20：未经许可擅自从事电影放映活动具有法定情形的，应当依法不予行政处罚[①]

再审申请人某区市场监督管理局与被申请人龙田影城有限公司、一审被告某区人民政府行政处罚及行政复议一案，某区市场监管局不服（2017）鲁01行终503号行政判决，申请再审。

山东省高级人民法院认为，根据《电影管理条例》第五条的规定，国家对电影放映实行许可制度，任何单位和个人未经许可，不得从事电影片的放映活动。本案中，龙田影城虽然取得了电影放映许可证，但该许可仅限在其工商注册登记的住所地范围内使用，其却在该住所地之外的某大学影音厅经营电影放映活动，该行为构成《电影管理条例》第五十五条规定的未经许可擅自从事电影放映活动的情形，区市场监管局作为电影放映活动的市场监管主体，对龙田影城的这种擅自放映行为依据《电影管理条例》的规定进行处罚，无论从实体认定上还是从处罚程序上均符合法律、法规的规定，故此，本院认同再审申请人提出的被诉行政处罚决定合法的主张。同时，从《电影管理条例》第五十五条的规定可以看出，擅自设立放映单位和擅自从事放映活动是两个独立的违法行为，二审判决仅从龙田影城的放映行为是否构成设

---

① 参见（2020）鲁行再27号《行政判决书》。

立新的放映单位这一个方面进行论述，从而作出被诉行政处罚决定适用法律不当的认定有失偏颇。

但是，行政机关实施行政处罚应当遵循过罚相当的原则。《行政处罚法》第二十七条第二款规定，违法行为轻微并及时纠正，没有造成危害后果的，不予行政处罚。本案中，龙田影城的放映行为系基于其与某大学之间的校企文化建设合作项目，主要为校园师生和群团活动提供服务，带有丰富校园文化生活的公益性质，且经营时间较短，营业额较低，并没有造成严重的社会危害后果，同时，在再审申请人区市场监管局办理涉案行政处罚案件期间，龙田影城及时停止放映活动，主动上交账目及放映设备，积极配合调查取证，这些行为均符合《行政处罚法》第二十七条第二款规定的不予行政处罚的情形。因此，再审申请人在职权范围内，严格执法，作出被诉行政处罚的行为虽无不当之处，但有违行政处罚过罚相当的原则精神，也不符合当前大力优化营商环境的价值导向，原二审法院判决撤销被诉行政处罚决定的结果恰当，理应得到支持。

需要指出的是，对于再审申请人提出被诉行政处罚决定一旦撤销将可能会对其行政执法权造成不利影响的担忧，本院认为，再审申请人区市场监管局在其管辖区域内，依据法律法规的授权履行市场监管职责，面对违法行为，依法依规的刚性执法固然重要，但执法"温度"也必不可少，对一些轻微违法行为在量罚时需保持必要克制，这种执法担当非但不会降低或有损，反而会提高和增强行政机关的执法公定力和公信力。就像山东省人民政府制定实施"不罚清单""免罚清单"的包容审慎监管举措一样，现代社会治理能力就是要通过强化行政相对人自我约束来实现社会全面监督管理。当然，本院综合涉案违法情节轻重程度、社会危害后果以及价值导向等因素考虑，最终支持撤销被诉行政处罚决定，这种选择并不代表着行政相对人就可以不依法从事经营活动，轻微违法也是违法，法律不容"任性"，在全社会大力优化营商环境，支持中小企业发展的大环境下，行政相对人特别是企业法人更需珍惜机会，把握机遇，服从监管，依法依规开展经营活动。

判决：维持一审行政判决。

（四）首违不罚

修订过程	法条内容
行政处罚法 （2017年修正）	—
修订草案	—
修订草案二次 审议稿	—
行政处罚法 （2021年修订）	**第三十三条**　违法行为轻微并及时改正，没有造成危害后果的，不予行政处罚。初次违法且危害后果轻微并及时改正的，可以不予行政处罚。 ……

应当说，行政处罚法修订前，首违不罚只是实践层面的一种探索，正因为此，百度百科至今未对其作过定义。而且，从修订草案征求意见稿到修订草案，再到后来的修订草案二次审议稿，均未见首违不罚踪迹。最终通过的《行政处罚法》（2021年修订）第三十三条第一款将其规定为一项行政处罚制度。

1.概念

如前所述，目前对于首违不罚尚无明确定义。鉴于行政处罚法修订前首违不罚未上升至法律层面，实践层面即便有过定义也不尽准确。如有文件认为：行政处罚首违不罚是指，行政机关在实施行政执法过程中，对行政管理相对人的初次违法行为，且情节较轻的，免于罚款的行政处罚。笔者认为，将首违不罚的适用范围局限于罚款，显然是狭隘的。

《行政处罚法》（2021年修订）第三十三条第一款规定："违法行为轻微并及时改正，没有造成危害后果的，不予行政处罚。初次违法且危害后果轻微并及时改正的，可以不予行政处罚。"据此，可将首违不罚定义为：是指行政相对人初次违法且危害后果轻微并及时改正的，可以不予行政处罚的法律制度。

2.形成与争议

（1）实践层面的探索

笔者认为，首违不罚形成于人性化管理的执法理念与优化营商环境的实践需求。有的地方和部门热衷于"率先推出""最早规定"式地轰动性报道，可谓是"只有最早没有更早"。如：

①从2003年1月起，市工商局碑林分局在全市工商系统首次推出了首违不罚制，辖区的经营户首次发生7种违法违章行为时，如能在规定时限内及时改正，就不用缴纳罚款。①

②包括济宁市公安局交警支队、市综合执法局等11个市直执法部门的123项执法处罚项目纳入首批首违不罚目录。这一新规将从2009年6月份正式实行，同时还将逐步延伸拓展到其他执法部门和处罚项目。②

③第一次发现后，会与当事人建立一份告知书，告知他的行为属于哪种违法行为。但首违不罚也有特定的区域限制，比如市政府举行重大活动的场所，就不在首违不罚的范围内。重点地段、重要区域、重大活动场所都不在此范围内。③

④2015年11月2日，深圳交警推出星级用户首违免罚自动办理新举措。被电子监控设备抓拍的交通违法行为，若符合首违免罚条件，深圳交警系统后台会弹出提示窗口"此车符合首违免罚条件"。经民警检验审核后，可直接免除该宗违法行为的罚款、扣分，变更为警告处罚。④

⑤厦门市国税局、地税局联合发布《税务行政处罚裁量基准》，对税务登记类、账簿凭证管理类、申报征收类、税务检查类、发票管理类、纳税担保类及其他事项类等7大类44项税收违法行为裁量基准进行规范，并明确将对税务登记、纳税申报、发票管理等21项危害不大、容易纠正的税收违法行为实行首违免罚，在法定范围内，给予纳税人自我纠错的空间。⑤

⑥日前，石家庄市政府办公室印发《关于公布第一批市场经营主体轻微违法违规行为"首违不罚"清单的通知》，首批首违不罚清单共76项，涉及

---

① 参见《西安工商碑林分局：七种违规行为初犯不罚款》，2003年1月10日《西安晚报》。
② 参见《济宁试水行政执法"首违不罚" 首批涉及11部门》，2009年6月1日《齐鲁晚报》。
③ 参见《昆明市将推出城管首违不罚制度》，2010年11月22日《春城晚报》。
④ 参见《3位深圳交警星级用户"首违免罚"》，2015年11月5日《深圳晚报》。
⑤ 参见《21项税收违法行为"首违不罚"》，2017年4月28日《厦门日报》。

市场监管、税务、商务、城管4个领域。①

可见，在《行政处罚法》（2021年修订）颁布前，首违不罚已在一些地区和部门落地生根，相关做法各具特色。

（2）立法和规范性文件制定层面的探索

行政处罚法修订前，规章以及规范性文件层面已对首违不罚进行了积极探索。如：

①《计量违法行为处罚细则》

第二十六条规定：有下列情况之一的，可以从轻或免予处罚：（一）情节特别轻微的；（二）初次违法，情节较轻的；（三）认错态度好，能积极有效地配合查处工作的；（四）主动改正的。

②《江西省市场监督管理行政处罚裁量权适用规则（试行）》（赣市监规〔2020〕6号）

第十四条规定：有下列情形之一的，可以依法从轻或者减轻行政处罚：……（七）初次违法且违法行为较轻的；……

③《北京市市场监督管理局关于贯彻落实〈北京市优化营商环境条例〉的实施意见》（京市监发〔2020〕72号）

规定：初次违法等轻微违法行为可依法免予处罚。

相比之下，《行政处罚法》（2021年修订）第三十三条第一款规定的首违不罚更为严格；将其上升为法律制度，更有利于保护行政相对人的合法权益。

（3）争议

首违不罚的推行并非一帆风顺，实践中争议颇多，其间有的地方甚至不得不叫停这一做法。

比如，有学者认为，一些地方工商部门推出"首违不罚制"，将此作为放水养鱼、搞活经济的新举措、好政策。但是只要我们认真剖析、推敲，不难发现"首违不罚制"弊多利少，有违法治建设的要求，不宜推广。首先，

<hr>

① 参见《首违不罚！76项市场经营主体轻微违法违规行为被列入首批清单》，2019年10月16日澎湃新闻·澎湃号·政务。

"首违不罚制"中对"首违"界定笼统、模糊，难以操作。……[1]

又如，有媒体人士认为，目前中国大陆交通总的状况可以用三句话形容：就是交通意识普遍薄弱，交通管理非常混乱，交通事故频频发生。这种状态下的交通管理我认为总的原则是要严管。所以"首违不罚"其实是一种放纵，表面上给了司机一个机会，实际上埋下一个事故的种子，将来要用血的代价来补偿！[2]

2010年6月2日，湖南省公安厅交警总队举行轻微交通违法行为"首违不罚"行政决策听证会。省公安厅交警总队拟实行的首违不罚措施，即对交通违法信息系统记录的发生在湖南省境内，且依照道路交通安全法律法规处以200元以下罚款处罚的交通违法行为，在一个自然年度内首次违反的不予行政处罚，只进行宣传教育和口头警告，但不包括闯红灯、故意遮挡号牌、疲劳驾车等易导致交通事故或社会各界反映强烈的交通违法行为。参加听证会的21名代表，有机动车驾驶人、私家车主、非机动车驾驶人、行人、法律人士、专家学者、媒体记者等。他们围绕实行轻微交通违法行为首违不罚举措是否合适，利弊如何，实行首违不罚的轻微交通违法行为范围是否恰当、合理等方面的内容展开了激烈的观点交锋。三分之二以上的代表赞成实行首违不罚，其他则持截然相反的意见。

（4）推进近况

①国家层面

2021年1月20日召开的国务院常务会议指出，当前疫情和经济形势复杂，市场主体仍面临不少困难，要标本兼治，持续治理乱收费，减轻企业负担，巩固经济稳定恢复的基础。其中，要规范税务等领域执法，在税务执法领域研究推广"首违不罚"清单制度。2021年1月8日，全国税务工作会议提出把准执法尺度，创新执法方式，坚决防止和纠正粗放式、选择性、一刀切的随意执法，推广"首违不罚"清单制度。2月24日，国家税务总局举行新闻发布会，总审计师饶立新介绍，税务总局已经研究确定在全国税务系统进

---

[1] 参见蔡德海、关松豹：《质疑"首违不罚制"》，《工商行政管理》2003年第22期。
[2] 董宝青：《"首违不罚"是放纵还是人性化的体现？》，引自腾讯汽车（微博）。

一步推广"首违不罚"制度，3月底前发布第一批全国统一的"首违不罚"涉税事项清单。他表示，"首违不罚"清单制度是税务部门贯彻落实习近平法治思想、持续优化税务执法方式的重要举措。《经济日报》等媒体以《"首违不罚"体现税收执法温度》为题进行了报道，社会反响强烈。

实际上，此前税务部门就已经开始了对"首违不罚"清单制度的探索。2020年8月1日，《长江三角洲区域税务轻微违法行为"首违不罚"清单》开始实施，实施范围包括江苏省、安徽省、浙江省、宁波市、上海市，具体涵盖纳税人和扣缴义务人未按规定办理税务登记事项，未按规定设置、保管账簿，未按规定报备财务会计制度、软件及银行账号，未按规定安装使用税控装置，未按规定办理纳税申报等18项"首违不罚"事项。当事人在一年内首次违反且情节轻微，能够及时纠正，未造成危害后果的，依法不予行政处罚。此举受到了广大纳税人的欢迎。

②地方层面

各地均在加大推进。以湖北省十堰市为例，2020年6月30日，该市市场监管局出台《首次轻微违法经营行为免罚清单》。"首违不罚"清单共涵盖企业登记及备案管理、价格管理、产品包装或标识管理、计量管理、商标管理等42种违法行为，涉及《公司法》《计量法》《商标法》《电子商务法》等多部法律、法规。对清单中列举的违法行为，凡规定有责令改正等行政措施的，应当运用责令改正等行政措施；属于首次轻微违法、具有可罚可不罚自由裁量情形的，应当尽可能采取对当事人损害最小的方式实现法律目的，不予处罚，达到教育预防的效果。全市市场监管系统已经运用提示、告诫、约谈、建议等非强制性执法方式规范经营行为，已对85起轻微违法行为"首违不罚"，取得良好社会效应。①

3.正确认识和理解首违不罚制度的几点思考

（1）首违不罚是行政处罚制度进步的标志

《行政处罚法》（2021年修订）将首违不罚放在第三十三条第一款轻微

---

①2021年3月1日《十堰晚报》。

不罚后面，与该条第二款的无错不罚共同构建了柔性执法制度体系，彰显了新法"突出教育功能、通过教育实现法治目的"的鲜明特征与导向，标志着我国行政处罚制度的进步。2021年1月26日《人民法院报》以《首违不罚，行政处罚法修订推动"柔性执法"》为题进行了深度解读，诠释了行政执法理念的巨大变化。业内人士认为，对首次违法违规且情节轻微的市场主体实行首违不罚是服务创新的体现，可以达到教育为主、惩处为辅的目的；同时，还能有效避免违法者产生抵触心理，体现了执法人员对轻微违法者的充分理解和尊重，有助于进一步激发市场活力和社会创造力。

（2）首违不罚有着严格的适用条件

首违不罚既非法条规定，也非法言法语。根据《行政处罚法》（2021年修订）第三十三条第一款，首违不罚的适用条件是"初次违法＋危害后果轻微＋及时改正"，三者必须同时具备。可见，该条设置条件密度很高，如何实施仍需要深入探讨。

《行政处罚法》（2021年修订）第三十三条第一款将首违不罚与轻微不罚并列于一款并置于其后，表明两者均只能适用于轻微违法行为。但是，首违不罚较之轻微不罚，适用条件则更加严格：一方面，首违不罚必须是"初次违法＋危害后果轻微＋及时改正"；另一方面，首违不罚并非"首违皆不罚"，并非"免责金牌"，只是"可以"不予行政处罚，当然也并不排除视具体情节予以处罚。罚与不罚由行政机关裁量。亦即，轻微不罚是"绝对不罚"，首违不罚是"相对不罚"。

值得注意的是，实践中只要具备"初次违法＋危害后果轻微＋及时改正"即可以不罚，并不拘泥于对应的实体法法条是"可以"还是"应当"。有学者认为："首违不罚"并不是说对所有的首次税收违法行为都不予处罚，在税收征管实践中，对于"可以"的适用应把握好两个标准：第一，适用范围应为法律、法规、规章规定"可以"给予行政处罚的事项。即，在处罚法条中有"可以处""可处""可以并处""可并处"表述的。……[①]笔

[①]华锐学院：《从新行政处罚法看"首违不罚"制度》，http: //kk.12366.com/news/detail/10771，2021年8月29日访问。

者对此不予赞同。

（3）首违不罚并不等于放任不管

惩治不是执法的最终目的。首违不罚倡导的是"教育为先、公开透明、包容审慎"的监管理念，体现的是善待市场主体的监管善意。它赋予了行政相对人自我纠错的机会，可以最大程度降低行政执法对市场主体正常运营的不利影响，保护其创业创新积极性。但是，首违不罚绝不是"一免了之""放任不管"。不罚并不等于可以忽略谈话提醒、回访督促、加大抽查频次等其他监管措施，否则仍然不符合加强事中事后监管要求。具体在无错不罚部分一并详述。

（4）首违不罚的生命力在于完善清单等配套规定

作为法律，《行政处罚法》（2021年修订）只规定了首违不罚制度的基本内容，实践中，必须对"初次违法""危害后果轻微""及时改正"等作出具体界定，否则，或将衍生随意性大等问题。

比如，"初次"如何界定？跨领域、跨年度，还是不跨领域、不跨年度？对于一年内多次违法且每次违法行为不同是否适合"初次"？立法并不完善。如某市公安交警部门规定："首违"是指在驾驶人的一个记分周期内驾驶人第一次违反20类违法中的某一类违法行为，即被认定为"首次"，执勤民警将现场给予提醒；"首违不罚"适用于执勤民警现场查处到的20类交通违法；"首违不罚"中的20类违法，已经违反了其中一类，再违反其他类时还可以适用。有学者认为：[1]

①从实践操作的角度看，初次违法可分为真正的初次和不真正的初次，两者区分的关键在于违法行为发生时，向前追溯的期限长短。若向前无限期追溯，则为真正的初次，"一生一次"；若不是无限期追溯，则构成了不真正的初次，"周期"首违不罚。市场监管、生态环境和文化旅游领域监管部门青睐于追溯期较长的"真正初次"。交通运输和税务领域的免罚对象多为自然人，且违法行为更容易被及时发现和纠正，社会危害性较小，因而优先

---

[1]张红、岳洋：《行政处罚"首违不罚"制度及其完善》，《经贸法律评论》2021年第3期。

选择适用"周期"首违不罚。

②周期的长短则由地方根据自身情况灵活调整，这样有助于减轻地方执法负担，也能营造更为宽松、便利的法治环境。对于城市规模较大、人口数量偏多、经济总量较高的地区，周期设置可以稍短，如杭州市交管局规定一个周期为3个月，温州市、包头市交管部门则规定为1年，《长江三角洲区域税务轻微违法行为"首违不罚"清单》规定为1年，辽宁省税务部门规定为5年。

笔者赞同上述思路。此外，要力戒清单制定中的各自为政——相同情形在甲地可以免罚，到了乙地却照罚不误，"各唱各的调"。国家层面宜出台指导性规则，基本做到"执法一把尺子、处罚一个标准、行为一个准绳"。

（五）无错不罚

1.行政处罚归责原则之争议

关于行政处罚的归责原则，汪永清认为：有三种模式可供选择：一是主观责任原则，强调行为人只有在主观上有过错（故意或者过失）时才对其行为负责；二是严格责任原则，主张只要行为人实施了违法行为，即使无主观过错，行为人也应承担法律责任；三是以过错推定原则为主，以主观责任原则为辅。行政处罚中的过错推定可理解为：公民、法人和其他组织一旦实施了违反行政法律规范的行为，只要不能证明自己主观上无故意或者过失，法规上就应推定行为人有故意或者过失并依法承担行政处罚之责。"[1]他在《行政处罚》一书中也坦陈："我国的行政处罚应采取什么样的归责原则，是一个很复杂的问题。"[2]果不其然，1996年《行政处罚法》对此未予正面回应。

行政处罚法修订中，对此争议颇多。有学者认为："趋于成熟的行政处罚立法难以回避行政处罚的归责要件问题，如果本次行政处罚法修订因某种原因最终放弃对此作出正面规定，我们迟早仍须直面这一问题，并将最终找到稳妥的解决方案。"[3]马怀德教授提出："《行政处罚法》原则上并无必要另外增加独立的主观要件，对于部分需要明确规定主观要件的违法行为，

①汪永清：《关于应受行政处罚行为的若干问题》，《中外法学》1994年第2期。

②汪永清著：《行政处罚》，中国政法大学出版社1994年版，第73页。

③方军：《论构成应受行政处罚行为的主观要件》，《中国法律评论》2020年第5期。

可以由单行立法予以明确规定。在此之外，对于这种违法即具有主观过错的推定，可否允许当事人提出反证，证明自己在主观上不存在故意或过失从而免责，可以进一步研究讨论。"[1]

2.行政处罚法之规定

本次修订，最终遵循了马怀德教授提出的思路，确立了过错推定的基本归责原则。《行政处罚法》（2021年修订）第三十三条第二款规定："当事人有证据足以证明没有主观过错的，不予行政处罚。法律、行政法规另有规定的，从其规定。"

修订过程	法条内容
行政处罚法（2017年修正）	—
修订草案	第三十条…… 当事人有证据证明没有主观过错的，不予行政处罚。法律、行政法规有特别规定的，依照其规定。
修订草案二次审议稿	第三十一条…… 当事人有证据证明没有主观过错的，不予行政处罚。法律、行政法规另有规定的，从其规定。
行政处罚法（2021年修订）	第三十三条…… 当事人有证据足以证明没有主观过错的，不予行政处罚。法律、行政法规另有规定的，从其规定。 对当事人的违法行为依法不予行政处罚的，行政机关应当对当事人进行教育。

实际上，汪永清很早就提出："我们认为，我国行政处罚的归责原则应以过错推定原则为主，以主观责任原则为辅。"该书对于行政处罚的归责原则论述较为详尽：[2]

（1）行政处罚作为行政管理的重要手段，必须在合法的前提下充分体现高效率。若要实施处罚的机关或者组织无条件去认定每个违法行为主观过错，既不可能，也无从体现行政效率原则。

---

[1]马怀德：《〈行政处罚法〉修改中的几个争议问题》，《华东政法大学学报》2020年第4期。

[2]汪永清著：《行政处罚》，中国政法大学出版社1994年版，第71-77页。

（2）行政处罚中的过错推定可理解为，公民、法人和其他组织一旦实施了违反行政法律规范的行为，只要不能证明自己主观上无故意或者过失，法律上就应推定行为人有故意或者过失并依法承担行政处罚之责。

过错推定既考虑行为人的主观状态，使其通过举证、反驳达到免责目的，又考虑到不能因判断主观过错的困难而使违法者逃避法律的制裁，可以说，是一项介于主观归责和客观归责之间的归责原则。

（3）法律不惩罚无意志行为。在行政处罚领域，大量的受处罚行为都是有主观因素的。过错推定原则赋予了行为人举证、反驳的机会，以表示自己无过错；而客观归责原则却剥夺了行为人这种机会，完全不考虑主观因素在归责中的影响。

关于《行政处罚法》（2021年修订）第三十三条第二款的适用，江苏省高级人民法院行政庭课题组认为："一是部分单行法明确规定了主观过错是违法行为的构成要件，则应适用过错责任规则，由行政机关承担当事人主观上存在过错的举证责任。二是对于单行法律规范未规定当事人的过错是行政处罚构成要件的情形，行政机关也应允许当事人提供其确实没有主观过错的证据，且收集的证据如果达到足以证明自身没有过错的程度，原则上可以免除其本应承担的法律责任。三是当事人在行政程序中能够及时收集证明主观上没有过错的证据但怠于收集、提交，而后在行政诉讼中提交的，人民法院应严格审查该证据是否可以采信。"①该观点较为全面地提出了主观归责原则的适用规则，值得行政执法实践参考。

3.值得注意的几个问题

（1）"主观过错"而非"主观故意"

《行政处罚法》（2021年修订）第三十三条第二款使用的是"主观过错"而非"主观故意"。据此，对于因过失导致发生违法行为，根据相应的法律规范规定仍属于行政处罚的范围。例如，《海关法行政处罚实施条例》第十五条规定，进出口货物的品名、税号、数量、价格、原产地等申报不实

①江苏省高级人民法院行政庭课题组：《行政处罚法修订后司法、执法如何应对》，2021年7月6日《江苏法治报》。

的，处以没收违法所得、罚款等。该条针对的是非故意的情形，如果是故意伪报或者瞒报的，则按照走私处以更重的处罚甚至追究刑事责任。

（2）当事人需要重视通过充分的举证来证明自身"不存在主观过错"

《行政处罚法》（2021年修订）第三十三条第二款规定"当事人有证据足以证明没有主观过错"，在一定程度上强调了当事人的举证责任。当事人应当对此予以充分重视，在行政处罚的调查、听证等程序中，积极进行主张和举证，从而有效维护自身合法权益。

（3）"没有主观过错"重在当事人有证据"足以"证明

《行政处罚法》（2021年修订）第三十三条第二款在一定程度上强调了当事人的举证责任，而且必须是"足以"证明，采用了较为严格的证明标准。实践中应当针对不同的违法行为类型，找准可以证明当事人不存在主观过错的要点。比如《食品安全法》第一百三十六条规定："食品经营者履行了本法规定的进货查验等义务，有充分证据证明其不知道所采购的食品不符合食品安全标准，并能如实说明其进货来源的，可以免予处罚，但应当依法没收其不符合食品安全标准的食品；造成人身、财产或者其他损害的，依法承担赔偿责任。"相比于"可以免予处罚"，新法则直接规定了"不予行政处罚"，体现了新法对于这一原则的强化和肯定。

（4）"无错也罚"——法律、行政法规另有规定

①法律

比如《产品质量法》第五十五条规定："销售者销售本法第四十九条至第五十三条规定禁止销售的产品，有充分证据证明其不知道该产品为禁止销售的产品并如实说明其进货来源的，可以从轻或者减轻处罚。"

又如《食品安全法》第一百三十六条规定。

②行政法规

比如《医疗器械监督管理条例》第六十六条第二款规定："医疗器械经营企业、使用单位履行了本条例规定的进货查验等义务，有充分证据证明其不知道所经营、使用的医疗器械为前款第一项、第三项规定情形的医疗器械，并能如实说明其进货来源的，可以免予处罚，但应当依法没收其经营、

使用的不符合法定要求的医疗器械。"

又如《药品管理法实施条例》第七十五条规定："药品经营企业、医疗机构未违反《药品管理法》和本条例的有关规定，并有充分证据证明其不知道所销售或者使用的药品是假药、劣药的，应当没收其销售或者使用的假药、劣药和违法所得；但是，可以免除其他行政处罚。"

4.后续监管措施

如前所述，"不罚"绝不意味着执法部门可以撒手不管，更不等于将违法行为"合法化"。无论是轻微不罚，还是无错不罚、首违不罚，对于当事人而言，相关行为均已构成违法，均负有停止、改正违法行为的义务。对于执法部门而言，除责令改正违法行为外，还要及时开展教育工作，通过批评教育、指导约谈等措施，提升行政相对人奉法守规意识，依法合规开展生产经营活动。有观点认为，可以予以训诫；也有观点认为，可采用告知承诺制等方式，要求当事人在承诺期限内及时改正并提交相应证明材料，未及时改正的，应视情依法采取必要的监管措施或信用惩戒措施。实践中，若缺失相关后续监管措施，将会给执法人员带来一定的履职风险。

为了防范风险，有的地方进行了积极探索，提供了可复制可借鉴经验，比如：

（1）《青岛市城市管理领域部分轻微违法行为不予行政处罚清单》提出，对不予行政处罚的轻微违法主体，应综合运用批评教育、政策提醒告诫、约谈、责令改正等多种手段，督促其及时纠正违法行为，合法合规生产经营。

（2）《北京市人力资源和社会保障局轻微违法行为不予行政处罚清单（第一版）》提出，对列入清单的29项行政处罚事项，凡符合轻微违法情形，经教育整改及时纠正违法行为的，实行"一案三书"，即用人单位签署守法诚信承诺书，人力资源和社会保障部门出具劳动保障监察建议书，并制作不予行政处罚决定书，通过实施包容审慎监管，促使用人单位守法诚信。

（六）裁量基准与执法清单

1.裁量基准与执法清单的产生背景

近年来，行政执法领域"同案不同罚"等畸轻畸重现象常有发生，群众反映强烈。裁量基准与执法清单出现的背景主要是行政执法公正原则以及打造法治化营商环境要求。从个别地方到全国，从试点到全面推开，裁量基准与执法清单走过了一段不平凡的历程。

《行政处罚法》（2021年修订）的颁布，使得裁量基准成为行政处罚法律制度；2021年4月7日，国务院办公厅印发《关于服务"六稳""六保"进一步做好"放管服"改革有关工作的意见》（国办发〔2021〕10号）。对裁量权基准与柔性执法清单进行全面部署推广。《意见》提出：严格规范行政执法。制定出台进一步规范行政裁量权基准制度的指导意见，推动各地区各部门明确行政裁量种类、幅度，规范适用程序，纠正处罚畸轻畸重等不规范行政执法行为。鼓励各地区依法依规建立柔性执法清单管理制度，对轻微违法行为，慎用少用行政强制措施，防止一关了之、以罚代管。

案例21：行政处罚决定处罚畸重，结果明显不当，予以撤销①

2020年3月15日，东盈百货超市从闽之海商贸有限公司购进惠真食品有限公司生产的福禧康牌食用植物调和油20瓶，购进价7元/瓶，销售价9.5元/瓶，共销售16瓶，剩余4瓶。获利40元，货值金额190元。2020年8月28日，某市市场监督管理局委托第三方检测技术有限公司对上述食用植物调和油（含量230ml；生产日期2020/03/02）进行了监督抽检，检验结论为不合格。2020年11月30日，某区市场监督管理局对东盈百货超市作出《行政处罚决定书》：1.没收违法所得40元；2.没收福禧康牌食用植物调和油4瓶；3.罚款人民币60,000元。然而，对于相同情节的违法行为，某市市场监督管理局分别于2020年8月13日、10月26日作出通告，对建业商贸有限公司索河路分公司、新乐尚休闲购物有限公司均免予行政处罚。东盈百货超市不服，提起行政诉讼。

一审法院认为，本案中，原告违法行为轻微，同时在收到上述商品不合格检验报告后，积极自查整改，纠正违法行为，配合被告查处违法行为，及时启动召回程序，张贴召回公告，没有造成危害后果，符合《行政处罚法》第二十七条不予行政处罚的规定。被告作出的《行政处罚决定书》，处罚明

---

① 参见（2021）豫01行终108号《行政判决书》。

显过重，应予撤销。判决：1.撤销《行政处罚决定书》；2.责令区市场监督管理局六十日内重新作出处理。某区市场监督管理局不服，提起上诉。

二审法院认为，被上诉人作为涉案批次福禧康牌食用植物调和油的经销商，在上诉人要求提供资料的时限内提供了供货商、厂家的营业执照、许可证、销售单和涉案产品的检测报告，足以证明其购进涉案批次福禧康牌食用植物调和油时已经履行了进货查验义务及相关食品进货查验记录，上诉人作出的处罚决定也已经认可该事实，且被上诉人在收到涉案产品不合格检验报告后，配合被告查处违法行为，积极自查整改，及时启动召回程序，张贴召回公告，消除食品安全风险，没有造成危害后果，符合《行政处罚法》第二十七条不予行政处罚的规定，依法应当不予处罚。上诉人对被上诉人作出被诉行政处罚决定，处罚畸重，结果明显不当，一审撤销该处罚决定，并责令上诉人重新作出处理，并无不当之处。

判决：驳回上诉，维持原判。

2.行政裁量权基准与柔性执法清单的关系

（1）行政裁量权基准

行政裁量是指行政机关根据法律规范设定的范围、限度、标准或者原则，针对一定的事项作出处理的方式；行政裁量权基准是指行政机关依职权对法定裁量权具体化的控制规则。

国务院《全面推进依法行政实施纲要》提出："行使自由裁量权应当符合法律目的，排除不相关因素的干扰；所采取的措施和手段应当必要、适当。""行政机关行使自由裁量权的，应当在行政决定中说明理由。"2006年9月，中共中央办公厅、国务院办公厅印发《关于预防和化解行政争议健全行政争议解决机制的意见》指出："对执法机关的行政裁量权进行细化、量化和规范，防止滥用行政裁量权。"2008年5月，国务院《关于加强市县政府依法行政的决定》要求："要抓紧组织行政执法机关对法律、法规、规章规定的有裁量幅度的行政处罚、行政许可条款进行梳理，根据当地经济社会发展实际，对行政裁量权予以细化，能够量化的予以量化，并将细化、量化的行政裁量标准予以公布、执行。"2014年10月，党的十八届四中全会通过的《中共中央关于全面推进依法治国若干重大问题的决定》提出："建立健全行政裁量权基准制度，细化、量化行政裁量标准，规范裁量范围、种类、幅度"，通过建立健全行政裁量基准制度实现政府行政裁量权的自我控制，强化对行政权力的制约和监督。此间，部分省、市先后出台了地方性法规、地方政府规章，各级行政机关也出台并实施了自己的行政裁量权基准，以期进一步规范行政裁量权。如《湖南省行政程序规定》规定："享有裁量权的行政机关或者县级以上人民政府按照规范性文件的制定程序制定裁量权基准并予以公布，行政机关应当在行政活动中遵守裁量权基准。""行政机关应当根据下列情形，制定裁量权基准：（一）所依据的法律、法规和规章规定的立法目的、法律原则；（二）经济、社会、文化等客观情况的地域差异性；（三）管理事项的事实、性质、情节以及社会影响；（四）其他可能影响裁量权合理性的因素。"

行政处罚法修订中，从修订草案征求意见稿阶段就将行政处罚裁量基准纳入，直至完成修订。

修订过程	法条内容
行政处罚法（2017年修正）	—
修订草案征求意见稿	**第三十条** 行政机关可以依法制定行政处罚裁量基准，规范行政处罚裁量权的行使。
修订草案	**第三十一条** 行政机关可以依法制定行政处罚裁量基准，规范行使行政处罚裁量权。
修订草案二次审议稿	**第三十二条** 行政机关可以依法制定行政处罚裁量基准，规范行使行政处罚裁量权。行政处罚裁量基准应当向社会公布。
行政处罚法（2021年修订）	**第三十四条** 行政机关可以依法制定行政处罚裁量基准，规范行使行政处罚裁量权，行政处罚裁量基准应当向社会公布。

关于行政裁量权基准的具体内容，《行政处罚法》（2021年修订）未作规定。有的地方已经先行先试，如山西省人民政府办公厅发布《关于进一步规范行政执法裁量权基准制度的通知》（晋政办发〔2021〕49号），从梳理依据、制定基准、健全制度、监督检查等环节对相关行政执法部门适用《山

西省规范行政执法裁量权办法》提出了明确要求。

《通知》提出，规范行政处罚裁量权，应当遵守下列规定：1.同一种违法行为，可以选择处罚种类的，应当列出选择处罚种类的具体情形和适用条件；2.同一种违法行为，有处罚幅度的，应当根据违法行为的事实、性质、情节以及社会危害程度，划分3个（含）以上具体裁量阶次，并列出各个阶次处罚的基准；3.对不予行政处罚只有原则性规定的，应当列出不予行政处罚具体情形的清单；4.对减轻、从轻、从重处罚的条件只有原则性规定的，应当列出减轻、从轻、从重处罚的具体情形；5.对违法所得、非法财物只有原则性规定的，应当对违法所得、非法财物进行明确界定；6.对适用简易程序或者决定停止执行行政处罚的条件只有原则性规定的，应当列出适用的具体情形。

（2）关于柔性执法清单

柔性执法是一个学理概念，而非法律概念，它让当事人感受公共规则温度的同时，提升其对公共规则的文化认同和价值追求。柔性执法清单是柔性执法的实践形式，上海是全国最早尝试跨领域轻微违法行为免罚的城市。2019年3月，上海市司法局与市市场监管局、市应急管理局联合出台了《市场轻微违法违规经营行为免罚清单》（沪司规〔2019〕1号），这是全国范围内首个跨领域轻微违法行为免罚清单。在包容审慎监管理念的影响下，近年来，柔性执法清单在各地各部门广泛推行。

有的以地区为单位推行。如经山东省政府同意，山东省司法厅印发《山东省轻微违法行为不予行政处罚和一般违法行为减轻行政处罚事项清单》（鲁司〔2020〕35号），实行"两张清单"制度[1]；成都市司法局起草并由成都市法治政府建设工作领导小组办公室印发了《关于全面推广行政处罚"三张清单"制度推进审慎包容柔性执法的指导意见》，实行"三张清单"制度；[2]济南在全国首推"四张清单"制度。[3]

也有以行业为单位推行。如国家税务总局启动2021年"我为纳税人缴费人

---

①即不予行政处罚清单、减轻行政处罚事项清单。

②即不予处罚事项清单、减轻处罚事项清单和从轻处罚事项清单。

③即不予处罚事项清单、减轻处罚事项清单、从轻处罚事项清单、从重处罚事项清单。

办实事暨便民办税春风行动",有针对性地推出10大类30项100条具体措施,充分回应纳税人缴费人关切,推行全国统一的"首违不罚"涉税事项清单。

（3）行政裁量权基准与柔性执法清单的关系

柔性执法清单是对轻罚（包括从轻、减轻）、免罚的违法行为类别、事项进行的具体规定（个别地方比如济南市,扩大至从重处罚,因而不能称其为"柔性执法清单"）,架起了法定轻罚、免罚制度与行政执法实践之间的桥梁,使轻罚、免罚制度落地生效；行政裁量权基准是在违法行为相对应的法律责任幅度内,对量罚尺度进行的具体羁束。

从上述概念看,柔性执法清单只界定罚与不罚,可否轻罚；而行政裁量权基准则具体规定罚多罚少。因此,柔性执法清单较之行政裁量权基准更加原则,重在"归类"；而行政裁量权基准较之柔性执法清单更加具体,重在"定罚"。但是实践中,不少文件、规定已经将柔性执法清单与行政裁量权基准混同。如《浙江省公安机关行政处罚裁量基准（修订）》（浙公通字〔2021〕12号）名为"裁量基准",实际内容却同时包含"裁量基准"和"柔性执法清单"。这一点,法律既未禁止也无具体区分。

3.司法实践对裁量权基准所持态度

近年来,我国司法实践已开始触及对于裁量基准的审查。如北控水务有限公司、某市水务管理局行政处罚案,贵州省贵阳市中级人民法院认为:关于案涉行政处罚是否超过行政机关自由裁量权范围的争议,被上诉人依据从旧兼从轻的原则适用行为发生时施行的《水污染防治法》及当时《贵州省环境保护行政处罚自由裁量基准》的规定,确定行政罚款额度并未超过行政机关自由裁量权范围（《贵州省环境保护行政处罚自由裁量基准（2016）版》规定,超排放标准10倍以上50倍以下的,以排污费数额4倍以上5倍以下确定罚款金额）。[1]而在另外一份行政裁定书中,再审申请人称其行为不符合《治安管理处罚法》第二十三条第一款第二项规定的"扰乱车站、港口、码头、机场、商场、公园、展览馆或者其他公共场所秩序的"情形,也不符合

[1]参见（2021）黔01行终27号《行政判决书》。

《××市公安机关治安管理行政处罚裁量基准（修订版）》第九条第二项所界定的违反治安管理法律法规"其他情节较重的情形"。但法院在裁定驳回再审申请时，对当事人的行为是否符合《××市公安机关治安管理行政处罚裁量基准（修订版）》第九条第二项未予正面回应。

在我国台湾地区，未遵守裁量基准裁量者即属违法。或因台湾行政机关早年裁量基准仅对一般性、原则性裁量情事予以规定，似不涉及鲜见之例外性情事，故当时未遵守基准裁罚者不视为违法。如91年度判字第1035号判决认为："裁量基准，仅于机关内部有其效力；又下级机关依违章情节之重轻，仍得加重或减轻处罚至法定最高或最低罚度，非谓裁罚之额度与前开参考表所定者一有不同，即属违背法令。"近来台湾行政机关之裁量基准在一般性裁量基准外另行规定例外情形，于情节重大或极轻者，可在一般性基准外加重或减免其罚，但以法定裁罚幅度为限。此种做法合乎授权目的，裁量臻于周延，于基准外似无再行斟酌空间，是以违反裁量基准者认违法。如台湾"最高行政法院"106年度判字第492号判决。其裁判摘要提出：基于权力制衡原则，行政法院对行政行为得进行司法审查，然在权力分立底下，行政法院对行政行为仅能作合法性审查而不及于妥当性审查，对于立法机关赋予行政机关之裁量权限，于其有逾越权限及滥用权力之情事时，认为其违法。

4.建立健全裁量基准与执法清单制度的相关要求

①应当力求全面梳理

比如，《青岛市农业领域轻微违法行为不予行政处罚清单》建立在对全市农业领域332项违法行为轻微情节梳理的基础上，适用范围涵盖全市农业专业合作经济组织、农产品生产企业、农业投入品经营者、规模化养殖场、农业机械持有者等20多万个市场主体。

值得注意的是，《清单》除依据《行政处罚法》（2021年修订）第三十三条第一款，规定"违法行为轻微并及时纠正，没有造成危害后果的，不予行政处罚"的事项外，还应当纳入实体法规定可以不予行政处罚的事项。如上海市《市场轻微违法违规经营行为免罚清单》吸纳了专门领域法律法规规章规定的免罚事项8项；《山东省轻微违法行为不予行政处罚和一般违法行为减轻行政处罚事项清单》吸纳了相关领域法律、法规、规章明确规定的、企业等当事人在限期内改正后执法机关应当不予处罚的事项116项。

②应当力求合理审查

比如，应当将主观恶性大、危害后果大、影响行政管理效果的违法行为，尤其是危害国家安全、公共安全、生产安全、人身健康及生命财产安全的重大违法行为，排除在清单之外，充分体现审慎原则。

③应当力求标准统一

比如，《山东省轻微违法行为不予行政处罚和一般违法行为减轻行政处罚事项清单》中的"不罚清单"涉及市场监管、公安、发展改革、自然资源等25个行政执法领域，共计267项违法行为，全省各级行政执法机关统一适用，保障不同地区、不同层级执法标准一致，促进执法公正。

④应当力求实事求是

要适时组织对清单实施情况进行评估，建立动态调整机制，对不符合行政管理需要、不便于操作执行、企业和群众反映较大的事项，及时予以调整；对于清单外的其他事项，经评估依法可以纳入的，及时吸纳。

六、行刑折抵

行为人的行为在违反行政法的同时又触犯刑法规定，发生行政违法行为与犯罪的竞合。实践中，此类情况并不少见，如偷漏税、走私、破坏公共秩序等，行刑折抵问题不容回避。

（一）违法行为同时触犯行政法和刑法的处理规则

1.单处刑罚

即对一行政违法行为已构成犯罪的，只由司法机关给予刑事处罚，行政机关不再就同一事实重复处罚。这实际上也是"一事不再罚"原则的具体体现。对于给予刑罚就足以达到惩处和预防行政犯罪的目的的，就没有必要再由行政机关予以有关行政处罚。比如对于破坏公共秩序行为，我国刑法和治安管理处罚法都作了处罚规定。处理时，对于违法行为情节恶劣构成犯罪的，应当由司法机关给予刑事处罚，行政机关原则上不再对其适用行政处罚。

2.刑罚与行政处罚双重适用

即对行为人除由司法机关予以刑事处罚外，有关行政机关还应予以行政处罚。这主要是因为，刑罚与行政处罚的种类及功能的差异决定了在适用刑罚的同时，还必须适用行政处罚，以弥补刑罚的不足。[1]

在修法过程中，曾有建议将一事不再罚款扩大至刑事领域，不得并处行政处罚与刑事处罚。"考虑到现行行刑衔接机制是允许行政处罚与刑事处罚并处的，同时行政处罚法已经规定罚金与罚款折抵、刑期与行政拘留折抵，事实上已经实行一事不再罚，因此该建议未被采纳。"[2]

（二）行政处罚法的规定

《行政处罚法》（2017年修正）第二十八条规定，违法行为构成犯罪，人民法院判处拘役或者有期徒刑时，行政机关已经给予当事人行政拘留的，应当依法折抵相应刑期；违法行为构成犯罪，人民法院判处罚金时，行政机关已经给予当事人罚款的，应当折抵相应罚金。本次修订，上述规定未有变化。

修订过程	法条内容
行政处罚法（2017年修正）	第二十八条　违法行为构成犯罪，人民法院判处拘役或者有期徒刑时，行政机关已经给予当事人行政拘留的，应当依法折抵相应刑期。违法行为构成犯罪，人民法院判处罚金时，行政机关已经给予当事人罚款的，应当折抵相应罚金。
修订草案	同行政处罚法（2017年修正）
行政处罚法（2021年修订）	第三十五条　违法行为构成犯罪，人民法院判处拘役或者有期徒刑时，行政机关已经给予当事人行政拘留的，应当依法折抵相应刑期。违法行为构成犯罪，人民法院判处罚金时，行政机关已经给予当事人罚款的，应当折抵相应罚金；行政机关尚未给予当事人罚款的，不再给予罚款。

变化内容：

《行政处罚法》（2021年修订）第三十五条第二款增加规定："行政机

[1]参见《违法行为同时触犯了行政法和刑法的规定如何处理？》，引自中国人大网"法律释义与问答"。

[2]黄海华：《新行政处罚法的若干制度发展》，《中国法律评论》2021年第3期。

关尚未给予当事人罚款的，不再给予罚款"，进一步明晰了刑罚和行政处罚并处规则。据此，违法行为构成犯罪，人民法院已经判处罚金、行政机关尚未给予当事人罚款的，无论该罚金数额多少、是否与行政法规定的罚款幅度相当，均不再给予罚款。

修订背景：

对于刑罚和行政处罚并处的问题，法律、法规作出明确规定情况已经并不多见，[①]更多的情况是法律、法规没有明确规定是单处还是并处，这就需要执法人员在实践中灵活掌握。如《产品质量法》第五十二条规定："销售失效、变质的产品的，责令停止销售，没收违法销售的产品，并处违法销售产品货值金额二倍以下的罚款；有违法所得的，并处没收违法所得；情节严重的，吊销营业执照；构成犯罪的，依法追究刑事责任。"依据这一规定，对于销售失效、变质产品情节严重构成犯罪的，在给予刑事处罚的同时，必要情况下也可给予吊销营业执照的行政处罚。当然这一行政处罚必须是为了解决刑事处罚所无法解决的问题而作出的。也就是说行政违法行为触犯了刑律，如果刑罚已对违法者作出了限制人身自由的处罚（如拘役、有期徒刑），关于限制人身自由的行政处罚（如行政拘留）就应当免除；如果刑罚已对违法者作出了财产方面的处罚（如罚金），关于财产方面的行政处罚（如罚款）就应当免除。[②]故作以上修改。

（三）查处涉刑案件有关问题探讨

1.向司法机关移送前，行政机关可否作出行政处罚决定？

《行政执法机关移送涉嫌犯罪案件的规定》第十一条规定："依照行政处罚法的规定，行政执法机关向公安机关移送涉嫌犯罪案件前，已经依法给予当事人罚款的，人民法院判处罚金时，依法折抵相应罚金。"中共中央办公厅、国务院办公厅《转发国务院法制办公室等部门〈关于加强行政执法与

---

①如原《刑法》第一百一十六条曾规定，违反海关法规，进行走私，情节严重的，除按照海关法规没收走私物品并且可以罚款外，处三年以下有期徒刑或者拘役，可以并处没收财产。

②参见《违法行为同时触犯了行政法和刑法的规定如何处理？》，引自中国人大网"法律释义与问答"。

刑事司法衔接工作的意见〉的通知》（中办发〔2011〕8号）规定，行政执法机关在移送案件时已经作出行政处罚决定的，应当将行政处罚决定书一并抄送公安机关、人民检察院。据此，向司法机关移送前，法律没有禁止行政机关作出行政处罚决定。

2.向司法机关移送后，在司法程序终结前，行政机关可否针对同一违法行为作出行政处罚？

中办发〔2011〕8号文件提出，行政执法机关在移送案件时未作出行政处罚决定的，原则上应当在公安机关决定不予立案或者撤销案件、人民检察院作出不起诉决定、人民法院作出无罪判决或者免予刑事处罚后，再决定是否给予行政处罚。因此，向司法机关移送后，针对同一个违法行为，行政机关原则上应当在司法程序终结后，再决定是否给予行政处罚。[1]

3.移送司法机关并经司法程序处理后，行政机关可否作出行政处罚？

有观点认为：行政法与刑法保护的是同一个社会关系，只是程度和方式不同而已。当事人的行为违反了行政法律规范，构成违反行政管理秩序的行为，当事人就应当承担行政处罚责任。但如果该行为已构成犯罪，就应当由司法机关追究刑事责任。但已被追究刑事责任的，不再追究行政处罚责任，否则有悖"一事不再罚原则"。这一精神已由《行政处罚法》（第八条、第二十七条、第五十七条）体现出来。[2]

笔者认为，上述"已被追究刑事责任的，不再追究行政处罚责任"观点值得商榷。刑事处罚与行政处罚具有不同的功能，两者并不矛盾且互为补充，共同构建了法律责任体系。最高人民法院作出的（2008）行他字第1号答复明确，刑事被告人构成涉税犯罪并处以人身和财产的刑罚后，税务机关不应再作出罚款的行政处罚。而对罚款以外的其他行政处罚，该文件未作限

---

[1]在当事人违法行为已被公安机关立案侦查的情况下，行政机关未经等待司法机关的最终处理结果，即针对同一违法行为先行作出罚款的行政处罚，属于程序违法。参见（2020）辽行申490号《行政裁定书》。

[2]参见《当事人的同一个违法行为被追究刑事责任后，还可同时给予行政处罚么》，引自法治咖啡屋公众号。

制。最高人民法院办公厅《关于印发〈行政审判办案指南（一）〉的通知》（法办〔2014〕17号）提出："当事人因违法行为严重被移交司法机关处理或者被追究刑事责任，但违反行政法律法规的事实状态尚未被恢复的，行政机关可以依法对行政相对人作出行政处罚，但不得作出与刑事处分性质相同的行政处罚。"因此，"已被追究刑事责任的，不再追究行政处罚责任"难免以偏概全。

案例22：涉罪案件移送司法后，在司法机关处理期间作出行政处罚，适用法律错误[①]

2015年6月至8月，聚瑞能源有限责任公司高平经销部在与两家上游公司与十家下游公司没有实际煤炭交易的情况下，采用签订虚假煤炭购销合同，以虚假的货权转移证明、过磅单、货款支付凭证等作掩饰的方式，接收两家上游公司虚开增值税专用发票137份，价税合计人民币152916441.1元，税款合计人民币22218628.29元。为十家下游公司虚开增值税专用发票139份，价税合计人民币153745193元，税款合计人民币22339045.06元。上述增值税专用发票经认证，全部被用于了抵扣税款。高平经销部从中以煤炭销售差价方式获利828751.9元。国家税务总局某市税务局（以下简称市税务局）根据协查函，对该公司进行调查，认为该公司已涉嫌犯罪，于2016年6月22日将案件移送某市公安局。

2017年1月20日，市税务局依据《发票管理办法》，作出高国税稽罚〔2017〕1号税务行政处罚决定书，对高平经销部罚款50万元。2020年11月24日，山西省高级人民法院依据《刑法》，作出（2019）晋刑终382号《刑事判决书》：1.高平经销部犯虚开增值税专用发票罪，判处罚金20万元；2.夏某晖犯虚开增值税专用发票罪，判处有期徒刑8年；3.追缴高平经销部违法所得828751.9元，上缴国库。

高平经销部不服，提起行政诉讼。一审法院判决：驳回高平经销部的诉讼请求。高平经销部不服，提起上诉。

[①]参见（2021）晋05行终20号《行政判决书》。

二审法院认为，《行政执法机关移送涉嫌犯罪案件的规定》第三条、第五条、第八条、第十一条的规定，行政执法机关在依法查处违法行为过程中，发现违法行为构成犯罪，依法需要追究刑事责任的，应依照规定向公安机关移送，行政机关对应当向公安机关移送的涉嫌犯罪案件，不得以行政处罚代替移送。依照行政处罚法的规定，行政执法机关向公安机关移送涉嫌犯罪案件前，行政执法机关已经依法给予当事人罚款的，人民法院判处罚金时，依法折抵相应的罚款。而本案中，被上诉人在发现上诉人的行为涉嫌犯罪并移送公安机关后，又对上诉人作出罚款、没收违法所得的行政处罚，不符合上述规定，缺乏法律明确授权。事实上，最高人民法院针对山东省高级人民法院《关于枣庄永帮橡胶有限公司诉山东省枣庄市国家税务局税务行政处罚一案的请示》作出的（2008）行他字第1号《关于在司法机关对当事人虚开增值税专用发票罪立案侦查之后刑事判决之前，税务机关又以同一事实以漏税为由对同一当事人能否作出行政处罚问题的答复》已经明确，根据《行政机关移送涉嫌犯罪案件的规定》第三条、第五条、第八条、第十一条的规定，税务机关在移送公安机关之前已经给予当事人罚款处罚的，法院在判处罚金时应当折抵罚金。税务机关在发现涉嫌犯罪并移送公安机关进行刑事侦查后，不再针对同一违法行为作出行为罚和申诫罚以外的行政处罚；刑事被告人构成涉税犯罪并处以人身和财产的刑罚后，税务机关不应再作出罚款的行政处罚。如当事人行为不构成犯罪，则公安机关应将案件退回税务机关，税务机关可依法追究当事人的行政违法责任。因此，原处罚决定和原审判决均存在适用法律错误。

判决：1.撤销一审行政判决书；2.撤销高国税稽罚〔2017〕1号税务行政处罚决定书。

案例23：违法行为人虽然被追究刑事责任，但行政违法状态没有得到恢复的，行政机关可以依法作出行政处罚[①]

2014年10月20日，某市国土资源局作出平国土资罚字〔2014〕449号行

---

①参见（2017）豫行再45号《行政判决书》。

政处罚决定，认定陈某未经县级以上人民政府批准非法占用土地12032.22平方米，其中耕地11768.52平方米，农村道路263.70平方米。决定：1.责令陈某将非法占用的12032.22平方米集体土地退还张泉庄村集体；2.没收陈某在非法占用的12032.22平方米土地上的新建建筑物和其他设施；3.对陈某非法占用的11768.52平方米耕地处以每平方米20元的罚款，计235370.40元；对非法占用的农村道路263.70平方米处以每平方米3元的罚款，计791.10元，扣减其已履行市中级人民法院（2012）平刑终字第394号《刑事判决书》罚金10000元，应缴罚款总计226161.50元。陈某不服，提起行政诉讼。

一审法院认为，市国土资源局将陈某涉嫌犯罪的案件移送公安机关，且陈某已被追究刑事责任，其对该案已不具有罚款等行政处罚权。市国土资源局在将案件移送公安机关后又对陈某作出行政处罚，程序违法，适用法律错误，应予撤销。判决：撤销行政处罚决定。市国土资源局不服，提起上诉。二审经审理，判决：驳回上诉，维持原判。市国土资源局申请再审。

河南省高级人民法院经审理认为，刑事处罚和行政处罚都是法律对违法行为采取的惩戒措施，刑事处罚重在对违法犯罪行为的打击，行政处罚除了打击违反行政管理法律的行为之外还承担恢复行政管理秩序的功能，所以，对已经构成犯罪且经过刑罚处罚的违法行为，不排除行政机关行使行政管理职责。本案陈某犯非法占用农用地罪被判处刑罚，但违法占地状态依然持续，市国土资源局对该违法行为可以依职权进行处理。一、二审判决认定市国土资源局无行政处罚职责错误，应予纠正；但市国土资源局在刑事判决已经作出罚金处罚的情况下又作出罚款处罚，适用法律错误，同时，责令将涉案土地退回张泉庄村集体，缺乏事实根据和法律依据，被诉处罚决定应予撤销。

判决：驳回市国土资源局的再审申请，维持原审判决。

七、追究时效

（一）概念

行政处罚的追究时效是指行政机关对当事人违反行政管理秩序的行为依法给予行政处罚的有效期限。设立追究时效制度的目的是促进行政机关提高行政管理和行政执法效率，保障行政机关及时收集固定证据并依法准确地作出行政处罚，保护行政相对人的合法权益。

正确理解行政处罚的追究时效须注意以下3点：

1.行政处罚时效包括但不限于追究时效

行政处罚时效包括追究时效、裁决时效、执行时效及救济时效4种，行政处罚的追究时效只是时效制度的内容之一，两者不能混淆。有著作认为："行政处罚法中规定的时效是指：违法行为人的违反行政管理秩序的行为追究行政责任，给予行政处罚的有效期限。"[①] "行政处罚法规定的时效，是指行政处罚实施机关追究当事人行政处罚责任的期限。"[②]显然，作者均将行政处罚的追究时效等同于行政处罚时效。

2.纠错行为不适用行政处罚的追究时效

行政机关以撤销、撤回等形式对已作出的行政行为实施纠错或者补救，因其性质不属于行政处罚，不适用追究时效规定。如戴某、某县人民政府再审审查与审判监督案，最高人民法院认为："戴某主张，颁证建房已超过15年，远远超过两年行政处罚追诉时效。但是，《行政处罚法》第二十九条第一款规定的两年处罚时效，是对行政机关追究行政相对人违法行为法律责任、实施行政处罚的追诉时间限制，本案县政府作出被诉撤证决定，是对行政机关违法行政行为的自我纠错，并非对行政相对人违法行为的行政处罚，以此为由申请再审，理由亦不能成立。"[③]

3.行政追征、追缴行为不适用行政处罚的追究时效

比如追征税款，《海关法》第六十二条规定："进出口货物、进出境物品放行后，海关发现少征或者漏征税款，应当自缴纳税款或者货物、物品放行之日起一年内，向纳税义务人补征。因纳税义务人违反规定而造成的少征或者漏征，海关在三年以内可以追征。"追征行为显然不属于行政处罚，故上述"三年"不应当理解为行政处罚的追究时效。

---

①全国人大常委会法制工作委员会著：《〈中华人民共和国行政处罚法〉讲话》，法律出版社1996年版，第106页。

②应松年、马怀德主编：《中华人民共和国行政处罚法学习辅导》，人民出版社1996年版，第162页。

③参见（2019）最高法行申4439号《行政裁定书》。

再如追缴社会保险费，重庆市高级人民法院认为："《劳动保障监察条例》第二十条的规定为劳动保障行政执法时效规定，该条规定分为两款，在执法中不能仅依照第一款的两年时效规定，还需综合第二款规定判断违法行为是否存在连续或者继续状态以此确定劳动保障监察执法时效。《社会保险法》实施之前《社会保险费征缴暂行条例》和《社会保险稽核办法》均未对清缴企业欠费问题设置追诉期。根据《社会保险费征缴暂行条例》的界定，社会保险费缴纳属于行政征收范畴，其与行政处罚的性质并不相同，追缴社会保险费与违法行为超过追诉时效是否构成处罚是两个不同层面的问题。因此，追缴社会保险费并不适用行政处罚相关追诉时效的规定。当用人单位未及时、足额为劳动者办理社会保险，发生缴纳社会保险费的违法行为，一方面行政机关可以按照《劳动保障监察条例》第二十条规定进行追缴和处罚，另一方面地方经办机构仍然可以继续追缴社会保险费的历史欠费，法律法规对此并未限定追缴期。"[1]

（二）我国的行政处罚追究时效

在制定行政处罚法过程中，是否规定、如何规定处罚时效问题，各方面有许多不同意见。一些同志提出，违反行政管理秩序的行为涉及社会生活的众多领域，情况复杂，有些特殊的行政违法行为被发现需要较长一段时间，行政处罚的时效如果规定得过短，有可能使违反行政管理秩序而应当受到行政处罚的违法者逃避处罚，逍遥法外。因此，建议对行政处罚的时效不作规定，或者规定一个相对长一点的时间。1996年《行政处罚法》第二十九条规定："违法行为在二年内未被发现的，不再给予行政处罚。法律另有规定的除外。""前款规定的期限，从违法行为发生之日起计算；违法行为有连续或者继续状态的，从行为终了之日起计算。"

1.一般时效：二年

考虑到行政处罚的特点，1996年《行政处罚法》第二十九条将追究时效规定为二年。在该违法行为发生后的二年内，有管辖权的行政机关未发现这

---

[1] 参见（2019）渝行申156号《行政裁定书》。

一违法行为，在二年后，无论在何时发现，原则上不再给予行政处罚。

行政处罚的追究时效涉及公共利益和行政管理秩序的维护以及当事各方合法权益的保护。考虑到行政管理的复杂性，1996年《行政处罚法》作了除外规定，但有权作出该除外规定的仅限于"法律"。实践中有：

（1）低于二年

如《治安管理处罚法》第二十二条规定："违反治安管理行为在六个月内没有被公安机关发现的，不再处罚。""前款规定的期限，从违反治安管理行为发生之日起计算；违反治安管理行为有连续或者继续状态的，从行为终了之日起计算。"

需要注意的是，适用上述六个月时效仅限于"违反治安管理行为"，对于其他公安行政违法行为的追究时效仍为二年。

（2）高于二年

如《税收征收管理法》第八十六条规定："违反税收法律、行政法规应当给予行政处罚的行为，在五年内未被发现的，不再给予行政处罚。"

需要注意的是，适用上述五年时效仅限于"违反税收法律、行政法规应当给予行政处罚的行为"，不包括违反税收规章行为。如违反《税务登记管理办法》的，行政处罚追究时效仍为二年。

关于行政处罚的一般追究时效，司法部曾于2004年9月27日向最高人民法院发出《司法部关于违纪违法律师行政处罚有关法律适用问题的函》（司发函〔2004〕177号），内容为："根据《律师法》第四十五条规定，律师向法官等司法人员行贿的，司法行政部门要吊销律师执业证书，构成犯罪的，依法追究刑事责任。并没有规定处罚的时效和从轻或减轻的情形。经研究，我部认为，在处罚向法官行贿的律师中，应适用《律师法》的规定。主要理由是：1.根据特殊法优于一般法原则，对行贿法官的律师违纪违法的处罚，《律师法》在法律适用上应优于《行政处罚法》……2.这种做法符合国际上的通例……3.有利于进一步加强律师队伍的管理……以上意见请予研究并望给予支持，如无不妥，望能通过适当方式告知各级人民法院，在对向法官行贿的律师行政处罚而引起的行政诉讼中，不因处罚时效等问题受到影响。妥否，请函复。"但经多方查找，未见最高人民法院相关函复。

笔者认为，行政处罚法属于基本法律，其二年追究时效的规定应当普遍适用于其他一般法律，除了"法律另有规定"。客观上，目前亦仅有《治安管理处罚法》《税收征收管理法》等个别法律对于追究时效"另有规定"，如果相关观点成立，势必导致追究时效制度"空转"。

2.适用前提：违法行为"未被发现"

根据《行政处罚法》（2017年修正）第二十九条，因超过追究时效而不再给予行政处罚的适用情形是"违法行为在二年内未被发现"，实践中对于何为"被发现"发生争议。如某药店因涉嫌销售假药被公安机关查获、立案侦查，期间食品药品监管部门参与了案件侦查，2014年7月法院一审判决药店负责人犯生产销售假药罪，处以有期徒刑6个月；2015年1月，食品药品监管部门在药店负责人服刑完毕重新启动行政处罚程序，拟吊销其《药品经营许可证》和对主要责任人实施资格罚。后当事人以行政处罚违反了《行政处罚法》第二十九条"违法行为在二年内未被发现的，不再给予行政处罚"之规定向法院提起行政诉讼，行政机关实施行政处罚是否违法？

2004年11月10日，司法部向全国人大常委会法制工作委员会发出《关于提请明确对行政处罚追诉时效"二年未被发现"认定问题的函》（司发函〔2004〕212号），内容为："在对违法违纪律师行政处罚中，一些地方司法行政机关对该条款中'二年未被发现'的认定问题存在不同理解。为了推动律师队伍集中教育整顿活动的深入开展，有必要对此予以明确。经研究，我部认为，《行政处罚法》第二十九条规定的发现违法违纪行为的主体是处罚机关或有权处罚的机关，公安、检察、法院、纪检监察部门和司法行政机关都是行使社会公权力的机关，对律师违法违纪行为的发现都应该具有《行政处罚法》规定的法律效力。因此上述任何一个机关对律师违法违纪行为只要启动调查、取证和立案程序，均可视为'发现'；群众举报后被认定属实的，发现时效以举报时间为准。以上当否，请函复。"

2004年12月24日，全国人大常委会法制工作委员会作出《关于提请明确对行政处罚追诉时效"二年未被发现"认定问题的函的研究意见》（法工委复字〔2004〕27号），内容为："司法部：你处送来的关于提请明确对行政处罚追诉时效'二年未被发现'认定问题的函收悉。经研究，同意你部的意见。"据此，对于发现主体应当进行扩大解释，定位为所有行使社会公权力的机关。

需要说明的是，虽然该意见仅针对律师管理，但有关"发现"的理解已广泛应用于其他行政执法领域并被司法实践认可。

案例24：发现违法违规行为并非必然引起行政处罚的结果[①]

2018年8月8日，王某兴向某市司法局举报，要求对违法收费、违规办案的某律师事务所律师赵某进行处罚。市司法局对有关情况进行核实，发现赵某在代理过程中存在私自收费收案的情况，但其行为已过行政处罚追诉时效，从加强律师队伍管理角度出发，对其进行了批评教育，诫勉谈话。2018年8月21日，市司法局将处理结果通过电话告知王某兴，同时引导其通过法律途径解决问题。王某兴不服，提起行政诉讼。

一审法院认为，本案系举报案件，且经调查赵某在代理过程中存在私自收费收案的情况，系群众举报后被认定属实，故应按举报时间2018年8月8日计算发现时效。判决：1.责令市司法局在本判决生效之日起法定期限内，针对王某兴的请求重新作出处理；2.驳回王某兴其他诉讼请求。市司法局不服，提起上诉。

二审法院认为，发现律师违法违纪行为是否应当进行行政处罚，亦应当考虑是否符合《行政处罚法》第二十九条所规定的应当在作出行政处罚的时效内。全国人大常委会法制工作委员会《关于提请明确对行政处罚追诉时效"二年未被发现"认定问题的函的研究意见》所规定的是发现的情形，并没有规定发现律师违法违纪行为必然引起行政处罚的结果，该规定并未突破《行政处罚法》第二十九条所规定的二年追诉时效。根据《行政处罚法》第二十九条的规定，只要违法行为在二年内未被发现且无法律法规规定除外情形的，不再给予行政处罚。

---

①参见（2019）辽14行终101号《行政判决书》。

本案王某兴因其女儿涉嫌犯罪委托律师赵某作为辩护律师，并分别签订两份委托代理合同，至2014年11月25日双方实际履行了合同内容，至此该两份委托代理合同已经实际履行完毕，即至2014年11月25日赵某与王某兴所签订2014年3月30日的律师委托合同已经履行完毕，其律师代理行为已经终了。2018年8月王某兴以赵某于2014年3月30日的委托代理存在违法收费问题，向市司法局进行举报，已经超过《行政处罚法》第二十九条所规定应当进行行政处罚的追诉期限，亦没有法律规定的除外情形。市司法局对于王某兴的举报，经调查核实，认为赵某的违法行为已过行政处罚追诉时效未对举报事项进行行政处罚，但从加强律师队伍管理的角度出发，对其进行了批评教育、诫勉谈话，并于2018年8月21日向举报人告知举报处理结果，作出的处理结果并无不当，王某兴诉市司法局履行对赵某进行行政处罚法定职责的理由不能成立。

判决：1.撤销一审行政判决；2.驳回被上诉人王某兴的诉讼请求。

3.时效起算：违法行为发生之日／终了之日

（1）违法行为发生之日

根据《行政处罚法》（2017年修正）第二十九条，追究时效从违法行为发生之日起计算。"违法行为发生之日"是指违法行为完成或者停止之日。对特殊情况下的"违法行为发生之日"认定，相关部门作过专门解释。如全国人大常委会法制工作委员会《对建筑施工企业母公司承接工程后交由子公司实施是否属于转包以及行政处罚两年追溯期认定法律适用问题的意见》（法工办发〔2017〕223号）："……二、关于建筑市场中违法发包、转包、分包、挂靠等行为的行政处罚追溯期限问题，同意你部的意见，对于违法发包、转包、分包、挂靠等行为的行政处罚追溯期限，应当从违法发包、转包、分包、挂靠的建筑工程竣工验收之日起计算。合同工程量未全部完成而解除或暂时终止履行合同的，为合同解除或终止之日。"

（2）违法行为终了之日

根据《行政处罚法》（2017年修正）第二十九条，违法行为有连续或者继续状态的，追究时效从违法行为终了之日起计算。近年来，国家有关部门就实践中的具体问题进行过答复或者明确，如原国家工商行政管理局2000年8月23日《对公司登记违法行为行政处罚追责时效问题的答复》（工商企业〔2000〕第176号）："北京市工商行政管理局：你局《关于对公司登记违法行为行政处罚追责时效问题的请示》（京工商文字〔2000〕92号）收悉。经研究，现答复如下：同意你局的处理意见。依据《公司法》第二百零六条的规定，属于违反本规定的违法行为，即应依法处理。如违法的公司自行纠正其违法行为，并达到了《公司法》规定的条件，且自该纠正行为之日起超过二年的，则不应再追究其违法行为。"既然自行纠正后违法行为已经终了了，理应自该纠正行为之日起计算时效。

又如，原环境保护部《关于建设项目"未批先建"违法行为法律适用问题的意见》（环政法函〔2018〕31号）："由于新环境保护法与新环境影响评价法取消了'限期补办手续'的要求，因此，'未批先建'就不再是一直处于未进行环境影响评价的违法状态，针对'未批先建'违法行为的终了之日就应当定为建设行为终了之日。"但是，"未批先建"不予处罚，并不代表违反"三同时"制度未验先投也不予处罚，实践中应当加以甄别。

①违法行为的连续状态

根据原国务院法制办公室对湖北省人民政府法制办公室《关于如何确认违法行为连续或继续状态的请示的复函》（国法函〔2005〕442号），《行政处罚法》第二十九条中规定的违法行为的连续状态，是指当事人基于同一个违法故意，连续实施数个独立的行政违法行为，并触犯同一个行政处罚规定的情形。

②违法行为的继续状态

至今未见权威解释。通说认为，它是指违法行为从着手实行到由于某种原因终止以前一直处于持续状态。具体构成包括：第一，是一个行为，主观上具有一个故意；第二，持续地侵害同一个法益，如果其所侵害的是法律所保护的不同权益，那就不是；第三，在违法行为既遂（即完全齐备全部构成要件）以后，违法状态仍然处于持续之中；第四，违法行为在相当长的时间里持续地存在，而且是不间断地存在。

4.法律后果：不再给予行政处罚

即违法行为存在，但因超过追究时效而不再给予行政处罚。《行政处罚法》（2021年修订）第五十七条针对的是调查终结后应当依法作出不同处置的4种情形，并不包括"因超过追究时效而不再给予行政处罚"。因此，对于"因超过追究时效而不再给予行政处罚"的，应作终止调查处理。对此，行政处罚法未作规定。有的规章作了规定，如《公安机关办理行政案件程序规定》第二百五十九条第一款第二项。

5.疑难问题：违法占地、违法建设的追究时效

违法占地、违法建设是一种发案率高、隐蔽性强、危害性大的违法行为，只要没有被纠正，其危害后果——违法的建筑物、构筑物、设施会一直存在。一段时间以来，有观点认为违法占地、违法建设只要超过两年就不再追究，导致违法占地、违法建设泛滥，对自然资源和规划管理造成了严重影响。为此，有关违法占地、违法建设的追究时效问题值得研究。

（1）最高人民法院行政审判庭、全国人大常委会法制工作委员会答复

①最高人民法院行政审判庭《关于如何计算土地违法行为追诉时效的答复》（〔1997〕法行字第26号）

国土资源部：你部（原国家土地管理局）〔1997〕国土（法）字第135号《关于如何计算土地违法行为追诉时效的请示》收悉。经研究并征求全国人大法工委的意见，答复如下：对非法占用土地的违法行为，在未恢复原状之前，应视为具有继续状态，其行政处罚的追诉时效，应根据行政处罚法第二十九条第二款的规定，从违法行为终了之日起计算；破坏耕地的违法行为是否具有连续或继续状态，应根据案件的具体情况区别对待。

②全国人大常委会法制工作委员会《对关于违反规划许可、工程建设强制性标准建设、设计违法行为追诉时效有关问题的意见》（法工办发〔2012〕20号）

住房和城乡建设部办公厅：你部送来的《关于违反规划许可、工程建设强制性标准建设、设计违法行为追诉时效有关问题的请示》（建法函〔2011〕316号）收悉。经研究，同意你部意见。

住房城乡建设部的意见是什么？该部《关于违反规划许可、工程建设强制性标准建设、设计违法行为追诉时效有关问题的请示》（建法函〔2011〕316号）提出："近日，地方在执法实践中发现，部分建设项目违反规划许可、工程建设强制性标准，相关责任单位的违法行为在2年后才被发现。地方在查处时大致有两种意见：一是认为依照《行政处罚法》第二十九条第一款，发现相关责任单位实施违法行为时超过2年，不应再追究其违法责任；二是认为违反规划许可、工程建设强制性标准进行建设、设计、施工，其行为有继续状态，应当自纠正违法行为之日起计算行政处罚追诉时效。我部认同第二种意见，违反规划许可、工程建设强制性标准进行建设、设计、施工，因其带来的建设工程质量安全隐患和违反城乡规划的事实始终存在，应当认定其行为有继续状态，根据《行政处罚法》第二十九条规定，行政处罚追诉时效应当自行为终了之日起计算。"

从最高人民法院行政审判庭、全国人大常委会法制工作委员会的上述答复可以看出，立法部门和审判机关均认同"违法占地、违法建设行为有继续状态"。

（2）司法实践中的态度

司法实践中，不少案件均按上述答复口径裁判。如圣安实业有限公司与某县人民政府土地征收纠纷再审案，最高人民法院认为："根据《闲置土地处置办法》的规定无偿收回闲置土地的行为，属于行政处罚，应当适用行政处罚法的相关规定。根据《行政处罚法》第二十九条第一款的规定，违法行为在二年内未被发现的，不再给予行政处罚；前款规定的期限，从违法行为发生之日起计算；违法行为有连续或者继续状态的，从行为终了之日起计算。虽然县国土局2015年才对圣安公司闲置土地的行为进行调查，但圣安公司对案涉土地延迟开发的行为一直处于连续状态，其违法行为应当从其延迟开发行为终了之日起计算。虽然圣安公司称自2007年起县政府已停止对案涉土地的报建，但圣安公司亦未提交任何证据证明其在2007年之后有向政府相关部门申请报建或实施动工开发的相关准备工作，其明显不具备动工开发的意愿。圣安公司认为县政府无偿收回决定超过法定期限的主张，没有法律根据，本院亦不支持。"①

《人民司法》研究组认为："行政相对人违法建房，在该房屋未被拆除退还违法占地以前，该行为给社会造成的直接损失基本上未消除。因此这类违法行为属于继续状态，其行政处罚追究时效应当从拆除房屋或退还违法占用土地的次日开始计算。"②

（3）争鸣

如前所述，违法行为的继续状态最本质的特征是"一个行为"，该行为"在相当长的时间里持续地存在，而且是不间断地存在"。从这一要义看，相关答复将违法占地、违法建设行为定性为"继续状态"，似乎有些牵强，理论界、实务界均有质疑。如有著作认为："如果认为违法建筑存在属于违法行为的持续状态，又与时效制度理论存在悖论。建立时效制度就是为了维护社会秩序的稳定，促进行政机关及时行使职权。如果违章建筑存在可以作为违法行为持续的事实根据，那么，盗窃他人财物的人一直占用、使用所盗物品是否也可以作为盗窃行为处于持续状态的根据呢？显然不行！因此，目前普遍的以违法建筑存在就是建设违法行为持续，以此延续对违法建筑行为的追溯时效，是对时效制度的否定。"③既如此，未来制定国土空间规划法时作"另行规定"更为妥当。

（三）《行政处罚法》（2021年修订）关于追究时效的调整

修订过程	法条内容
行政处罚法（2017年修正）	**第二十九条** 违法行为在二年内未被发现的，不再给予行政处罚。法律另有规定的除外。 前款规定的期限，从违法行为发生之日起计算；违法行为有连续或者继续状态的，从行为终了之日起计算。

①参见（2017）最高法行申5480号《行政裁定书》。

②《人民司法》1999年第1期。

③江必新主编：《〈中华人民共和国行政强制法〉条文理解与适用》，人民法院出版社2011年版。

续表

修订过程	法条内容
修订草案征求意见稿	**第三十二条**　违法行为在二年内未被有权机关发现的，不再给予行政处罚。对生态环境、食品药品等涉及人民群众生命健康安全领域中的违法行为，在五年内未被有权机关发现的，不再给予行政处罚。法律另有规定的除外。 前款规定的期限，从违法行为发生之日起计算；违法行为有连续或者继续状态的，从行为终了之日起计算。
修订草案	**第三十三条**　违法行为在二年内未被有权机关发现的，不再给予行政处罚。对涉及公民生命健康安全的违法行为，在五年内未被有权机关发现的，不再给予行政处罚。法律另有规定的除外。 前款规定的期限，从违法行为发生之日起计算；违法行为有连续或者继续状态的，从行为终了之日起计算。
修订草案二次审议稿	与修订草案基本一致
行政处罚法（2021年修订）	**第三十六条**　违法行为在二年内未被发现的，不再给予行政处罚；涉及公民生命健康安全、金融安全且有危害后果的，上述期限延长至五年。法律另有规定的除外。 前款规定的期限，从违法行为发生之日起计算；违法行为有连续或者继续状态的，从行为终了之日起计算。

1.变化内容

《行政处罚法》（2021年修订）将涉及公民生命健康安全、金融安全且有危害后果的违法行为，延长追诉时效至五年。这是本次修订的亮点。

2.修订背景

（1）关于涉及公民生命健康安全的违法行为

生命健康权是公民最根本的人身权，保护公民生命健康是国家法律的重要任务。2020年6月28日，全国人大常委会法制工作委员会副主任许安标在第十三届全国人民代表大会常务委员会第二十次会议上作《关于〈中华人民共和国行政处罚法（修订草案）〉的说明》提出："加大重点领域执法力度，涉及公民生命健康安全的违法行为的追责期限由两年延长至五年。"

（2）关于涉及金融安全的违法行为

金融安全指货币资金融通的安全和整个金融体系的稳定。在经济全球化加速发展的今天，金融安全在国家经济安全中的地位和作用日益加强。近年来，金融领域违法行为呈上升态势，提高打击力度的呼声较大。2020年5月23日中国证券网发贴："全国两会期间，全国人大代表、吉林银保监局局长刘峰认为，亟需适当延长金融领域的行政处罚追诉时效，使金融领域违法犯罪行为得到有效遏制和纠正，更好地保护金融投资者和消费者合法权益。他建议，充分考虑金融领域监管执法的特殊要求，修改行政处罚法第二十九条相关规定，延长金融领域的行政处罚追诉时效至五年。"上述建议得到了立法机关的重视。2021年1月20日，全国人民代表大会宪法和法律委员会《关于〈中华人民共和国行政处罚法（修订草案）〉审议结果的报告》提出："明确违法行为涉及公民生命健康安全、金融安全且有危害后果的，追责期限延长至五年。"

3.值得探讨的问题

（1）何为涉及公民生命健康安全？

《国务院关于加强食品等产品安全监督管理的特别规定》第二条规定："本规定所称产品除食品外，还包括食用农产品、药品等与人体健康和生命安全有关的产品。"参考行政法规和国务院部门的贯彻规定，涉及公民生命健康安全一般涵盖食品、药品、医疗器械、化妆品、家用电器、特种设备、食用农产品、生猪屠宰等领域。

（2）何为涉及金融安全？

2008年12月3日，最高人民法院印发《关于为维护国家金融安全和经济全面协调可持续发展提供司法保障和法律服务的若干意见》的通知（法发〔2008〕38号）提出："制裁金融违法违规行为，大力整顿规范金融秩序要依法制裁金融违规行为。要防止一些民间机构和企业，通过高利率变相吸收公众存款、非法集资等扰乱国家正常金融秩序行为。要保障证券市场的稳定运行。证券市场的稳定运行和健康发展，直接关系到金融秩序和社会的稳定。当前，一些证券机构、上市公司、投资机构操纵股价、内幕交易、虚假陈述等违法行为时有发生，……"据此，实践中主要涉及证券、银行、保险等金融管理领域，常见违法行为包括非法吸收公众存款，非法集资，以及操纵股价、内幕交易、虚假陈述等。

（3）如何理解涉及公民生命健康安全、金融安全与"有危害后果"的关系？

实践中，对于五年追究时效的适用范围可能会形成两种理解：第一，涉及公民生命健康安全，涉及金融安全且有危害后果；第二，涉及公民生命健康安全且有危害后果，涉及金融安全且有危害后果。

笔者认为，从立法技术和字面角度理解，应当按第二种观点理解，因为顿号表示两个层次以上的并列关系，其后的"且"同时对并列内容构成辐射。江苏省高级人民法院行政庭课题组亦认为："修订后的行政处罚法规定涉及公民生命健康安全、金融安全且有危害后果的，行政处罚追责期限由二年延长至五年，以破解重大违法行为违法成本低、惩处力度不够等问题。适用五年追责期限应具备两个条件：一是违法行为在性质上应当属于涉及公民生命健康安全、金融安全的违法行为；二是要有危害后果的客观存在。"[1]但尴尬的是，从修订草案征求意见稿到修订草案，直至修订草案二次审议稿，均规制"涉及公民生命健康安全"，未强调"有危害后果"。

八、法的溯及力

（一）内涵与外延

法的溯及力，也称法律溯及既往的效力，是指法律对其生效以前的事件和行为是否适用。简言之，如果适用，该法就具有溯及力；如果不适用，该法就不具有溯及力。载入1804年《法国民法典》第二条的古罗马法律格言曰："法律仅仅适用于将来，没有溯及力"，即法不溯及既往。

关于法的溯及力，规定最早、体系最为缜密的当属刑法。对此，各国采取不同原则，概括起来大致有以下4种：

1.从旧原则

即刑法对其生效前的行为一律没有溯及力。禁止溯及既往是罪刑法定原则的要求之一，是指犯罪及其惩罚必须在行为前预先规定，刑法不得对其公

---

[1]江苏省高级人民法院行政庭课题组：《行政处罚法修订后司法、执法如何应对》，2021年7月6日《江苏法治报》。

布、实行前的行为进行追究。

2.从新原则

即刑法对于其生效前未经审判或判决尚未确定的行为一律适用，具有溯及力。

3.从新兼从轻原则

即新法原则上具有溯及力，但旧法（行为时法）不认为是犯罪或者处刑较轻时，依照旧法处理。

4.从旧兼从轻原则

即新法原则上不具有溯及力，但新法不认为是犯罪或者处刑较轻的，则依新法处理。

需要说明的是，上述法的溯及力问题针对的是实体法，程序法则不然。法谚云："实体从旧、程序从新"，程序法遵循溯及既往或"从新"原则。有学者认为："程序法溯及既往作为原则是国内外法学学界的共识。"①从理论上讲，程序法作为法律的一种，毫无疑问也存在是否溯及既往的问题，但是各国在程序法的立法中通常不对此予以规定。

在我国，2004年最高人民法院印发的《关于审理行政案件适用法律规范问题的座谈会纪要》（法〔2004〕96号，以下简称《座谈会纪要》）明确提出了"实体问题适用旧法规定，程序问题适用新法规定"原则，为依法行政和行政审判提供了基本遵循。

（二）行政处罚中的法律溯及力问题

1.背景

一直以来，我国有关行政法的溯及力问题研究较为薄弱。有学者提出："在国内所有法理学的教科书中，如果有关于法的溯及力问题的论述一般都不会超过百字，而且多是以刑法的规定为例证。而我们皆知的是，刑法要求的不溯既往，是'从旧兼从轻'原则，这显然与其他法律的要求不尽相同，也不能完全说明其他法律所要求的不溯既往。""前些年对法的溯及力问题

---

① 胡建淼、杨登峰：《有利法律溯及原则及其适用中的若干问题》，《北京大学学报（哲学社会科学版）》2006年第6期。

和法律不溯既往原则的研究主要集中在刑法领域，其他如行政法和税法领域，对此问题和原则也有一些涉及。但是，法理学却长期缺乏系统性和深入性的探讨。这种'缺席'是令人遗憾和尴尬的。"①

行政处罚法修订前，有关行政处罚中的法律溯及力的规定主要是《立法法》和《座谈会纪要》。

（1）《立法法》

该法第九十三条规定："法律、行政法规、地方性法规、自治条例和单行条例、规章不溯及既往，但为了更好地保护公民、法人和其他组织的权利和利益而作的特别规定除外。"这是立法法中的不溯及既往规定，有学者将其归纳为"从旧兼有利"原则。

（2）《座谈会纪要》

该纪要提出："根据行政审判中的普遍认识和做法，行政相对人的行为发生在新法施行以前，具体行政行为作出在新法施行以后，人民法院审查具体行政行为的合法性时，实体问题适用旧法规定，程序问题适用新法规定，但下列情形除外：（一）法律、法规或规章另有规定的；（二）适用新法对保护行政相对人的合法权益更为有利的；（三）按照具体行政行为的性质应当适用新法的实体规定的。"

为了弥补令人遗憾和尴尬的"缺席"，行政处罚法修订中对于法律溯及力问题进行了正面应对。2020年6月28日，全国人大常委会法制工作委员会副主任许安标在第十三届全国人民代表大会常务委员会第二十次会议上所作《关于〈中华人民共和国行政处罚法（修订草案）〉的说明》指出："……四是增加'从旧兼从轻'适用规则，行政处罚的依据适用违法行为发生时的法律、法规和规章的规定，但是新的法律、法规和规章的规定更有利于当事人的，适用新的法律、法规和规章的规定。"

---

① 朱力宇：《关于法的溯及力问题和法律不溯既往原则的若干新思考》，《法治研究》2010年第5期。

2.法条规定

修订过程	法条内容
行政处罚法（2017年修正）	一
修订草案征求意见稿	第三十三条　行政处罚适用违法行为发生时的法律、法规和规章的规定。作出行政处罚决定时，法律、法规和规章已被修改或者废止，且更有利于当事人的除外。
修订草案	第三十四条　行政处罚的依据适用违法行为发生时的法律、法规和规章的规定。但是，作出行政处罚决定时，法律、法规和规章已被修改或者废止，且新的法律、法规和规章的规定更有利于当事人的，适用新的法律、法规和规章的规定。
修订草案二次审议稿	第三十五条　行政处罚的依据适用违法行为发生时的法律、法规和规章的规定。但是，作出行政处罚决定时，法律、法规和规章已被修改或者废止，且新的法律、法规和规章不认为是违法行为或者处罚较轻的，适用新的法律、法规和规章。
行政处罚法（2021年修订）	第三十七条　实施行政处罚，适用违法行为发生时的法律、法规、规章的规定。但是，作出行政处罚决定时，法律、法规、规章已被修改或者废止，且新的规定处罚较轻或者不认为是违法的，适用新的规定。

《行政处罚法》（2021年修订）对"从旧兼从轻"适用规则作了规定。本条为新增条款，从修订草案征求意见稿到修订草案一审、二审、三审，虽然法条内容几经调整，但该规则一直位居其中。

3.对"从旧兼从轻"适用规则的理解

（1）原则上"从旧"——适用旧法

根据《行政处罚法》（2021年修订）第三十七条，实施行政处罚"适用违法行为发生时的法律、法规、规章的规定"。就现代法而言，法律一般只能适用于生效后发生的事件和行为，不适用于生效前的事件和行为，此即"法不溯及既往"。

（2）特殊情况下"从新"——适用新法

即《行政处罚法》（2021年修订）第三十七条中的但书——"但是，作出行政处罚决定时，法律、法规、规章已被修改或者废止，且新的规定处罚较轻或者不认为是违法的，适用新的规定"，此即"从新兼从轻"。

值得注意的是，特殊情况下适用新法必须同时具备两个条件：

①作出行政处罚决定时，法律、法规、规章已被修改或者废止

法律、法规、规章被修改或者废止的时间节点是"作出行政处罚决定时"，并非"行政处罚决定生效时"或者"行政处罚决定执行前"。这是"既判从旧"与法的安定性原则的要求与体现。

②新的规定处罚较轻或者不认为是违法

修订草案征求意见稿、修订草案均采用了"更有利于当事人"的表述，修订草案二次审议中调整为"新的规定处罚较轻或者不认为是违法"。笔者认为，如此调整的原因是"更有利于当事人"源于《立法法》"从旧兼有利"原则，较为宏观、原则；行政处罚法是指导行政处罚实践的一般法律，"新的规定处罚较轻或者不认为是违法"正是"更有利于当事人"的体现，且更具可操作性。

（三）一个颇有争议的话题——《城乡规划法》的适用

1.城乡规划法规的交替及适用争议

新中国成立以来，我国先后颁布施行过3部城乡规划法规，分别是1984年1月5日颁布的《城市规划条例》；1989年12月26日通过、1990年4月1日起施行的《城市规划法》；2007年10月28日通过、2008年1月1日起施行的《城乡规划法》。上述法律法规是相应历史时期治理违法建设的主要依据。其间发生过两次交替：

（1）第一次交替：《城市规划法》取代《城市规划条例》

《城市规划法》第四十六条规定：本法自1990年4月1日起施行，国务院发布的《城市规划条例》同时废止。

1990年11月8日，原建设部就《城市规划法》的法律溯及力问题以（90）建法字第577号文向全国人大常委会提交《建设部关于城市规划法的法律溯及力问题的请示》，内容为：《城市规划法》正式实施后，一些地方的城市规划行政主管部门不断给我部来电或来函，询问在该法实施前发生的

违法行为，在该法实施后发现并需作出处理，应当适用于《城市规划法》还是适用于《城市规划条例》。我部提出："按照法律一般不溯及既往的原则，在该法实施后处理该法实施前发生的违法案件，还是应当适用于《城市规划条例》，而不应适用于《城市规划法》"。1990年12月11日，全国人大常委会办公厅以常办〔1990〕秘字第093号文件函复：关于城市规划法的法律溯及力问题，同意你部的意见。请按此办理。

据此，1990年4月1日《城市规划法》正式实施后，发现1990年4月1日至1984年1月5日期间形成的违法建设，原则上应当适用《城市规划条例》进行认定和查处，而不应当适用《城市规划法》。因全国人大常委会办公厅的明确答复，实践中对于第一次交替的法律适用没有争议。

（2）第二次交替：《城乡规划法》取代《城市规划法》

《城乡规划法》第七十条规定：本法自2008年1月1日起施行，《中华人民共和国城市规划法》同时废止。

行政执法实践中，查处2008年1月1日之前发生的违法建设行为如何适用法律产生了分歧，有两种观点：一是适用旧法，理由是法律不溯及既往原则和最高人民法院《座谈会纪要》的规定。二是适用新法，理由是违法建设行为以违法建筑物等形式存在，在其没有采取改正措施消除影响（如补办手续、拆除等）之前，始终处于继续状态，不存在新旧法律适用问题，应当直接适用《城乡规划法》。有的地方通过地方立法作了明确，如《宁波市城乡规划实施规定》第五十四条规定："1990年4月1日《城市规划法》施行后建设的违法建设工程，应当由规划主管部门按照现行有效的城乡规划法律、法规、规章予以处理。"

司法实践中，人民法院有关违法建设的法律适用问题裁判口径不一，有的甚至截然相反，比如：

①广东省高级人民法院认为：涉案房屋于1984年建设，而《城乡规划法》是2008年1月1日实施的，《限期拆除违法建（构）筑通知书》适用《城

乡规划法》认定该房屋为违建，属适用法律不当。①

　　②江苏省南通市中级人民法院认为：违法建筑一直持续存在，应视为违法建筑的继续状态，适用《城乡规划法》的规定予以处罚并不违反法不溯及既往的原则。②

　　③浙江省绍兴市中级人民法院认为：《立法法》第八十四条规定，法律、行政法规、地方性法规、自治条例和单行条例、规章不溯及既往，但为了更好地保护公民、法人和其他组织的权利和利益而作的特别规定除外。在不能证明新法存在上述"特别规定"的情况时，对建造围墙行为的处理应当适用行为发生时的法律、法规，适用《城乡规划法》和《浙江省城乡规划条例》作出限期拆除决定，适用法律、法规错误。③

　　④浙江省杭州市中级人民法院认为：未取得建设工程规划许可证而搭建案涉建筑，由于其违反城乡规划的事实及违法后果始终存在，应当认定违法行为有连续或继续状态，应予以处罚，适用《城乡规划法》作出本案处罚，适用法律正确。④

　　2.最高人民法院观点与判例

　　（1）最高人民法院第一巡回法庭《关于行政审判法律适用若干问题的会议纪要》（以下简称《一巡会议纪要》）⑤

　　2018年3月30日，最高人民法院行政审判庭庭长黄永维到第一巡回法庭调研，组织召开巡回区行政审判工作座谈会，要求对巡回区内四级法院贯彻实施新行政诉讼法及司法解释中的疑难问题进行汇总，形成统一意见，作为行政审判庭制定司法解释和司法政策性文件的参考。根据会议精神，第一巡回法庭行政审判团队将巡回区四省区高级人民法院报送的问题收集、整理，并报经第一巡回法庭行政专业主审法官会议讨论，研究形成了《第一巡回法

①参见（2015）粤高法行提字第6号《行政判决书》。
②参见（2015）通中行终字第00212号《行政判决书》。
③参见（2015）浙绍行终字第147号《行政判决书》。
④参见（2015）浙杭行终字第528号《行政判决书》。
⑤参见《第一巡回法庭工作信息》2018年第5期，2018年7月23日。

庭巡回区四省区行政审判法律适用若干疑难问题的意见》（以下简称《意见》）。6月8日，第一巡回法庭在广西北海市召开四省区高级人民法院主管副院长和业务骨干参加的座谈会，对《意见》进行讨论，形成二十八条共识。现纪要如下：……

25.违法建筑物建成于《城乡规划法》实施之前，规划部门在该法实施之后作出行政处罚，应当适用《城乡规划法》还是《城市规划法》的相关规定。

答：行政机关作出行政处罚决定，实体处理应当适用违法行为发生时有效的法律。但是，新法的规定更有利于被处罚人的，应当根据从旧兼从轻的原则，适用新法规定。

违法行为处于持续状态的，应当适用违法行为终了时有效的法律。违法建筑属于违法行为持续状态，应当适用作出行政处罚时有效的《城乡规划法》。

理由：《最高人民法院关于审理行政案件适用法律规范问题的座谈会纪要》第三条规定，行政相对人的行为发生在新法施行以前，行政行为作出在新法施行以后，人民法院审查行政行为合法性时，实体问题适用旧法规定，程序问题适用新法规定，但适用新法对保护行政相对人的合法权益更为有利的除外。根据原建设部的行政解释，违法建筑属于违法行为的持续状态，违法行为终了之日就是依法作出处理之日，因此，应当适用作出行政处罚时有效的《城乡规划法》。

从上述规定看，最高人民法院第一巡回法庭的意见是，违法建筑属于违法行为持续状态，应当适用作出行政处罚时有效的《城乡规划法》。理由是"根据原建设部的行政解释，违法建筑属于违法行为的持续状态，违法行为终了之日就是依法作出处理之日"。

需要注意的是：上述会议纪要中使用的是"持续状态"，不同于《行政处罚法》（2017年修正）第二十九条、《行政处罚法》（2021年修订）第三十六条的"连续或者继续状态"。

（2）最高人民法院相关裁判[①]

如陈某因诉某经济开发区管理委员会行政处罚及行政强制拆除，申请再审。最高人民法院经审查认为，陈某自建的涉案房屋位于洋浦××期项目用地范围内。该房屋所占土地已于1992年被征收为国有土地，政府有关部门已于1992年对征地范围内的建筑物、构筑物进行调查登记备案并制作了1992年房屋调查底册，但陈某的涉案房屋并不在该底册中，规划部门也没有陈某申请办理房屋规划报建的记录和报建审批材料。陈某亦未持有涉案房屋的建设工程规划许可证或房屋、土地的相关权属凭证。因此，陈某在既未取得涉案房屋的建设工程规划许可证也未取得该房屋所占土地使用权的情况下，就在国有土地上擅自建房的行为明显违反了《城乡规划法》第四十条第一款和第四十一条第四款的规定，其所建的涉案房屋应属违法建筑。

虽然陈某诉称涉案房屋建于2002年，不适用上述法律的规定，但因当时有效的《城市规划法》第三十二条已对个人建房的报建报批手续作了明确规定，故根据当时有效的上述法律的规定，陈某所建的涉案房屋仍属违法建筑。并且，涉案房屋属于违法建筑的状态一直持续至其被拆除前，故管委会根据上述事实和法律规定认定涉案房屋属于违法建筑，并无不妥。

3.《城乡规划法》的适用——"跨法行为从新"

应当说，《一巡会议纪要》一方面坚持了"从旧兼从轻"的原则，另一方面特别对于违法建筑的新旧法律交替适用进行了明确，即：违法建筑属于违法行为持续状态，应当适用作出行政处罚时有效的《城乡规划法》。而最高人民法院（2020）最高法行申8713号《行政裁定书》的裁判理念与上述会议纪要并无二致。这是对于违法建设这类特殊违法行为的特定适用规则，有学者称之为"跨法行为从新"。

"跨法行为从新"是法律不溯既往原则在私法领域的例外。有学者认为：所谓"跨法行为"，类似于刑法理论中的"跨法犯"，是指行为开始于新法生效之前，结束于新法施行之后，跨越新旧两部法律的情形。只要这种

[①] 参见（2020）最高法行申8713号《行政裁定书》。

法律行为具有一定的连续性或者约定了某种连续性，在法律修改的前提下，都可能成为"跨法行为"……这种法律适用的原则不仅体现在合同法中，在许多民商事领域的其他法律中，也有类似的规定。在刑法领域，对于"跨法犯"也采取"从新"原则。由于跨法犯在实践中的表现一般是连续犯或继续犯，而我国刑法对于连续犯、继续犯的追诉期限采用以行为终了时有效的法律为准，因此，对跨法犯宜适用新法。1998年12月2日，最高人民检察院《关于对跨越修订刑法施行日期的继续犯罪、连续犯罪以及其他同种数罪应如何具体适用刑法问题的批复》明确：对于开始于1997年9月30日以前，继续到1997年10月1日以后终了的继续犯罪，应当适用修订刑法一并进行追诉。对于开始于1997年9月30日以前，连续到1997年10月1日以后的连续犯罪，或者在1997年10月1日前后分别实施同种类数罪，其中罪名、构成要件、情节以及法定刑均没有变化的，应当适用修订刑法，一并进行追诉；罪名、构成要件、情节以及法定刑已经变化的，也应当适用修订刑法，一并进行追诉，但是修订刑法比原刑法所规定的构成要件和情节较为严格，或者法定刑较重的，在提起公诉时应当提出酌情从轻处理意见。[①]

笔者认为：

（1）从统一法律适用维度看，"跨法行为从新"具有积极意义

关于违法建设的法律责任，《城市规划法》与《城乡规划法》相比并无轻重之分，只不过是后者的内容比前者更为科学与完善。亦即，按照"从旧兼从轻"规则，适用旧法《城市规划法》仍然能够对一定时期内形成的违法建设实施治理；以违法建筑属于违法行为持续状态为由作出统一适用《城乡规划法》的规则对于行政执法实践而言"善莫大焉"，关键是要进一步明确，否则，行政机关将无所适从。

但是，尽管《一巡会议纪要》2018年即已印发，但是实践中依然有不少相左的判例。如有裁判文书认为：《城乡规划法》系2008年1月1日开始实施，而原告的钢架棚于2004年搭建，《城乡规划法》对该行为不具有溯及

---

①参见朱力宇：《关于法的溯及力问题和法律不溯既往原则的若干新思考》，《法治研究》2010年第5期。

力。原告在没有取得建设工程规划许可证的情况下搭建钢架棚是否违法，应当依照当时的法律进行认定。被告县城市管理和综合执法局在决定中，援引《城乡规划法》第四十条第一款"在城市、镇规划区内进行建筑物、构筑物、道路、管线和其他工程建设的，建设单位或个人应当向城市、县人民政府城乡规划主管部门或者省、自治区、直辖市人民政府确定的镇人民政府申请办理建设工程规划许可证"，认定原告的行为违法，属于适用法律错误。^①

而且，此前最高人民法院的裁判文书也有的支持适用旧法。如（2017）最高法行申5253号《行政裁定书》认为：根据法不溯及既往原则，最高人民法院《关于审理行政案件适用法律规范问题的座谈会纪要》第三部分规定，新旧法衔接过程中，人民法院审查被诉行政行为的合法性时，实体问题原则上应当适用旧法规定。张某礼违法建设行为发生在2002年，当时有效的法律规范是1990年4月1日起施行的《城市规划法》，32号决定系适用违法行为发生时有效的旧法作出，符合上述会议纪要精神。

（2）"跨法行为从新"系法律不溯既往原则的例外

法律不溯既往为世界公认的法治原则之一，并被规定在许多国家和国际社会的重要法律文献中。可以认为，"从旧兼从轻"是法律不溯既往的基本规则与内容，而"跨法行为从新"则是法律不溯既往的例外情形。而且，"跨法行为从新"中的"从新"非"从旧兼从轻"中的"从新"（即作出行政处罚决定时，法律、法规、规章已被修改或者废止，且新的规定处罚较轻或者不认为是违法的，适用新的规定）——前者系因"行为持续"而"从新"，后者系因"从轻"而"从新"。

（3）"跨法行为从新"不同于行政处罚时效中止

全国人大常委会法制工作委员会《对关于违反规划许可、工程建设强制性标准建设、设计违法行为追诉时效有关问题的意见》（法工办发〔2012〕20号）、最高人民法院行政审判庭《关于如何计算土地违法行为追诉时效的答复》（〔1997〕法行字第26号）均认为，违法建设行为有继续状态，根据

———————
① 参见（2019）湘0723行初30号《行政判决书》。

《行政处罚法》第二十九条规定，行政处罚追诉时效应当自行为终了之日起计算。其中的"继续状态"解决的是违法建设行政处罚时效中止事宜，而《一巡会议纪要》中的"持续状态"解决的是违法建设行政处罚法律适用事宜。至于违法建筑建成后，其违法行为是否处于"连续或者继续状态"，或者"持续状态"，有著作提出过质疑，实践中尚有进一步探讨的空间。[①]

九、行政处罚的无效

（一）概念

行政处罚的无效属于无效行政行为范畴。无效行政行为有两个特征：第一，无效行政行为在范围上仅指"重大且明显的违法行为"。第二，无效行政行为在效力上表现为"自始、当然和确定无效"，即从行政行为作出时，无需有权机关宣告就不具有任何法律效力，公民也没有尊重该行为的义务。相反，相对人对其具有程序抵抗权，即拒绝服从或合作的权利。

与无效行政行为相关联的一个概念是行政行为的"不成立"，两者主要区别体现在行政行为是否成熟，是否满足成立要件。无效行政行为首先必须能够成为行政行为，即具有行政行为的外壳，在成为行政行为的基础上再进行合法性的判断。而行政行为的"不成立"指的是行政行为缺乏成立要件，属于未成熟的行政行为。

从以上分析可知，行政处罚的无效是指已经成立但由于重大、明显违法而不具有公定力，从而自始、当然、确定不发生法律效力的行政处罚行为。

（二）《行政处罚法》（2017年修正）的规定

《行政处罚法》（2017年修正）"第一章 总则"第三条第二款规定："没有法定依据或者不遵守法定程序的，行政处罚无效。"此为行政处罚无效。"第五章 行政处罚的决定"第四十一条规定："行政机关及其执法人员在作出行政处罚决定之前，不依照本法第三十一条、第三十二条的规定向当事人告知给予行政处罚的事实、理由和依据，或者拒绝听取当事人的陈述、申辩，行政处罚决定不能成立；当事人放弃陈述或者申辩权利的除外。"此

---

①江必新主编：《〈中华人民共和国行政强制法〉条文理解与适用》，人民法院出版社2011年版。

为行政处罚决定不能成立。

单从法条看，《行政处罚法》（2017年修正）的缺陷就已暴露无遗——第三条第二款规定，"不遵守法定程序"的，"行政处罚无效"；而第四十一条"作出行政处罚决定之前，不依照本法第三十一条、第三十二条的规定向当事人告知给予行政处罚的事实、理由和依据，或者拒绝听取当事人的陈述、申辩"位于"第五章 行政处罚的决定"中，属于"不遵守法定程序"，但其法律后果却为"行政处罚决定不能成立"。

上述问题在理论界、实务界一直饱受诟病，要求修改的呼声很高。

（三）《行政处罚法》（2021年修订）的修改

《行政处罚法》（2021年修订）对于行政处罚无效和行政处罚决定不能成立作了重大修改，为本次修法的亮点。

1.删除了行政处罚决定不能成立

修订过程	法条内容
行政处罚法（2017年修正）	**第四十一条**　行政机关及其执法人员在作出行政处罚决定之前，不依照本法第三十一条、第三十二条的规定向当事人告知给予行政处罚的事实、理由和依据，或者拒绝听取当事人的陈述、申辩，行政处罚决定不能成立；当事人放弃陈述或者申辩权利的除外。
修订草案征求意见稿	**第五十三条**　行政机关及其执法人员在作出行政处罚决定之前，不依照本法第三十八条、第三十九条的规定向当事人告知拟作出决定内容及事实、理由、依据，或者拒绝听取当事人的陈述、申辩，不得作出行政处罚决定；当事人放弃陈述或者申辩权利的除外。
修订草案	**第五十七条**　行政机关及其执法人员在作出行政处罚决定之前，未依照本法第四十一条、第四十二条的规定向当事人告知拟作出的行政处罚内容及事实、理由、依据，或者拒绝听取当事人的陈述、申辩，不得作出行政处罚决定；当事人明确放弃陈述或者申辩权利的除外。
修订草案二次审议稿	与修订草案基本一致
行政处罚法（2021年修订）	**第六十二条**　行政机关及其执法人员在作出行政处罚决定之前，未依照本法第四十四条、第四十五条的规定向当事人告知拟作出的行政处罚内容及事实、理由、依据，或者拒绝听取当事人的陈述、申辩，不得作出行政处罚决定；当事人明确放弃陈述或者申辩权利的除外。

修订背景：

马怀德教授提出，值得注意的是，现行《行政处罚法》第四十一条规定："行政机关及其执法人员在作出行政处罚决定之前，不依法告知当事人给予行政处罚的事实、理由和依据，或者拒绝听取当事人的陈述、申辩的，行政处罚不能成立。"学界对于此处的"不成立"展开过诸多讨论，指出这一立法表述混淆了行政行为的成立要件与合法要件，在司法实践中引发了一定的混乱。一般来说，行政行为成立是指行政行为的作出过程已经完成，行政主体的意思表示转化为确定的法律行为。因此，行政行为的"不成立"本质上应该是指行政行为尚未作出，不具备对外的效果意思，也不产生任何法律上的效果。不成立的行政行为不发生法律效果，但"不成立"本身并不属于对行政行为效力状态的判定。所以，本次修法应当对这一条款进行完善，摒弃在概念上不严谨的"不成立"，而将《行政处罚法》第四十一条所规定的程序违法事由分别纳入无效行政处罚和一般违法的行政处罚中。①

《行政处罚法》（2021年修订）遵从了上述思路，删除了"行政处罚决定不能成立"，修改为"不得作出行政处罚决定"。至此，"行政处罚决定不能成立"永远退出了历史舞台。

2.重新对行政处罚无效作出规定

修订过程	法条内容
行政处罚法（2017年修正）	**第三条** 没有法定依据或者不遵守法定程序的，行政处罚无效。
修订草案	**第三十五条** 行政处罚没有法定依据或者实施主体不具有行政主体资格的，行政处罚无效。 不遵守法定程序构成重大且明显违法的，行政处罚无效。
修订草案二次审议稿	**第三十六条** 行政处罚没有依据或者实施主体不具有行政主体资格的，行政处罚无效。 违反法定程序构成重大且明显违法的，行政处罚无效。
行政处罚法（2021年修订）	**第三十八条** 行政处罚没有依据或者实施主体不具有行政主体资格的，行政处罚无效。 违反法定程序构成重大且明显违法的，行政处罚无效。

①马怀德：《〈行政处罚法〉修改中的几个争议问题》，《华东政法大学学报》2020年第4期。

变化内容：

将行政处罚无效从"第一章 总则"调整至"第四章 行政处罚的管辖和适用"中；删除了"法定"二字；将"不遵守法定程序"修改为"违反法定程序构成重大且明显违法"；增加了"实施主体不具有行政主体资格"情形。

修订背景：

《行政处罚法》（2017年修正）第三条第二款规定："没有法定依据或者不遵守法定程序的，行政处罚无效。"据此，所有"不遵守法定程序"的行政处罚均被纳入无效范围。学界普遍认为，上述规定与行政行为无效理论并不一致，对行政执法实践和司法实践也缺乏指导作用，甚至会引发无效行政行为与一般违法行政行为认定的混乱，要求完善行政处罚无效条款的呼声也很高。有学者建议直接将其删除，但未获采纳。[①]

马怀德教授认为：行政处罚的无效应当包括以下三种情况。第一，行政处罚的实施主体不具有行政主体资格，如行政机关的内设机构在不具备主体资格的条件下实施的处罚应当认定为无效的行政处罚。第二，行政处罚没有法定依据，当行政机关实施的行政处罚没有任何法律法规等依据时，处罚本身也没有法律效力。第三，行政处罚未遵守法定程序构成重大明显违法。在行政行为违反法定程序被撤销重作不受限制的情况下，无效行政处罚事由的界定具有重要现实意义。上述观点最终被立法采纳。[②]

确认行政行为无效是对行政行为最严厉的否定性评价，应当严格适用条件。根据《行政处罚法》（2021年修订）第三十八条，行政处罚无效情形包括：

[①]《修订草案》第三十五条规定："行政处罚没有法定依据或者实施主体不具有行政主体资格的，行政处罚无效。不遵守法定程序构成重大且明显违法的，行政处罚无效。"笔者认为，为弥补《行政处罚法》第三条的缺陷，可以直接将该条删除。参见李洪雷：《论我国行政处罚制度的完善——兼评〈中华人民共和国行政处罚法（修订草案）〉》，《法商研究》2020年第6期。

[②]马怀德：《〈行政处罚法〉修改中的几个争议问题》，《华东政法大学学报》2020年第4期。

①行政处罚没有依据或者实施主体不具有行政主体资格

行政机关具有行政处罚的实施主体资格、实施的行政处罚具有法律法规等依据，是行政处罚生效的前提或者基础；反之，行政处罚当然无效。行政处罚没有依据与实施主体不具有行政主体资格往往紧密相连，故《行政处罚法》（2021年修订）第三十八条将其同列于一款。《行政诉讼法》（2014年修订）第七十五条规定："行政行为有实施主体不具有行政主体资格或者没有依据等重大且明显违法情形，原告申请确认行政行为无效的，人民法院判决确认无效"。《行政处罚法》（2021年修订）第三十八条第一款与《行政诉讼法》（2014年修订）第七十五条保持了一致。

实践中，因行政处罚没有依据或者实施主体不具有行政主体资格而致行政处罚无效的规定多见于相对集中行政处罚权和综合执法改革文件与法规、规章中，如国务院《关于进一步推进相对集中行政处罚权工作的决定》（国发〔2002〕17号）规定："行政处罚权相对集中后，有关部门如果仍然行使已被调整出的行政处罚权，所作出的行政处罚决定一律无效"。又如《浙江省城市管理相对集中行政处罚权条例》第九条规定："由执法部门集中行使的行政处罚权，原行政管理部门不得再行使；继续行使的，其作出的行政处罚决定无效。"此外，2018年《行诉解释》第九十九条规定："有下列情形之一的，属于行政诉讼法第七十五条规定的'重大且明显违法'：（一）行政行为实施主体不具有行政主体资格；（二）减损权利或者增加义务的行政行为没有法律规范依据；（三）行政行为的内容客观上不可能实施；（四）其他重大且明显违法的情形"。该司法解释增加了"行政行为的内容客观上不可能实施"情形。

此外，实践中还应当区分"没有法定依据"与"适用法律法规错误"。如行政处罚本身具有法律依据，但仅是漏写或者错写了具体条文，一般不应认定为无效。

②违反法定程序构成重大且明显违法

《行政处罚法》（2021年修订）第三十六条第二款将《行政处罚法》（2017年修正）第三条的"不遵守法定程序"改为"违反法定程序构成重大

且明显违法",表明"重大且明显违法"以外的普通程序违法不再归于无效之列。

那么,违反法定程序在什么情况下构成"重大且明显违法"? 马怀德教授认为:对于行政处罚未遵守法定程序构成重大明显违法的情形,对"重大明显违法"的认定也应当相对审慎,主要针对处罚机关遗漏和拒绝行政处罚关键程序的行为,如法律明确规定应当听证而未经听证作出的行政处罚,执法人员应当回避而未回避作出的行政处罚。[①]

笔者认为,2018年《行诉解释》第九十六条规定:"有下列情形之一,且对原告依法享有的听证、陈述、申辩等重要程序性权利不产生实质损害的,属于行政诉讼法第七十四条第一款第二项规定的'程序轻微违法':(一)处理期限轻微违法;(二)通知、送达等程序轻微违法;(三)其他程序轻微违法的情形。"据此,对当事人依法享有的听证、陈述、申辩等重要程序性权利产生实质损害的,属于"重大且明显违法";处理期限轻微违法,通知、送达等程序轻微违法等,不属于"重大且明显违法"。

(四)相关法规、规章应作修改

实践中,一些法规、规章对行政处罚无效、行政处罚决定不能成立的规定与《行政处罚法》(2021年修订)不一致,应作相应修改,比如:

1.《江西省土地监察条例》

第二十七条 土地主管部门在查处土地案件时,应当做到事实清楚、证据确凿、定性准确、手续完备、处理适当,发现查处错误的,应当立即依法纠正。

土地主管部门在作出行政处罚决定之前,应当告诉当事人已经查明的事实、处罚的法律依据以及当事人依法享有的陈述权、申辩权、听证权、行政复议权、诉讼权。

第三十三条 土地主管部门违反本条例第二十七条规定的,行政处罚决定无效;给当事人造成损失的,应当予以赔偿;并由其上级主管机关或者行

[①] 马怀德:《〈行政处罚法〉修改中的几个争议问题》,《华东政法大学学报》2020年第4期。

政监察机关对有关责任人员给予行政处分。

2.《内蒙古自治区实施〈道路交通安全法〉办法》

第二十四条 公安机关交通管理部门在作出行政处罚决定之前，不依照本办法第二十二条、第二十三条的规定向当事人告知拟作出行政处罚决定的事实、理由及依据，或者拒绝听取当事人的陈述和申辩，行政处罚决定不能成立。

3.《档案行政处罚程序暂行规定》

第二十二条 档案行政管理部门在作出档案行政处罚决定之前，不依照规定向当事人告知给予行政处罚的事实、理由和依据，或者拒绝听取当事人陈述、申辩，行政处罚决定不能成立；当事人放弃陈述或者申辩权利的除外。

4.《出版管理行政处罚实施办法》

第三条 新闻出版行政机关实施行政处罚应当遵循下列原则：

（一）必须有法定依据，遵守法定程序，否则行政处罚无效；

（二）必须以事实为依据，与违法行为的事实、性质、情节以及社会危害程度相当，违法事实不清的，不得给予行政处罚；

（三）对违法行为给予行政处罚的规定必须公布，未经公布的不得作为行政处罚的依据；

（四）应当坚持处罚与教育相结合，教育公民、法人或者其他组织自觉守法；

（五）在作出行政处罚决定之前，应当向当事人告知给予行政处罚的事实、理由和依据，听取当事人的陈述、申辩，否则行政处罚决定不能成立。

十、单位违法"双罚制"

（一）"双罚制"的概念

"双罚制"原本是刑法学上的概念，又称"两罚制"，是指单位犯罪中既对单位判处罚金，又对其直接负责的主管人员和其他直接责任人员判处刑罚。我国刑法127个单位犯罪的罪名，其中121个表述为"对单位判处罚金，并对其直接负责的主管人员和其他直接责任人员判处刑罚。"可见，我国刑法对于单位犯罪以"双罚制"为主。

与"双罚制"相对应的是"单罚制",是指在单位犯罪中仅对于个人或者单位进行处罚。

（二）行政法上的"双罚制"

随着时间的推移,刑法学上的"双罚制"的法律精神逐渐被行政法所吸收,进而扎根于行政管理领域。尽管行政处罚法没有对单位违法的处罚制度作出统一规定,但诸如生态环境、食品药品、公共安全等领域的实体法相继引入"双罚制"来提升行政处罚的威慑力度,亦即"处罚到人",突出强化单位违法中有关成员的个人责任。

1.概念

行政法上的"双罚制",是指对于单位或组织违法的,不仅依法对单位或组织实施行政处罚,而且还对单位或组织负责的主管人员和其他直接责任人依法给予行政处罚的法律责任制度。

2.适用模式

"双罚制"的适用主要有两种模式:

（1）普遍适用模式

即除法律另有规定之外,凡是单位违法行为均实行双罚制。

（2）局部适用模式

即仅针对部分单位违法行为设定双罚制;如法律无特别规定,其他一般性的单位违法行为仍以单罚制为原则。

我国1996年《行政处罚法》对于"双罚制"未作规定,有关"双罚制"的规定散见于一些单行法律法规中。如《治安管理处罚法》第十八条规定:"单位违反治安管理的,对其直接负责的主管人员和其他直接责任人员依照本法的规定处罚。其他法律、行政法规对同一行为规定给予单位处罚的,依照其规定处罚。"可见,我国行政法上的"双罚制"采用的是"局部适用模式"。这与行政处罚的法定原则是吻合的。

3.我国行政法上的"双罚制"规定

（1）《证券法》

第一百八十条 违反本法第九条的规定,擅自公开或者变相公开发行证券的，责令停止发行，退还所募资金并加算银行同期存款利息，处以非法所募资金金额百分之五以上百分之五十以下的罚款；对擅自公开或者变相公开发行证券设立的公司，由依法履行监督管理职责的机构或者部门会同县级以上地方人民政府予以取缔。对直接负责的主管人员和其他直接责任人员给予警告，并处以五十万元以上五百万元以下的罚款。

此外还包括第一百八十一条、第一百八十二条、第一百八十三条、第一百八十四条、第一百八十五条、第一百九十条、第一百九十一条、第一百九十二条、第一百九十六条、第一百九十七条、第一百九十八条、第二百条、第二百零一条、第二百零二条、第二百零三条、第二百零四条、第二百零五条、第二百零六条、第二百零七条、第二百零八条、第二百零九条、第二百一十一条、第二百一十二条、第二百一十三条、第二百一十四条、第二百一十五条。

新《证券法》应该是目前适用"双罚制"最多的一部法律，加大了对证券违法行为的行政责任，也就是行政处罚的力度。在对违法行为规定没收违法所得的基础上，还给予数额比较大的罚款。另外，对虚假陈述、内幕交易、操纵市场，都大幅度提高了行政处罚力度。对行政处罚实行双罚制，比如对欺诈发行，除了要对发行人进行处罚，对发行人直接负责的主管人员和其他直接责任人员也要给予处罚。对于发行人的控股股东、实际控制人组织指使导致欺诈发行的，对发行人的控股股东、实际控制人也要给予高额的行政处罚。[①]

（2）《固体废物污染环境防治法》

第一百零三条　违反本法规定，以拖延、围堵、滞留执法人员等方式拒绝、阻挠监督检查，或者在接受监督检查时弄虚作假的，由生态环境主管部门或者其他负有固体废物污染环境防治监督管理职责的部门责令改正，处五万元以上二十万元以下的罚款；对直接负责的主管人员和其他直接责任人员，处二万元以上十万元以下的罚款。

---

① 参见：《全国人大：新证券法加大了行政处罚力度》，https://www.yicai.com/brief/100450196.html，2021年9月17日访问。

此外还包括第一百零八条、第一百一十四条、第一百一十八条、第一百二十条、第一百二十三条。

（3）《会计法》

第四十二条　违反本法规定，有下列行为之一的，由县级以上人民政府财政部门责令限期改正，可以对单位并处三千元以上五万元以下的罚款；对其直接负责的主管人员和其他直接责任人员，可以处二千元以上二万元以下的罚款；属于国家工作人员的，还应当由其所在单位或者有关单位依法给予行政处分：

（一）不依法设置会计账簿的；

（二）私设会计账簿的；……

有前款所列行为之一，构成犯罪的，依法追究刑事责任。

此外还包括第四十三条、第四十四条。

（4）《消防法》

第六十五条　违反本法规定，生产、销售不合格的消防产品或者国家明令淘汰的消防产品的，由产品质量监督部门或者工商行政管理部门依照《中华人民共和国产品质量法》的规定从重处罚。

人员密集场所使用不合格的消防产品或者国家明令淘汰的消防产品的，责令限期改正；逾期不改正的，处五千元以上五万元以下罚款，并对其直接负责的主管人员和其他直接责任人员处五百元以上二千元以下罚款；情节严重的，责令停产停业。

消防救援机构对于本条第二款规定的情形，除依法对使用者予以处罚外，应当将发现不合格的消防产品和国家明令淘汰的消防产品的情况通报产品质量监督部门、工商行政管理部门。产品质量监督部门、工商行政管理部门应当对生产者、销售者依法及时查处。

此外还包括第六十七条、第六十九条。

（5）《律师法》

第五十条　律师事务所有下列行为之一的，由设区的市级或者直辖市的区人民政府司法行政部门视其情节给予警告、停业整顿一个月以上六个月以下的处罚，可以处十万元以下的罚款；有违法所得的，没收违法所得；情节特别严重的，由省、自治区、直辖市人民政府司法行政部门吊销律师事务所执业证书：

（一）违反规定接受委托、收取费用的；

（二）违反法定程序办理变更名称、负责人、章程、合伙协议、住所、合伙人等重大事项的；……

律师事务所因前款违法行为受到处罚的，对其负责人视情节轻重，给予警告或者处二万元以下的罚款。

（6）《食品安全法实施条例》

第七十五条　食品生产经营企业等单位有食品安全法规定的违法情形，除依照食品安全法的规定给予处罚外，有下列情形之一的，对单位的法定代表人、主要负责人、直接负责的主管人员和其他直接责任人员处以其上一年度从本单位取得收入的1倍以上10倍以下罚款：

（一）故意实施违法行为；

（二）违法行为性质恶劣；

（三）违法行为造成严重后果。

属于食品安全法第一百二十五条第二款规定情形的，不适用前款规定。

（7）《建设工程质量管理条例》

第七十三条　依照本条例规定，给予单位罚款处罚的，对单位直接负责的主管人员和其他直接责任人员处单位罚款数额百分之五以上百分之十以下的罚款。

（三）行政处罚法修订中有关"双罚制"的争议

行政处罚法修订中，有关是否规定"双罚制"争议较大，相关部门曾将此作为问卷调查的内容之一。主要观点有：

1.采用"普遍适用"模式，引入"双罚制"

有学者认为，我国应该将现有部分行政领域中的以双罚为原则、以单罚为例外单位违法责任配置模式上升为整个单位违法的基本处罚模式，为了实现这一目标，立法论上的策略应该是在《行政处罚法》中引入双罚原则的规定。[①]亦有学者建议，确立单位行政违法双罚制的"全面适用"原则。[②]此外，大量来自实务界的文章也对全面引入"双罚制"表达期盼甚至提出了制度构想。[③]

2.采用"局部适用"模式，不作具体规定

有学者认为，双罚制目前主要存在于生态环境、食品药品、公共安全、金融监管等部分立法领域，"宏观来看，我国大部分行政领域对单位违法仍然将单罚制作为基本的处罚方式，并未规定双罚"。若在行政处罚中重构普遍适用的双罚制模式，必将牵一发而动全身，不仅将消耗巨量立法成本，还会损及法律秩序的稳定性。行政处罚的制度设计应当与时俱进地引入双罚制，从排除个人违法行为的秩序法向预防组织违法行为的规制法发展。从规范角度，单位违法双罚制应采用法有特别规定才处罚的局部适用政策，基于双重构造论分别规定单位维度和成员维度的构成要件，并基于组织抑制的合规理念合理分配单位及成员的法律责任。[④]

3.《行政处罚法》（2021年修订）的观点

修订过程	法条内容
行政处罚法（2017年修正）	—
修订草案征求意见稿	**第十五条**　对生态环境、食品药品等涉及人民群众生命健康安全领域的违法行为应当实行严格的行政处罚，单位实施违法行为的，除对单位给予行政处罚外，还应当对相关责任人员给予行政处罚。
修订草案	—
修订草案二次审议稿	—

①喻少如：《论单位违法责任的处罚模式及〈行政处罚法〉的完善》，《南京社会科学》2017年第4期。
②唐家红：《单位行政违法的双罚制研究》，西南政法大学2017年硕士论文。
③左顺荣、戴蓉、汤云、陈莉：《运用"双罚制"实施水行政处罚的法律思考》，《水利发展研究》2012年04期；王月灿、盛文斌：《关于道路运输行政处罚中的"双罚制"》，《交通与运输》2005年第6期，等等。
④谭冰霖：《单位行政违法双罚制的规范建构》，《法学》2020年第8期。

续表

修订过程	法条内容
行政处罚法 （2021年修订）	—

行政处罚法修订中，有关"双罚制"的规定犹如昙花一现——修订草案征求意见稿第十五条规定："对生态环境、食品药品等涉及人民群众生命健康安全领域的违法行为应当实行严格的行政处罚，单位实施违法行为的，除对单位给予行政处罚外，还应当对相关责任人员给予行政处罚。"但是，在其后的修订草案及一审、二审、三审直至最终表决通过的《行政处罚法》（2021年修订）中，始终未见"双罚制"的踪迹。

过眼云烟的"双罚制"表明，立法最终对于单位违法之"双罚"采用"法有特别规定才处罚"的局部适用政策。笔者对此完全赞同，主要理由一是此举有利于节约立法成本、维护法律秩序的稳定性；二是一些法律法规已经对生态环境、食品药品等涉及人民群众生命健康安全领域的违法行为实行"双罚制"作出规定；三是违法行为情况复杂，"普遍适用"模式的必要性及其法理依据仍然有待进一步探讨。

（四）延伸思考：如何界定实体法中的"单位""个人"

值得注意的是，一些法律法规将管理相对人称为"单位""个人"。如《突发事件应对法》第六十四条规定："有关单位有下列情形之一的，由所在地履行统一领导职责的人民政府责令停产停业，暂扣或者吊销许可证或者营业执照，并处五万元以上二十万元以下的罚款；构成违反治安管理行为的，由公安机关依法给予处罚：（一）未按规定采取预防措施，导致发生严重突发事件的；（二）未及时消除已发现的可能引发突发事件的隐患，导致发生严重突发事件的；（三）未做好应急设备、设施日常维护、检测工作，导致发生严重突发事件或者突发事件危害扩大的；（四）突发事件发生后，不及时组织开展应急救援工作，造成严重后果的。""前款规定的行为，其他法律、行政法规规定由人民政府有关部门依法决定处罚的，从其规定。"第六十六条规定："单位或者个人违反本法规定，不服从所在地人民政府及其有关部门发布的决定、命令或者不配合其依法采取的措施，构成违反治安管理行为的，由公安机关依法给予处罚。"上述"单位""个人"显属不同管理对象，承担不同法律责任。实践中如何区分"单位""个人"？个体工商户属于"单位"还是"个人"？

笔者认为，应当从市场主体角度理解行政法律规范中的"单位""个人"。《市场主体登记管理条例》第二条规定："本条例所称市场主体，是指在中华人民共和国境内以营利为目的从事经营活动的下列自然人、法人及非法人组织：（一）公司、非公司企业法人及其分支机构；（二）个人独资企业、合伙企业及其分支机构；（三）农民专业合作社（联合社）及其分支机构；（四）个体工商户；（五）外国公司分支机构；（六）法律、行政法规规定的其他市场主体。"可见，以营利为目的从事经营活动的自然人、个体工商户等都是市场主体。根据该条例第五十四条规定，"无固定经营场所摊贩"也属于市场主体，只不过其具体管理办法"由省、自治区、直辖市人民政府根据当地实际情况另行规定。"

在《民法典》中，自然人包括个体工商户和农村承包经营户，法人包括营利法人、非营利法人、特别法人，非法人组织包括个人独资企业、合伙企业、不具有法人资格的专业服务机构等。但是，根据《民法典》第二条，民法调整平等主体的自然人、法人和非法人组织之间的人身关系和财产关系。这与行政法泾渭分明。因此，不能简单套用《民法典》的概念确定行政法的范畴。行政法中的"单位"，不完全等同于《民法典》中的法人、非法人组织；行政法中的"个人"也不完全等同于《民法典》中的"自然人"。

个人，"或者称个体，一般指一个人或是一个群体中的特定的主体。"以区别于"单位"。《突发事件应对法》第二十二条规定："所有单位应当建立健全安全管理制度，定期检查本单位各项安全防范措施的落实情况，及时消除事故隐患；掌握并及时处理本单位存在的可能引发社会安全事件的问题，防止矛盾激化和事态扩大；对本单位可能发生的突发事件和采取安全防范措施的情况，应当按照规定及时向所在地人民政府或者人民政府有关部门报告。"这是法律对于"单位"这样一个市场主体（或者说组织）的规定义务，而对作为个体的"个人"则完全没有这种要求。因此，目前立法上使用"单位"和"个人"的，通常除了"个人"，都视为"单位"。这一观点已得到司法实践认可，如有判决认为：依据《全国人民代表大会常务委员会关于严禁卖淫嫖娼的决定》第七条，参照公安部法制司对个体旅店业等是否属"单位"的请示的答复（公法〔1992〕12号），"休闲中心"可以视为"单位"。①

---

① 参见（2009）东行初字第0008号《行政判决书》。

第五章 行政处罚的决定

第一节 一般规定

一、行政处罚决定程序概论

（一）行政处罚的决定的概念

行政处罚法第五章为"行政处罚的决定"。何为行政处罚的决定？现有著作鲜有论及，绝大多数将其与"行政处罚的程序"等同，认为行政处罚的决定就是行政处罚的程序。有著作认为："行政处罚的决定是指行政机关、法律法规授权的组织及其执法人员或受委托的组织，在处理行政违法案件过程中，根据案件事实和法律、法规、规章的规定，对行政管理相对人的行政违法行为作出给予行政处罚的裁决。行政处罚决定有效成立后，就具有确定力、拘束力和执行力等三个方面的法律效力。"[①]笔者赞同这一解释。

（二）行政处罚的决定与行政处罚的程序

1.行政处罚程序是行政处罚制度的核心内容

任何行为的实施都离不开一定的方式、步骤、顺序以及时间的延续性，这就是程序。行政处罚是对违法行为人的权利和利益的限制甚至剥夺，是一

---

①原江苏省人民政府法制局编：《〈行政处罚法〉培训手册》，第94—95页。

种较为严厉的制裁行为，因此，其适用必须遵守严格的程序。行政处罚程序是行政处罚制度的核心内容。对此，相关著作的观点有：

（1）行政处罚程序即行政处罚的方式、步骤、顺序以及时间的总称，它是行政程序的最重要组成部分。[①]

（2）所谓行政处罚的程序，是指由行政处罚法规定的，在行政处罚实施过程中行政机关和当事人必须遵循的规范和制度。[②]

（3）行政处罚程序简单地讲就是行政处罚权行使的程序，是指行政机关和法律法规授权的组织及其执法人员以及受委托的组织对行政管理相对人实施行政处罚过程中，必须完成的事项和必经的步骤以及可以采取的手段、措施等的总称。它是由行政处罚的一定的方式和步骤、按照一定的时限和顺序所构成的行为过程。[③]

2.行政处罚程序是行政程序的最重要组成部分

行政程序是指国家行政机关在行使行政权力、实施行政活动过程中所遵循的步骤方式、时限和顺序的总和。其中，具体行政行为的程序是指行政主体实施行政许可、行政命令、行政处罚、行政强制措施、行政征收、行政征用、行政奖励、行政救助、行政确认、行政裁决、行政强制执行等行为所必须遵守的步骤与方式。因此，行政处罚程序属于具体行政行为的程序，而具体行政行为的程序又属于行政程序。

3.行政处罚程序包括行政处罚的决定程序和执行程序

行政处罚法第五章为"行政处罚的决定"，第六章为"行政处罚的执行"，上述两章共同建构了行政处罚程序的完整内容。从这一维度看，目前国内有关著作对于行政处罚程序均采用了狭义解释——将行政处罚程序限缩于"实施程序"，等同于"决定程序"，忽略了行政处罚"执行程序"。严

[①] 应松年、马怀德主编：《中华人民共和国行政处罚法学习辅导》，人民出版社1996年版，第167-168页。

[②] 全国人大常委会法制工作委员会著：《〈中华人民共和国行政处罚法〉讲话》，法律出版社1996年版，第110页。

[③] 原江苏省人民政府法制局编：《〈行政处罚法〉培训手册》，第94-95页。

格意义上说，这是不严谨的。

（三）行政处罚的决定程序

行政处罚法（2017年修正） 第五章 行政处罚的决定	行政处罚法（2021年修订） 第五章 行政处罚的决定
第三十条 查明事实	第一节 一般规定
第三十一条 事先告知	
第三十二条 陈述申辩权	
第一节 简易程序	第二节 简易程序
第二节 一般程序	第三节 普通程序
第三节 听证程序	第四节 听证程序

《行政处罚法》（2021年修订）与《行政处罚法》（2017年修正）相比，第五章均为"行政处罚的决定"，但该部分修改幅度大、内容变化较大，主要是：

1.设立"一般规定"专节

《行政处罚法》（2017年修正）第五章分为三节，第一节为简易程序，第二节为一般程序，第三节为听证程序。在"第一节 简易程序"前，矗立着三个法条，分别是第三十条"查明事实"，第三十一条"事先告知"，第三十二条"陈述和申辩"。上述条款与紧随其后的第一节、第二节、第三节究竟有何关系，实践中曾经产生争议。比如，第三十条"查明事实"、第三十一条"事先告知"、第三十二条"陈述和申辩"是否适用于简易程序？又如，"第二节 一般程序"中的第三十七条"行政机关在调查或者进行检查时，执法人员不得少于两人，并应当向当事人或者有关人员出示证件"是否适用于简易程序？等等。

《行政处罚法》（2021年修订）在立法技术上作出重大调整，专设"一般规定"，作为第五章第一节，在吸收《行政处罚法》（2017年修正）三个条款的基础上，从第三十九条到第五十条，用12个条文，对行政处罚决定程序的共性要求作出规定。具体内容除原第三十条、第三十一条、第三十二条以外，还包括：行政处罚的信息公示（第三十九条），非现场执法（第四十一条），行政执法人员与要求（第四十二条），回避（第四十三条），证据及取证要求（第四十六条），行政处罚全过程记录制度（第四十七条），行政处罚公示制度（第四十八条），对违反突发事件应对措施的行为快速、从重处罚（第四十九条），保密要求（第五十条）。上述规定系作出行政处罚的一般要求，适用于所有行政处罚程序。

2.将"一般程序"修改为"普通程序"

《行政处罚法》（2021年修订）将"一般程序"修改为"普通程序"，一是与相关法律制度保持了衔接；[①]二是专设"一般规定"后，再使用"一般程序"确也容易混淆。

3.对三大程序内容进行较大调整

《行政处罚法》（2021年修订）第五章较之《行政处罚法》（2017年修正），三大程序内容修改较多，主要是：

（1）简易程序

调整了适用范围、操作要求，完善了当场处罚决定书的内容，明确了当事人拒签情形的处置。

（2）普通程序

丰富了程序内容。具体一是规定了立案程序；二是规定了重大行政处罚决定法制审核制度；三是规定了作出行政处罚决定的期限要求；四是增加电子送达方式，破解行政处罚文书送达难问题。

（3）听证程序

完善了听证制度，解决听证程序使用率偏低问题。具体一是扩大了听证范围，将没收较大数额违法所得、没收较大价值非法财物，降低资质等级，责令关闭、限制从业等较重的行政处罚以及法律、法规、规章规定的其他处罚纳入听证范围；二是完善了听证的组织程序，适当延长了申请期限，增加了当事人不予配合情形的处理，删除了对限制人身自由的行政处罚有异议的

---

① 《民事诉讼法》第二编审判程序中的第十二章为"第一审普通程序"。

转致规定，增加了代理人参与听证程序的规定；三是确定了行政案卷排他性原则，强化听证笔录的效力，明确行政机关应当根据听证笔录作出决定。

二、违法行为的事实与证据

（一）作出行政处罚决定的前提——查明违法事实

违法事实是指行政管理相对人违反行政管理秩序的事实，包括行政管理相对人的具体违法行为及其违法行为的性质、情节和社会危害性等。查明违法事实是包括行政执法在内的所有执法活动的前提。[①]行政处罚法修订中，有关查明违法事实的规定作了细微调整。

修订过程	法条内容
行政处罚法（2017年修正）	**第三十条**　公民、法人或者其他组织违反行政管理秩序的行为，依法应当给予行政处罚的，行政机关必须查明事实；违法事实不清的，不得给予行政处罚。
修订草案	**第三十七条**　公民、法人或者其他组织违反行政管理秩序的行为，依法应当给予行政处罚的，行政机关必须查明事实；违法事实不清、证据不足的，不得给予行政处罚。
修订草案二次审议稿	同修订草案
行政处罚法（2021年修订）	**第四十条**　公民、法人或者其他组织违反行政管理秩序的行为，依法应当给予行政处罚的，行政机关必须查明事实；违法事实不清、证据不足的，不得给予行政处罚。

变化内容：

本次修订，在《行政处罚法》（2017年修正）第三十条基础上增加了"证据不足"四个字，与《行政处罚法》（2021年修订）第三十三条、第四十五条、第四十六条等形成了回应。

修订背景：

公民、法人和其他组织违反了行政管理秩序，依法应当给予行政处罚的，行政机关必须查明事实；违法事实不清，证据不足的，不得给予行政处

[①]有著作认为是基本原则，如原江苏省人民政府法制局编：《〈行政处罚法〉培训手册》，第103页。

罚。这是"以事实为依据、以法律为准绳"这一重要法治原则在行政处罚决定程序中的具体体现和运用，是维护公民、法人或者其他组织合法权益的必要保障。它要求行政机关及其执法人员在作出行政处罚决定前必须要有明确、具体的事实根据，获取与违法事实有关的各种证据，如物证、书证、证人证言等，不能凭空推测，任意猜想。

（二）证明行政违法事实的根据——证据

证据即证明事实的根据，被称为执法活动的"生命"。本次修订，对证据的形式与取证活动的基本要求等作出了具体规定，这是作为行政处罚通用规范的应有之义。

修订过程	法条内容
行政处罚法（2017年修正）	—
修订草案征求意见稿	**第四十条** 证据包括：（一）书证；（二）物证；（三）视听资料；（四）电子数据；（五）证人证言；（六）当事人的陈述；（七）鉴定意见；（八）勘验笔录、现场笔录。 以非法手段收集的证据，不得作为定案根据。
修订草案	**第四十三条** 证据包括：（一）书证；（二）物证；（三）视听资料；（四）电子数据；（五）证人证言；（六）当事人的陈述；（七）鉴定意见；（八）勘验笔录、现场笔录。 证据必须经查证属实，方可作为认定案件事实的根据。 以非法手段取得的证据，不得作为认定案件事实的根据。
修订草案二次审议稿	同修订草案
行政处罚法（2021年修订）	**第四十六条** 证据包括：（一）书证；（二）物证；（三）视听资料；（四）电子数据；（五）证人证言；（六）当事人的陈述；（七）鉴定意见；（八）勘验笔录、现场笔录。 证据必须经查证属实，方可作为认定案件事实的根据。 以非法手段取得的证据，不得作为认定案件事实的根据。

变化内容：

《行政处罚法》（2021年修订）第四十六条为新增条款，规定了8种法定证据形式，同时明确，证据必须经查证属实，方可作为认定案件事实的根据。以非法手段取得的证据，不得作为认定案件事实的根据。

修订背景：

《行政诉讼法》（2014年修订）明确了行政诉讼证据的法定形式与要求，第三十三条规定："证据包括：（一）书证；（二）物证；（三）视听资料；（四）电子数据；（五）证人证言；（六）当事人的陈述；（七）鉴定意见；（八）勘验笔录、现场笔录。""以上证据经法庭审查属实，才能作为认定案件事实的根据。"行政处罚法修订中对此予以回应，构建了行政处罚制度的完整体系。

在具体法条上，《行政处罚法》（2021年修订）除承接上述内容外还增加了一款，规定："以非法手段取得的证据，不得作为认定案件事实的根据。"这是排除非法证据要求在行政执法中的具体规定，诠释了"以事实为依据、以法律为准绳"这一基本法治原则。虽然"排除非法证据"是所有执法活动和诉讼活动的一般要求，但《行政处罚法》（2021年修订）对其作出明确规定，体现了行政处罚制度进步。

（三）当事人认定——以违法建设案件为例

作为规范共同行政行为的一般法律，行政处罚法将行政处罚对象统称为"当事人"，这与《治安管理处罚法》同时使用"违反治安管理的行为人""被处罚人"，《公安机关办理行政案件程序规定》同时使用"当事人""违法行为人""被处罚人"显然不同。《行政处罚法》（2021年修订）中，"当事人"先后出现71次，足见其举足轻重之地位。如何准确认定行政处罚当事人，历来是行政执法实践中的难点。

违法建设不同于一般的行政违法行为——由于违法建（构）筑物及设施的不动产的特性，其历史跨度较长，经常出现行为人和占有人分离的复杂情况，比如违法建设经过继承、交易、赠与，或者承租人搭建后解约、行为人死亡或解散、破产等，导致当事人难以查明或查明后无法继续查处。司法实践对此认识不一，出现了口径不一甚至完全相反的裁判。

1.据以研究的案例

案例25：某区城市管理行政执法局与杨某城建行政非诉纠纷案①

2010年初，文圃花园1号楼102室原业主在装修过程中，未经相关行政主管部门批准，在该室东南侧（小区公共部位）搭建构筑物一处，一层，铁皮结构，建筑面积4平方米；并安装卷帘门一处，面积4平方米。2013年9月杨某购得该室产权，2013年10月未经相关行政主管部门批准，在该室东南侧外墙破墙开门一处，拆除墙体面积5平方米。杨某的行为违反了《厦门市城市规划条例》第三十四条第二款、《厦门市物业管理若干规定》第二十九条第二款之规定，某区城市管理行政执法局于2014年1月27日以杨某未经批准违法建设为由，依据《厦门市经济特区城市管理相对集中行使行政处罚权规定》第五条第二项、《厦门市城市规划条例》第五十五条第九项、《厦门市物业管理若干规定》第四十六条第一款之规定，作出厦海城执罚字〔2014〕9号《行政处罚决定书》：（1）责令杨某于收到《行政处罚决定书》之日起十五日内自行拆除上述违法构筑物，恢复房屋原貌；（2）处以罚款人民币3万元。杨某未在规定的期限内履行，区城市管理行政执法局申请人民法院强制执行。

法院经审查认为，违法建筑物的买受人（所有权人）虽不是违法建设行为人，但其是违法建筑的现有使用人、受益人，其所有、管理的房产具有违反规划、物业管理等行政管理秩序的状态，可认为其具有"违反行政管理秩序的行为"，执法部门可以以其作为行政处罚相对人，责令其限期拆除，这符合行政法的比例原则、效率原则。

裁定：准予强制执行厦海城执罚字〔2014〕9号行政处罚决定。

案例26：陆某诉某市城管执法局责令限期拆除案②

陆某的父亲陆某精（已故）原在柿南村十一组有使用面积为26.08平方米的砖木房屋一处，2001年因南海路一期工程建设，该房屋拆迁，陆某精选择货币安置，并与拆迁公司签订了房屋拆迁货币安置补偿协议。同年，其以

---

①参见（2014）海执审字第47号《行政裁定书》。
②参见（2020）苏06行终4号《行政判决书》。

5000元的价格"永久性租借集体仓库两间，产权归其本人"。该仓库大概建成于20世纪60年代，因破败不堪，陆某精于2001年花费约30000元进行了翻建，翻建后居住在内。2018年7月，某市城管执法局向陆某等调查了有关情况。2018年7月，市城管执法局向陆某等发出责令改正通知书。2018年8月10日，向陆某等发出行政处罚事先告知书。2018年8月15日，作出〔2018〕海城执罚字第220028号行政处罚决定书，责令陆某等三人三日内自行拆除其父亲陆某精擅自搭建的建筑物。陆某等人不服，向市政府申请行政复议，在行政复议期间，市城管执法局认为有新的情况需要进一步调查，于2018年10月25日撤销了上述行政处罚决定书。因陆某等人明确表示不愿意撤回复议申请，市政府遂作出〔2018〕海行复第35号行政复议决定书，确认行政处罚决定书违法。

2019年3月21日，市城管执法局张贴公告，载明案涉建筑物未取得建设工程规划许可证，违反了《城乡规划法》第四十条第一款的规定，属于违法建设，因搭建当事人已经死亡，故公告告知有关利害关系人到市城管执法局处主张权利、接受调查或者自行拆除案涉建筑物。2019年3月25日，陆某及张某到市城管执法局主张权利。2019年4月2日，市城管执法局作出责令限期拆除公告；2019年4月4日，作出强制拆除事先催告书公告；2019年4月11日，市政府作出责成强制拆除决定书；2019年4月18日，市城管执法局作出强制拆除公告；2019年4月19日，案涉房屋被拆除。陆某不服，提起行政诉讼。

一审法院判决：1.撤销市城管执法局责令限期拆除公告；2.驳回陆某的其他诉讼请求。陆某、市城管执法局不服，提起上诉。

二审法院认为，违法建筑不能作为合法财产予以继承。在违法建设行为人已经死亡的情况下，违法建设行为人的子女不当然负有拆除违法建筑的法定义务。在无法确定责令限期拆除相对人的情况下，行政机关以公告的方式作出责令限期拆除决定既达到行政管理的目的，也避免了行为人已死亡，无处罚对象的执法困境，该行政行为的合法性应予确认。

判决：1.撤销一审行政判决；2.驳回上诉人陆某的诉讼请求。

案例27：刘某诉某区政府、区城管局、文峰街道办行政强制拆除案①

2006年底，罗某在某区文峰办事处莲花社区红旗队建房3栋，每栋四层，总面积2353.14平方米。2016年4月2日，吉韵房地产估价咨询有限公司对涉案房屋评估面积为228.32平方米，房屋结构为砖混、简易。2016年6月21日，文峰办事处申请区城建指挥部对罗某违法建房进行查处。某区城管局经过立案询问、现场勘验检查，并请区住房和城乡建设局、市城乡规划局协助调查，认定罗某于2006年在文峰办事处红旗队建设的房屋没有办理建设工程规划许可证，属于违法建设。在履行告知听证、处罚前告知后，区城管局于2016年7月20日向罗某下达州城管罚决字〔2016〕第156号处罚决定书，限其5日内自行拆除完毕，罗某逾期没有履行。在履行了公告、催告程序后，经向区政府请示，区城管局于8月5日下达强制拆除决定书，决定8月13日起组织强制拆除。2016年9月12日，区城管局对涉案房屋实施了拆除。另查明，2008年刘某签订房屋买卖合同，出资购买了涉案房屋并居住。刘某认为其购买了涉案房屋，系该房屋的所有权人，拆迁行为侵犯了其合法权益，提起行政诉讼。

一审法院判决：驳回刘某的诉讼请求。刘某不服，提起上诉。二审法院判决：驳回上诉，维持原判。刘某不服一、二审判决，申请再审。

最高人民法院经审查认为：行政机关在处理违法建筑的法律关系中，应当针对不同情况进行相应的处置，主要分为两种情况：一是，对于正在进行建设的违法建筑，可对违法建设者予以处罚。二是，对于违法建筑已经建成多年并已出售的情况，由于行政机关实施强制拆除时已经产生了新的权利人，即除了违法建筑的建设者外还有违法建筑的实际居住、使用人。因此，行政机关对于违法建筑采取强制拆除的处理方式实际上直接影响的是购买该违法建筑并居住使用的利害关系人，对违法建筑原建设者的影响可能已经微乎其微了。在此情况下，行政机关在作出对违法建筑的处理时，必须考虑到直接受到该行政处理行为实际影响的利害关系人的正当权益。

---

①参见（2018）最高法行申2376号《行政裁定书》。

裁定：1.本案指令省高级人民法院再审；2.再审期间，中止原判决的执行。

2.确定违法建设当事人的一般规则

（1）关于行为责任与状态责任的一般规定

①行为责任

是违法行为人对其实施的违法行为承担的法律责任，一般以"人"为受领对象，常处以财产罚，以惩罚违法行为为目的。亦即，惩戒行为人，令其不敢再犯。《行政处罚法》（2021年修订）第四条规定："公民、法人或者其他组织违反行政管理秩序的行为，应当给予行政处罚的，依照本法由法律、法规、规章规定，并由行政机关依照本法规定的程序实施。"显然，行政处罚法以行为责任作为确定违法行为当事人的一般原则。实践中，绝大多数当事人正是违法行为人。

②状态责任

《行政处罚法》（2021年修订）第四条表明行政处罚针对的是"行为"，但并不限定执法对象必须是"行为人"，因为违反法定义务的责任既包括了对行为的行政责任也包括了对秩序违反状态的恢复责任，即状态责任。

状态责任的概念源于德国行政法理论。该理论认为，一般而言，引起危害之方式，不外是经由人之行为，或因物之性质或状态所致，前者一般称为行为责任，后者称为状态责任。我国台湾地区行政法一般理论也认为，行政处罚相对人，可包括行为人本身；对他人之行为应负责之人；对事物之状况应负责之人。台湾地区"废弃物清理法"规定，存在于与土地或建筑物相连接之骑楼或人行道之一般废弃物，由土地或建筑物所有人、管理人或使用人清除。状态责任一般以"物"为中心，需要责任人消除违法状态，以恢复社会管理秩序为目的。亦即，改正违法行为，恢复被侵害的管理秩序。

《行政处罚法》（2021年修订）第二十八条第一款规定："行政机关实施行政处罚时，应当责令当事人改正或者限期改正违法行为。"该条要求恢复被侵害的管理秩序，令当事人履行义务或者以其他方式达到与履行义务相当的状态，实际上就是对状态责任的规定。

（2）违法建设的行为责任

绝大多数情况下，违法建设的行为人与占有人等是一致的，此时应当适用行为责任，相关法律法规规定较为明确。如《城乡规划法》第六十四条规定："未取得建设工程规划许可证或者未按照建设工程规划许可证的规定进行建设的，由县级以上地方人民政府城乡规划主管部门责令停止建设；……"第六十五条规定："在乡、村庄规划区内未依法取得乡村建设规划许可证或者未按照乡村建设规划许可证的规定进行建设的，由乡、镇人民政府责令停止建设、限期改正；逾期不改正的，可以拆除。"第六十六条规定："建设单位或者个人有下列行为之一的，由所在地城市、县人民政府城乡规划主管部门责令限期拆除，可以并处临时建设工程造价一倍以下的罚款：……"上述法条中的"进行建设"与"有下列行为之一"，显然针对行为。《土地管理法》等法律法规也基本相同。据此，违法建设的法律责任，一般围绕"行为"进行确定，这与行政处罚法颇为一致。能够确定违法建设行为人的，应首先适用行为责任。

对照行为责任理念，案例25忽略了真正的违法行为人（原业主），将状态责任人（现业主）作为唯一的被处罚人，从法理与法规上均难以立足。

（3）违法建设的状态责任

实践中，违法建筑物出现交易、赠与以及行为人死亡等脱离行为人控制情况，从行政执法目的、效果角度考虑，可兼顾"状态责任"，将状态责任人作为相对人。比如在交易情况下，即使买受人不是违法建设行为人，违法建筑物依附于合法房屋，买受人也是直接利益关系人，对维护房屋合乎行政管理秩序负有不可推卸的责任，也应承担拆除违法建筑物恢复原状的行政责任。有学者认为："买受人作为现任房产所有权人，有责任消除房产的违法状态，使其管理的房产合乎行政管理秩序。"又如在继承、赠与等情况下，继受人在承受房产合法权利的同时，也有维护行政管理秩序的义务，承受了把违法建设恢复原状的义务。但是，状态责任的追究一般以责令改正、限期拆除为主；而罚款、没收等行政处罚只能适用于行为责任。在责令限期拆除究竟是否属于行政处罚久争未果的情况下，"状态责任"说不能从根本上解决问题。

案例26提出："根据《城乡规划法》第六十四条规定，从事违法建设行为应当依法受到相应的行政处罚。而行政处罚的对象，作为行政法律责任的承担者，通常情况下应当是违法行为人。本案的违法行为人是陆某精，上诉人陆某及两原审第三人作为陆某精的子女，并不负有限期拆除该违法建设的法律责任，更不应成为被处罚人。从我国现行法律法规看，对于该情形下的违法建设行为及违法建筑如何处理，并无具体明确的操作性的规定。""上诉人城管执法局在针对案涉违法行为重新作出决定时选择责令限期拆除的方式消除违法状态，避免了建设行为人已死亡，无被处罚对象的执法困境。重新作出的责令限期拆除决定以公告的形式作出，而未直接向上诉人陆某及两原审第三人作出，也避免了将上述人员确定为限期拆除的义务主体。"上述判理与状态责任理念高度契合。正因为此，案例26既没有简单地将陆某、张某等作为被处罚人，也没有迳行将其作为管理人。

（4）违法建设利害关系人的正当权益保护

确定违法建设当事人，最根本的是权益保护问题。案例27非常精辟地提出："行政机关对于违法建筑采取强制拆除的处理方式实际上直接影响的是购买该违法建筑并居住使用的利害关系人，对违法建筑原建设者的影响可能已经微乎其微了。在此情况下，行政机关在作出对违法建筑的处理时，必须考虑到直接受到该行政处理行为实际影响的利害关系人的正当权益。"案例26亦指出："在本案的实际执法过程中，尽管上诉人城管执法局未将被诉责令限期拆除决定直接向上诉人陆某及两原审第三人作出，但上述人员对被诉行为知晓，也进行了陈述、申辩，上诉人陆某及两原审第三人的实体权利并未受到侵害。综上，在该方式不违反法律的强制性规定，也未明显侵害上诉人陆某等人权利的情况下，人民法院不应对该方式的合法性轻易予以否定。"所有这些，与行政管理目的无疑都是一致的。

3.破解问题的思路

对于复杂情况下行政处罚当事人的认定，已有法律法规作了有益尝试。如《道路交通安全法》第一百一十四条规定："公安机关交通管理部门根据交通技术监控记录资料，可以对违法的机动车所有人或者管理人依法予以处罚。对能够确定驾驶人的，可以依照本法的规定依法予以处罚。"未来，可在制定国土空间规划法时参照这一做法；当前，可先进行地方立法或者出台司法意见，有的地方已经先行一步，进行了有益尝试。

（1）将违法建设所有人或者管理人规定为当事人

如北京市高级人民法院《关于审理违法建设查处案件法律适用问题座谈会会议纪要》（2016年4月19日）提出："能够确定违建的建设单位、个人，或者没有证据证明建设单位、个人已将违建全部转让给实际管理人的，行政机关未将建设单位、个人作为查处相对人的，属认定事实不清，法院不予支持，但行政机关已依法履行公告程序的除外。"

又如《北京市城乡规划条例》第九十二条第二款规定："本条例所称的违法建设当事人，包括违法建设的建设单位、施工单位、所有人或者管理人。"《北京市禁止违法建设若干规定》第二条第二款亦作相同规定。

再如《天津市高院关于规范涉"大棚房"案件审理和执行工作的具体意见》提出："17.'大棚房'违法建设查处案件中，违法建设的建设单位、个人或实际管理人是相对人，对违法建设查处行为，具有提起行政诉讼的原告主体资格。"

（2）按照建设行为内容进行合理区分

如《天津市高院关于规范涉"大棚房"案件审理和执行工作的具体意见》提出："19.既存在'大棚房'违法建设，又存在后续改建、扩建或加建行为的，如果后续的改建、扩建、加建行为并未形成独立建筑物，仅为依附于先前'大棚房'违法建设的附属设施，则一般不宜将改建、扩建或加建人确定为查处相对人；若后续改建、扩建、加建行为与原建设行为共同成就了'大棚房'违法建设且难以区分的，应当将建设人及改建、扩建或加建人共同作为被查处人。20.若原建筑物为合法建筑物，改建、扩建或加建行为违法的，应将改建、扩建或加建行为人作为查处相对人。"

（3）保护利害关系人的正当权益

如《天津市高院关于规范涉"大棚房"案件审理和执行工作的具体意见》提出："18.……如'大棚房'违法建设的建设者和承租人分离，违法建

288

设承租人的室内物品等合法权益因事实拆除行为受到实际影响，承租人有权以自己的名义针对物品毁损等行为提起行政诉讼，法院应围绕影响承租人合法权益行为的合法性进行审查。承租人仅主张违法建设本身权益或仅起诉限期拆除决定、强制拆除决定合法性的，裁定不予立案或驳回起诉。承租人主张依据最高人民法院《关于适用〈行政诉讼法〉的解释》第十三条的规定对违法建设查处行为提起行政诉讼的，裁定不予立案或驳回起诉。"

（4）行为人不能确定的，按"无主违建"处置

如《北京市城乡规划条例》第七十八条第二款规定："执法机关对无法确定违法建设当事人的，可以在公共媒体或者该建设工程所在地发布公告，督促违法建设当事人依法接受处理，责令其限期拆除违法建设，告知其逾期不拆除的，执法机关将依法实施强制拆除，公告期间不得少于10日。公告期间届满后6个月内无人提起行政复议或者行政诉讼的，依法强制拆除或者没收。"经浏览北京市城市管理综合行政执法局网站，多起案件按照上述程序实施查处。

三、非现场执法

（一）概念

非现场执法（监管）亦称不见面执法，它是"互联网技术＋执法"运用的结果，与传统的现场执法相比，具有监管范围广、查处效率高等特点，近年来已有立法对此进行规范。例如《优化营商环境条例》第五十六条规定："政府及其有关部门应当充分运用互联网、大数据等技术手段，依托国家统一建立的在线监管系统，加强监管信息归集共享和关联整合，推行以远程监管、移动监管、预警防控为特征的非现场监管，提升监管的精准化、智能化水平。"实践中，该做法更多被作为一项改革措施予以推广，例如中共中央、国务院《深入推进城市执法体制改革指导意见》提出："依托信息化技术，综合利用视频一体化技术，探索快速处置、非现场执法等新型执法模式，提升执法效能。"又如国务院《事中事后监管指导意见》提出："探索推行以远程监管、移动监管、预警防控为特征的非现场监管，提升监管精准化、智能化水平。"再如中共中央办公厅、国务院办公厅印发《关于深化交

通运输综合行政执法改革的指导意见》的通知（中办发〔2018〕63号，以下简称中共中央办公厅、国务院办公厅《深化交通运输综合行政执法改革指导意见》）提出："加快执法信息化建设，大力推进非现场执法和信息化移动执法，强化执法信息共享。"

值得注意的是，上述法规、文件中的非现场执法（监管）是信息化背景下新型执法模式的泛称；而《行政处罚法》（2021年修订）第四十一条的非现场执法特指行政机关通过监控系统或信息技术手段采集、获取违法行为证据，进而对当事人作出行政处罚的执法活动。两者并不完全等同。

（二）法律规定

修订过程	法条内容
行政处罚法（2017年修正）	—
修订草案征求意见稿	**第三十五条** 公民、法人或者其他组织违反行政管理秩序的行为，依法应当给予行政处罚的，行政机关必须查明事实；依法利用电子技术监控设备收集、固定违法事实的，电子技术监控设备应当符合标准、检定合格设置合理、清晰、准确记录违法事实；违法事实不清的，不得给予行政处罚。
修订草案	**第三十八条** 行政机关依照法律、行政法规规定利用电子技术监控设备收集、固定违法事实的，应当经过法制和技术审核，确保电子技术监控设备设置合理、标准合格、标志明显，设置地点应当向社会公布。 电子技术监控设备记录违法事实应当清晰、准确。行政机关应当对记录内容进行审核，未经审核的，不得作为证据。 行政机关应当及时通知当事人违法事实，并采取适当措施，方便当事人查询。
修订草案二次审议稿	**第三十九条** 行政机关依照法律、行政法规规定利用电子技术监控设备收集、固定违法事实的，应当经过法制和技术审核，确保电子技术监控设备设置合理、标准合格、标志明显，设置地点应当向社会公布。 电子技术监控设备记录违法事实应当真实、清晰、完整、准确。行政机关应当对记录内容进行审核，未经审核的，不得作为证据。 行政机关应当及时通知当事人违法事实，并采取适当措施，方便当事人查询、陈述和申辩。

续表

修订过程	法条内容
行政处罚法（2021年修订）	第四十一条　行政机关依照法律、行政法规规定利用电子技术监控设备收集、固定违法事实的，应当经过法制和技术审核，确保电子技术监控设备符合标准、设置合理、标志明显，设置地点应当向社会公布。 电子技术监控设备记录违法事实应当真实、清晰、完整、准确。行政机关应当审核记录内容是否符合要求；未经审核或者经审核不符合要求的，不得作为行政处罚的证据。 行政机关应当及时告知当事人违法事实，并采取信息化手段或者其他措施，为当事人查询、陈述和申辩提供便利。不得限制或者变相限制当事人享有的陈述权、申辩权。

变化内容：

《行政处罚法》（2021年修订）第四十一条为新增条款，对非现场执法的法定前提以及电子技术监控设备的设定要求、使用要求等作出了规定。

修订背景：

一段时间以来，在非现场执法广泛应用于行政执法实践的同时，问题也逐渐浮出水面。早在2005年，在北京贩菜为生的安徽农民杜宝良"同一地点违章百余次被罚万元"事件曾经引发争议。①2021年4月，央视新闻曝光广东佛山"天价罚单"事件②，点评："尽管罚款人数与网传数据不符，但此处在一年中抓拍18万交通违法行为，仍令人咋舌。交通罚款有理有据，方能让人心服口服，标识不清难免被人诟病，不要让电子监控成为创收手段。"此后，有关方面采取了纠正措施，增加了大号字体的标志及分道提示，同时直行标志都全部改成了左转和右转标志，还在导流标志前方特意喷上了地名。

如此"为罚而罚"的守株待兔式执法引起了立法机关重视。2020年6月28日，全国人大常委会法制工作委员会副主任许安标在第十三届全国人民代

---

①安徽来京人员杜宝良从2004年7月20日起，在同一地点闯禁行105起被罚款10500元。2005年6月5日《法制日报》。

②网传该监测点违章人数达到624149人，总罚款超出1.2亿。广东省相关部门派人调查后回应：电子监控设备于2020年的3月18日正式启用，截止到2021年4月1日，累计抓拍行为只有184373例，与网传数不符。

表大会常务委员会第二十次会议上所作《关于〈中华人民共和国行政处罚法（修订草案）〉的说明》指出："……四是规范非现场执法，增加规定行政机关依照法律、行政法规规定利用电子技术监控设备收集、固定违法事实的，应当经过法制和技术审核，确保设置合理、标准合格、标志明显，设置地点应当向社会公布，并对记录内容和方便当事人查询作出相应规定。"本次修订，对非现场执法进行规范，体现了与时俱进要求。

（三）非现场执法的具体要求

1.前提——应当具有法律、行政法规依据

《行政处罚法》（2021年修订）第四十一条第一款规定："行政机关依照法律、行政法规规定利用电子技术监控设备收集、固定违法事实的，应当经过法制和技术审核，确保电子技术监控设备符合标准、设置合理、标志明显，设置地点应当向社会公布。"可见，非现场执法并非随意采取，必须具有法律、行政法规依据，地方性法规、部门规章、地方政府规章及规章以下的规范性文件不可以设立非现场执法。

比如，对于公安机关交通管理部门实施非现场执法，初看，"电子警察"等利用交通技术监控设备、执法记录设备收集、固定违法行为证据的做法源于《道路交通安全违法行为处理程序规定》第十五条第一款："公安机关交通管理部门可以利用交通技术监控设备、执法记录设备收集、固定违法行为证据。"《道路交通安全违法行为处理程序规定》属于部门规章，不具备设定非现场执法的前提要求。但是，《道路交通安全法》第一百一十四条规定："公安机关交通管理部门根据交通技术监控记录资料，可以对违法的机动车所有人或者管理人依法予以处罚。对能够确定驾驶人的，可以依照本法的规定依法予以处罚。"《道路交通安全法》属于法律，据此，公安机关交通管理部门"电子警察"记录的数据依法可以作为处罚依据。

目前，对于非现场执法作出规定的法律、行政法规除《道路交通安全法》外，还包括：

（1）《固体废物污染环境防治法》

该法第五十六条规定："生活垃圾处理单位应当按照国家有关规定，安装使用监测设备，实时监测污染物的排放情况，将污染排放数据实时公开。监测设备应当与所在地生态环境主管部门的监控设备联网。"

（2）《水污染防治法》

该法第二十三条第一款规定："实行排污许可管理的企业事业单位和其他生产经营者应当按照国家有关规定和监测规范，对所排放的水污染物自行监测，并保存原始监测记录。重点排污单位还应当安装水污染物排放自动监测设备，与环境保护主管部门的监控设备联网，并保证监测设备正常运行。具体办法由国务院环境保护主管部门规定。"

有著作认为："非现场执法是适应时代发展的监管方式，考虑到在本法规定前已经有大量电子技术监控设备投入使用，似可将《优化营商环境条例》第五十六条作为电子技术监控设备的行政法规依据。""本条的立法初衷是在利用科技手段的情况下，充分保护私权利，因此，应从严在程序上保护私权利，加强法制审核和技术审核，没有相关手续的，应当在本法适用前补充法律手续，修改工作流程，增加人工审核环节，强化电子证据的适用要求。"[1]笔者对此不予赞同。如前所述，《优化营商环境条例》第五十六条的非现场监管与《行政处罚法》（2021年修订）第四十一条的非现场执法并不完全等同，前者侧重于市场主体行为监管。以《行政处罚法》（2021年修订）规定前已经有大量电子技术监控设备投入使用为由，提出"将《优化营商环境条例》第五十六条作为电子技术监控设备的行政法规依据"，势必使得非现场执法成为普适性规定，使得《行政处罚法》（2021年修订）第四十一条的限制性规定成为浮华的摆设，不符合该法的立法本义。一方面，从制度演进轨迹看，无论是《优化营商环境条例》，还是中共中央、国务院《深入推进城市执法体制改革指导意见》，国务院《事中事后监管指导意见》，中共中央办公厅、国务院办公厅《深化交通运输综合行政执法改革指导意见》等，这些立法及政策规范出台均早于《行政处罚法》（2021年修订），其中有关非现场执法（监管）的规定势必不能简单倒推成为《行政

---

[1] 袁雪石著：《中华人民共和国行政处罚法释义》，中国法制出版社2021年版，第256页。

处罚法》（2021年修订）第四十一条的适用依据。另一方面，从制度属性来看，《行政处罚法》（2021年修订）第四十一条的非现场执法是一种特定化的针对个案的执法制度安排，是一种赋予电子技术监控自动化执法功能的制度，是一种能够直接产生证据效力的取证制度。而此前的一些法律法规及政策规范更多的是一种泛化意义上的执法信息采集辅助保障制度，通常不能基于此取得直接的执法证据。

2.设置要求——法制和技术审核；地点向社会公布

根据《行政处罚法》（2021年修订）第四十一条第一款，利用电子技术监控设备收集、固定违法事实的，应当经过法制和技术审核，确保电子技术监控设备符合标准、设置合理、标志明显，设置地点应当向社会公布。

（1）应当经过法制和技术审核

该要求源于《道路交通安全违法行为处理程序规定》第十五条第二款："交通技术监控设备、执法记录设备应当符合国家标准或者行业标准，需要认定、检定的交通技术监控设备应当经认定、检定合格后，方可用于收集、固定违法行为证据。"第三款："交通技术监控设备应当定期维护、保养、检测，保持功能完好。"上述"符合国家标准或者行业标准"以及"需要认定、检定的交通技术监控设备应当经认定、检定合格"，接近于《行政处罚法》（2021年修订）第四十一条中的"技术审核"。

《行政处罚法》（2021年修订）第四十一条第一款在要求电子技术监控设备应当经过"技术审核"的基础上，同时要求应当经过"法制审核"，合称为"法制和技术审核"，"法制和技术审核"的具体标准或者要求是"确保电子技术监控设备符合标准、设置合理、标志明显"，足见立法对于非现场执法的审慎态度。未来应当尽快制定配套办法，对于法制和技术审核的内容、程序、要求等作出规定。

（2）设置地点应当向社会公布

该要求源于《道路交通安全违法行为处理程序规定》第十六条第二款："固定式交通技术监控设备设置地点应当向社会公布。"第十七条："使用固定式交通技术监控设备测速的路段，应当设置测速警告标志。""使用移动测速设备测速的，应当由交通警察操作。使用车载移动测速设备的，还应当使用制式警车。"

《行政处罚法》（2021年修订）第四十一条第一款强调利用电子技术监控设备收集、固定违法事实的，"设置地点应当向社会公布"，是落实行政执法公示制度的具体举措，目的是体现执法公开，防止"钓鱼执法"等现象发生。

3.适用要求——内容要求；审核

根据《行政处罚法》（2021年修订）第四十一条第二款，电子技术监控设备记录违法事实应当真实、清晰、完整、准确。行政机关应当审核记录内容是否符合要求；未经审核或者经审核不符合要求的，不得作为行政处罚的证据。

（1）电子技术监控设备记录违法事实应当真实、清晰、完整、准确

该要求源于《道路交通安全违法行为处理程序规定》第十八条："作为处理依据的交通技术监控设备收集的违法行为记录资料，应当清晰、准确地反映机动车类型、号牌、外观等特征以及违法时间、地点、事实。"这是电子技术监控设备收集、固定违法事实的技术要求。

（2）行政机关应当审核记录内容是否符合要求

该要求源于《道路交通安全违法行为处理程序规定》第十九条："交通技术监控设备收集违法行为记录资料后五日内，违法行为发生地公安机关交通管理部门应当对记录内容进行审核，经审核无误后录入道路交通违法信息管理系统，作为处罚违法行为的证据。"这是电子技术监控设备收集、固定违法事实的法治要求。

根据《行政处罚法》（2021年修订）第四十一条，对于行政机关而言，审核"电子技术监控设备记录内容是否符合要求"是"应当"，即必须；而且，未经审核或者经审核不符合要求的，"不得"作为行政处罚的证据。此外，该条第一款规定的是"利用电子技术监控设备"审核，即设置审核；第二款规定的是"电子技术监控设备记录内容"审核，即内容审核，两者并非一回事。如此"双审核"实乃立法对于非现场执法慎之又慎的真实写照。

4.保障要求——告知；方便查询；保障陈述申辩权利

根据《行政处罚法》（2021年修订）第四十一条第三款，行政机关应当及时告知当事人违法事实，并采取信息化手段或者其他措施，为当事人查询、陈述和申辩提供便利。不得限制或者变相限制当事人享有的陈述权、申辩权。

该要求源于《道路交通安全违法行为处理程序规定》第二十条："交通技术监控设备记录的违法行为信息录入道路交通违法信息管理系统后当日，违法行为发生地和机动车登记地公安机关交通管理部门应当向社会提供查询。违法行为发生地公安机关交通管理部门应当在违法行为信息录入道路交通违法信息管理系统后五日内，按照机动车备案信息中的联系方式，通过移动互联网应用程序、手机短信或者邮寄等方式将违法时间、地点、事实通知违法行为人或者机动车所有人、管理人，并告知其在三十日内接受处理。"

非现场执法的核心要义是，认可电子监控设施设备记录的事实，不再专门进行调查、检查等取证活动，直接对当事人作出行政处罚决定。形象地说，是利用电子监控设施设备记录"孤证"，进行"缺席处罚"。因此，如何有效保障当事人的陈述和申辩权利显得尤为重要。修订草案三次审议稿提出："不得限制或者变相限制当事人享有的陈述权、申辩权。"其背景是一些地方在非现场执法中出现了限制或者变相限制陈述权、申辩权的规定或者做法。为此，全国人民代表大会宪法和法律委员会《关于〈中华人民共和国行政处罚法（修订草案）〉审议结果的报告》提出："……五、有的常委委员、部门、专家学者和社会公众提出，对运用信息化等手段实施行政处罚应当加强规范，在提高行政效率的同时，也要体现便民原则，保护当事人的陈述、申辩等权利。宪法和法律委员会经研究，建议作以下修改：一是进一步要求行政机关及时告知当事人电子技术监控设备记录的违法事实，并采取信息化手段或者其他措施，为当事人查询、陈述和申辩提供便利。不得限制或者变相限制当事人享有的陈述权、申辩权。"实际上，此前一些案例即已明确对交通技术设备记录的违法行为拟作出处罚需听取当事人陈述和申辩规则。笔者认为，根据"正当程序"以及"有权利即有救济"等原则，立法作出如此规定极有必要。

案例28：对交通技术设备记录的违法行为拟作出处罚，仍需听取陈述和申辩[①]

2018年12月30日14时43分，舒某强驾驶的雪佛兰××小轿车被交通技术监控设备记录实施了违反禁令标志指示停车的违法行为。交通技术监控光盘显示，涉案车辆在路口设有禁止停车标识的道路中间处于静止状态，录像时长15秒。某市公安局公安交通管理局西城交通支队西外大队于2019年1月5日作出处罚决定，根据《道路交通安全法》第九十条规定，给予贰佰元的罚款。根据《机动车驾驶证申领和使用规定》，本违法行为记3分。舒某强不服，申请行政复议，维持后仍不服，提起行政诉讼。

法院经审理认为：交通技术设备仅仅是作为一种技术手段记录违法行为，提供违法行为存在的证据，其本身并非"电子警察"，不具有作出行政处罚的职能。具有行政执法权的交通民警，根据交通技术设备记录的违法行为，进行合法性分析后，作出是否给予行政处罚的决定。具体到本案中，被告西外大队依据交通技术设备记录的违法行为，通知原告接受处理。在告知违法的事实和理由，以及听取原告的陈述和申辩意见以后，才作出被诉的处罚决定。听取当事人的陈述和申辩是作出行政处罚前所必须履行的法定程序，其目的在于让当事人有充分的机会表达其观点，为其行为提供正当理由以影响行政处罚决定的作出。即使交通技术设备记录的违法行为，听取当事人的陈述和申辩并采纳正当的理由，亦是必不可少的法定程序。因此，这种担心是不必要的。

值得一提的是，对违法停车进行处罚是一方面，优化道路设计，增加停车位供给是另一方面；加大处罚力度，增加违法成本，让违法者不敢违法是一方面，提供清晰的道路标识指示，提供更多的道路安全教育，让守法者更容易守法是另一方面。道路交通管理是城市管理的重要组成部分。作为北京这样的特大城市，交通管理在依法管理的基础上，尤其要注重精细管理，科学规划，保障交通通畅，方便群众出行。

[①]参见（2019）京0102行初277号《行政判决书》。

判决：驳回舒某强的诉讼请求。

（四）非现场执法对行政执法的影响

如前所述，《行政处罚法》（2021年修订）第四十一条增设的非现场执法制度，要求十分严格，一些领域正在实施的类似执法措施或将面临合法性拷问。以城市管理为例，近年来，城市管理"非接触性执法"成为一项非常红火的制度创新，浙江宁波、广西柳州等地的相关经验一度享誉四方，引起主管部门重视并召开现场会予以推广，学习者纷至沓来、络绎不绝。近期，一些地方"非接触性执法"+"非诉执行"破解城管执法难题的做法，再度引起业内重视。笔者认为，从目前情况看，城市管理"非接触性执法"并没有达到《行政处罚法》（2021年修订）第四十一条的非现场执法制度要求，值得检视。①

1.城市管理"非接触性执法"的概念与主要做法

（1）概念

"非接触性执法"并非国家层面的制度设计，一直停留在地方实践探索中，且各地做法不尽相同，因此至今尚未形成约定俗成的概念。比较常见的解释有：

①"非接触性执法"是指执法人员利用信息技术手段对当事人的违法事实、现场情况进行收集和记录，并形成特定的影像数据资料，以此为证据，经调查、审核、告知、执行程序后，对违法当事人依法给予处罚的执法方式。

②"非接触性执法"即执法人员利用信息技术手段获取有关当事人违法事实的证据材料，形成当事人"零口供"下的完整证据链；再通过留置或邮寄送达等方式，完成"零接触"下的告知程序；最后通过法院非诉执行，保障行政处罚执行到位。

（2）主要做法

浙江宁波、广西柳州等市是"非接触性执法"的发源地，也是经验的主要"贡献地"。其主要做法是：

①参见姚爱国：《值得检视的城市管理"非接触性执法"》，《法治参考》第15期（总第485期）。

①宁波市

2018年5月30日，住建部在宁波召开非接触性执法现场会。北京、天津、上海、重庆、郑州、大连等20多个大中城市的城市管理局、综合行政执法局领导及相关部门负责人参加。代表们听取了宁波市城市管理局（综合行政执法局）的非接触性执法经验介绍，参观了非接触性执法现场和智慧城管，对宁波先行先试取得的成效表示赞赏。住建部城市管理局相关负责人强调，让城市管理行政执法服务生态文明建设，宁波的探索实践值得肯定和推广。除了宁波外，武义、玉环、乐清也开展或者推进非接触性执法工作。

②柳州市

2016年，柳州在查处车窗抛物案件中开始尝试非接触性执法，探索将数字城管采集的图片、视频资料等直接转化为行政执法证据，对能认定违法事实存在、违法当事人确定、违法当事人与违法事实之间具有法律因果关系的，直接进入案件处罚环节。整合"天网"视频监控、城管监控等资源，共享"天网"工程13017个监控探头，实时进行视频监控、抓拍立案，加强整治案件高发路段的监管，实现监控区域灵活机动。

从宁波、柳州等市做法看，两地主要对城市管理中的车辆违停、破坏绿化、车窗抛物等常见易发违法行为，通过视频监控、抓拍固定证据，实施处罚。相关理念与《行政处罚法》（2021年修订）第四十一条的非现场执法具有一定的融合性和贯通性。

2.存在问题

《行政处罚法》（2021年修订）第四十一条在进行制度创新、确立非现场执法的同时，也对其进行了严格规范。主要原因是适用非现场执法时，电子技术监控设备收集、固定的违法事实无需外部转化而直接作为行政处罚的证据。正因为此，《行政处罚法》（2021年修订）对此秉持谨慎态度，力求通过严格、周密的制度设计进行规范。其中，"依照法律、行政法规规定"为基础层面的"刚性"要求，不可或缺。

检视城市管理领域，有关"非接触性执法"的依据目前仍然停留在规范性文件阶段，与具有"法律、行政法规"依据相差甚远。如《上海市城管执法部门非现场执法工作规定（试行）》（沪城管规〔2020〕2号）第二条第二款规定："非现场执法是指城管执法部门通过技术监控设备、视音频记录设备等收集、固定违法事实，依法对当事人实施行政处罚的执法方式。"第六条规定："城管执法部门可以利用技术监控设备、视音频记录设备收集、固定违法行为证据。""技术监控设备、视音频记录设备应当符合国家标准或者行业标准，并保持功能完好。""固定式技术监控设备设置地点应当合理、醒目，通过官方网站公示等方式向社会公布。"第八条规定："城管执法人员应当对技术监控设备、视音频记录设备收集的违法行为记录资料进行审核，经审核无误的，可以作为处罚违法行为的证据。"上述条款内容已经非常接近于《行政处罚法》（2021年修订）第四十一条，但是，因授权依据系行政规范性文件，并非"法律、行政法规"，因而不能作为实施非现场执法的依据，并且面临清理。①基于此，《行政处罚法》（2021年修订）实施后，城市管理"非接触性执法"将因缺失法律、行政法规依据而面临停止。

笔者注意到，2021年10月28日，上海市第十五届人民代表大会常务委员会第三十六次会议通过《上海市浦东新区城市管理领域非现场执法规定》。这是上海市首部社会治理领域的浦东新区法规，也是全国首部涉及非现场执法的专门性法规。该立法例第二条第二款规定："本规定所称的非现场执法，是指运用现代信息技术手段收集、固定违法事实，采用信息化等方式进行违法行为告知、调查取证、文书送达、罚款收缴等的执法方式。"显然，该立法例中的非现场执法既包括"运用现代信息技术手段收集、固定违法事实"，也包括"采用信息化等方式进行违法行为告知、调查取证、文书送达、罚款收缴"等，亦不完全等同于《行政处罚法》（2021年修订）第四十一条的非现场执法。

---

① 2021年7月8日，全国人大常委会组织新修订行政处罚法集体采访，法制工作委员会行政法室处长张晓莹表示："有关立法机关应当及时清理相关规定，对于超出权限作出的非现场执法规定进行清理。"参见《全国人大常委会法工委组织新修订行政处罚法集体采访》，https://www.163.com/dy/article/GF257H130524TEUR.html，2021年9月16日访问。

3.应对措施

《法治政府建设实施纲要（2021—2025年）》指出："深入推进'互联网+'监管执法，2022年年底前实现各方面监管平台数据的联通汇聚。探索推行以远程监管、移动监管、预警防控为特征的非现场监管。"非现场执法是一项"年轻"的制度，也符合未来行政执法的总体走向。结合城市管理领域违法行为发生特点分析，城市管理"非接触性执法"具有一定的发展前景。鉴于目前情况，可采取以下应对措施：

（1）在生态环保、交通等领域，作为相对集中行政处罚权机关，城市管理执法部门可以依法实施"非接触性执法"

中共中央、国务院《深入推进城市执法体制改革指导意见》提出："重点在与群众生产生活密切相关、执法频率高、多头执法扰民问题突出、专业技术要求适宜、与城市管理密切相关且需要集中行使行政处罚权的领域推行综合执法。具体范围是：住房城乡建设领域法律法规规章规定的全部行政处罚权；环境保护管理方面社会生活噪声污染、建筑施工噪声污染、建筑施工扬尘污染、餐饮服务业油烟污染、露天烧烤污染、城市焚烧沥青塑料垃圾等烟尘和恶臭污染、露天焚烧秸秆落叶等烟尘污染、燃放烟花爆竹污染等的行政处罚权；工商管理方面户外公共场所无照经营、违规设置户外广告的行政处罚权；交通管理方面侵占城市道路、违法停放车辆等的行政处罚权；水务管理方面向城市河道倾倒废弃物和垃圾及违规取土、城市河道违法建筑物拆除等的行政处罚权；食品药品监管方面户外公共场所食品销售和餐饮摊点无证经营，以及违法回收贩卖药品等的行政处罚权。"《城市管理执法办法》第八条规定："城市管理执法的行政处罚权范围依照法律法规和国务院有关规定确定，包括住房城乡建设领域法律法规规章规定的行政处罚权，以及环境保护管理、工商管理、交通管理、水务管理、食品药品监管方面与城市管理相关部分的行政处罚权。"

据此，城市管理执法部门集中行使环境保护管理、交通管理方面的行政处罚权，可以依据《环境保护法》《道路交通安全法》实施"非接触性执法"。

（2）在生态环保、交通以外的其他领域，城市管理执法部门可以将电

子技术监控设备记录内容作为违法线索，通过采取调查、检查等措施进一步收集、固定证据，依法作出行政处罚

因工商管理、水务管理、食品药品监管等方面的法律、行政法规未对非现场执法作出规定，城市管理执法部门在上述领域的"非接触性执法"活动缺乏法定依据，相关电子技术监控设备记录内容不能直接作为行政处罚的证据。但是，可以作为违法线索，通过采取调查、检查等措施进一步收集、固定证据，在事实清楚、证据充分的基础上依法作出行政处罚。亦即，电子技术监控设备记录内容只能作为认定违法行为的证据"之一"而不是"唯一"；必须进一步调查取证，查明案件事实，才能依法作出行政处罚。

（3）适时修改《城市市容和环境卫生管理条例》，对占道经营、乱堆乱放等常见、易发违法行为实施"非接触性执法"作出规定

《城市市容和环境卫生管理条例》颁布于1992年，很多条文已不能满足实际需要。可以考虑对条例进行修改，从行政法规层面规定非现场执法，弥补立法之"先天不足"。

四、行政执法人员的基本要求

行政执法人员是国家行政机关依法录用或委托并赋予其相应执法权的工作人员，主要包括行政机关中拥有执法权的正式在编人员，法律、法规授权的执法组织中的人员以及受行政机关合法委托而获得执法权的组织中的人员。《行政处罚法》（2021年修订）对行政执法人员资格、数量、文明执法以及回避制度、保密义务等基本要求作了明确。

（一）人员资格、数量、文明执法要求

修订过程	法条内容
行政处罚法 （2017年修正）	**第三十七条** 行政机关在调查或者进行检查时，执法人员不得少于两人，并应当向当事人或者有关人员出示证件。……
修订草案征求 意见稿	**第三十六条** 行政机关实施行政处罚，应当由具有执法资格并取得执法证件的执法人员承担。 **第四十七条** 行政机关在调查或者进行检查时，执法人员不得少于两人，并应当向当事人或者有关人员出示证件。……

续表

修订过程	法条内容
修订草案	**第三十九条**　行政机关实施行政处罚，应当由具有执法资格的执法人员承担。 **第五十一条**　行政机关在调查或者进行检查时，<u>除法律另有规定外</u>，执法人员不得少于两人，并应当向当事人或者有关人员出示执法证件。……
修订草案二次审议稿	**第四十条**　行政处罚应当由具有行政执法资格的执法人员实施。执法人员不得少于两人，法律另有规定的除外。 <u>执法人员应当文明执法，尊重和保护当事人合法权益。</u> **第五十二条**　执法人员在调查或者进行检查时，应当主动向当事人或者有关人员出示执法证件。……
行政处罚法（2021年修订）	**第四十二条**　行政处罚应当由具有行政执法资格的执法人员实施。执法人员不得少于两人，法律另有规定的除外。 执法人员应当文明执法，尊重和保护当事人合法权益。 **第五十五条**　执法人员在调查或者进行检查时，应当主动向当事人或者有关人员出示执法证件。……

1.行政执法人员资格要求

"具有行政执法资格"是行政执法人员的实体性要求，"出示执法证件"是行政执法过程中表明身份的程序性要求。《行政处罚法》（2017年修正）第三十七条仅规定行政机关在调查或者进行检查时，应当向当事人或者有关人员出示证件，而没有对行政执法人员"具有行政执法资格"作出规定。修订草案征求意见稿第三十六条规定："行政机关实施行政处罚，应当由具有执法资格并取得执法证件的执法人员承担"，实际上混淆了"具有行政执法资格"与"取得执法证件"的关系。《行政处罚法》（2021年修订）第四十二条最终规定："行政处罚应当由具有行政执法资格的执法人员实施"，弥补了《行政处罚法》（2017年修正）的缺陷。

应当注意的是，"具有行政执法资格"也是依法行政的最起码要求。近年来，多地采用辅助人员参与执法做法，比如，辅警对违法停车行为进行拍照取证并粘贴《违法停车告知单》等，由此引发复议诉讼。有司法裁判认为，交通协管员工作内容是将当事人的交通违法行为拍摄图像予以记录并张贴《交通协管员道路停车记录告知单》，后将相关资料提交公安机关交通管理部门审核，工作内容属于协助和告知的范畴，不属于履行执法处罚职能。[1]也有司法裁判认为，执法调查工作由一名协警单独进行，显然违反法律法规的规定，构成程序违法，其据此作出的案涉行政处罚依法应予撤销。[2]但对于辅助（协助）人员究竟能够实施哪些行为，缺乏具体明确规定。尽管全国"两会"有代表建议"在法律层面对警务辅助人员有所限制地授权，赋予辅警以'准执法人员'身份参与案件询问、讯问等执法工作"，但在相关法律法规修改前，均不能照此办理。

另外，还应当注意行政执法证件有效期。某地市场监管局的两名执法人员持超过有效期的行政执法证件执法，被当事人诉至法院。考虑到相关部门认可其仍具有执法资格，且其在执法时出示了执法证件，最终法院认定属于程序瑕疵。

再者，上述"执法证件"一般而言指行政执法证，人民警察等特殊执法岗位除外。行政执法证件是行政执法人员依法覆行职责、实施行政执法活动的身份证明。为严格行政执法资格管理，促进严格规范公正文明执法，司法部办公厅印发《关于做好全国统一行政执法证件标准样式实施工作的通知》（司办通〔2020〕78号），在全国范围内统一行政执法证件标准样式。通知提出："人民警察等特殊执法岗位的执法证件管理工作仍按照有关规定执行"。因此，"人民警察证"是人民警察实施治安管理等行政执法活动的法定证件。

2.行政执法人员数量要求

修订过程	法条内容
行政处罚法（2017年修正）	第二节　一般程序 第三十七条　行政机关在调查或者进行检查时，执法人员不得少于两人，并应当向当事人或者有关人员出示证件。……

---

[1] 参见（2020）京0105行初493号《行政判决书》。

[2] 参见（2019）浙07行终399号《行政判决书》。

续表

修订过程	法条内容
行政处罚法 （2021年修订）	第一节　一般规定 **第四十二条**　行政处罚应当由具有行政执法资格的执法人员实施。执法人员不得少于两人，法律另有规定的除外。 执法人员应当文明执法，尊重和保护当事人合法权益。

（1）普通程序

《行政处罚法》（2017年修正）第三十七条规定，"行政机关在调查或者进行检查时，执法人员不得少于两人，并应当向当事人或者有关人员出示证件"。该法将"两人执法"局限于一般程序中的"调查或者检查"，不包括其他执法活动；《行政处罚法》（2021年修订）第四十二条规定，"行政处罚应当由具有行政执法资格的执法人员实施。执法人员不得少于两人，法律另有规定的除外。"该法将"两人执法"要求明确于"行政处罚"，贯穿了整个行政处罚的全过程。

此外，实践中普遍存在两名执法人员执法，其中一人兼作记录人情况，这也是符合规定的，但须同时在执法人员、记录人员栏目签名。

（2）简易程序

①《行政处罚法》（2017年修正）：简易程序可以"一人执法"

《行政处罚法》（2017年修正）第三十七条规定："行政机关在调查或者进行检查时，执法人员不得少于两人"。实践中，对于简易程序可否"一人执法"产生争议。笔者认为。《行政处罚法》（2017年修正）第三十七条"执法人员不得少于两人"位于"第二节　一般程序"中，而"第一节　简易程序"并无规定。因此，在《行政处罚法》（2017年修正）背景下，简易程序被解读为可以"一人执法"。有的规章亦已作出规定，如《道路交通安全违法行为处理程序规定》第四十二条规定："公安机关交通管理部门按照简易程序作出处罚决定的，可以由一名交通警察实施"。

最高人民法院公报刊载的廖某荣不服被告重庆市公安局交通管理局第二支队对其作出的交通管理行政处罚决定案，[①]原告的一个重要诉求就是认为

---

① 《最高人民法院公报》2007年第1期。

交警一人对其进行罚款违反了《行政处罚法》第三十七条第一款"行政机关在调查或者进行检查时，执法人员不得少于两人"规定。

法院经审理认为：道路交通安全管理具有其特殊性。道路上的交通违法行为一般都是瞬间发生，对这些突发的交通违法行为如果不及时纠正，就会埋下交通安全隐患，甚至当即引发交通安全事故，破坏道路交通安全秩序。但要及时纠正这些突发的交通违法行为，则会面临取证难题。交通警察发现交通违法行为后应当及时纠正，如果必须先取证再纠正违法，则可能既无法取得足够的证据，也无法及时纠正违法行为，甚至还可能在现场影响车辆、行人的通行。考虑到上述因素，为了遵循《道路交通安全法》第三条确立的依法管理，方便群众，保障道路交通有序、安全、畅通的原则，《道路交通安全法》第七十九条规定："公安机关交通管理部门及其交通警察实施道路交通安全管理，应当依据法定的职权和程序，简化办事手续，做到公正、严格、文明、高效。"第一百零七条规定："对道路交通违法行为人予以警告、二百元以下的罚款，交通警察可以当场作出行政处罚决定，并出具行政处罚决定书"。《道路交通安全违法行为处理程序规定》第四十二条规定："公安机关交通管理部门按照简易程序作出处罚决定的，可以由一名交通警察实施"。因此，交通警察一人执法时，当场给予行政管理相对人罚款200元的行政处罚，是合法的具体行政行为。

一段时间以来，司法实践中也按照上述口径把握。

②《行政处罚法》（2021年修订）：简易程序不可以"一人执法"

本次修法，将原来规定于《行政处罚法》（2017年修正）"第二节 一般程序"第三十七条中的"两人执法"，调整到《行政处罚法》（2021年修订）"第一节 一般规定"的第四十二条中，规定："行政处罚应当由具有行政执法资格的执法人员实施。执法人员不得少于两人，法律另有规定的除外。"据此，无论是简易程序还是普通程序，均应当实行"两人执法"，除非法律另有规定。《道路交通安全违法行为处理程序规定》属于部门规章，无权对"两人执法"作出例外规定。因此，2021年7月15日以后，公安机关交通管理部门按照简易程序作出处罚决定的，不再可以由一名交通警察实施。

③延伸思考：公安机关适用简易程序"一人执法"之去留

除道路交通安全领域外，《公安机关办理行政案件程序规定》（以下简称《程序规定》）第三十九条第一款亦规定："适用简易程序处罚的，可以由人民警察一人作出行政处罚决定。"亦即，公安机关适用简易程序均可"一人执法"。但如前所述，《程序规定》属于公安部规章，无权对"两人执法"作出例外规定；《治安管理处罚法》《道路交通安全法》《出境入境管理法》等公安法律均无"当场处罚可以由一名执法人员作出"规定。从这一维度看，已实施多年的公安机关适用简易程序"一人执法"面临去留窘境。

有学者认为，"执法人员不得少于两人"在1996年制定《行政处罚法》时就作了明确规定。"两人执法"的好处是，执法人员之间有合作、有配合、有制约、有监督，特别是在面对当事人执法时，可以减少不必要的争议。如果"两人执法"制度不适应某些执法领域的执法实际需要，确需作出特别规定的，可以在修法过程中经过充分论证，听取各方面意见后，由法律作出相应规定。①

有观点提出，《程序规定》第三十九条第一款"适用简易程序处罚的，可以由人民警察一人作出行政处罚决定"，更符合公安执法实践的需要，更能体现行政执法繁简分流、提升执法效率、节约执法资源的要求，应是当场处罚的应有之义。自1987年1月1日起施行的《治安管理处罚条例》设立当场处罚制度以来，均可以由人民警察一人作出当场处罚决定。加之修订前的《行政处罚法》有关"执法人员不得少于两人"的规定是在该法"第五章 行政处罚的决定"之"第二节 一般程序"中，仅是对适用一般程序施行行政处罚的要求。因此，《程序规定》明确规定"适用简易程序处罚的，可以由人民警察一人作出行政处罚决定"。可以说，对这一做法，无论是在理论界还

---

① 2021年7月8日，全国人大常委会法制工作委员会组织新修订行政处罚法集体采访，多名立法人士针对新行政处罚法的修法亮点、革新历程作出说明。本部分为全国人大常委会法制工作委员会行政法室一级巡视员张桂龙访谈内容。参见《全国人大常委会法工委组织新修订行政处罚法集体采访》，https://www.163.com/dy/article/GF257H130524TEUR.html，2021年9月16日访问。

是在执法实践中都已形成共识。当场处罚由两名以上人民警察实施，不仅不符合长期以来的实践做法，也不适合公安执法实践的需要，将大大削弱当场处罚繁简分流、合理有效节约执法资源的实践意义。有著作认为：《程序规定》第三十九条第一款"适用简易程序处罚的，可以由人民警察一人作出行政处罚决定"的规定，更符合公安执法实践的需要，更可体现行政执法繁简分流、提升执法效率、节约执法资源的要求。下一步，将积极推动《治安管理处罚法》《道路交通安全法》《出境入境管理法》等公安法律的修改，对"可以由一名人民警察作出当场处罚决定"作出明确的法律规定，使当场处罚制度更符合公安执法实践的需要。[1]

笔者认为，鉴于《行政处罚法》（2021年修订）的明确规定，在《治安管理处罚法》《道路交通安全法》《出境入境管理法》等法律修改前，公安机关人民警察适用简易程序"一人执法"必须停止实施。

3.文明执法要求

习近平总书记指出，要牢固树立为人民服务的思想，健全法律法规体系和执法制度，特别是要建设一支过硬的执法队伍，真正做到依法、规范、文明执法。党的十八大报告提出，要推进依法行政，切实做到严格规范公正文明执法。党的十八届四中全会通过的《中共中央关于全面推进依法治国若干重大问题的决定》站在完善和发展中国特色社会主义制度、推进国家治理体系和治理能力现代化的战略高度，就全面推进依法治国、建设社会主义法治国家作出了全面部署，对坚持严格规范公正文明执法提出了具体要求。2020年10月13日，全国人民代表大会宪法和法律委员会《关于〈中华人民共和国行政处罚法（修订草案）〉修改情况的汇报》明确提出："……四是增加文明执法内容，执法人员应当文明执法，尊重和保护当事人合法权益。"

《行政处罚法》（2021年修订）第四十二条第二款规定："执法人员应当文明执法，尊重和保护当事人合法权益。"当然，"文明执法，尊重和保护当事人合法权益"只是原则性要求，具体有待各执法部门结合本行业行政

---

[1]孙茂利主编：《公安机关办理行政案件程序规定释义与实务指南》，中国人民公安大学出版社2021年版。

管理特点制定可操作性规定。比如2018年9月5日，住建部印发《城市管理执法行为规范》（建督〔2018〕77号），自2018年10月1日起实施。《规范》共8章、31条，对执法纪律、办案规范、装备使用规范、着装规范、仪容举止和语言规范等作了具体规定。

（二）回避制度

修订过程	法条内容
行政处罚法（2017年修正）	**第三十七条**…… 执法人员与当事人有直接利害关系的，应当回避。
修订草案征求意见稿	**第三十七条**　当事人认为执法人员与案件有直接利害关系或者有其他关系可能影响公正执法的，有权申请回避。 执法人员认为自己与案件有直接利害关系或者有其他关系可能影响公正执法的，应当主动申请回避。 当事人提出回避申请的，行政机关应当依法审查，但不停止调查或者实施行政处罚。
修订草案	**第四十条**　执法人员与案件有直接利害关系或者有其他关系可能影响公正执法的，应当回避。 当事人认为执法人员与案件有直接利害关系或者有其他关系可能影响公正执法的，有权申请回避。 当事人提出回避申请的，行政机关应当依法审查，但不停止调查或者实施行政处罚。
修订草案二次审议稿	**第四十一条**　执法人员与案件有直接利害关系或者有其他关系可能影响公正执法的，应当回避。 当事人认为执法人员与案件有直接利害关系或者有其他关系可能影响公正执法的，有权申请回避。 当事人提出回避申请的，行政机关应当依法审查，由行政机关负责人决定。决定作出前，不停止调查。
行政处罚法（2021年修订）	**第四十三条**　执法人员与案件有直接利害关系或者有其他关系可能影响公正执法的，应当回避。 当事人认为执法人员与案件有直接利害关系或者有其他关系可能影响公正执法的，有权申请回避。 当事人提出回避申请的，行政机关应当依法审查，由行政机关负责人决定。决定作出之前，不停止调查。

修订背景：

回避是为了保证案件获得公正办理而设立的一项制度，是指执法人员在遇有法律规定的情形时，退出对本案办理的制度；是正当程序原则的要求。2020年6月28日，全国人大常委会法制工作委员会副主任许安标在第十三届全国人民代表大会常务委员会第二十次会议上所作《关于〈中华人民共和国行政处罚法（修订草案）〉的说明》指出："……五是进一步完善回避制度，细化回避情形，明确对回避申请应当依法审查，但不停止调查或者实施行政处罚。"

1.种类

包括主动回避、申请回避两种。《行政处罚法》（2021年修订）第四十三条第一款规定："执法人员与案件有直接利害关系或者有其他关系可能影响公正执法的，应当回避。"此为主动回避。第四十三条第二款规定："当事人认为执法人员与案件有直接利害关系或者有其他关系可能影响公正执法的，有权申请回避。"此为申请回避。

2.理由

根据《行政处罚法》（2021年修订）第四十三条，发生回避的理由是"执法人员与案件有直接利害关系或者有其他关系，可能影响公正执法"。显然，回避的对象是"执法人员"，办案行政机关一般情况下不适用回避。

3.申请回避的程序与要求

（1）当事人提出回避申请

申请方式未予规定，不排除口头申请，但是执法人员应当记入笔录。

（2）行政机关依法审查

审查内容是申请理由是否成立，即执法人员与案件是否"有直接利害关系或者有其他关系，可能影响公正执法"。

（3）由行政机关负责人决定

2020年10月13日，全国人民代表大会宪法和法律委员会《关于〈中华人民共和国行政处罚法（修订草案）〉修改情况的汇报》提出："……五是完善回避程序，增加规定执法人员的回避由行政机关负责人决定。"

（4）决定作出之前，不停止调查

"决定作出之前不停止调查"是处理申请回避的一项基本规则，主要是防止停止调查对于阻止违法行为、防止危害发生、避免后果扩大等造成不利影响。

实践中，有的实体法对于回避程序作出全面系统规定，应当严格遵照执行，如《公安机关办理行政案件程序规定》第十七条至第二十五条。

4.应当回避没有回避的法律后果

应当回避未回避的，可能会导致所取得的证据不能作为行政处罚的证据；如该证据是行政处罚的重要依据，则该处罚决定将失去主要事实依据，可能最终会被认定为无效。有观点认为，在行政处罚案件中，回避程序违法构成"重大且明显违法"情形。[①]

案例29：经办人应当回避而未回避，违反法定程序[②]

2016年8月17日，郑某泉在××镇南郑村道上遇到南安村村民郑某凌，双方因口角互殴，并分别受伤。经某县公安局法医司法鉴定，郑某凌伤情构成一处轻微伤，郑某泉伤情未构成轻微伤。2016年10月17日，县公安局根据《治安管理处罚法》第四十三条第二款第二项之规定，决定对郑某泉处以行政拘留十日，并罚款伍佰元。郑某泉不服，申请行政复议，维持后仍不服，提起行政诉讼。

一审法院判决：驳回郑某泉的诉讼请求。郑某泉不服一审判决，提起上诉。二审法院判决：驳回上诉，维持原判。郑某泉不服二审判决，申请再审；某省人民检察院决定抗诉。

福建省泉州市中级人民法院再审认为：县公安局在原审诉讼期间未能举证证明被诉行政处罚决定有经过集体讨论，行政处罚程序存在违法。《公安机关办理行政案件程序规定》第十四条第三项规定，公安机关负责人、办案人民警察与本案当事人有其他关系，可能影响案件公正处理的，应当自行提出回避申请，案件当事人及其法定代理人有权要求他们回避。本案中，陈某

---

①《浙江律协新〈行政处罚法〉专题研讨会会议综述》，https://www.sohu.com/a/467514913_121123752，2021年9月4日访问。

②参见（2019）闽05行再3号《行政判决书》。

在被郑某泉控告而受到诫勉谈话后六个月内又担任郑某泉治安行政处罚一案的经办人，参与案件调查、审核、报批等工作，存在可能影响案件公正处理的情形，依法应当回避而未回避，违反法定程序。

判决：1.撤销二审、一审行政判决；2.撤销行政复议决定书；3.撤销《行政处罚决定书》；4.责令县公安局于三十日内重新作出处理。

（三）保密义务

修订过程	法条内容
行政处罚法（2017年修正）	—
修订草案征求意见稿	**第四十九条** 行政机关调查、收集的证据涉及国家秘密、商业秘密、未披露信息、保密商务信息或者个人隐私的，应当依法予以保密。
修订草案	**第五十三条** 行政机关对调查、检查中知悉的国家秘密、商业秘密或者个人隐私，应当依法予以保密。
修订草案二次审议稿	**第五十四条** 行政机关及其工作人员对调查、检查中知悉的国家秘密、商业秘密或者个人隐私，应当依法予以保密。
行政处罚法（2021年修订）	**第五十条** 行政机关及其工作人员对实施行政处罚过程中知悉的国家秘密、商业秘密或者个人隐私，应当依法予以保密。

1.义务主体

行政机关及其工作人员。应当注意的是，行政机关工作人员不等于行政执法人员，前者包括执法人员以外的其他行政执法辅助人员，范围显然大于后者。

2.保密内容

实施行政处罚过程中知悉的国家秘密、商业秘密或者个人隐私。

3.具体要求

《行政处罚法》（2021年修订）第五十条有关保密规定只是原则性要求，具体应当符合相关法律法规规定，包括但不限于《民法典》《刑法》《保守国家秘密法》《反不正当竞争法》《公职人员政务处分法》《政府信息公开条例》等。

五、事先告知

行政处罚事先告知是指行政处罚主体在作出行政处罚决定之前，将拟作出的行政处罚内容及事实、理由、依据以及当事人依法享有的权利告知当事人，并听取其意见的程序性法律行为。它是"正当法律程序"原则在行政处罚中的具体体现，是行政处罚决定程序的关键环节和重要内容。由事先告知、陈述和申辩等内容构成。

（一）事先告知

修订过程	法条内容
行政处罚法（2017年修正）	第三十一条　行政机关在作出行政处罚决定之前，应当告知当事人作出行政处罚决定的事实、理由及依据，并告知当事人依法享有的权利。
修订草案征求意见稿	第三十八条　行政机关在作出行政处罚决定之前，应当告知当事人拟作出的决定内容及事实、理由、依据，并告知当事人依法享有的权利。
修订草案	第四十一条　行政机关在作出行政处罚决定之前，应当告知当事人拟作出的行政处罚内容及事实、理由、依据，并告知当事人依法享有的陈述、申辩、要求听证等权利。
修订草案二次审议稿	同修订草案
行政处罚法（2021年修订）	第四十四条　行政机关在作出行政处罚决定之前，应当告知当事人拟作出的行政处罚内容及事实、理由、依据，并告知当事人依法享有的陈述、申辩、要求听证等权利。

1.告知时机

为"作出行政处罚决定之前"，本次修订对此未作修改。应当注意的是，行政处罚法并未将告知义务限定在"作出行政处罚决定之前"的某个具体时间节点，实践中，只要不是在作出行政处罚决定的同时或者作出行政处罚决定后告知即可。但是，应当给予当事人行使陈述和申辩权利以及行政机关进行复核的合理时间。

2.告知内容

《行政处罚法》（2017年修正）第三十一条规定为"作出行政处罚决定的事实、理由及依据"及"当事人依法享有的权利"。实践中，对于是否应当告知当事人拟作出的行政处罚决定内容以及当事人享有的具体权利发生争议。《行政处罚法》（2021年修订）回应了执法实践中的困惑，对此进行了明确：

（1）增加了"拟作出的行政处罚内容"，具体应当细化到行政处罚的种类与幅度。

（2）明确了"当事人依法享有的权利"，具体包括陈述、申辩、要求听证等。

3.告知方式

下达《行政处罚事先告知书》，或者制作行政处罚告知笔录。

4.告知要求

为"应当"告知。根据全国人大常委会法制工作委员会《立法技术规范（试行）（一）》（法工委发〔2009〕62号），"应当"与"必须"的含义没有实质区别。法律在表述义务性规范时，一般用"应当"，不用"必须"。行政处罚事先告知对于当事人而言属于重要程序性权利，缺失该步骤将构成"重大且明显违法"。

（二）陈述和申辩

修订过程	法条内容
行政处罚法（2017年修正）	**第三十二条** 当事人有权进行陈述和申辩。行政机关必须充分听取当事人的意见，对当事人提出的事实、理由和证据，应当进行复核；当事人提出的事实、理由或者证据成立的，行政机关应当采纳。 行政机关不得因当事人申辩而加重处罚。
修订草案	同上
修订草案二次审议稿	同上
行政处罚法（2021年修订）	**第四十五条** 当事人有权进行陈述和申辩。行政机关必须充分听取当事人的意见，对当事人提出的事实、理由和证据，应当进行复核；当事人提出的事实、理由或者证据成立的，行政机关应当采纳。 行政机关不得因当事人陈述、申辩而给予更重的处罚。

1.当事人的权利

包括陈述权和申辩权。陈述权，就是有权讲述自己的观点和主张；申辩权，就是申述理由、加以辩解的权利。应当注意的是，行政处罚法对于当事人行使陈述和申辩权利的时间未作规定，实际工作中应当如何把握？

笔者认为：

（1）法律、法规、规章已经作出规定，按照规定办理。如《农业行政处罚程序规定》《安全生产违法行为行政处罚办法》规定为3日；《市场监督管理行政处罚程序规定》规定为5个工作日。此外，一些部委以规范性文件或者函复形式作出规定，亦可为实践参照，如原国家环境保护总局《关于实施行政处罚时听取陈述申辩时限问题的复函》（环函〔2006〕262号）规定为7日。

（2）法律、法规、规章未作出规定的，为作出处罚决定前的合理期限。陈述申辩权利属于基本权利，当事人陈述申辩权利贯穿于行政处罚全过程。因此，行政机关作出处罚决定前皆可。

2.行政机关的义务

一是充分听取当事人的意见；二是对当事人提出的事实、理由和证据，应当进行复核；三是当事人提出的事实、理由或者证据成立的，应当采纳；四是不得因当事人陈述、申辩而给予更重的处罚。

值得注意的是，与《行政处罚法》（2017年修正）第三十二条第二款相比，《行政处罚法》（2021年修订）第四十五条第二款除增加"陈述"二字外，还将"加重处罚"修改为"给予更重的处罚"。

增加"陈述"的背景是，2021年1月22日，全国人民代表大会宪法和法律委员会所作《关于〈中华人民共和国行政处罚法（修订草案三次审议稿）〉修改意见的报告》提出："……三、修订草案三次审议稿第四十五条第二款规定，行政机关不得因当事人申辩而加重处罚。有的常委委员提出，陈述权与申辩权都是重要的程序性权利，都不得因当事人陈述、申辩而给予更重的处罚。宪法和法律委员会经研究，建议修改为：'行政机关不得因当事人陈述、申辩而给予更重的处罚。'"

将"加重处罚"修改为"给予更重的处罚"的背景是，"加重"强调

"在原有基础上"加大重量，包括提高处罚幅度、增加处罚种类等；"给予更重"除包含"加重"外，还包含不同种类处罚内容之间的对比，只要客观上处罚"更重"了，均为法律所禁止。

上述修改虽然寥寥数字，但却闪耀着法治与人性化执法的光芒，值得点赞。

（三）违则

修订过程	法条内容
行政处罚法（2017年修正）	**第四十一条** 行政机关及其执法人员在作出行政处罚决定之前，不依照本法第三十一条、第三十二条的规定向当事人告知给予行政处罚的事实、理由和依据，或者拒绝听取当事人的陈述、申辩，行政处罚决定不能成立；当事人放弃陈述或者申辩权利的除外。
修订草案征求意见稿	**第五十三条** 行政机关及其执法人员在作出行政处罚决定之前，不依照本法第三十八条、第三十九条的规定向当事人告知拟作出决定内容及事实、理由、依据，或者拒绝听取当事人的陈述、申辩，不得作出行政处罚决定；当事人放弃陈述或者申辩权利的除外。
修订草案	**第五十七条** 行政机关及其执法人员在作出行政处罚决定之前，未依照本法第四十一条、第四十二条的规定向当事人告知拟作出的行政处罚内容及事实、理由、依据，或者拒绝听取当事人的陈述、申辩，不得作出行政处罚决定；当事人明确放弃陈述或者申辩权利的除外。
修订草案二次审议稿	同修订草案
行政处罚法（2021年修订）	**第六十二条** 行政机关及其执法人员在作出行政处罚决定之前，未依照本法第四十四条、第四十五条的规定向当事人告知拟作出的行政处罚内容及事实、理由、依据，或者拒绝听取当事人的陈述、申辩，不得作出行政处罚决定；当事人明确放弃陈述或者申辩权利的除外。

变化内容：

一是将"不依照"改为"未依照"，用词更加精准；

二是增加了"拟作出的行政处罚内容"，与前述告知内容调整相一致；

三是将行政处罚决定"不能成立"修改为"不得作出"行政处罚决定，厘清了行政处罚的成立与生效的关系；

四是将"放弃"改为"明确放弃"。

六、行政执法"三项制度"

（一）概论

1."三项制度"由来

行政执法"三项制度"是党的十八届四中全会部署的重要改革任务，对于促进严格规范公正文明执法，保障和监督行政机关有效履行职责，维护人民群众合法权益，具有重要意义。其主要形成过程是：

（1）2014年10月23日，党的十八届四中全会通过的《中共中央关于全面推进依法治国若干重大问题的决定》提出：建立执法全过程记录制度；严格执行重大执法决定法制审核制度；推行行政执法公示制度。

（2）2015年12月27日，中共中央、国务院印发《法治政府建设实施纲要（2015—2020年）》提出：推行行政执法公示制度、执法全过程记录制度和重大执法决定法制审核制度。

（3）2017年1月19日，国务院办公厅印发《推行行政执法公示制度执法全过程记录制度重大执法决定法制审核制度试点工作方案》（国办发〔2017〕14号，以下简称《试点方案》），启动试点工作。

背景：2016年12月30日，中央全面深化改革领导小组第三十一次会议审议通过《试点方案》，决定在32个地方、部门开展行政执法"三项制度"试点。试点工作是中共中央、国务院全面深化改革的重大战略决策部署。

（4）2018年12月5日，国务院办公厅印发《关于全面推行行政执法公示制度执法全过程记录制度重大执法决定法制审核制度的指导意见》（国办发〔2018〕118号，以下简称《指导意见》），要求各地区、各部门要于2019年3月底前制定本地区、本部门全面推行"三项制度"的实施方案，并报司法部备案。

背景：2018年11月14日，中央全面深化改革委员会第五次会议审议通过《指导意见》。会议强调，要着力推进行政执法透明、规范、合法、公正，不断健全执法制度、规范执法程序、创新执法方式、加强执法监督，全面提高执法效能，推动形成权责统一、权威高效的行政执法体系，切实维护人民群众合法权益。

2019年起，各地相继印发推行"三项制度"的实施方案，明确指导思想，提出实施步骤要求。

2."三项制度"法定化实践

2019年10月22日，国务院发布《优化营商环境条例》。《条例》第五十八条规定，行政执法机关应当按照国家有关规定，全面落实行政执法公示、行政执法全过程记录和重大行政执法决定法制审核制度，实现行政执法信息及时准确公示、行政执法全过程留痕和可回溯管理、重大行政执法决定法制审核全覆盖。这是将三项制度法定化的第一部行政法规。

《行政处罚法》（2021年修订）将行政执法"三项制度"纳入其中，上升为法律制度，成为本次修法的亮点。

行政执法"三项制度"	法条内容
行政处罚公示制度	**第三十九条** 行政处罚的实施机关、立案依据、实施程序和救济渠道等信息应当公示。
	第四十八条 具有一定社会影响的行政处罚决定应当依法公开。 公开的行政处罚决定被依法变更、撤销、确认违法或者确认无效的，行政机关应当在三日内撤回行政处罚决定信息并公开说明理由。
行政处罚全过程记录制度	**第四十七条** 行政机关应当依法以文字、音像等形式，对行政处罚的启动、调查取证、审核、决定、送达、执行等进行全过程记录，归档保存。
重大行政处罚决定法制审核制度	**第五十八条** 有下列情形之一，在行政机关负责人作出行政处罚的决定之前，应当由从事行政处罚决定法制审核的人员进行法制审核；未经法制审核或者审核未通过的，不得作出决定：（一）涉及重大公共利益的；（二）直接关系当事人或者第三人重大权益，经过听证程序的；（三）案件情况疑难复杂、涉及多个法律关系的；（四）法律、法规规定应当进行法制审核的其他情形。 行政机关中初次从事行政处罚决定法制审核的人员，应当通过国家统一法律职业资格考试取得法律职业资格。

（1）行政处罚公示制度

位于"第五章 行政处罚的决定""第一节 一般规定"中，具体条款为第三十九条、第四十八条。

（2）行政处罚全过程记录制度

位于"第五章 行政处罚的决定""第一节 一般规定"中，具体条款为第四十七条。

（3）重大行政处罚决定法制审核制度

位于"第五章 行政处罚的决定""第三节 普通程序"中，具体条款为第五十八条。

《行政处罚法》（2021年修订）为什么将行政处罚公示制度、行政处罚全过程记录制度置于第五章"第一节 一般规定"，而将重大行政处罚决定法制审核制度置于"第三节 普通程序"？原因是，行政处罚公示制度、行政处罚全过程记录制度适用于所有行政处罚程序，而重大行政处罚决定法制审核制度仅适用于普通程序。

3.行政处罚法中的"三项制度"与《指导意见》的关系

（1）《指导意见》中的行政执法包括但不限于行政处罚

行政执法有广义与狭义之分。狭义上，行政执法是指依职权行政行为；广义上，行政执法既包括依职权行政行为，也包括依申请行政行为。《指导意见》采纳的是后者，同时还特别强调了行政征收征用。党的十八届四中全会通过的《中共中央关于全面推进依法治国若干重大问题的决定》提出："重点规范行政许可、行政处罚、行政强制、行政征收、行政收费、行政检查等执法行为"。《指导意见》确定的工作目标即为："三项制度"在各级行政执法机关全面推行，行政处罚、行政强制、行政检查、行政征收征用、行政许可等行为得到有效规范。显然，《指导意见》中的行政执法囊括了所有的具体行政行为，包括但不限于行政处罚。

（2）行政处罚法中的"三项制度"属于特别规定，效力优于《指导意见》

行政处罚法中的"三项制度"规定属于"三项制度"在行政处罚领域的具体化、法定化，其效力优于《指导意见》。亦即，《指导意见》中的行政执法"三项制度"与《行政处罚法》（2021年修订）不一致的，优先适用《行政处罚法》（2021年修订）。比如《行政处罚法》（2021年修订）第四十八条行政处罚决定公开，第五十八条重大行政处罚决定法制审核范围，等等。

（3）行政处罚法未作具体规定的，适用《指导意见》

法律条文只能作原则性规定，不可能面面俱到。《行政处罚法》（2021年修订）中，除行政处罚公示制度为两个条文外，行政处罚全过程记录制度、重大行政处罚决定法制审核制度均只有一个条文。因此，有关行政处罚"三项制度"的具体执行，如事前公开、事中公示、事后公开的具体要求，全过程记录的载体、方式与归档要求，以及法制审核的机构、内容、责任等，应适用《指导意见》。

（二）行政处罚公示制度

1.行政执法公示制度一般规定

行政执法公示制度以解决行政执法实践中存在的信息公开不及时、不规范、不透明等问题为导向，目的是保障行政相对人和社会公众知情权、参与权、表达权、监督权。

（1）责任主体

《指导意见》规定，行政执法机关要按照"谁执法谁公示"的原则，明确公示内容的采集、传递、审核、发布职责，规范信息公示内容的标准、格式。因此，各级行政执法机关为行政执法公示制度的责任主体。

（2）公开载体

《指导意见》提出，要建立统一的执法信息公示平台，及时通过政府网站及政务新媒体、办事大厅公示栏、服务窗口等平台向社会公开行政执法基本信息、结果信息。

（3）阶段划分

①事前公开

即实施执法行为前予以公开，内容包括：

一是行政执法信息。具体包括行政执法主体、人员、职责、权限、依据、程序、救济渠道和随机抽查事项清单等。

二是服务指南、执法流程图。根据有关法律法规，结合自身职权职责，编制并公开本机关的服务指南、执法流程图，明确执法事项名称、受理机构、审批机构、受理条件、办理时限等内容。

②事中公示

即实施执法行为过程中予以公开，内容包括：

一是出示证件、表明身份。行政执法人员在进行监督检查、调查取证、采取强制措施和强制执行、送达执法文书等执法活动时，必须主动出示执法证件，向当事人和相关人员表明身份；鼓励采取佩戴执法证件的方式，执法全程公示执法身份。

二是主动告知。要出具行政执法文书，主动告知当事人执法事由、执法依据、权利义务等内容。

三是按规定着装、佩戴标识。国家规定统一着执法服装、佩戴执法标识的，执法时要按规定着装、佩戴标识。

四是政务服务窗口设置岗位信息公示牌。政务服务窗口要设置岗位信息公示牌，明示工作人员岗位职责、申请材料示范文本、办理进度查询、咨询服务、投诉举报等信息。

③事后公开

即执法活动结束后予以公开，内容包括：

一是公布执法机关、执法对象、执法类别、执法结论等信息，接受监督。行政执法机关要在执法决定作出之日起20个工作日内，向社会公布执法机关、执法对象、执法类别、执法结论等信息，接受社会监督。行政许可、行政处罚的执法决定信息要在执法决定作出之日起7个工作日内公开，法律、行政法规另有规定的除外。

二是建立健全执法决定信息公开发布、撤销和更新机制。已公开的行政执法决定被依法撤销、确认违法或者要求重新作出的，应当及时从信息公示平台撤下原行政执法决定信息。

三是建立行政执法统计年报制度。地方各级行政执法机关应当于每年1

月31日前公开本机关上年度行政执法总体情况有关数据，并报本级人民政府和上级主管部门。

2.行政处罚公示制度

（1）法条规定

行政执法"三项制度"	法条内容
行政处罚公示制度	**第三十九条**　行政处罚的实施机关、立案依据、实施程序和救济渠道等信息应当公示。
	第四十八条　具有一定社会影响的行政处罚决定应当依法公开。公开的行政处罚决定被依法变更、撤销、确认违法或者确认无效的，行政机关应当在三日内撤回行政处罚决定信息并公开说明理由。

变化内容：

《行政处罚法》（2021年修订）第三十九条、第四十八条为新增条款，对于行政处罚的实施机关、立案依据、实施程序和救济渠道等信息公示，具有一定社会影响的行政处罚决定依法公开，以及公开的行政处罚决定信息撤回等作了明确规定。

修订背景：

2020年6月28日，全国人大常委会法制工作委员会副主任许安标在第十三届全国人民代表大会常务委员会第二十次会议上所作《关于〈中华人民共和国行政处罚法（修订草案）〉的说明》指出："为推进严格规范公正文明执法，巩固行政执法公示制度、行政执法全过程记录制度、重大执法决定法制审核制度'三项制度'改革成果，进一步完善行政处罚程序，作以下修改：一是明确公示要求，增加规定行政处罚的实施机关、立案依据、实施程序和救济渠道等信息应当公示；行政处罚决定应当依法公开。……"

除上述条款外，《行政处罚法》（2021年修订）有关行政处罚公示制度的条款还包括：

①《行政处罚法》（2021年修订）第二十条第二款规定："委托书应当载明委托的具体事项、权限、期限等内容。委托行政机关和受委托组织应当

将委托书向社会公布。"

②《行政处罚法》（2021年修订）第二十四条第一款规定："省、自治区、直辖市根据当地实际情况，可以决定将基层管理迫切需要的县级人民政府部门的行政处罚权交由能够有效承接的乡镇人民政府、街道办事处行使，并定期组织评估。决定应当公布。"

③《行政处罚法》（2021年修订）第三十四条规定："行政机关可以依法制定行政处罚裁量基准，规范行使行政处罚裁量权。行政处罚裁量基准应当向社会公布。"

④《行政处罚法》（2021年修订）第四十一条第一款规定："行政机关依照法律、行政法规规定利用电子技术监控设备收集、固定违法事实的，应当经过法制和技术审核，确保电子技术监控设备符合标准、设置合理、标志明显，设置地点应当向社会公布。"第三款规定："行政机关应当及时告知当事人违法事实，并采取信息化手段或者其他措施，为当事人查询、陈述和申辩提供便利。不得限制或者变相限制当事人享有的陈述权、申辩权。"

⑤《行政处罚法》（2021年修订）第五十五条第一款规定："执法人员在调查或者进行检查时，应当主动向当事人或者有关人员出示执法证件。当事人或者有关人员有权要求执法人员出示执法证件。执法人员不出示执法证件的，当事人或者有关人员有权拒绝接受调查或者检查。"

（2）阶段划分

①事前公开

包括《行政处罚法》（2021年修订）第三十九条的行政处罚信息公示，第二十条第二款的行政执法委托书向社会公布，第二十四条第一款的赋权决定公布，第三十四条的行政处罚裁量基准向社会公布，第四十一条第一款的电子技术监控设备设置地点向社会公布，等等。

②事中公示

包括《行政处罚法》（2021年修订）第四十一条第三款的及时告知当事人违法事实，第五十五条第一款的出示执法证件，等等。

③事后公开

包括《行政处罚法》（2021年修订）第四十八条的具有一定社会影响的行政处罚决定公开，变更、撤销、确认违法或者确认无效的行政处罚决定撤回机制，等等。

3.关于行政处罚决定公开

修订过程	法条内容
行政处罚法 （2017年修正）	—
修订草案征求 意见稿	**第四十二条**　行政处罚决定应当依法公开。依照法律、法规和国家规定受处罚行为属于严重失信行为的，应当依法纳入全国信用信息共享平台。行政处罚决定被依法撤销、确认无效或者确认违法的，该行政处罚决定信息应当在三日内撤销。
修订草案	**第四十五条**　行政处罚决定应当依法公开。 公开的行政处罚决定被依法变更、撤销、确认违法或者确认无效的，行政机关应当在三日内撤回行政处罚决定相关信息并说明理由。
修订草案二次 审议稿	**第四十六条**　行政处罚决定应当按照政府信息公开的有关规定予以公开。 公开的行政处罚决定被依法变更、撤销、确认违法或确认无效的，行政机关应当在三日内撤回行政处罚决定相关信息并说明理由。
行政处罚法 （2021年修订）	**第四十八条**　具有一定社会影响的行政处罚决定应当依法公开。 公开的行政处罚决定被依法变更、撤销、确认违法或确认无效的，行政机关应当在三日内撤回行政处罚决定信息并公开说明理由。

（1）行政处罚决定：一种特殊的政府信息

《政府信息公开条例》第十六条第二款规定："行政机关在履行行政管理职能过程中形成的讨论记录、过程稿、磋商信函、请示报告等过程性信息以及行政执法案卷信息，可以不予公开。法律、法规、规章规定上述信息应当公开的，从其规定。"最高人民法院《关于审理政府信息公开行政案件若干问题的规定》（法释〔2011〕17号）第二条第四项规定："行政程序中的当事人、利害关系人以政府信息公开名义申请查阅案卷材料，行政机关告知其应当按照相关法律、法规的规定办理。"显然，包括行政处罚决定在内的行政执法案卷信息是一种特殊的政府信息，非《政府信息公开条例》调整范围。

但是，从广义上讲，行政机关履行行政管理职能的行为都可归入为行政执法，若作广义理解，那就意味着所有的政府信息都可不予公开，这明显不符合法律精神。因此，实践中对"行政执法案卷信息可以不予公开"规定应作谨慎、狭义理解：首先，"案卷信息"包括但不限于"行政执法决定"，更多地指向内部决策信息，具有过程性特点。《条例》对这类特殊案卷建构了"有利害关系"的申请理念，即排除了与特定当事人执法案卷无利害关系的申请。其次，行政相对人对这类案卷信息可以通过阅卷程序和诉讼程序获得，如《行政复议法》第二十三条、《行政诉讼法》（2014年修订）第三十四条规定。再次，法律、法规、规章明确规定应公开的行政执法案卷信息，应主动公开或依申请公开。如《条例》第二十条规定的办理行政许可结果、具有一定社会影响的行政处罚决定、环境卫生食药品检查情况、公务员录用结果等。

（2）关于行政处罚决定公开，《行政处罚法》（2021年修订）与《条例》基本保持了一致，但与《指导意见》有出入

《条例》第二十条第六项规定，"实施行政处罚、行政强制的依据、条件、程序以及本行政机关认为具有一定社会影响的行政处罚决定"应当公开。显然，《行政处罚法》（2021年修订）与《条例》基本保持了一致。但是，《指导意见》规定，"行政许可、行政处罚的执法决定信息，要在执法决定作出之日起7个工作日内公开；法律、行政法规另有规定的除外。"可见，《指导意见》要求公开的是所有行政许可、行政处罚的执法决定信息。

笔者认为，任何制度的运作都有成本。执法决定应当在多大范围内以及多大程度上公开与公开的成本有着极大的关系，这也是域外国家的一般做法。例如，在美国也并不是所有的行政执法决定都进行了主动公开。一些影响重大的执法案件，通常会在联邦独立管制机构如美国国家劳动关系委员会网站上详细公开。而一些大规模裁决机构（如社会保障局、退伍军人事务部等），它们的案件每年超过一百万件，因此只能选择性的公开部分案件作为

先例。《指导意见》2018年制定，属于行政规范性文件；《条例》2019年修订，属于行政法规，因此《指导意见》应当服从《条例》。好在《指导意见》以"法律、行政法规另有规定的除外"作为兜底，《条例》属于行政法规，因此，在行政处罚决定公开范围上适用《条例》没有矛盾。

应当指出的是，依申请公开不适用上述规定。

（3）值得进一步讨论的几个问题

①《行政处罚法》（2021年修订）第四十八条是否属于裁量条款？

《行政处罚法》（2021年修订）第四十八条规定，"具有一定社会影响的行政处罚决定应当依法公开"。《条例》第二十条第六项规定，"本行政机关认为具有一定社会影响的行政处罚决定应当公开"，其中"本行政机关认为"属于裁量条款，具体的判断权属于行政机关。前者删除了"本行政机关认为"究竟有何用意？如果不属于裁量条款，何为"具有一定社会影响的行政处罚决定"？是否需要区分个人与企业，适用简易程序与其他程序？各领域还有哪些标准？

有观点提出：哪些属于"具有一定社会影响的"行政处罚决定，还需要进一步明确。这与较大数额的罚款或者案件复杂严重的标准还不能直接划等号。依据新的《行政处罚法》重新审视行政处罚信息公示，避免公示范围过于扩大或者缩小，既维护了企业生产经营权益，又有利于发挥社会监督效果。

②是否可以自行扩大行政处罚决定公开范围？

实践中，有的行政机关将所有行政处罚的执法决定信息全部予以公开。笔者认为，在有权机关未对"具有一定社会影响的"行政处罚决定作出界定的情况下，行政机关主动将公开的范围扩大至所有行政处罚的执法决定，并不违反法律禁止性规定。

③是否需要隐去当事人姓名、住址等信息？

有学者认为："对于行政处罚决定公示制度而言，其创设目标并不是为了满足社会公众对当事人的窥视欲望，而是要借助其对特定行政违法行为的否定性评价实现对公示对象的规制效应。所以，行政处罚决定公示没有必要将完整的行政处罚决定书向社会公开，这既容易侵犯个人隐私和商业秘密，又不便于受众及时掌握处罚结果的重点。""行政处罚决定公示宜采取摘要式公开的方式，公示机关在摘要编辑时应当剔除当事人的性别、年龄、身份证号、住址、工作单位、联系方式、银行卡号等与公共利益无任何关联的个人信息和企业信息，精简案件事实信息，侧重保留违法事实和处罚理由等法律论证信息。"①笔者赞同上述观点。

行政处罚公示须妥善处理好隐私保护，否则极易产生纠纷，有的地方已经形成诉讼案例。如有司法裁判认为："被上诉人制作涉案《行政处罚决定书》，属于行政执法案卷文书，保存在行政执法案卷中，并未向社会公众公布该文书。该文书并不属于《政府信息公开条例》中公开政府信息范畴，无需隐去当事人姓名、住址等信息。被上诉人虽然依法公开了被处罚人的行政处罚结果信息，但主动公开的'行政处罚结果信息'中，已经依法对上诉人姓名、住址等隐私信息予以模糊处理，不存在侵犯上诉人合法权益情形。本案中，被上诉人并未将涉案《行政处罚决定书》对公众公开，而将涉案行政处罚结果信息以摘要形式公开在浙江政务服务网的行政处罚结果信息专栏上，符合相关规定。在公开的行政处罚摘要信息中，对上诉人姓名、住所地等进行了处理，并未侵犯上诉人的个人隐私等合法权利。"②

（三）行政处罚全过程记录制度

1.建立健全执法全过程记录制度的背景

执法全过程记录，是指在行政执法过程中，通过文字、音像等方式，对执法的启动、调查取证、审核决定、送达执行等全部过程进行记录，并全面系统归档保存，做到执法全过程留痕和可回溯管理的活动。建立健全执法全过程记录制度，是贯彻落实党的十八届四中全会精神、深入推进依法行政的一项重要举措。

（1）问题导向

近年来，一些部门在行政执法中仍然存在随意执法、不按程序执法、不文明执法、损害群众利益等现象，由此引发争议，导致行政行为无效，甚至

①马迅：《行政处罚决定公示：挑战与回应》，《江淮论坛》2017年第5期。
②参见（2019）浙05行终141号《行政判决书》。

形成败诉案例。其成因很大程度上与执法过程不记录、记录不完整、记录方式单一、记录不规范有关。建立健全执法全过程记录制度正是基于上述背景。

（2）定位定性

《指导意见》明确：行政执法全过程记录是行政执法活动合法有效的重要保证。推行执法全过程记录制度的根本目的是规范行政执法程序，促进行政机关严格、规范、公正、文明执法，保障公民、法人和其他组织的合法权益。

2.建立健全执法全过程记录制度的要求

《指导意见》明确：行政执法机关要通过文字、音像等记录形式，对行政执法的启动、调查取证、审核决定、送达执行等全部过程进行记录，并全面系统归档保存，做到执法全过程留痕和可回溯管理。

（1）完善文字记录

文字记录是以纸质文件或电子文件形式对行政执法活动进行全过程记录的方式。《指导意见》提出，要研究制定执法规范用语和执法文书制作指引，规范行政执法的重要事项和关键环节，做到文字记录合法规范、客观全面、及时准确。具体责任划分：

司法部负责制定统一的行政执法文书基本格式标准，国务院有关部门可以参照该标准，结合本部门执法实际，制定本部门、本系统统一适用的行政执法文书格式文本。

地方各级人民政府可以在行政执法文书基本格式标准基础上，参考国务院部门行政执法文书格式，结合本地实际，完善有关文书格式。

（2）规范音像记录

音像记录是通过照相机、录音机、摄像机、执法记录仪、视频监控等记录设备，实时对行政执法过程进行记录的方式。《指导意见》对于音像记录的具体操作提出了5个方面的要求：

一是根据行政执法行为的不同类别、阶段、环节，采用相应音像记录形式，充分发挥音像记录直观有力的证据作用、规范执法的监督作用、依法履职的保障作用。

二是做好音像记录与文字记录的衔接工作，充分考虑音像记录方式的必要性、适当性和实效性。具体包括：对文字记录能够全面有效记录执法行为的，可以不进行音像记录；对查封扣押财产、强制拆除等直接涉及人身自由、生命健康、重大财产权益的现场执法活动和执法办案场所，要推行全程音像记录；对现场执法、调查取证、举行听证、留置送达和公告送达等容易引发争议的行政执法过程，要根据实际情况进行音像记录。

三是建立健全执法音像记录管理制度，明确音像记录的设备配备、使用规范、记录要素、存储应用、监督管理等要求。

四是研究制定执法行为用语指引，指导执法人员规范文明开展音像记录。

五是配备音像记录设备、建设询问室和听证室等音像记录场所，要按照工作必需、厉行节约、性能适度、安全稳定、适量够用的原则，结合本地区经济发展水平和本部门执法具体情况确定，不搞"一刀切"。

（3）严格记录归档

《指导意见》对于记录归档提出了4个方面要求：

一是要完善执法案卷管理制度，加强对执法台账和法律文书的制作、使用、管理，按照有关法律法规和档案管理规定归档保存执法全过程记录资料，确保所有行政执法行为有据可查。

二是对涉及国家秘密、商业秘密、个人隐私的记录资料，归档时要严格执行国家有关规定。

三是积极探索成本低、效果好、易保存、防删改的信息化记录储存方式，通过技术手段对同一执法对象的文字记录、音像记录进行集中储存。

四是建立健全基于互联网、电子认证、电子签章的行政执法全过程数据化记录工作机制，形成业务流程清晰、数据链条完整、数据安全有保障的数字化记录信息归档管理制度。

（4）发挥记录作用

《指导意见》提出，要充分发挥全过程记录信息对案卷评查、执法监督、评议考核、舆情应对、行政决策和健全社会信用体系等工作的积极作用，善于通过统计分析记录资料信息，发现行政执法薄弱环节，改进行政执法工作，依法公正维护执法人员和行政相对人的合法权益。建立健全记录信息调阅监督制度，做到可实时调阅，切实加强监督，确保行政执法文字记录、音像记录规范、合法、有效。

3.行政处罚全过程记录制度

修订过程	法条内容
行政处罚法（2017年修正）	—
修订草案征求意见稿	**第四十一条** 行政机关应当按照国家规定以文字、音像等形式，对行政处罚的启动、调查取证、审核决定、送达执行等进行记录，归档保存。
修订草案	**第四十四条** 行政机关应当依法以文字、音像等形式，对行政处罚的启动、调查取证、审核、决定、送达、执行等进行全过程记录，归档保存。
修订草案二次审议稿	同修订草案
行政处罚法（2021年修订）	**第四十七条** 行政机关应当依法以文字、音像等形式，对行政处罚的启动、调查取证、审核、决定、送达、执行等进行全过程记录，归档保存。

变化内容：

本条为新增条款，对行政处罚全过程记录的形式、环节以及记录、保存的具体要求作了明确，体现了3个方面的特征。

（1）法定性

根据《行政处罚法》（2021年修订）第四十七条，行政机关"应当依法"对行政处罚活动进行全过程记录。此处的"应当"为义务性规范，对于行政机关而言必须执行，没有选择余地。但是，实践中又并非也不可能要求对所有的行政处罚均进行全过程记录，故"应当"后面又缀加"依法"二字。笔者认为，上述"依法"中的"法"应作扩大理解，包括法律、法规、规章和行政规范性文件。

（2）程序性

根据《行政处罚法》（2021年修订）第四十七条，全过程记录贯穿行政处罚的启动、调查取证、审核、决定、送达、执行等过程，是执法程序合法性的证明；是规范行政执法行为，促进严格规范公正文明执法，保护公民、法人和其他组织合法权益的需要；是行政执法程序性的必然要求。考虑到行政执法的复杂性，从程序性角度分析，记录的内容、形式要求以及归档保存要求等，均需制定相应规则。

（3）证据性

《行政处罚法》（2021年修订）规定了证据的主要形式，其中，书证、视听资料、电子数据、证人证言、当事人的陈述、勘验笔录、现场笔录等，都和全过程记录密不可分。从证据性要求来讲，记录要作为证据使用，其内在必须符合客观真实性、关联性、合法性。实践中，要进一步细化明确全过程记录收集视听资料、电子数据规则，以及文字、拍照、录音、录像记录的要求，以达到证据的法定要求，提高记录的证明效力。

修订背景：

2020年6月28日，全国人大常委会法制工作委员会副主任许安标在第十三届全国人民代表大会常务委员会第二十次会议上所作《关于〈中华人民共和国行政处罚法（修订草案）〉的说明》指出："为推进严格规范公正文明执法，巩固行政执法公示制度、行政执法全过程记录制度、重大执法决定法制审核制度'三项制度'改革成果，进一步完善行政处罚程序，作以下修改：……二是体现全程记录，增加规定行政机关应当依法以文字、音像等形式，对行政处罚的启动、调查取证、审核、决定、送达、执行等进行全过程记录，归档保存。"

从修订草案征求意见稿，到三审通过，执法全过程记录制度除文字及标点符号微调外，未有实质性变化。

（四）重大行政处罚决定法制审核制度

1.重大执法决定法制审核制度形成经过

重大行政执法决定法制审核制度，是指行政执法机关在作出重大行政执法决定前，由该单位的审核机构，对拟作出的决定进行合法性、合理性审核。其形成经过大致如下：

（1）2014年10月23日，党的十八届四中全会审议通过《中共中央关于全面推进依法治国若干重大问题的决定》，提出：完善执法程序，建立执法全过程记录制度。明确具体操作流程，重点规范行政许可、行政处罚、行政强制、行政征收、行政收费、行政检查等执法行为。严格执行重大执法决定法制审核制度。这是重大执法决定法制审核制度首次在国家层面的政策文件中出现。

（2）2015年12月，中共中央、国务院印发《法治政府建设实施纲要（2015—2020年）》，提出：严格执行重大行政执法决定法制审核制度，未经法制审核或者审核未通过的，不得作出决定。

（3）2017年1月19日，国务院办公厅印发《试点方案》，明确："……（三）重大执法决定法制审核制度。试点单位作出重大执法决定之前，必须进行法制审核，未经法制审核或者审核未通过的，不得作出决定。"

（4）2017年9月1日，全国人大常委会作出《关于修改〈中华人民共和国法官法〉等八部法律的决定》，明确：……八、对《中华人民共和国行政处罚法》作出修改 在第三十八条中增加一款，作为第三款："在行政机关负责人作出决定之前，应当由从事行政处罚决定审核的人员进行审核。行政机关中初次从事行政处罚决定审核的人员，应当通过国家统一法律职业资格考试取得法律职业资格。"

（5）2018年12月5日，国务院办公厅印发《指导意见》，明确："……四、全面推行重大执法决定法制审核制度 重大执法决定法制审核是确保行政执法机关作出的重大执法决定合法有效的关键环节。行政执法机关作出重大执法决定前，要严格进行法制审核，未经法制审核或者审核未通过的，不得作出决定。"

2.重大行政处罚决定法制审核制度

修订过程	法条内容
1996年 行政处罚法	—
试点方案	试点单位作出重大执法决定之前，必须进行法制审核，未经法制审核或者审核未通过的，不得作出决定。

续表

修订过程	法条内容
行政处罚法（2017年修正）	第三十八条…… 在行政机关负责人作出决定之前，应当由从事行政处罚决定审核的人员进行审核。行政机关中初次从事行政处罚决定审核的人员，应当通过国家统一法律职业资格考试取得法律职业资格。
修订草案征求意见稿	第五十条…… 有下列情形之一，在行政机关负责人作出决定之前，应当由从事行政处罚决定审核的人员进行审核，未经审核或者审核未通过的，不得作出决定：（一）涉及重大公共利益的；（二）可能造成重大社会影响或者引发社会风险的；（三）直接关系行政相对人或者第三人重大权益，经过听证程序的；（四）案件情况疑难复杂、涉及多个法律关系的。 行政机关中初次从事行政处罚决定审核的人员，应当通过国家统一法律职业资格考试取得法律职业资格。
修订草案	第五十四条…… 有下列情形之一，在行政机关负责人作出决定之前，应当由从事行政处罚决定法制审核的人员进行法制审核，未经法制审核或者审核未通过的，不得作出决定： （一）涉及重大公共利益的；（二）直接关系当事人或者第三人重大权益，经过听证程序的；（三）案件情况疑难复杂、涉及多个法律关系的；（四）法律、法规规定应当进行法制审核的其他情形。 行政机关中初次从事行政处罚法制审核的人员，应当通过国家统一法律职业资格考试取得法律职业资格。
修订草案二次审议稿	同行政处罚法（2021年修订）
行政处罚法（2021年修订）	第五十八条 有下列情形之一，在行政机关负责人作出行政处罚的决定之前，应当由从事行政处罚决定法制审核的人员进行法制审核；未经法制审核或者审核未通过的，不得作出决定：（一）涉及重大公共利益的；（二）直接关系当事人或者第三人重大权益，经过听证程序的；（三）案件情况疑难复杂、涉及多个法律关系的；（四）法律、法规规定应当进行法制审核的其他情形。 行政机关中初次从事行政处罚决定法制审核的人员，应当通过国家统一法律职业资格考试取得法律职业资格。

变化内容：

一是规范了制度名称，增加了"法制"二字，与《指导意见》保持了一致。

二是明确了审核范围，即：涉及重大公共利益的；直接关系当事人或者第三人重大权益，经过听证程序的；案件情况疑难复杂、涉及多个法律关系的；法律、法规规定应当进行法制审核的其他情形。

三是严格了法律后果，即：未经法制审核或者审核未通过的，不得作出决定。

修订背景：

2020年6月28日，全国人大常委会法制工作委员会副主任许安标在第十三届全国人民代表大会常务委员会第二十次会议上所作《关于〈中华人民共和国行政处罚法（修订草案）〉的说明》指出："……三是细化法制审核程序，列明适用情形，明确未经法制审核或者审核未通过的不得作出行政处罚决定。"

3.重大行政处罚决定法制审核制度与行政处罚公示制度、行政处罚全过程记录制度的区别

重大行政处罚决定法制审核制度与行政处罚公示制度、行政处罚全过程记录制度不同的是，其在《行政处罚法》（2017年修正）中即已形成，本次修订对其作了进一步完善。

七、违反突发事件应对措施行为快速、从重处罚规定

回顾以往历次的灾害，无论是非典时期、汶川地震，还是在新冠疫情期间，总有一些不法奸商利欲熏心，发国难财，对救灾防疫工作造成干扰破坏。据报载，2020年1月23日，北京市济民康泰大药房丰台区第五十五分店，将进价为200元/盒的3M牌8511CN型口罩（10只装），大幅提价到850元/盒对外销售，丰台区市场监管局接到举报后，立即进行了查处，对药房作出罚款300万元的行政处罚。2020年1月30日，上海联家超市大幅上涨蔬菜价格，最高涨幅将近700%，上海市场监管局执法总队向当事人发出《行政处罚听证告知书》，拟作出罚款200万元的行政处罚。巨额罚单打到了不法商家的痛

处，也刹住了哄抬物价的歪风，切实起到了重典治乱的作用。事实证明，对于违反突发事件应对措施行为，只有坚决打击，从严从重处罚，才能产生震慑警示效应。

2020年2月5日、2月14日，在中央全面依法治国委员会第三次会议、中央全面深化改革委员会第十二次会议上，习近平总书记先后就全面提高依法防控依法治理能力、健全国家公共卫生应急管理体系发表重要讲话，指出要完善疫情防控相关立法，加强配套制度建设，完善处罚程序，强化公共安全保障，构建系统完备、科学规范、运行有效的疫情防控法律体系。本次修法，对于违反突发事件应对措施行为快速、从重处罚进行了回应。

（一）法条规定

《行政处罚法》（2021年修订）首次在法律中规定了应急行政处罚程序，有利于在法治轨道上对于违反突发事件应对行为实施行政处罚，为依法、快速、有效处置违法行为、维护正常社会秩序提供了坚实的制度保障，具有重要意义。

修订过程	法条内容
行政处罚法（2017年修正）	—
修订草案征求意见稿	—
修订草案	**第四十六条**　发生重大传染病疫情等突发事件，为了控制、减轻和消除突发事件引起的社会危害，行政机关对违反突发事件应对措施的行为，依法从重处罚，并可以简化程序。
修订草案二次审议稿	**第四十七条**　发生重大传染病疫情等突发事件，为了控制、减轻和消除突发事件引起的社会危害，行政机关对违反突发事件应对措施的行为，依法快速、从重处罚。
行政处罚法（2021年修订）	**第四十九条**　发生重大传染病疫情等突发事件，为了控制、减轻和消除突发事件引起的社会危害，行政机关对违反突发事件应对措施的行为，依法快速、从重处罚。

（二）违反突发事件应对措施行为快速、从重处罚的具体要求

对违反突发事件应对措施行为快速、从重处罚作出规定，是本次修法的亮点。《行政处罚法》（2021年修订）将应急行政处罚程序置于"第一节　一般规定"中，表明它是对于违反突发事件应对措施行为处置的基本要求。实践中，违反突发事件应对措施行为快速、从重处罚的具体要求包括四个方面：

1.前提——发生重大传染病疫情等突发事件

根据《突发事件应对法》第三条，"突发事件"是指突然发生，造成或者可能造成严重社会危害，需要采取应急处置措施予以应对的自然灾害、事故灾难、公共卫生事件和社会安全事件。按照社会危害程度、影响范围等因素，自然灾害、事故灾难、公共卫生事件分为特别重大、重大、较大和一般4级。

"重大传染病疫情"，是指某种传染病在短时间内发生，波及范围广泛，出现大量病人或死亡病例。《行政处罚法》（2021年修订）第四十九条适用于违反"重大"以及"特别重大"传染病疫情等突发事件应对措施行为，而对于违反"较大"和"一般"传染病疫情等突发事件应对措施行为则不予适用。

2.目的——为了控制、减轻和消除突发事件引起的社会危害

违反突发事件应对措施的行为已经引起社会危害，出于"控制、减轻和消除"上述社会危害需要，才适用《行政处罚法》（2021年修订）第四十九条，而不是一律适用。

3.对象——违反突发事件应对措施的行为

《行政处罚法》（2021年修订）第四十九条的适用对象是"违反突发事件应对措施的行为"，而不是发生在突发事件应对中的其他行为，强调与突发事件应对有关。具体包括违反控制、封锁、划定警戒区、交通管制等控制措施的行为，以及囤积居奇、哄抬物价、制假售假、哄抢财物、干扰破坏应急处置工作等扰乱市场秩序、社会秩序的行为。

4.内容——依法快速、从重处罚

即程序快速，适用从重。"程序快速"，体现在快查快处，"适用从

重"体现在按照罚则可以裁量的最重种类、最高幅度处罚，以在很短的时间内形成强大震慑效应，警示效仿者。应当注意的是，"适用从重"在具体实践中也应当兼顾"过罚相当"原则。对此，江苏省高级人民法院行政庭课题组认为：一方面，即使符合"从速、从重"的处罚情形，行政机关对当事人的处罚也应符合过罚相当原则；另一方面，人民法院对于涉及突发事件的行政处罚案件，应当依法从严、从快审判，依法支持行政机关采取的应急管理措施，维护社会公共利益。①

（三）突发事件应对快速、从重处罚是否意味着可以简化程序？

1.背景

2020年6月28日，全国人大常委会法制工作委员会副主任许安标在第十三届全国人民代表大会常务委员会第二十次会议上所作《关于〈中华人民共和国行政处罚法（修订草案）〉的说明》指出："……六是增加规定发生重大传染病疫情等突发事件，为了控制、减轻和消除突发事件引起的社会危害，行政机关对违反突发事件应对措施的行为，依法从重处罚，并可以简化程序。"此前，国家市场监督管理总局印发的《关于新型冠状病毒感染肺炎疫情防控期间查处哄抬价格违法行为的指导意见》（国市监竞争〔2020〕21号）也规定："……十、各省、自治区、直辖市市场监管部门可根据本意见，报经省级人民政府同意，出台认定哄抬价格违法行为的具体标准以及依法简化相关执法程序的细化措施，并向市场监管总局（价监竞争局）备案。在本意见出台前，省级市场监管部门或者其他有关部门经省级人民政府同意，已经就认定哄抬价格违法行为作出具体规定的，继续执行。"

可见，有关方面对于查处违反突发事件应对措施行为"简化程序"呼声较大。

2.争议

修订草案二次审议稿第四十七条将修订草案第四十六条中的"依法从重处罚，并可以简化程序"，修改为"依法快速、从重处罚。"此举表明，立

①江苏省高级人民法院行政庭课题组：《行政处罚法修订后司法、执法如何应对》，2021年7月6日《江苏法治报》。

法机关并不认可"简化程序"这一说法；将其修改为"快速"，则符合特定情况下对于严重违法行为"从重从快"查处的一贯政策要求。

本次修订，对此曾经发生争议。有观点认为：修订草案增加规定，发生重大传染病疫情等突发事件，为了控制、减轻和消除突发事件引起的社会危害，行政机关对违反突发事件应对措施的行为，依法从重处罚，并可以简化程序。①分组审议中，一些委员建议对在发生突发事件情况下的简化程序作进一步完善。"在发生突发事件的情况下，行政处罚简化程序是合理的，也是必要的。但是仅仅规定可以简化程序是不完善的，会留给行政机关过大的裁量权。我理解，所谓简化程序就是简化或减掉听证程序，其他程序被简化的必要性和可能性都不大。"鉴于此，冯军委员建议改成"必要时可以简化程序，不适用本法关于听证的相关规定"。刘修文委员认为，应对传染病疫情等突发事件，目前有传染病防治法、突发事件应对法和行政强制法等法律，法律规定已经很完备，本法规定"依法从重处罚"已经足够，再笼统规定"可以简化程序"似无必要，建议进一步斟酌或明确简化程序的具体内容，如可明确为"可简化本章第四节关于听证程序的规定"。

《行政处罚法》（2021年修订）第四十九条最终删除了"并可以简化程序"规定。但是，该法表决通过后召开的新闻发布会仍然提出："发生重大传染病疫情等突发事件，为了控制、减轻和消除突发事件引起的社会危害，行政机关对违反突发事件应对措施的行为，依法从重处罚，并可以简化程序。"在一些交流活动中，仍参见"可以简化程序"观点。

欣慰的是，目前学界认识相对一致。比如有学者认为："核心内容是依法快速，'快'字当头，至于是仅缩短处罚期限，还是省去一些程序环节，在最低法治的基础上视有效处置突发事件的需要作出决定。"②又如有学者认为："行政处罚作为一种惩戒制度，对公民、法人或其他组织的权利义务有着直接的影响。尽管应对重大突发事件时，往往存在着较为紧急的客观原因，但行政处罚依然应当在法治的框架内进行，必须严格遵循程序法定原

①朱宁宁：《解决以罚代刑问题 完善行刑衔接机制》，2020年7月7日《法治日报》。
②黄海华：《新行政处罚法的若干制度发展》，《中国法律评论》2021年第3期。

则。在正本清源的意义上，'快速'的目的在于高效，而非单纯的简便。在'依法'的前提下才可以'快速'。实践中，可以在确保相对人的陈述、申辩等合法权利不受侵害的情况下，通过压缩调查取证、集体讨论等环节的时间来提升执法效率，但不能随意省略《行政处罚法》等明确的法定程序。即便是法无明文规定的情况下，也要满足正当程序的基本要求。"①再如有学者认为："在保障当事人合法权益的前提下，可以简化立案、调查取证等流程，在较短时间内作出行政处罚决定。"②

笔者认为，"简化程序"与"快速"是有严格区别的，从立法经过看，突发事件应对快速、从重处罚显然并不意味着可以"简化程序"。亦即，即便在发生重大传染病疫情等突发事件情况下，为了控制、减轻和消除突发事件引起的社会危害，行政机关查处违反突发事件应对措施行为时，该遵循的基本顺序、步骤（比如立案、调查取证、事先告知、听取陈述申辩、听证等）以及时限必须遵守，不能简化。而"快速"的前提又需"依法"，对于行政机关而言，可通过压缩调查取证、法制审核、集体讨论、作出决定、送达等环节所需时间，以及在当事人积极配合、明确弃权的情况下提前进入后一步骤，提高执法效率。

案例30：以疫情防控期间简化执法程序为由不予听证，撤销③

2020年1月31日，陈某向某市市场监督管理局书面举报，称其在桂花园小区汇丰大药房购买了4包口罩，每包20个，共计88元，手机支付，口罩为蓝色，长方形，适用范围：医用，产品注册证编号：豫食药监械（准）字2014第2640367号，生产日期：2019年9月20日。这种口罩质量很差，经上网查询，未查询到该口罩的产品注册证号，确认是假冒，请予以查处。

---

① 尹培培：《处罚权下放应确保接得住管得好有监督、应对重大突发事件如何依法快速从重处罚？》，引自中国法治现代化研究院公众号。

② 2021年7月8日，全国人大常委会法制工作委员会组织新修订行政处罚法集体采访，多名立法人士针对新行政处罚法的修法亮点、革新历程作出说明。本部分为全国人大常委会法制工作委员会行政法室处长张晓莹访谈内容。参见《全国人大常委会法工委组织新修订行政处罚法集体采访》，https://www.163.com/dy/article/GF257H130524TEUR.html，2021年9月16日访问。

③ 参见（2021）豫15行终5号《行政判决书》。

2020年2月7日，市市场监督管理局办案人员对汇丰药品公司受委托处理该公司销售"飘安"口罩相关事宜的工作人员马某进行询问并制作了询问笔录。2月13日向汇丰药品公司送达行政处罚事先告知书和行政处罚听证告知书。2月15日，汇丰药品公司向市市场监督管理局提出陈述、申辩，认为对其处罚过重。2月17日，向市市场监督管理局法制科提出听证申请。对汇丰药品公司的陈述、申辩意见，市市场监督管理局经过复核认为，汇丰药品公司提出处罚过重，要求减轻处罚的理由不成立，不予采纳。对汇丰药品公司提出的听证要求，市市场监督管理局法制科依据省局发布的《新冠肺炎疫情防控期间简化执法程序依法从严从重从快严厉打击违法行为的指导意见》（豫市监防控〔2020〕1号）相关规定，不予听证。

经报局审核机构核审、局领导审批，市市场监督管理局于2020年2月21日作出行政处罚决定，认定汇丰药品公司销售未依法注册的医疗器械的行为违反了《医疗器械监督管理条例》第四十条之规定，依据该条例第六十三条第一款第一项之规定，决定：1.没收违法所得1088元；2.处以60000元罚款。汇丰药品公司不服，提起行政诉讼。

一审法院认为，市场监督管理局认定汇丰药品公司存在销售未依法注册的医疗器械的违法行为，主要证据明显不足。市市场监督管理局在依法告知汇丰药品公司听证权利且该公司已申请听证的情况下，未举行听证即作出了被诉行政处罚决定，严重违反法定程序。判决：撤销行政处罚决定。市市场监督管理局不服，提出上诉。

二审法院认为，虽然《新冠肺炎疫情防控期间简化执法程序依法从严从重从快严厉打击违法行为的指导意见》第九条指出，拟处罚金额为对自然人处以一万元以上、对法人或其他组织处以十万元以上的，应当告知当事人有要求举行听证的权利。但本案中上诉人市市场监督管理局在作出被诉行政处罚前已告知被上诉人汇丰药品公司有要求听证的权利，且被上诉人在收到该告知后，已向上诉人提出申请，明确要求举行听证，但上诉人在收到听证申请后并未举行听证或者进一步告知被上诉人为何不能举行听证。《河南省行政执法条例》第二十七条第一款第二项规定，行政执法机关依法告知听证权利后，当事人、利害关系人申请听证的，行政执法机关在作出行政执法决定之前应当举行听证。根据上述规定，上诉人在依法告知被上诉人听证权利且该公司已申请听证的情况下，未举行听证即作出了被诉行政处罚决定，属违反法定程序，依法应予撤销。

判决：1.维持一审行政判决；2.责令市市场监督管理局在60日内重新作出行政行为。

八、期间

期间，指某个时期里面。行政处罚法上的期间，是指行政处罚中行政机关和当事人必须遵守的法定期限。行政处罚法未设定"期间"专节，有关期间多由配套规章予以规定。

（一）相关规定

《行政处罚法》（2021年修订）中的期间，主要为"日"：

1.二日

第七十一条　执法人员当场收缴的罚款，应当自收缴罚款之日起二日内，交至行政机关；在水上当场收缴的罚款，应当自抵岸之日起二日内交至行政机关；行政机关应当在二日内将罚款缴付指定的银行。

2.三日

第四十八条……公开的行政处罚决定被依法变更、撤销、确认违法或者确认无效的，行政机关应当在三日内撤回行政处罚决定信息并公开说明理由。

3.五日

第六十四条　听证应当依照以下程序组织：（一）当事人要求听证的，应当在行政机关告知后五日内提出；（二）行政机关应当在举行听证的七日前，通知当事人及有关人员听证的时间、地点；……

4.七日

第五十六条　行政机关在收集证据时，可以采取抽样取证的方法；在证据可能灭失或者以后难以取得的情况下，经行政机关负责人批准，可以先行登记保存，并应当在七日内及时作出处理决定，在此期间，当事人或者有关人员不得销毁或者转移证据。

第六十一条 行政处罚决定书应当在宣告后当场交付当事人；当事人不在场的，行政机关应当在七日内依照《中华人民共和国民事诉讼法》的有关规定，将行政处罚决定书送达当事人。

5.十五日

第六十七条……当事人应当自收到行政处罚决定书之日起十五日内，到指定的银行或者通过电子支付系统缴纳罚款。银行应当收受罚款，并将罚款直接上缴国库。

6.九十日

第六十条 行政机关应当自行政处罚案件立案之日起九十日内作出行政处罚决定。法律、法规、规章另有规定的，从其规定。

（二）计算方法

行政处罚法未作规定，有的规章作了补充，如：

1.《公安机关办理行政案件程序规定》

第三十五条 期间以时、日、月、年计算，期间开始之时或者日不计算在内。法律文书送达的期间不包括路途上的时间。期间的最后一日是节假日的，以节假日后的第一日为期满日期，但违法行为人被限制人身自由的期间，应当至期满之日为止，不得因节假日而延长。

2.《市场监督管理行政处罚程序规定》

第八十条 期间以时、日、月计算，期间开始的时或者日不计算在内。期间不包括在途时间。期间届满的最后一日为法定节假日的，以法定节假日后的第一日为期间届满的日期。

3.《海关办理行政处罚案件程序规定》

第十八条 期间以时、日、月、年计算。期间开始的时和日，不计算在期间内。期间届满的最后一日是法定节假日或者法定休息日的，以其后的第一个工作日为期间届满日期。

期间不包括在途时间，法定期满前交付邮寄的，不视为逾期。

第十九条 当事人因不可抗拒的事由或者其他正当理由耽误期限的，在障碍消除后的10日内可以向海关申请顺延期限，是否准许，由海关决定。

从上述规定可知，期间的计算方法包括：

（1）期间以时、日、月、年计算，期间开始之时或者日不计算在内。

（2）法律文书送达的期间不包括在途时间。法定期满前交付邮寄的，不视为逾期。

（3）期间届满的最后一日是法定节假日或者法定休息日的，以其后的第一个工作日为期间届满日期。

（4）当事人因不可抗拒的事由或者其他正当理由耽误期限的，在障碍消除后的规定期限内可以申请顺延期限；是否准许，由行政机关决定。

（三）特指期限

第八十五条　本法中"二日""三日""五日""七日"的规定是指工作日，不含法定节假日。

上述"法定节假日"，指《全国年节及纪念日放假办法》明确要求放假的节日。这里没有明确"不含休息日"，原因是"以工作日计算"当然排除了休息日。值得注意的是，《行政强制法》第四十三条规定："行政机关不得在夜间或者法定节假日实施行政强制执行。但是，情况紧急的除外"。尽管从字面上看，该法并没有禁止行政机关在休息日实施行政强制执行，但2017年12月20日最高人民法院《关于行政机关在星期六实施强制拆除是否违反〈行政强制法〉第四十三条第一款规定的请示的答复》（〔2016〕最高法行他81号）明确："依照《行政强制法》第四十三条第一款及第六十九条的规定，行政机关不得在星期六实施强制拆除，但情况紧急的除外。"

（四）法律后果

行政机关和当事人都必须遵守有关期间的规定，否则将产生相应的法律后果。比如，根据《行政处罚法》（2021年修订）第六十四条第一项规定，当事人要求听证的，应当在行政机关告知后五日内提出。其中的"五日"，行政机关和当事人都必须严格遵守。对于行政机关而言，"五日"没有届满即作出行政处罚的，属于违反法定程序；对于当事人而言，在"五日"内没有要求听证的，即丧失听证权。

第二节　简易程序

一、行政处罚简易程序概论

行政处罚的简易程序又称"当场处罚程序"，是指行政机关对于事实清楚、情节简单、后果轻微的行政违法行为，依法当场作出行政处罚决定的程序。

在行政管理实践中，一些违法行为事实清楚、情节轻微。这类行为一方面具有违法性，必须依法查处；另一方面，数量大、查处起来相对比较容易，如果按普通程序办理，势必影响行政效率。行政处罚法从实际情况出发，在普通程序外设立了简易程序。相对于普通程序而言，简易程序步骤简单，操作简便，相关法律、法规规定比较明晰。

一般而言，适用简易程序的行政处罚案件条件是：违法事实确凿；对该违法行为处以行政处罚有明确、具体的法定依据；处罚结果较为轻微。主要步骤为：向当事人出示执法证件；填写行政处罚决定书，当场交付当事人；报所属行政机关备案。

二、简易程序的适用、决定和执行

（一）简易程序的适用条件

《行政处罚法》（2021年修订）调整了简易程序的适用条件，降低了适用门槛。这是本次修订的亮点。

修订过程	法条内容
行政处罚法（2017年修正）	第三十三条　违法事实确凿并有法定依据，对公民处以五十元以下、对法人或者其他组织处以一千元以下罚款或者警告的行政处罚的，可以当场作出行政处罚决定。当事人应当依照本法第四十六条、第四十七条、第四十八条的规定履行行政处罚决定。
修订草案	第四十七条　违法事实确凿并有法定依据，对公民处以二百元以下、对法人或者其他组织处以三千元以下罚款或者警告的行政处罚的，可以当场作出行政处罚决定。其他法律另有规定的，从其规定。当事人应当依照本法第六十二条、第六十三条、第六十四条的规定履行行政处罚决定。

修订过程	法条内容
修订草案二次审议稿	**第四十八条**　违法事实确凿并有法定依据，对公民处以二百元以下、对法人或者其他组织处以三千元以下罚款或者警告的行政处罚的，可以当场作出行政处罚决定。法律另有规定的，从其规定。
行政处罚法（2021年修订）	**第五十一条**　违法事实确凿并有法定依据，对公民处以二百元以下、对法人或者其他组织处以三千元以下罚款或者警告的行政处罚的，可以当场作出行政处罚决定。法律另有规定的，从其规定。

变化内容：

1.提高了罚款数额

将可以适用简易程序的"对公民处以五十元以下、对法人或者其他组织处以一千元以下罚款"，调整为"对公民处以二百元以下、对法人或者其他组织处以三千元以下罚款"。

2.增加了除外情形

即"法律对适用简易程序另有规定的，从其规定。"应当注意的是，上述除外情形只限于"法律"，行政法规、地方性法规以及规章均无此权限。

3.删除了执行规定

将《行政处罚法》（2017年修正）第三十三条中的"当事人应当依照本法第四十六条、第四十七条、第四十八条的规定履行行政处罚决定"移除，在《行政处罚法》（2021年修订）中单设第五十三条，对当场处罚的执行作出专门规定。

修订背景：

1.关于降低适用门槛

随着形势的发展特别是行政执法的不断规范，"对公民处以五十元以下、对法人或者其他组织处以一千元以下罚款"限制了简易程序的适用，造成了执法资源浪费，也影响了行政执法效率，要求修订的呼声较高。2020年6月28日，全国人大常委会法制工作委员会副主任许安标在第十三届全国人民代表大会常务委员会第二十次会议上所作《关于〈中华人民共和国行政处罚法（修订草案）〉的说明》指出："……七是适应行政执法实际需要，将适用简易程序的罚款数额由五十元以下和一千元以下，分别提高至二百元以下和三千元以下。"

2.关于增加除外情形

或因汲取了某些行政执法领域的教训。如《道路交通安全法》第一百零七条规定，对道路交通违法行为人予以警告、二百元以下罚款，交通警察可以当场作出行政处罚决定，并出具行政处罚决定书。该法对于交通警察可以当场处罚的适用范围明显突破了《行政处罚法》（2017年修正）"对公民处以五十元以下罚款"的限定，并因此形成行政争议。尽管法院判决认为"《道路交通安全法》相较于《行政处罚法》是特别法，两法对简易程序适用范围规定不一致时，应当适用'新法优于旧法、特别法优于普通法'的原则，因此江岸交通大队适用简易程序作出行政处罚并无不当"，[①]但相关说理并不能经得起深层次推敲。由此看来，上述修订为特定情况适用简易程序预留了空间，甚为必要且意义深远。

（二）简易程序的决定

《行政处罚法》（2021年修订）明确了拒签情形的处置、当场处罚决定书的内容等，完善了简易程序的决定程序，更加便于实践操作。

修订过程	法条内容
行政处罚法（2017年修正）	**第三十四条** 执法人员当场作出行政处罚决定的，应当向当事人出示执法身份证件，填写预定格式、编有号码的行政处罚决定书。行政处罚决定书应当当场交付当事人。 前款规定的行政处罚决定书应当载明当事人的违法行为、行政处罚依据、罚款数额、时间、地点以及行政机关名称，并由执法人员签名或者盖章。 执法人员当场作出的行政处罚决定，必须报所属行政机关备案。

①参见（2021）鄂01行终67号《行政判决书》。

修订过程	法条内容
修订草案	**第四十八条**　执法人员当场作出行政处罚决定的，应当向当事人出示执法证件，填写预定格式、编有号码的行政处罚决定书。行政处罚决定书应当当场交付当事人。当事人拒绝签收的，应当在行政处罚决定书上注明。 前款规定的行政处罚决定书应当载明当事人的违法行为、行政处罚依据、罚款数额、时间、地点以及行政机关名称，并由执法人员签名或者盖章。 执法人员当场作出的行政处罚决定，必须报所属行政机关备案。
修订草案二次审议稿	**第四十九条**　执法人员当场作出行政处罚决定的，应当向当事人出示执法证件，填写预定格式、编有号码的行政处罚决定书。行政处罚决定书应当当场交付当事人。当事人拒绝签收的，应当在行政处罚决定书上注明。 前款规定的行政处罚决定书应当载明当事人的违法行为，行政处罚的种类和依据、罚款数额、时间、地点、申请行政复议或者提起行政诉讼的途径和期限以及行政机关名称，并由执法人员签名或者盖章。 执法人员当场作出的行政处罚决定，必须报所属行政机关备案。
行政处罚法（2021年修订）	**第五十二条**　执法人员当场作出行政处罚决定的，应当向当事人出示执法证件，填写预定格式、编有号码的行政处罚决定书，并当场交付当事人。当事人拒绝签收的，应当在行政处罚决定书上注明。 前款规定的行政处罚决定书应当载明当事人的违法行为，行政处罚的种类和依据、罚款数额、时间、地点，申请行政复议、提起行政诉讼的途径和期限以及行政机关名称，并由执法人员签名或者盖章。 执法人员当场作出的行政处罚决定，应当报所属行政机关备案。

修订内容：

1.规范了行政执法证件的称谓

将"执法身份证件"改为"执法证件"。

2.明确了拒签情形的处置

《行政处罚法》（2021年修订）第五十二条第一款规定，当事人拒绝签收的，应当在行政处罚决定书上注明。第六十一条规定，行政处罚决定书应当在宣告后当场交付当事人；当事人不在场的，行政机关应当在七日内依照《中华人民共和国民事诉讼法》的有关规定，将行政处罚决定书送达当事人。当事人同意并签订确认书的，行政机关可以采用传真、电子邮件等方式，将行政处罚决定书等送达当事人。

上述第五十二条位于"第二节 简易程序"中，第六十一条位于"第三节 普通程序"中。显然，简易程序中当事人拒绝签收处罚决定书的，执法人员在法律文书上注明情况即可，无需按照民事诉讼法的有关规定进行送达。当然，在执法全过程记录语境下，执法记录仪的数据理应为上述过程提供印证与支撑。

3.完善了当场处罚决定书的内容

根据《行政处罚法》（2021年修订）第五十二条第二款，当场处罚决定书在原有基础上增加了行政处罚的种类，以及申请行政复议、提起行政诉讼的途径和期限等内容。

《行政处罚法》（2017年修正）第六条规定："公民、法人或者其他组织对行政机关所给予的行政处罚，享有陈述权、申辩权；对行政处罚不服的，有权依法申请行政复议或者提起行政诉讼。"第三十五条规定："当事人对当场作出的行政处罚决定不服的，可以依法申请行政复议或者提起行政诉讼。"就行政处罚决定而言，无论内容与轻重，当事人均享有依法申请行政复议或者提起行政诉讼的权利，简易程序也不例外。当场处罚决定属于具体行政行为，当事人不服当然可以依法申请行政复议或者提起行政诉讼。《行政处罚法》（2017年修正）第三十五条突出对此可以进行救济，在立法上毫无必要且易引起歧义，足见修改的必要性。

4.调整了当场处罚决定书的报备要求

将"必须"报所属行政机关备案改为"应当"报所属行政机关备案，以回应立法技术要求。

（三）当场处罚决定的履行

修订过程	法条内容
行政处罚法 （2017年修正）	**第三十三条**　违法事实确凿并有法定依据，对公民处以五十元以下、对法人或者其他组织处以一千元以下罚款或者警告的行政处罚的，可以当场作出行政处罚决定。当事人应当依照本法第四十六条、第四十七条、第四十八条的规定履行行政处罚决定。
行政处罚法 （2021年修订）	**第五十三条**　对当场作出的行政处罚决定，当事人应当依照本法第六十七条至第六十九条的规定履行。

变化内容：

将当场处罚决定的履行从适用条件中移除，单列一条，在立法技术上更为合理。

三、适用简易程序几个问题的思考

（一）符合简易程序适用条件是否必须进行当场处罚？

《行政处罚法》（2021年修订）第五十一条规定："违法事实确凿并有法定依据，对公民处以二百元以下、对法人或者其他组织处以三千元以下罚款或者警告的行政处罚的，可以当场作出行政处罚决定。"其中对于当场处罚的规定是"可以"，而非"应当"或者"必须"。因此，并非符合简易程序适用条件均必须当场处罚。亦即，对于"违法事实确凿并有法定依据，对公民处以二百元以下、对法人或者其他组织处以三千元以下罚款或者警告的行政处罚"，亦可适用普通程序作出决定。但如此"杀鸡用牛刀"确也浪费执法资源，从这一层面看，深入探讨并无更多实际意义。

（二）对于通报批评是否可以适用当场处罚？

此次修订将通报批评增加为行政处罚的种类，与警告同属申诫罚。但是，通报批评显然不属于简易程序的适用范围，对于通报批评不可以适用简易程序当场处罚。

（三）适用当场处罚是否需要立案、调查取证、事先告知？

1.关于立案

立案是《行政处罚法》（2021年修订）"第三节 普通程序"中规定的内容，显然，适用当场处罚无需立案。

2.关于调查取证

《行政处罚法》（2021年修订）第五十一条明确规定适用简易程序的前提必须"违法事实确凿"。因此，适用当场处罚也需要调查取证，只不过有关证据已为电子监控等设备记载。尽管如此，仍然需要依法履行提取、固定、审核等基本过程。有的执法人员错误地认为适用简易程序办理案件无须取证，未按要求制作检查笔录，在没有取得证据的情况下即作出当场处罚决定，最终形成错案。

关于行政处罚"一人执法"中的优势证据，最高人民法院公报刊载的廖某荣不服被告重庆市公安局交通管理局第二支队道路交通管理行政处罚决定案裁判摘要明确：交通警察对违法行为所作陈述如果没有相反证据否定其客观真实性，且没有证据证明该交通警察与违法行为人之间存在利害关系，交通警察的陈述应当作为证明违法行为存在的优势证据。[①]这一规则有其存在的必要性，但随着行政执法条件的改善和发展，特别是执法全过程记录制度的实施和执法记录仪等电子技术的普遍运用，该规则的适用有待进一步补充完善。

3.关于事先告知

《行政处罚法》（2017年修正）的告知条款为第三十一条、第三十二条。在该法中，上述条款独立于简易程序、一般程序以外。但对于未告知的法律责任，出现在该法一般程序中的第四十一条。因此，有观点认为，《行政处罚法》第五章第一节关于简易程序的规定，并未要求行政机关适用简易程序当场作出行政处罚决定之前需依照该法第三十一条、三十二条规定向当事人告知给予行政处罚的事实、理由和依据，《行政处罚法》第四十一条规定的行政处罚前的告知程序是对行政处罚的一般程序而非简易程序。

适用简易程序当场处罚就可以不事先告知？显然，这不符合正当程序原则。《行政处罚法》（2021年修订）将有关事先告知和听取陈述申辩的第四十四条、第四十五条放在"第五章 行政处罚的决定"中的"第一节 一般规定"中。如前所述，"第一节 一般规定"为行政处罚程序的普适性规定。

---

① 《最高人民法院公报》2007年1期。

因此，行政处罚法修订后，适用简易程序当场处罚也需进行事先告知、听取当事人陈述申辩。不过可以简化程序，比如采用口头告知，或者在格式文书中告知，等等。这是正当程序原则的必然要求。如果过去对此问题认识有过分歧，那么，《行政处罚法》（2021年修订）实施后，分歧将不复存在；相关案件的裁判理念或将有所改变。

案例31：事先告知适用于行政处罚一般程序而非简易程序[①]

再审申请人王某春诉被申请人西湖交警大队、某市人民政府道路交通行政处罚及行政复议一案，一审法院判决驳回王某春的诉讼请求。王某春不服提起上诉后，二审法院判决驳回上诉，维持原判。王某春申请再审。

江西省高级人民法院认为，公安机关交通管理部门根据道路和交通流量的具体情况，可以对机动车、非机动车、行人采取疏导、限制通行、禁止通行等措施。案涉前进路路口设有符合《城市道路交通标志和标线设置规范》（GB51038-2015）规定的"禁止机动车驶入标志""禁止向右转弯标志"的禁令标志，王某春驾驶机动车由绳金塔（东）街右转弯拐入前进路，其行为违反了《道路交通安全法》规定。西湖交警大队根据《道路交通安全法》第九十条、一百零七条、一百一十四条，《江西省实施〈道路交通安全法〉办法》第八十七条第一项及公安部《机动车驾驶证申领和使用规定》的规定，适用简易程序对王某春违法事实的认定及作出的处罚决定，并无不当。某市政府行政复议决定对该处罚决定予以维持正确。

《行政处罚法》第五章第一节关于简易程序的规定，并未要求行政机关适用简易程序当场作出行政处罚决定之前需依照该法第三十一条、三十二条规定向当事人告知给予行政处罚的事实、理由和依据，《行政处罚法》第四十一条规定的行政处罚前的告知程序是对行政处罚的一般程序而非简易程序。本案中，西湖交警大队系依据行政处罚的简易程序对王某春作出了案涉行政处罚决定，王某春申请再审以西湖交警大队未依照《行政处罚法》第四十一条的规定向其告知给予行政处罚的事实、理由和依据为由而主张西湖交警大队作出的案涉行政处罚决定不能成立，没有法律依据，不予支持。

裁定：驳回王某春的再审申请。

[①]参见（2019）赣行申252号《行政裁定书》。

（四）穿着制服进行简易程序执法是否可以不出示执法证件？

关于出示执法证件，《行政处罚法》（2017年修正）第三十四条规定："执法人员当场作出行政处罚决定的，应当向当事人出示执法身份证件，填写预定格式、编有号码的行政处罚决定书。行政处罚决定书应当当场交付当事人。"第三十七条第一款规定："行政机关在调查或者进行检查时，执法人员不得少于两人，并应当向当事人或者有关人员出示证件。当事人或者有关人员应当如实回答询问，并协助调查或者检查，不得阻挠。询问或者检查应当制作笔录。"

《行政处罚法》（2021年修订）除维系上述规定外，第五十五条进一步规定："执法人员不出示执法证件的，当事人或者有关人员有权拒绝接受调查或者检查。"可见，无论是简易程序还是一般程序，执法人员在实施相关执法活动时，均需出示执法证件；除紧急情况外，穿着制服进行简易程序执法也应出示执法证件。这是表明身份、文明执法的基本要求。

反观实体法，相关规定也是一以贯之。比如，《道路交通安全法》第八十条规定："交通警察执行职务时，应当按照规定着装，佩带人民警察标志，持有人民警察证件，保持警容严整，举止端庄，指挥规范。"这是对《人民警察法》第二十三条的细化。其中，既包括执勤执法礼仪和规范要求，也包括法定程序要求，两者既不可混淆，也不可偏废。《道路交通安全违法行为处理程序规定》第七条第一款规定："交通警察调查违法行为时，应当表明执法身份。"该规定即属法定程序要求。何以表明执法身份？《公安机关人民警察证使用管理规定》第四条规定："人民警察证是公安机关人民警察身份和依法执行职务的凭证和标志。公安机关人民警察在依法执行职务时，除法律、法规另有规定外，应当随身携带人民警察证，主动出示并表明人民警察身份。"迄今为止，我们尚未见过"另有规定"的相关法律、法规。[1]

---

[1]《公安机关人民警察盘查规范》规定，民警执行盘查任务时应当着制式服装；未着制式服装的，应当出示人民警察证。《公安机关人民警察现场制止违法犯罪行为操作规程》规定，着制式警服执行职务的，可以不出示执法证件。但是，上述规范、规程系公安部规范性文件，且系适用于"盘查""现场制止违法犯罪行为"等特定执法活动。

有观点认为，"执法民警着制式警服已表明人民警察身份""出示人民警察证并非行政处罚的法定程序，未出示人民警察证亦无违背行政处罚的相关程序""出示执法证件系执勤执法礼仪和规范，非执法程序，并不影响程序的正当性"。笔者对此不予赞同。行政处罚法修订后，"三项制度"入法，出示执法证件已经成为行政执法程序的刚性要求，且为最起码要求。《指导意见》亦要求："行政执法人员在进行监督检查、调查取证、采取强制措施和强制执行、送达执法文书等执法活动时，必须主动出示执法证件，向当事人和相关人员表明身份，鼓励采取佩戴执法证件的方式，执法全程公示执法身份"。因此，即便穿着制服进行简易程序执法，也应当出示执法证件；"执法民警着制式警服已表明人民警察身份"等观点即便过去有过司法裁判支持，随着《行政处罚法》（2021年修订）实施，相关裁判的理念会有所改变，应当引起有关方面重视。当然，警察职业和警务活动的特殊性也绝不排除在紧急情况下，人民警察可以对突发事件进行先行处置，再依法履行相应法律程序。

案例32：在相对人未要求出示人民警察证的情况下，执法民警未主动出示仅属于程序瑕疵①

再审申请人某市公安局交通警察支队金湾大队因与盛某洪行政处罚及行政复议纠纷一案，不服广东省珠海市中级人民法院（2019）粤04行终94号行政判决，申请再审。

广东省高级人民法院认为，申请人交警金湾大队在一审期间提交的执法记录仪视频、视频截图、执法经过等证据，可证明盛某洪2018年10月29日20时31分许驾车未开启车辆前照灯，虽然涉案道路上有路灯，但相比白天，夜间的能见度明显降低，开启车辆前照灯有利于司机和行人判断路面情况和行车距离。被诉行政处罚决定书认定盛某洪不按规定使用灯光，并处以罚款人民币200元，事实清楚，符合前述法规规定。交警金湾大队在被诉行政处罚决定书中未具体填写法律依据，确有不规范之处，在今后工作中需要加以改进。

———————
① 参见（2019）粤行申2735号《行政裁定书》。

《行政处罚法》第三十四条第一款规定："执法人员当场作出行政处罚决定的，应当向当事人出示执法身份证件，填写预定格式、编有号码的行政处罚决定书。行政处罚决定书应当当场交付当事人。"《道路交通安全法》第八十条规定："交通警察执行职务时，应当按照规定着装，佩带人民警察标志，持有人民警察证件，保持警容严整，举止端庄，指挥规范。"《人民警察法》第二十三条规定："人民警察必须按照规定着装，佩带人民警察标志或者持有人民警察证件，保持警容严整，举止端庄。"《公安机关人民警察证使用管理规定》第四条规定："人民警察证是公安机关人民警察身份和依法执行职务的凭证和标志。公安机关人民警察在依法执行职务时，除法律、法规另有规定外，应当随身携带人民警察证，主动出示并表明人民警察身份。"综合以上规定，除非法律、法规另有规定外，警察执法时应当主动出示人民警察证。但规定要求主动出示人民警察证的目的是为了向相对人表明警察身份。本案中，交警金湾大队民警执法时身着警服、佩戴警徽和警号及驾驶警车，已可以表明其警察身份。在盛某洪未要求出示人民警察证的情况下，该执法民警未主动出示并未实际影响盛某洪的相关权利，仅属于程序瑕疵。综上，交警金湾大队作出的被诉行政处罚决定书存在程序轻微违法，二审法院判决确认交警金湾大队作出的被诉行政处罚决定书违法，结果并无明显不当。交警金湾大队请求启动本案再审程序理据不够充分，本院不予支持。

裁定：驳回交警金湾大队的再审申请。

（五）当场处罚决定书是否需要加盖行政机关印章？

根据《行政处罚法》（2021年修订）第五十二条，执法人员当场作出行政处罚决定的，应当向当事人出示执法证件，填写预定格式、编有号码的行政处罚决定书，并当场交付当事人。当事人拒绝签收的，应当在行政处罚决定书上注明。前款规定的行政处罚决定书应当载明当事人的违法行为，行政处罚的种类和依据、罚款数额、时间、地点，申请行政复议、提起行政诉讼的途径和期限以及行政机关名称，并由执法人员签名或者盖章。执法人员当场作出的行政处罚决定，应当报所属行政机关备案。基于上述规定，简易程序行政处罚决定书在执法人员签名或盖章的前提下，可以不加盖行政机关印章，而普通程序则必须加盖。

从实际情况看，多数机关要求当场处罚决定书加盖本机关印章，有的部委规章对此进行了统一规定，如《道路交通安全违法行为处理程序规定》第四十四条规定："适用简易程序处罚的，可以由一名交通警察作出，并应当按照下列程序实施：……（四）处罚决定书应当由被处罚人签名、交通警察签名或者盖章，并加盖公安机关交通管理部门印章；被处罚人拒绝签名的，交通警察应当在处罚决定书上注明"。

实践中，还出现了极个别的案例——当场处罚决定书加盖了行政机关印章，但缺失执法人员签名盖章。比如，再审申请人刘某诉某市公安局交通警察支队直属大队（以下简称交警大队）道路行政处罚一案，江西省高级人民法院认为：《道路交通安全违法行为处理程序规定》（注：公安部令第105号，已被公安部令第157号修改）第四十二条第一款第四项规定，适用简易程序处罚的，处罚决定书应当由被处罚人签名、交通警察签名或者盖章，并加盖公安机关交通管理部门印章。交警大队交通警察未在处罚决定书上签名或盖章，违反了上述规定。在公安机关交通管理部门已盖章的情况下，交通警察未在处罚决定书上签名或盖章，对涉诉处罚决定书的法律效力不产生影响，且对于刘某依法享有的陈述、申辩权利不产生实际影响，属于程序瑕疵。①

笔者认为，根据《行政处罚法》（2021年修订）第五十二条，当场处罚决定书对于执法人员签名或者盖章的要求是"应当"；缺失执法人员签名或者盖章的当场处罚决定书应当认定为违法。

（六）适用当场罚款的案件是否均可当场收缴？

《行政处罚法》（2021年修订）第五十三条规定："对当场作出的行政处罚决定，当事人应当依照本法第六十七条至第六十九条的规定履行。"第六十八条规定："依照本法第五十一条的规定当场作出行政处罚决定，有下

① 参见（2020）赣行申301号《行政裁定书》。

列情形之一，执法人员可以当场收缴罚款：（一）依法给予一百元以下罚款的；（二）不当场收缴事后难以执行的。"第六十九条规定："在边远、水上、交通不便地区，行政机关及其执法人员依照本法第五十一条、第五十七条的规定作出罚款决定后，当事人到指定的银行或者通过电子支付系统缴纳罚款确有困难，经当事人提出，行政机关及其执法人员可以当场收缴罚款。"据此，当场处罚与当场收缴罚款具有不同的适用条件。而且，《行政处罚法》（2021年修订）对此没有规定除外情形。

《道路交通安全法》第一百零八条规定："当事人应当自收到行政处罚决定书之日起15日内，到指定的银行缴纳罚款。""对行人、乘车人和非机动车驾驶人的罚款，当事人无异议的，可以当场予以收缴罚款。"尴尬的是，因《行政处罚法》（2021年修订）未规定除外情形，上述有关行人、乘车人和非机动车驾驶人可以当场收缴罚款的规定未来是否可行，仍然有进一步探讨的空间。

第三节　普通程序

原为行政处罚的一般程序，是行政机关实施行政处罚的基本程序，适用于处罚较重或情节复杂的案件以及当事人对当场处罚的事实认定有分歧而无法作出行政处罚决定的案件。行政处罚实践中，除依法适用简易程序以外，都应适用普通程序。因而，普通程序适用的范围是最广泛的。

一、立案

立案是行政处罚普通程序的开始，"先立案后查处"是普通程序的最基本要求。受行政处罚制度起步较晚及程序不甚完备等影响，1996年《行政处罚法》未对立案作出规定。《行政处罚法》（2021年修订）第五十四条增加立案程序规定，这是本次修法的亮点。

（一）法条规定

修订过程	法条内容
行政处罚法（2017年修正）	第三十六条　除本法第三十三条规定的可以当场作出的行政处罚外，行政机关发现公民、法人或者其他组织有依法应当给予行政处罚的行为的，必须全面、客观、公正地调查，收集有关证据；必要时，依照法律、法规的规定，可以进行检查。
修订草案征求意见稿	第四十六条　除本法第四十三条规定的可以当场作出的行政处罚外，行政机关发现公民、法人或者其他组织有依法应当给予行政处罚的行为的，应当立案、全面、客观、公正地调查，收集有关证据；必要时，依照法律、法规的规定，可以进行检查。
修订草案	第五十条　除本法第四十七条规定的可以当场作出的行政处罚外，行政机关发现公民、法人或者其他组织有依法应当给予行政处罚的行为的，必须全面、客观、公正地调查，收集有关证据；必要时，依照法律、法规的规定，可以进行检查。 行政机关认为符合立案标准的，应当立案。
修订草案二次审议稿	第五十一条　除本法第四十八条规定的可以当场作出的行政处罚外，行政机关发现公民、法人或者其他组织有依法应当给予行政处罚的行为的，必须全面、客观、公正地调查，收集有关证据；必要时，依照法律、法规的规定，可以进行检查。 符合立案标准的，行政机关应当及时立案。
行政处罚法（2021年修订）	第五十四条　除本法第五十一条规定的可以当场作出的行政处罚外，行政机关发现公民、法人或者其他组织有依法应当给予行政处罚的行为的，必须全面、客观、公正地调查，收集有关证据；必要时，依照法律、法规的规定，可以进行检查。 符合立案标准的，行政机关应当及时立案。

变化内容：

本款为新增条款。正确理解立案规定必须注意以下3点：首先，除适用简易程序当场处罚外，均需立案；其次，立案需符合具体的标准，既不能随意立案，也不能有案不立；再次，应当及时立案，不能久拖不决。

修订背景：

实践中，多数行政处罚程序规章对于立案作了规定，对构建"全链条"式的行政处罚程序形成了倒逼。2020年6月28日，全国人大常委会法制工作委员会副主任许安标在第十三届全国人民代表大会常务委员会第二十次会议上所作《关于〈中华人民共和国行政处罚法（修订草案）〉的说明》指出："……八是增加立案程序，除当场作出的行政处罚外，行政机关认为符合立案标准的，应当立案。"

（二）立案标准

《行政处罚法》（2021年修订）未作规定。参照行政处罚程序规章规定，一般情况下，符合下列条件的，应当立案：有证据初步证明存在违反本行业法律、法规、规章的行为；依据本行业法律、法规、规章应当给予行政处罚；属于本部门管辖；在给予行政处罚的法定期限内。

决定立案的，行政执法人员应当填写《立案审批表》，同时附上与案件相关的材料，由执法部门负责人批准。

（三）立案前的先行调查

目前，国家层面对于立案前的先行调查的证据效力未作规定。对此，江苏省高级人民法院行政庭课题组认为："一是法律对立案前的调查取证并无禁止性规定，不宜将立案作为划分是否可以开展调查取证的时间点。二是立案之前行政机关调查收集的证据可以作为其后作出行政处罚的证据，但认定违法行为的全部证据不能都是立案之前调查收集的。"[1]有的规章已作规定，如《医疗保障行政处罚程序暂行规定》第十九条第二款规定："立案前核查或者监督检查过程中依法取得的证据材料，可以作为案件的证据使用。"第三款规定："对于移送的案件，移送机关依职权调查收集的证据材料，可以作为案件的证据使用。"

上述规定解决了立案前核查、监督检查过程中依法取得以及移送机关依职权调查收集材料的证据效力存疑，既符合行政处罚法的基本原则与立法精神，也大大提高了执法效率。

（四）不予立案

《行政处罚法》（2021年修订）未作规定。有的规章对此作了规定，如

---

[1] 江苏省高级人民法院行政庭课题组：《行政处罚法修订后司法、执法如何应对》，2021年7月6日《江苏法治报》。

《市场监督管理行政处罚程序规定》第二十条规定："经核查，有下列情形之一的，可以不予立案：（一）违法行为轻微并及时改正，没有造成危害后果；（二）初次违法且危害后果轻微并及时改正；（三）当事人有证据足以证明没有主观过错，但法律、行政法规另有规定的除外；（四）依法可以不予立案的其他情形。""决定不予立案的，应当填写不予立案审批表。"

笔者注意到，对于上述不予立案适用的要求是"可以"，而非"应当"。实践中，"违法行为轻微并及时改正，没有造成危害后果""初次违法且危害后果轻微并及时改正""当事人有证据足以证明没有主观过错"等量罚情节，通常需经过调查才能够认定。

（五）撤销立案

《行政处罚法》（2021年修订）未作规定。有的规章对此作了规定，如《农业行政处罚程序规定》第三十一条规定："对已经立案的案件，根据新的情况发现不符合第三十条规定的立案条件的，农业行政处罚机关应当撤销立案。"

笔者认为，《行政处罚法》（2021年修订）规定："符合立案标准的，行政机关应当及时立案。"既然已经立案，应当是经过行政机关初步调查"符合立案标准"。立案后，经调查发现具有法定情形的，可以依法终止调查；调查终结，发现违法行为轻微，依法可以不予行政处罚的，或者违法事实不能成立的，应当作出不予行政处罚决定。鉴于目前大部分法规、规章没有对撤销立案作出规定，因此，在没有法定依据情况下，应当谨慎作出撤销立案决定。

（六）结案

《行政处罚法》（2021年修订）未作规定。参照行政处罚程序规章规定，一般情况下，有下列情形之一的，予以结案：决定撤销立案的；作出不予行政处罚决定的；作出行政处罚决定，且已执行完毕的；案件移送有管辖权的行政机关或者司法机关的；作出行政处罚决定后，因执行标的灭失、被执行人死亡等客观原因导致无法执行或者无需执行的；其他应予结案的情形。

结案为内部程序，行政执法人员应当制作《结案报告》，报执法部门负责人批准后，终结案件办理。

案例33：未履行立案程序，行政处罚决定违法①

2019年9月29日，某市城市管理综合行政执法局作出通执法罚字〔2019〕3039号行政处罚决定书（以下简称3039号处罚决定），认为金桔园公司未取得建设工程规划许可证擅自在小海街办朝阳港村四组土地上建造框架混凝土结构的建筑物的行为违反了《城乡规划法》第四十条第一款和《江苏省城乡规划条例》第三十八条第一款的规定。根据《城乡规划法》第六十四条、《江苏省城乡规划条例》第六十二条、住建部《关于规范城乡规划行政处罚裁量权的指导意见》第四条和第七条之规定，上述违建属于无法采取改正措施消除对规划实施影响的情形，限金桔园公司在收到决定书之日起十五日内拆除上述违法建筑，合计应拆面积3337.31平方米。金桔园公司不服，提起行政诉讼。

一审法院认为，3039号处罚决定认定事实清楚，适用法律法规正确，程序合法，量罚适当。判决：驳回金桔园公司的诉讼请求。金桔园公司不服，提起上诉。

二审法院认为，本案案涉处罚程序违法。首先，市城管局未能在法定期限内提供作出被诉处罚决定经过立案程序及集体讨论程序的证据。其次，一般情况下，行政机关提供行政处罚案件单位负责人讨论记录、会议纪要等书面证据方可对集体讨论程序予以证明。但本案中，市城管局提供的情况说明仅仅是开发区综合执法局自行盖章确认的一份自我陈述，根本不能达到证明案涉处罚经过集体讨论的目的。市城管局在一审庭审中称案涉处罚决定经过集体讨论，将于庭后提供会议记录本，但在一审审理期间直至二审中均未能提供。故根据在案证据不能证明案涉处罚决定在作出前已经负责人集体会议通过。综上，一审法院对市城管局在庭审后提交的立案审批表及情况说明予以采信并据此认定"市城管局于2019年7月3日决定对本案立案查处""案涉处罚在作出前经过开发区综合执法局集体讨论"当属认定事实不清。市城管局所作处罚决定程序严重违法，应予撤销。

判决：1.撤销一审行政判决；2.撤销3039号行政处罚决定书。

二、调查取证

《行政处罚法》（2021年修订）第五十四条至第五十六条对于调查取证作出了具体规定，具体方法包括询问、检查、抽样取证、先行登记保存、勘验、鉴定等。上述条款较之《行政处罚法》（2017年修正）变化不大。

（一）调查取证的概念

通说认为，调查取证是指有调查取证权的组织或个人为了查明案件事实的需要，向有关单位、个人进行调查、收集证据等活动。关于行政处罚中的调查取证，学术界认识不一。有著作认为："调查取证是指行政机关对于立案查处的案件，为查明案情、收集证据和查获违法行为人而依法定程序进行的专门活动和依法采取的有关强制措施，由调查和取证两部分组成。调查主要包括询问当事人，访问证人；取证主要指现场勘验和对专门问题进行的鉴定。"[1]有著作认为："一、调查。行政机关对行政处罚案件的调查是收集证据并对证据进行审查核实的过程……二、收集证据。行政机关在调查行政处罚案件时，应当收集证据……三、检查措施。行政机关在调查、收取证据时，必要时，根据法律、行政法规或者地方性法规的规定，可以进行检查。"[2]上述第一种观点认为，调查取证包括调查和取证，属于"专门活动和强制措施"；第二种观点认为，调查取证包括调查、收集证据和检查措施，系"在调查、收取证据时"进行。

笔者认为，调查取证是行政处罚程序的重要环节，主要内容包括调查、取证、检查等；调查、取证、检查相互区别又有联系。

---

[1]汪永清著：《行政处罚》，中国政法大学出版社1994年版，第102页。

[2]全国人大常委会法制工作委员会著：《〈中华人民共和国行政处罚法〉讲话》，法律出版社1996年版，第143页。

1.调查取证是行政处罚程序的重要环节

《行政处罚法》（2021年修订）中完整出现"调查取证"，是该法第四十七条。该条表明，行政处罚的全过程包括"行政处罚的启动、调查取证、审核、决定、送达、执行等"。据此，调查取证是行政处罚程序的环节（或者阶段）。

2.调查取证的内容包括调查、取证、检查等

（1）调查

行政处罚中的调查应当属于行政调查范畴。关于行政调查，有学者认为，它是指行政主体在具体行使法律授予的权限时，为了确定是否存在符合该权限行使要件的事实，针对特定当事人进行的事实调查或资料收集活动。行政机关要行使公权力做出各种行政行为，前提是确定要调整的事实关系，这离不开对事实的调查和认定。[①]

《行政处罚法》（2021年修订）中，有关调查出现在"第五章 行政处罚的决定"中的"第一节 一般规定"和"第三节 普通程序"。对此，有著作认为：行政处罚中的调查，是指行政机关为了正确实施行政处罚而采取的对公民或者组织的有关事项的直接或者间接的调研、侦讯和检查等手段，以获得行政处罚所需要的证据或事实根据。它是行政机关取得信息、行使行政处罚权的第一步，没有调查便没有证据，没有证据便不能处罚。[②]

（2）取证

即寻取证据。《行政处罚法》（2021年修订）第五十四条、第五十六条均对收集证据作出了具体规定，上述条款中的"收集证据"即为取证。

（3）检查

我国关于行政检查的规定散见在不同效力层级的法律规范之中。对于如何界定行政检查，理论界从不同视角做了阐释。有的认为，行政检查也有称行政监督检查，是指具有行政监督检查职能的行政主体，依据法定的监督检查职权，对一定范围的行政相对人是否遵守法律、法规和规章，以及是否

[①] 宋华琳：《行政调查程序的法治建构》，《吉林大学社会科学学报》2019年5月第59卷第3期。

[②] 应松年、马怀德主编：《中华人民共和国行政处罚法学习辅导》，人民出版社1996年版，第184页。

执行有关行政决定、命令等情况，进行能够影响相对人权益的检查了解的行为。[①]还有的认为，行政检查是行政主体基于行政职权，对相对人执行法律、法规和规章以及有关行政命令、行政处理决定的情况进行单方面强制了解的具体行政行为。它是行政主体进行行政管理，监督相对人守法和履行法定义务的一个重要手段。

关于行政处罚中的检查，有著作认为：这里所说的检查，是指行政机关为实施行政处罚对有关人员的身体、有关场所或物件进行检查、搜查以获取证据、认定案件事实的活动。[②]《公安机关办理行政案件程序规定》"第七章　调查取证"从第一节至第八节分别为一般规定，受案，询问，勘验、检查，鉴定，辨认，证据保全，办案协作。其中，检查与"勘验"共同单列一节。

3.调查、取证、检查相互区别又有联系

（1）调查与取证

调查的目的是收集证据；具有行政处罚权的行政机关均有调查权，无需法律另行授权。取证（收集证据）是调查的手段；具有行政处罚权的行政机关均具有取证权，亦无需法律另行授权。有学者认为，调查方式包括询问当事人、询问相关人员、现场检查、现场勘验、鉴定及现代科技手段等。现场检查通过对特定的人员、物品、场所等进行直接检查，可以更为直观、确切地确定相关事实是否存在，确定事实的性质与程度。[③]

（2）调查与检查

实践中，一些观点已将调查与检查混同。有著作认为，《行政处罚法》规定的三种调查方式即调查、收集证据或检查。[④]显然，该书将检查理解为

---

①曹鎏：《"放管服"改革背景下行政检查监管目标实现研究》，《中共中央党校国家行政学院学报》第24卷第3期。

②应松年、马怀德主编：《中华人民共和国行政处罚法学习辅导》，人民出版社1996年版，第193-194页。

③宋华琳：《行政调查程序的法治建构》，《吉林大学社会科学学报》2019年5月第59卷第3期。

④应松年、马怀德主编：《中华人民共和国行政处罚法学习辅导》，人民出版社1996年版，第193-194页。

调查的三种方式之一。

然而，从行政处罚法的规定看，调查与检查显然属于两种不同的行政行为。有学者认为，在制定法上，行政检查和行政调查依法构成两种不同的行为。例如，《行政处罚法》（2017年修正）第三十七条第一款规定："行政机关在调查或者进行检查时，执法人员不得少于两人，并应当向当事人或者有关人员出示证件。当事人或者有关人员应当如实回答询问，并协助调查或者检查，不得阻挠。询问或者检查应当制作笔录。"在这一规定中，"调查或者进行检查""协助调查或者检查"的分别表述可以清楚地说明两者关系：若两者为同一行为，则立法不必用"或者"并列之。行政检查与行政调查存在共性（如收集信息），但区别更为明显。理论上，行政调查是阶段性行政程序行为，是行政机关为即将作出的行政决定收集证据、采集证据和认定证据的过程。根据"先取证、后裁决"的基本规则，无行政调查则无行政决定。但行政检查本身具有独立性，行政检查程序结束后行政机关要作出具有实体性的行政检查决定。[①]笔者赞同上述观点。

但是，上文同时提出，"行政检查具有了解情况、收集证据的功能"。"实践中，两者也可能出现衔接关系，如通过行政检查发现被检查对象涉嫌违法时，行政机关将要依法立案后转入行政调查程序，当然，启动行政调查的情形并非只限于行政检查。""行政检查的主要目的就是发现问题，提早预防。"

笔者认为，检查是一种法定的、专门的调查活动，其目的包括但不限于调查、取证。正因为此，《行政处罚法》（2021年修订）第五十四条以"必要时"和"依照法律、法规的规定"加以限制。而调查则无此要求。

（3）检查与取证

如前所述，检查与取证既相互区别又相互联系。"行政检查具有了解情况、收集证据的功能"，其中"收集证据"显然就是取证。《行政处罚法》（2021年修订）第五十五条第二款规定："询问或者检查应当制作笔录。"

---

① 曹鎏：《"放管服"改革背景下行政检查监管目标实现研究》，《中共中央党校（国家行政学院）学报》第24卷第3期。

检查笔录与询问笔录均为法定证据形式。

（二）调查取证的原则

《行政处罚法》（2021年修订）第五十四条第一款规定："除本法第五十一条规定的可以当场作出的行政处罚外，行政机关发现公民、法人或者其他组织有依法应当给予行政处罚的行为的，必须全面、客观、公正地调查，收集有关证据；必要时，依照法律、法规的规定，可以进行检查。"据此，调查取证的原则包括：

1.全面原则

"全面"即所有方面、全方位，形容完整、周密、详细。要对当事人的违法事实相关的情况全面调查取证，包括当事人的主观过错程度，能够证明当事人有无从重、从轻、减轻、不予处罚情节的证据，以及证明当事人没有违法行为的证据等。

2.客观原则

"客观"即按照事物的本来面目去考察，不加个人偏见。由于案件事实是客观存在的，因此，证明案件事实的证据也应当是客观的。在调查取证过程中，要注意收集、调取与争议事实有直接因果关系或者客观关联的证据，不能将虚构的事实和推测、假设后得出的言论当作证据。

3.公正原则

"公正"即公平正直，没有偏私。调查取证中，要合理地处理公共利益与个人利益之间的关系，并平等地对待相对方。

4.依法原则

"依法"即依据法律法规。调查取证应当依法进行，遵守法定程序，采取法定方式，符合法定形式。以不合法甚至违法的方式和程序取得的证据以及不符合法定形式的证据等，均不能作为定案量罚的依据使用。有学者提出，作为重要的执法方式，行政检查活动包括现场发现问题、收集证据、认定证据、作出结论等，必须确保全过程都在法治轨道上运行。[1]笔者对此予

---

[1]曹鎏：《"放管服"改革背景下行政检查监管目标实现研究》，《中共中央党校（国家行政学院）学报》第24卷第3期。

以赞同。

（三）调查取证的规则

目前，我国现行法律法规对于调查取证的规则未作统一规定。有学者提出，在我国司法实务中，法院承认了行政机关的调查方式选择裁量权。行政机关有选择不同行政调查方式的裁量权，但应优先选择成本较低、对当事人侵害程度较低的调查方式。[①]笔者对此予以赞同。实践中必须注意以下两点：

1.法律、法规已经作出明确规定的，必须严格遵守

具体包括但不限于：

（1）非现场执法

主要是《行政处罚法》（2021年修订）第四十一条的规定。

（2）执法人员的资格、人数及文明执法

主要是《行政处罚法》（2021年修订）第四十二条的规定。

（3）执法人员的回避

主要是《行政处罚法》（2021年修订）第四十三条的规定。

（4）全过程记录

主要是《行政处罚法》（2021年修订）第四十七条的规定。

（5）保密

主要是《行政处罚法》（2021年修订）第五十条的规定。

（6）出示证件

主要是《行政处罚法》（2021年修订）第五十五条的规定。

（7）抽样取证与先行登记保存

主要是《行政处罚法》（2021年修订）第五十六条的规定。

2.法律、法规未作出明确规定的，要遵守正当程序原则

"正当法律程序"原则要求行政机关在作出可能对当事人不利的行政决定之前，应当通过一种特定程序保障当事人享有必要的知情权；当事人在此基础上行使辩护权和防卫权，以切实维护自身合法权益，促进行政机关依法

---

①宋华琳：《行政调查程序的法治建构》，《吉林大学社会科学学报》2019年5月第59卷第3期。

行使权力。

　　关于"正当法律程序"原则在调查取证中的体现，有著作认为："《行政处罚法》制定的调查规则很少……一般的调查权有大量的领域可以由行政机关自由裁量，这就要求行政机关在缺少调查规则规范时必须注意遵循调查的基本原则。行政机关调查的自由裁量权只有符合以上调查原则才是合法的，否则就是违法的。"①有学者认为："对于行政执法机关，如果法律、法规对行政检查的程序已经作出明确规定的，则必须严格遵守。如果没有法律、法规的明确规定，也要遵守行政程序的底线要求，即正当程序原则。""结合行政检查行为的特殊性，按照正当程序的要求，行政检查程序应涵盖表明检查身份、说明理由、告知权利、听取陈述和申辩、作出检查决定及送达等基本环节。监管部门在做行政检查决定之前，如果未听取被检查人陈述和申辩、未说明理由的，将导致程序违法。"②

　　目前，已有规章作出规定。如《公安机关办理行政案件程序规定》第七十八条规定："询问违法嫌疑人时，应当听取违法嫌疑人的陈述和申辩。对违法嫌疑人的陈述和申辩，应当核查。"亦即，公安机关在询问违法嫌疑人阶段，就应当听取其陈述和申辩，并进行核查。这是法定要求。而其他法规规章如此规定并不多见。因此，其他行政机关在询问违法嫌疑人时，极有可能疏忽这一要求而导致违法。可见，在"法律、法规已经作出明确规定"情况下应当遵守并非难事，但"法律、法规未作出明确规定"时如何体现正当程序原则是难点所在，实践中不易把握。

　　（四）终止调查

　　《行政处罚法》（2021年修订）未作规定。参照行政处罚程序规章规定，一般情况下，有下列情形之一的，经行政机关负责人批准，可以终止调查：

　　1.没有违法事实的

　　所谓"没有违法事实"，是指行政机关对行政案件经过调查后，有证据

---

　　①应松年、马怀德主编：《中华人民共和国行政处罚法学习辅导》，人民出版社1996年版，第190页。

　　②曹鎏：《"放管服"改革背景下行政检查监管目标实现研究》，《中共中央党校（国家行政学院）学报》第24卷第3期。

证明违法事实根本不存在。应当注意的是，"没有违法事实"不同于"违法事实不能成立"。前者是指现有证据能够证明违法事实根本不存在；后者是指证据不足，无法证明违法事实成立。对于前者，可以"终止调查"；对于后者，应当依据《行政处罚法》（2021年修订）第五十七条第一款第三项作出"不予行政处罚"决定。

2.违法行为已过追究时效的

第四章第二节"七、追究时效"部分已作详述，不再赘述。

3.当事人死亡或者终止的

调查中，作为当事人的自然人死亡，作为当事人的法人或者其他组织终止，无法人或者其他组织承受其权利义务，又无其他关系人可以追查的，可以"终止调查"。如《公安机关办理行政案件程序规定》第二百五十九条第一款第三项，《海关办理行政处罚案件程序规定》第五十三条第三项、第四项。

4.其他需要终止调查的情形

终止调查时，当事人的财物已被采取行政强制措施的，应当立即解除。

（五）问题与思考

1.关于调查取证中的全过程记录

《行政处罚法》（2021年修订）第四十七条规定："行政机关应当依法以文字、音像等形式，对行政处罚的启动、调查取证、审核、决定、送达、执行等进行全过程记录，归档保存。"据此，必须严格依法以文字、音像等形式对调查取证的全过程进行记录，并归档保存。实践中，有3个方面的问题有待进一步探讨。

（1）同步录音录像是否为办理行政案件的强制性规定？

《指导意见》明确："对现场执法、调查取证、举行听证、留置送达和公告送达等容易引发争议的行政执法过程，要根据实际情况进行音像记录"。可见，对于行政机关的调查取证行为，并未强制性要求同步音像记录，具体"要根据实际情况"进行。《公安机关办理行政案件程序规定》第七十七条第三款规定："询问时，可以全程录音、录像，并保持录音、录像资料的完整性。"因此，对于公安机关而言，同步录音录像也并非办理行政案件的强制性规定。

实践中，有司法裁判支持上述观点，如夏某与某市公安局高新技术产业开发区分局公安行政管理案，河南省高级人民法院认为："本案被申请人市公安局高新区分局根据询问和调查所查明的事实以及夏某违法行为的性质、情节，在履行传唤、调查、告知等程序的基础上，依据《治安管理处罚法》第六十六条第一款的规定，对夏某作出行政拘留三日的行政处罚决定，认定事实清楚，适用法律正确，程序合法。再审申请人夏某所称在被申请人询问时未进行同步录音录像，根据《公安机关办理行政案件程序规定》第七十七条第三款关于询问时可以全程录音录像的规定，进行同步录音录像并非强制性规定。"[①]

（2）在文字能够全面记录情况下可否不再进行音像记录？

《行政处罚法》（2021年修订）第四十七条规定，行政机关应当依法以文字、音像等形式，对行政处罚的启动、调查取证、审核、决定、送达、执行等进行全过程记录，归档保存。显然，音像记录并非行政处罚案件全过程记录的唯一形式，文字等其他形式亦可。如前所述，对于音像记录的适用原则，《指导意见》提出了"可以不用""要全程适用""要根据实际情况适用"3种情况。其中，"可以不用"即在文字能够全面记录情况下可以不用音像记录。但是，在文字能够全面记录情况下，若执法行为又系"查封扣押财产、强制拆除等直接涉及人身自由、生命健康、重大财产权益的现场执法活动和执法办案场所"，是否仍然可以不使用音像记录？笔者认为，此类情形应当依法进行音像记录。

但实践中有司法裁判持相反观点。如杨某与某县公安局交通警察大队行政处罚申诉、申请再审案，陕西省高级人民法院认为："关于杨某提出县交警大队作出被诉行政处罚决定中，民警贺某甲未全程参与，未全程录音录像，程序不合法的再审理由。经查，因杨某拒不配合执法人员执法，县交警大队民警将杨某带至办案区。县交警大队在现场勘查、询问过程中，有民警

---

①参见（2020）豫行申822号《行政裁定书》。

苏某某、代某参与现场勘查、询问且在相关材料上签字确认。虽然县交警大队仅提供了执法记录仪所拍摄的杨某酒后驾驶机动车的部分录音录像资料，但杨某饮酒后驾驶机动车的事实有充分证据证明，县交警大队根据杨某的违法事实作出被诉行政处罚决定并无不当。"①

（3）音像记录是否属于政府信息公开范围？

有判例认为，音像记录属于内部管理信息，不属于政府信息公开范围。如孙某诉某市公安局丰台分局信息公开一案，北京市高级人民法院认为："孙某向市公安局丰台分局申请公开'2018年2月26日20时54分在北京右外东庄90号用159×××××××××手机号拨打110报警后、接警警察佩戴的记录仪记载的实时《录像录音》'的信息。市公安局丰台分局收到该申请后，认为孙某要求获取的民警执法记录仪影音资料属于内部管理信息，依法不属于公开范围并据此答复孙某，该答复并无不当。"②

也有判例认为，现场执法视音频资料具有行政执法案件信息和行政机关内部对执法办案活动进行监督信息的双重属性，不属于政府信息公开范围。如阮某诉某市公安局江干区分局政府信息公开一案，浙江省高级人民法院认为："根据《公安机关现场执法视音频记录工作规定》第一条、第四至七条、第十五条、第十八条等的规定，本案阮某申请公开的现场执法视音频资料具有行政执法案件信息和公安机关内部对执法办案活动进行监督信息的双重属性。依照最高人民法院《关于审理政府信息公开行政案件若干问题的规定》第二条第四项的规定，行政程序中的当事人、利害关系人不能通过申请政府信息公开的途径获取案件信息。《公安机关执法公开规定》《公安机关现场执法视音频记录工作规定》也均未要求现场执法视音频资料应当向特定对象公开。"③

笔者认为，行政处罚案件中的音像记录属于案卷信息，依法不属于《政府信息公开条例》调整范围。

---

① 参见（2021）陕行申129号《行政裁定书》。
② 参见（2020）京行申292号《行政裁定书》。
③ 参见（2019）浙行申891号《行政裁定书》。

2.关于出示执法证件

修订过程	法条内容
行政处罚法 （2017年修正）	**第三十七条** 行政机关在调查或者进行检查时，执法人员不得少于两人，并应当向当事人或者有关人员出示证件。当事人或者有关人员应当如实回答询问，并协助调查或者检查，不得阻挠。询问或者检查应当制作笔录。 ……
修订草案征求 意见稿	**第四十七条** 行政机关在调查或者进行检查时，执法人员不得少于两人，并应当向当事人或者有关人员出示证件。当事人或者有关人员有权要求执法人员出示证件。当事人或者有关人员应当如实回答询问，并协助调查或者检查，不得阻挠。询问或者检查应当制作笔录。
修订草案	**第五十一条** 行政机关在调查或者进行检查时，除法律另有规定外，执法人员不得少于两人，并应当向当事人或者有关人员出示执法证件。当事人或者有关人员有权要求执法人员出示执法证件。执法人员不出示执法证件的，当事人或者有关人员有权拒绝接受调查或者检查。 当事人或者有关人员应当如实回答询问，并协助调查或者检查，不得拒绝或者阻挠。询问或者检查应当制作笔录。
修订草案二次 审议稿	**第五十二条** 执法人员在调查或者进行检查时，应当主动向当事人或者有关人员出示执法证件。当事人或者有关人员有权要求执法人员出示执法证件。执法人员不出示执法证件的，当事人或者有关人员有权拒绝接受调查或者检查。 当事人或者有关人员应当如实回答询问，并协助调查或者检查，不得拒绝或者阻挠。询问或者检查应当制作笔录。
行政处罚法 （2021年修订）	**第五十五条** 执法人员在调查或者进行检查时，应当主动向当事人或者有关人员出示执法证件。当事人或者有关人员有权要求执法人员出示执法证件。执法人员不出示执法证件的，当事人或者有关人员有权拒绝接受调查或者检查。 当事人或者有关人员应当如实回答询问，并协助调查或者检查，不得拒绝或者阻挠。询问或者检查应当制作笔录。

变化内容：

一是将出示执法证件的义务主体由"行政机关"调整为"执法人员"；

二是增加"主动"二字，对出示执法证件提出了更高要求；

三是增加"当事人或者有关人员有权要求执法人员出示执法证件"规定，丰富了当事人的监督权；

四是增加"执法人员不出示执法证件的，当事人或者有关人员有权拒绝接受调查或者检查"规定，授予当事人对于行政机关违法行使调查或者检查的抵抗权，更有利于当事人合法权利保护；

五是增加当事人对于调查或者检查"不得拒绝"的义务。

（1）执法人员的义务

①主动向当事人或者有关人员出示执法证件。调查人员到达被调查单位后，应出示执法证件表明身份，告知调查要求及被调查单位的权利和义务。有的还需开具专门的检查证件，如《公安机关办理行政案件程序规定》第八十二条第一款规定："对与违法行为有关的场所、物品、人身可以进行检查。检查时，人民警察不得少于二人，并应当出示人民警察证和县级以上公安机关开具的检查证。对确有必要立即进行检查的，人民警察经出示人民警察证，可以当场检查；但检查公民住所的，必须有证据表明或者有群众报警公民住所内正在发生危害公共安全或者公民人身安全的案（事）件，或者违法存放危险物质，不立即检查可能会对公共安全或者公民人身、财产安全造成重大危害。"

②制作询问（检查）笔录。询问（检查）笔录是行政处罚的主要证据类型，根据《行政诉讼法》（2014年修订）第三十三条第一款第八项，行政审判中，法院也会通过对询问（检查）合法性的评判，确定证据的证明力，判断行政行为是否具有事实根据。如郑某、河北省某自治县人民政府再审查与审判监督案，最高人民法院指出，行政机关在做出行政行为的过程中，有制作调查笔录的义务，行政机关应制作而未制作调查记录的，有可能构成"违反法定程序"。①

---

①宋华琳：《行政调查程序的法治建构》，《吉林大学社会科学学报》2019年5月第59卷第3期。

（2）当事人或者有关人员的义务

主要是如实回答询问；协助调查或者检查；不得拒绝或者阻挠。

（3）当事人或者有关人员的权利

主要是有权要求执法人员出示执法证件；执法人员不出示执法证件的，有权拒绝接受调查或者检查。

关于非法调查的对抗权，行政处罚法修订前一些法律法规已经予以规定，如《税收征收管理法》第五十九条规定，行政调查人员未出示调查证件和通知书的，被调查人有权拒绝调查。这也是正当程序原则的体现。

（4）滥用调查、检查权的救济

行政调查、检查与后续的行政决定具有一体性，行政调查、检查程序违法，通常构成后续的行政行为程序违法。司法机关在审查行政行为合法性时，可对作为行政行为中间环节的行政调查、检查程序进行审查，当判定行政调查、检查违反法定程序时，可判决撤销或部分撤销相应的行政行为。

3.关于询问（检查）笔录

（1）询问（检查）地点

一些法规规章作出了明确要求，如《公安机关执法办案场所办案区使用管理规定》（公法〔2013〕1102号）第十五条规定："讯问、询问违法犯罪嫌疑人，除下列情形以外，应当在办案区讯问室、询问室进行：（一）紧急情况下必须在现场进行讯问、询问的；（二）对有严重伤病或者残疾、行动不便的，以及正在怀孕的违法犯罪嫌疑人，在其住处进行讯问、询问的；（三）对已送交看守所羁押的犯罪嫌疑人进行讯问、询问的。""违法犯罪嫌疑人较多，办案区讯问室或者询问室不能满足办案需要的，在保证安全前提下，可以对讯问室、询问室调剂使用。"

实践中，有民警在办公室制作询问笔录，被法院确认程序违法。如董某波诉某市公安局、市人民政府、刘某苗治安行政处罚一案，福建省泉州市中级人民法院认为："根据《公安机关执法办案场所办案区使用管理规定》第十五条规定，讯问、询问违法犯罪嫌疑人，应当在办案区讯问室、询问室进行。被上诉人某市公安局的询问程序违反该条文规定，属于程序违法。"[①]

（2）执法人员、当事人签名或者盖章

目前，国家层面尚无法律对询问（检查）笔录的具体要求与内容作出规定，但一些规章作了规定，如《建设行政处罚程序暂行规定》第十条规定："执法人员询问当事人及证明人，应当个别进行。询问应当制作笔录，笔录经被询问人核对无误后，由被询问人逐页在笔录上签名或盖章。如有差错、遗漏，应当允许补正。"

最高人民法院《关于行政诉讼证据若干问题的规定》（法释〔2002〕21号）第十条规定："根据行政诉讼法第三十一条第一款第（一）项的规定，当事人向人民法院提供书证的，应当符合下列要求：（一）提供书证的原件，原本、正本和副本均属于书证的原件。提供原件确有困难的，可以提供与原件核对无误的复印件、照片、节录本；（二）提供由有关部门保管的书证原件的复制件、影印件或者抄录件的，应当注明出处，经该部门核对无异后加盖其印章；（三）提供报表、图纸、会计帐册、专业技术资料、科技文献等书证的，应当附有说明材料；（四）被告提供的被诉具体行政行为所依据的询问、陈述、谈话类笔录，应当有行政执法人员、被询问人、陈述人、谈话人签名或者盖章。""法律、法规、司法解释和规章对书证的制作形式另有规定的，从其规定。"据此，询问（检查）笔录应当有行政执法人员、被询问人、陈述人、谈话人签名或者盖章。

实践中，询问（检查）笔录疏忽行政执法人员签名或者盖章情况并不多见。如绿冠生态科技股份有限公司诉某区统计局警告、罚款及区人民政府行政复议案，北京市第一中级人民法院认为，区统计局在实施执法监督检查前，已提前做出《执法检查通知书》并将通知书内容提前告知绿冠公司，两名执法人员在现场检查过程中当场向绿冠公司出示了执法证件、送达了《执法检查通知书》，调取检查了该公司相关统计报表等资料，并制作了相关执法笔录，在发现绿冠公司相关违法行为后及时进行了立案、继续调查核实、

[①] 参见（2019）闽05行终37号《行政判决书》。

集体讨论研究等工作，在履行了行政处罚事先告知程序并听取了绿冠公司的陈述申辩意见后，最终做出了被诉处罚决定，但执法人员并未于执法监督检查过程中及时在相关笔录上签名。虽然执法人员于执法检查过程中没有及时在有关笔录上签名的情况并未对绿冠公司的权利产生实际影响，但是仍违反了《统计执法监督检查办法（2018年修订）》第二十二条相关程序规定，故应属于执法程序轻微违法。①

笔者认为，最高人民法院上述司法解释对于作为被诉具体行政行为所依据的询问、陈述、谈话类笔录中，行政执法人员、被询问人、陈述人、谈话人签名或者盖章的要求是"应当"，因此，缺失行政执法人员、被询问人、陈述人、谈话人签名或者盖章的询问（检查）笔录不能作为证明被诉具体行政行为内容的证据。

（3）被询问（检查）人拒签

一些法律法规对于当事人拒绝接受询问、检查以及拒绝在笔录上签名作出了具体规定。

比如，《公安机关办理行政案件程序规定》第八十六条规定："检查情况应当制作检查笔录。检查笔录由检查人员、被检查人或者见证人签名；被检查人不在场或者拒绝签名的，办案人民警察应当在检查笔录中注明。""检查时的全程录音录像可以替代书面检查笔录，但应当对视听资料的关键内容和相应时间段等作文字说明。"

又如，《江苏省行政程序规定》第五十二条规定："调查取证应当制作笔录，由行政执法人员、当事人或者其代理人、见证人签字；当事人或者其代理人、见证人拒绝签字的，不影响调查结果的效力，但是应当在调查笔录中载明。"

再如，《市场监管行政处罚程序规定》第四十三条规定："办案人员在调查取证过程中，无法通知当事人，当事人不到场或者拒绝接受调查，当事人拒绝签名、盖章或者以其他方式确认的，办案人员应当在笔录或者其他材

---

①参见（2020）京01行终390号《行政判决书》。

料上注明情况，并采取录音、录像等方式记录，必要时可以邀请有关人员作为见证人。"

上述规定剑指当事人拒不配合调查取证这一"顽症"，从立法层面为破解"取证难"助力。实践中。可辅之以执法记录仪全过程记录等，进一步提升并推广适用范围。

4.关于证据先行登记保存

修订过程	法条内容
行政处罚法（2017年修正）	**第三十七条**…… 行政机关在收集证据时，可以采取抽样取证的方法；在证据可能灭失或者以后难以取得的情况下，经行政机关负责人批准，可以先行登记保存，并应当在七日内及时作出处理决定，在此期间，当事人或者有关人员不得销毁或者转移证据。 ……
修订草案	**第五十二条** 行政机关在收集证据时，可以采取抽样取证的方法；在证据可能灭失或者以后难以取得的情况下，经行政机关负责人批准，可以先行登记保存，并应当在七日内及时作出处理决定，在此期间，当事人或者有关人员不得销毁或者转移证据。
行政处罚法（2021年修订）	**第五十六条** 行政机关在收集证据时，可以采取抽样取证的方法；在证据可能灭失或者以后难以取得的情况下，经行政机关负责人批准，可以先行登记保存，并应当在七日内及时作出处理决定，在此期间，当事人或者有关人员不得销毁或者转移证据。

本次修订，有关证据先行登记保存未作修改。

（1）证据先行登记保存的性质

关于证据先行登记保存的性质，有以下观点：

①证据调查措施。如林某不服某市民族宗教事务局宗教行政处罚案裁判文书认为，证据先行登记保存是行政机关对于可能灭失或者以后难以取得的物证材料，采取登记收存等方法，以保持其证明作用而采取的一种证据调查措施，并非行政处罚的法定程序。

②行政强制措施。如卢某不服某市广播电视局文化行政强制案裁判文书认为，证据先行登记保存客观上是对财物所有权的四项权能，即占有、使

有、收益、处分的临时性限制，系一种行政强制措施。

实践中，有的法规、规章已明确定性为行政强制措施，如《公安机关办理行政案件程序规定》第五十四条第一项、第一百一十一条。

笔者认为：

第一，行政处罚法中的先行登记保存显然属于证据调查措施，而非行政强制措施。

第二，实施证据先行登记保存是行政机关在案件执法调查过程中遇到特殊、紧急情况时所采取的一项保全措施，其适用有一定的前提条件限制，即"在证据可能灭失或者以后难以取得的情况下""经行政机关负责人批准"。而且，法定的先行登记保存期限是七日，七日内行政机关应当作出处理。这种处理可能是予以返还，送交检验、检测、检疫、鉴定，也可能是采取查封、扣押措施，作出没收违法物品的处罚决定，或者是解除先行登记保全措施。违反上述规定，擅自扩大适用范围，以及未在七日内及时作出处理决定等，属于以先行登记保存为名、行查封扣押之实，应当定性为行政强制措施。

第三，法律、法规、规章将先行登记保存认定为行政强制措施的，从其规定。

（2）证据先行登记保存的适用

行政处罚法对此未作规定，有观点认为必须就地保存，但也有规章和行政规范性文件明确规定可以异地保存：

①部委规章

比如，《农业行政处罚程序规定》第四十三条规定："先行登记保存物品时，就地由当事人保存的，当事人或者有关人员不得使用、销售、转移、损毁或者隐匿。""就地保存可能妨害公共秩序、公共安全，或者存在其他不适宜就地保存情况的，可以异地保存。对异地保存的物品，农业行政处罚机关应当妥善保管。"

又如，《商务行政处罚程序规定》第二十六条第四款规定："先行登记保存物品时，在原地保存可能妨害公共秩序或公共安全，或者有其他不宜原地保存情形的，可以异地保存。"

②地方政府规章

比如，《北京市实施行政处罚程序若干规定》第十三条第三款规定："登记保存物品时，在原地保存可能妨害公共秩序或者公共安全的，可以异地保存。"

又如，《石家庄市行政处罚实施办法》第十三条第三款规定："登记保存的物品，可在原地保存，对可能妨害公共秩序、公共安全或者可能被转移、销毁的，可以异地保存。"

③行政规范性文件

比如，原国土资源部《关于印发〈国土资源违法行为查处工作规程〉的通知》（国土资发〔2014〕117号）规定："8.2.5证据先行登记保存……先行登记保存的证据，可以交由当事人自己保存，也可以由国土资源主管部门或者其指定单位保存。证据在原地保存可能妨害公共秩序、公共安全或者对证据保存不利的，也可以异地保存。……"

笔者认为：

第一，从先行登记保存的定义以及行政处罚法的立法本意理解，原则上应当就地进行登记保存。

第二，行政处罚法及相关法律法规没有禁止异地保存，而且，一些规章和行政规范性文件已经对异地保存作出明确规定。因此，可以依法实施异地保存。

第三，异地保存有更严格的适用条件。如《北京市实施行政处罚程序若干规定》规定的"在原地保存可能妨害公共秩序或者公共安全"，《石家庄市行政处罚实施办法》规定的"可能妨害公共秩序、公共安全或者可能被转移、销毁"，《国土资源违法行为查处工作规程》规定的"在原地保存可能妨害公共秩序、公共安全或者对证据保存不利"，等等。违者，司法实践将不予认可。如意境网络会所诉某县文广新局异地保存证据措施违法案，法院认为，文化部发布的《文化市场综合行政执法管理办法》第二十四条规定："行政执法人员在收集证据时，可以采取抽样取证的方法，在证据可能灭失或者以后难以取得的情况下，经依法批准后，可以采取先行登记保存等措施。……登记保存物品时，在原地保存可能灭失或者妨害公共安全的，可以异地保存。"本案中，被告以原告涉嫌存在接纳未成年人进入互联网上网服务营业场所为由，对原告的147台电脑主机采取证据先行登记保存措施，但被告对电脑的登记保存与原告涉嫌存在的违法行为间并无必然联系，且本案中原告的电脑亦不存在可能灭失或难以取得以及妨害公共安全的情况，依法不应采取证据异地保存措施。"①

（3）证据先行登记保存的可诉性

司法实践中，有着完全相左的案例：

①不可诉

一是认为证据先行登记保存是"具体行政行为中的一个环节"。如吉林省长春市中级人民法院认为，先行登记保存是行政执法过程中的一种取证手段，其仅是具体行政行为中的一个环节，当事人不可以对先行登记保存行为申请行政复议或提起行政诉讼。②

二是认为证据先行登记保存是"行政执法过程中的取证行为"。如四川省攀枝花市中级人民法院认为，市交通执法支队对罗某出示的《道路运输证》进行先行登记保存，其原因是罗某以遗失为由未依据生效判决将《道路运输证》交回运亨公司，且在该《道路运输证》注销后仍然使用该证件从事巡游出租汽车经营活动，如不先行登记保存则可能灭失或以后难以取得，故市交通执法支队对罗某出示的《道路运输证》进行先行登记保存符合《行政强制法》第二条第二款等法律规定。先行登记保存的目的是为了保存案件的证据，是行政执法过程中的取证行为，罗某不能就针对证据登记保存行为提起行政诉讼。③

三是认为证据先行登记保存是"行政处罚中的过程性行为"。如浙江省金华市中级人民法院认为，先行登记保存行为系行政处罚中的过程性行为，

---

① 参见（2014）宿城行初字第0067号《行政判决书》。

② 参见（2018）吉01行终98号《行政裁定书》。

③ 参见（2019）川04行终82号《行政判决书》。

对其不能单独提起行政诉讼。①

②可诉

一是认为证据先行登记保存"在性质上属于行政强制措施"。如上海市闵行区人民法院认为，对可能灭失或者以后难以取得的证据，经行政机关负责人批准，行政机关依法可以进行先行登记保存，并在七日内及时作出处理决定。行政机关未在七日内作出处理决定，当事人对此不服，在性质上属于对行政强制措施不服，属于人民法院行政诉讼的受案范围。②

二是认为证据先行登记保存"通过查封、扣押等方式进行"。如广西壮族自治区高级人民法院认为，《行政处罚法》第三十七条第二项规定的先行登记保全行为，可以通过采取调查笔录、视听资料、勘验笔录等方式进行，也可以通过查封、扣押等方式进行。询问、拍照、录像、勘验等方式对相对人的权利义务不产生实际影响的，不属于行政复议受案范围，不在处罚行为之外作单独评价；查封、扣押等方式对相对人的权利义务产生实际影响，属于行政复议受案范围，可在行政处罚行为之外作单独评价。③

笔者认为：

第一，依法实施的先行登记保存通常不具有可诉性。根据行政处罚法，先行登记保存属于证据收集和保全行为，而非行政强制措施，其是一种执法手段，是行政行为中的一个环节，不是最终的处理结果。

第二，违法实施的先行登记保存应当具有可诉性。如前所述，擅自扩大适用范围，以及未在七日内及时作出处理决定等，属于以先行登记保存为名、行查封扣押之实，应当可诉。

第三，不赞成"《行政处罚法》第三十七条第二项规定的先行登记保全行为，可以通过采取调查笔录、视听资料、勘验笔录等方式进行，也可以通过查封、扣押等方式进行"观点，理由是该观点混淆了行政处罚中的调查取证行为与行政强制措施的关系。

---

① 参见（2019）浙07行终327号《行政裁定书》。

② 参见（2014）闵行初字第67号《行政判决书》。

③ 参见（2020）桂行终365号《行政判决书》。

案例34：证据先行登记保存，要以证据可能灭失或者以后难以取得为前提①

2019年11月12日，某县城市管理局对田某兴下达平城法改字（2019）第301号《限期清理通知书》，认为其无审批饲养家禽家畜影响市容环境卫生的行为，违反了《城市市容和环境卫生管理条例》第三十五条的规定，依据《行政处罚法》第二十三条以及《城市市容和环境卫生管理条例》第三十五条规定，责令田某兴于2019年11月13日24时前将场内家禽家畜迁走，场内清理。2019年11月14日，县城管局将田某兴所有的16头活牛迁走。田某兴不服，提起行政诉讼。

一审法院认为，县城管局作出行政强制执行行为前未履行催告程序且未作出强制执行决定，属于程序违法。判决：确认被告将原告所有的活牛迁走的行为违法。县城管局不服，提起上诉。

二审法院认为，根据《行政处罚法》第三十七条第二款关于证据先行登记保存的规定，行政机关在收集证据时，可以采取抽样取证的方法，在证据可能灭失或者以后难以取得的情况下，经行政机关负责人批准，可以先行登记保存，并应当在7日内及时作出处理决定，在此期间，当事人或者有关人员不得销毁或者转移证据。本案中，上诉人县城管局作出的《限期清理通知书》以及将牛牵走的行为，上诉人认为是先行登记并进行异地保存，只是行政行为的一个环节而非独立的行政行为，不具有可诉性，不属于法院行政诉讼受理范围，但此牵牛行为并非在证据可能灭失或者以后难以取得的情况下实施的，行政相对人也不会销毁或者转移证据，其认为其行为是对证据的先行登记保存的上诉理由与上述法律规定不符。上诉人县城管局在执法过程中，在程序上确实存在作出行政强制行为前未履行催告程序且未作出强制执行决定，属于程序违法。

判决：驳回上诉，维持原判。

---

①参见（2020）晋07行终176号《行政判决书》。

三、重大行政处罚决定法制审核

（一）审核人员

根据《行政处罚法》（2021年修订）第五十八条，行政处罚法制审核人员为"行政机关中从事行政处罚决定法制审核的人员"。《指导意见》提出："各级行政执法机关要明确具体负责本单位重大执法决定法制审核的工作机构，确保法制审核工作有机构承担、有专人负责。加强法制审核队伍的正规化、专业化、职业化建设，把政治素质高、业务能力强、具有法律专业背景的人员调整充实到法制审核岗位，配强工作力量，使法制审核人员的配置与形势任务相适应，原则上各级行政执法机关的法制审核人员不少于本单位执法人员总数的5%。""建立全国行政执法人员和法制审核人员数据库。健全行政执法人员和法制审核人员岗前培训和岗位培训制度。"

值得注意的是，尽管《指导意见》提出"要充分发挥法律顾问、公职律师在法制审核工作中的作用，特别是针对基层存在的法制审核专业人员数量不足、分布不均等问题，探索建立健全本系统内法律顾问、公职律师统筹调用机制，实现法律专业人才资源共享"，但是，法律顾问以及不具有行政机关公务员身份的律师，只能作为法制审核的辅助力量，不能独立从事法制审核。此外，审核机构与执法机构应当分离，不能合二为一。这一点虽然《指导意见》没有提及，但却是应有之义。

（二）审核范围

形成经过	审核范围规定
试点方案	有条件的试点单位可以对法定简易程序以外的所有执法决定进行法制审核。
行政处罚法（2017年修正）	第三十八条…… 在行政机关负责人作出决定之前，应当由从事行政处罚决定审核的人员进行审核。行政机关中初次从事行政处罚决定审核的人员，应当通过国家统一法律职业资格考试取得法律职业资格。

续表

形成经过	审核范围规定
指导意见	凡涉及重大公共利益，可能造成重大社会影响或引发社会风险，直接关系行政相对人或第三人重大权益，经过听证程序作出行政执法决定，以及案件情况疑难复杂、涉及多个法律关系的，都要进行法制审核。
行政处罚法（2021年修订）	**第五十八条**　有下列情形之一，在行政机关负责人作出行政处罚的决定之前，应当由从事行政处罚决定法制审核的人员进行法制审核；未经法制审核或者审核未通过的，不得作出决定：（一）涉及重大公共利益的；（二）直接关系当事人或者第三人重大权益，经过听证程序的；（三）案件情况疑难复杂、涉及多个法律关系的；（四）法律、法规规定应当进行法制审核的其他情形。 ……

关于重大行政处罚决定法制审核范围的确定，实践中应当注意把握以下3点：

1.法制审核适用于普通程序

《行政处罚法》（2017年修订）第三十八条第三款有关行政处罚决定审核的规定，与第二款"对情节复杂或者重大违法行为给予较重的行政处罚，行政机关的负责人应当集体讨论决定"是并列关系，从法理上理解，应当不受"集体讨论决定"限制。因其位于第五章"第二节　一般程序"中，可知，处罚决定审核仅排除简易程序。有学者认为："这里没有区分简易程序、一般程序和听证程序，同时还要求行政机关内部初次从事审核的人员要具有法律职业资格，这是一个非常高的标准，达不到要求的地方和部门，可以考虑外部审核的路径"。[1]笔者对此不予赞同。

《行政处罚法》（2021年修订）将重大行政处罚决定法制审核置于"第三节　普通程序"中，表明其不适用于简易程序。

2.应制定目录清单，确定审核范围

《行政处罚法》（2021年修订）第五十八条有关重大行政处罚决定法制审核范围规定与《指导意见》基本保持了一致，但也有显著区别：一是对于

---

[1]袁雪石：《行政执法三项制度的背景、理念和制度要义》，《中国司法》2019年第2期。

涉及重大公共利益的，不要求"可能造成重大社会影响或引发社会风险"。二是对于直接关系当事人或者第三人重大权益，要求"经过听证程序"。亦即，排除两类情形：直接关系当事人或者第三人重大权益，但没有"经过听证程序"；经过听证程序，但并非"直接关系当事人或者第三人重大权益"。三是以"法律、法规规定应当进行法制审核"作为兜底。

《指导意见》提出："各级行政执法机关要结合本机关行政执法行为的类别、执法层级、所属领域、涉案金额等因素，制定重大执法决定法制审核目录清单。上级行政执法机关要对下一级执法机关重大执法决定法制审核目录清单编制工作加强指导，明确重大执法决定事项的标准。"实践中，必须加大清单制定力度，使得上位法对于法制审核的要求落到实处。

3.行政机关自行扩大审核范围，法律并不禁止

《试点方案》虽然对试点单位的法制审核主体、审核范围、审核内容以及审核程序进行了原则性规定，但是在实际操作中重大行政执法决定法制审核工作所涉及的实务问题远远超过以上四个方面所覆盖的范围。实践中，有的行政管理领域进行了很好的尝试。比如，对于未纳入法制审核范围的其他案件是否需要审核、如何实施审核，《市场监督管理行政处罚程序规定》第四十九条第二款规定："审核分为法制审核和案件审核。"第五十二条规定："除本规定第五十条第一款规定以外适用普通程序的案件，应当进行案件审核。""案件审核由市场监督管理部门办案机构或者其他机构负责实施。""市场监督管理部门派出机构以自己的名义实施行政处罚的案件，由派出机构负责案件审核。"

笔者认为，上述做法值得其他领域学习借鉴。

（三）审核内容

《行政处罚法》（2021年修订）未作规定。《指导意见》提出："要严格审核行政执法主体是否合法，行政执法人员是否具备执法资格；行政执法程序是否合法；案件事实是否清楚，证据是否合法充分；适用法律、法规、规章是否准确，裁量基准运用是否适当；执法是否超越执法机关法定权限；行政执法文书是否完备、规范；违法行为是否涉嫌犯罪、需要移送司法机关

等。""法制审核机构完成审核后，要根据不同情形，提出同意或者存在问题的书面审核意见。行政执法承办机构要对法制审核机构提出的存在问题的审核意见进行研究，作出相应处理后再次报送法制审核。"

实践中应当注意把握以下4点：

1.要进行全流程审核。具体包括执法主体资格、权限、程序、依据、认定事实、适用法律、两法衔接等7个方面。

2.要客观审核判断。即：依据现有移送材料作出判断，不对未来执法证据材料作出判断；无需帮助执法机构收集证据。否则，将导致责任不清。

3.要出具书面意见。书面审核意见不同于案审会意见，案审会发言不能替代书面审核意见；在不同意的情况下，需要出具独立的专门的书面的意见，阐明问题所在，防范审查责任，有据可查。

4."再次报送法制审核"未限定次数。可以审核多次，出具多个审核意见。法制审核机构完成审核后，要根据不同情形，提出同意或者不同意的书面审核意见。行政执法承办机构要对法制审核机构不同意的审核意见进行研究，作出相应处理后再次报送法制审核。有著作认为："执法承办机构对法制审核机构提出的存在问题的审核意见进行研究，作出相应处理后再次报送法制审核。"[1]

（四）审核时限

《行政处罚法》（2021年修订）及《指导意见》均未作规定。有的规章作了规定，如《农业行政处罚程序规定》第五十三条规定，法制审核机构或者法制审核人员应当自接到审核材料之日起五个工作日内完成审核。特殊情况下，经农业行政处罚机关负责人批准，可以延长十个工作日。

法制审核制度重新创设了行政程序，目的在于实施自我约束。效率优先、兼顾公平原则要求，行政执法承办机构和法制审核机构须共同接受既有法定时限的约束，对于需要进行实质审核的行政处罚等执法行为，在考虑法制审核一次不通过、需要重新进行法制审核等环节的基础上重新设计执法流程。

[1]江必新、夏道虎：《中华人民共和国行政处罚法条文解读与法律适用》，中国法制出版社2021年版，第197页。

（五）审核形式

《行政处罚法》（2021年修订）及《指导意见》均未作规定。实践中，有的出具独立的书面法制审核文书，也有的在行政处罚审批表的基础上增加"法制审核机构意见"栏目。有著作认为："通说认为，法制审核应当采用独立的书面形式，包含具体的审核内容和意见。"[①]

（六）审核责任

《行政处罚法》（2021年修订）未作规定。《指导意见》提出：行政执法机关主要负责人是推动落实本机关重大执法决定法制审核制度的第一责任人，对本机关作出的行政执法决定负责。要结合实际，确定法制审核流程，明确送审材料报送要求和审核的方式、时限、责任，建立健全法制审核机构与行政执法承办机构对审核意见不一致时的协调机制。行政执法承办机构对送审材料的真实性、准确性、完整性，以及执法的事实、证据、法律适用、程序的合法性负责。法制审核机构对重大执法决定的法制审核意见负责。因行政执法承办机构的承办人员、负责法制审核的人员和审批行政执法决定的负责人滥用职权、玩忽职守、徇私枉法等，导致行政执法决定错误，要依纪依法追究相关人员责任。

实践中应当注意把握以下4点：

1.行政执法机关主要负责人是推动落实本机关重大行政处罚决定法制审核制度的第一责任人，对本机关作出的行政处罚决定负责。

2.要结合实际，确定法制审核流程，明确送审材料报送要求和审核的方式、时限、责任等，建立健全法制审核机构与行政执法承办机构对审核意见不一致时的协调机制。

3.行政执法承办机构对送审材料的真实性、准确性、完整性，以及执法的事实、证据、法律适用、程序的合法性负责。法制审核机构不负责证据收集；出现因材料不合法导致的审核错误，由行政执法承办机构负责。

4.法制审核机构对审核意见负责。特别应当注意的是，要坚守底线，坚

---

①江必新、夏道虎：《中华人民共和国行政处罚法条文解读与法律适用》，中国法制出版社2021年版，第197页。

持应审尽审；要严格审查，全面提出问题，特别是合法性问题。

（七）问题与思考

1.法制审核职能重新定位——不再是自我加压的"自选动作"

应当说，近年来对于应审未审案件，司法实践的态度基本是"确认程序违法"，但也有相反个案。如跃博汽车电器有限公司与某市人力资源和社会保障局行政处罚案，一审法院认为，《行政处罚法》第三十八条第四款第二项规定的是从事行政处罚决定审核人员，初次参与审核的需要具备法律职业资格从业证。本案中，原告诉称该案中的审核人员均未通过国家统一法律职业资格，其送达人员和送达回执人员签名不一致，其行为违反法律规定。审核审批程序系行政机关内部管理程序，并不对外，对原告的权力义务并不产生实质影响。判决：驳回跃博公司的诉讼请求。跃博公司不服，提起上诉。二审法院认为，审核审批程序系行政机关内部管理程序，对跃博公司的权利义务并不产生实质影响，一审判决认定事实清楚，适用法律、法规正确。判决：驳回上诉，维持原判。①

笔者认为，关于重大执法决定法制审核，《指导意见》提出："行政执法机关作出重大执法决定前，要严格进行法制审核，未经法制审核或者审核未通过的，不得作出决定。"关于重大行政处罚决定法制审核，《行政处罚法》（2021年修订）第五十八条规定："在行政机关负责人作出行政处罚的决定之前，应当由从事行政处罚决定法制审核的人员进行法制审核；未经法制审核或者审核未通过的，不得作出决定"。据此，法制审核已成为与刚性法律责任伴随的"规定动作"。"法制审核系行政机关内部管理程序，并不对外，对原告的权力义务并不产生实质影响"的观点已无立足之处。江苏省高级人民法院行政庭课题组认为："一是符合行政处罚法或者单行法律规范明确列举的情形，未经法制审核的，属于程序违法。二是行政机关应将法制审核意见材料作为证据主动提交法院。三是人民法院应进行必要的审查，包

---

① 参见（2020）豫01行终49号《行政判决书》。

括法制审核流程是否规范、送审材料是否符合报送要求等。"①

2.法制审核人员资格要求——"老人老办法"

根据《行政处罚法》（2017年修正）第三十八条第三款，行政机关中初次从事行政处罚决定审核的人员，应当通过国家统一法律职业资格考试取得法律职业资格。这一点，《行政处罚法》（2021年修订）未有改变。近年来，因法制审核人员新从事法制审核未取得法律职业资格而被确认程序违法的案例时有发生。

如2019年7月17日，某市自然资源局以毛某未经批准在涉案地块上建房的行为违法，作出韶自然资执罚〔2019〕12号《行政处罚决定书》，责令毛某退还非法占用的土地，限期十五日内拆除非法占用204.09平方米土地上新建的建（构）筑物。毛某不服遂诉至法院。一审判决驳回诉讼请求，毛某不服，提起上诉。二审法院认为，《行政处罚法》第三十八条第二款、第三款规定，"对情节复杂或者重大违法行为给予较重的行政处罚，行政机关的负责人应当集体讨论决定。在行政机关负责人作出决定之前，应当由从事行政处罚决定审核的人员进行审核。行政机关中初次从事行政处罚决定审核的人员，应当通过国家统一法律职业资格考试取得法律职业资格"。本案中，涉案行政处罚决定的内容是责令退还非法占用土地，限期拆除非法占用土地上新建的建（构）筑物，涉及上诉人重大财产权益，属于较重的行政处罚，应当经过集体讨论才能决定实施。被上诉人未提交证据证实本案所涉行政处罚经过集体讨论决定；且在作出行政处罚决定之前，从事审核的汤某系初次从事行政处罚决定审核的人员，未通过国家统一法律职业资格考试取得法律职业资格，不具有对行政处罚决定审核资格。判决：1.撤销一审行政判决；2.撤销《行政处罚决定书》；3.责令被上诉人在本判决生效之日起六十日内依法重新作出处理。

但是，对于2018年1月1日之前已经从事行政处罚决定审核的人员无此要求，即"老人老办法"。如2019年8月19日，某区环保局经调查发现三诚公

①江苏省高级人民法院行政庭课题组：《行政处罚法修订后司法、执法如何应对》，2021年7月6日《江苏法治报》。

司的环境保护设施未经验收即投入生产。2019年8月19日，立案调查。2019年9月6日，对三诚公司作出华环罚决字〔2019〕第28号行政处罚决定书，罚款200000元。三诚公司不服，提起行政诉讼。法院经审理认为，2017年9月1日第十二届全国人民代表大会常务委员会第二十九次会议《关于修改〈法官法〉等八部法律的决定》，对《行政处罚法》作出修改。根据上述决定，2018年1月1日之后初次从事行政处罚决定审核工作的人员，应当通过国家统一法律职业资格考试取得法律职业资格。而对于2018年1月1日之前已经从事行政处罚决定审核的人员，则不要求通过国家统一法律职业资格考试取得法律职业资格。区环保局出示的2017年该局其他行政处罚案件卷宗材料中的行政处罚决定审批表足以证明本案行政处罚决定审核人员"李某勇"，在2018年1月1日之前已经开始从事行政处罚决定审核工作。故三诚公司以审核人员无法律职业资格证书为由认为本案行政处罚决定程序违法的理由不能成立。

3.法制审核人员履职要求——失误将引发追责

因行政执法承办机构的承办人员、负责法制审核的人员和审批行政执法决定的负责人滥用职权、玩忽职守、徇私枉法等，导致行政执法决定错误，要依纪依法追究相关人员责任。

案例35：法制科长对办案人员建议结案的意见签署"拟同意"，犯玩忽职守罪①

2013年至2014年间，某市房地产监察支队监察一大队大队长郑某、工作人员罗某负责管城回族区内房地产类案件的查处工作，二人在多次承办针对天运房地产营销策划有限公司（以下简称天运公司）居间合同纠纷举报案件时，均以调解结案，未认真履行职责，未对天运公司的违法违规行为进行行政处罚，致使该公司的违法违规行为长期存在。

郑某、罗某在负责办理上述案件时，提出调解结案的处理意见，并将全部案件材料报法制科。在相关案件的"某市房地产监察队案源线索排查表"中，针对郑某等人提出的建议调解结案的处理意见，杨某审核后，在"法制

---

① 参见（2018）豫01刑终266号《刑事裁定书》。

科长意见"一栏签署"拟同意,请队领导批示。杨某"(2013年9月表格形式发生变化,之前杨某只审核不签署意见),再报支队领导审核。经鉴定,天运公司共骗取了300余名客户的首付款、定金、中介费。2015年9月28日,天运公司总经理马某因犯合同诈骗罪被某市中级人民法院判处无期徒刑,被告人的行为造成了恶劣的社会影响。2016年10月10日,杨某在市房地产监察支队被区人民检察院反渎职侵权局带回处理。

根据上述事实和证据,一审法院认为被告人杨某的行为已构成玩忽职守罪,对其免于刑事处罚。杨某提出上诉称,其不是监察支队法制科科长,也没有对案件进行审核把关的职责,其行为不构成玩忽职守罪。

二审法院认为,上诉人杨某身为房地产监察部门工作人员,不正确履行职责,造成恶劣社会影响,其行为已构成玩忽职守罪。关于市房地产监察支队出具的杨某工作职责证明和职务证明不应采信的上诉理由和辩护意见,经查,该证明经监察支队班子成员讨论后出具,且证明内容与杨某日常工作相符,并有该支队多名工作人员的证言印证,应予采信。该上诉理由和辩护意见不能成立,本院不予支持。关于杨某的行为不构成玩忽职守罪的上诉理由和辩护意见,经查,涉及天运公司的多起案件中,举报人分别举报了天运公司存在收取定金、首付款,为不具备交易条件的房屋提供经纪服务等违法、违规行为,上述行为如经查实,对天运公司依法应予行政处罚。郑某、罗某在办理上述案件时,不正确履行职责,均以调解结案。杨某在审核上述案件时,亦未能正确履行职责,在案源线索排查表中对办案人员建议结案的意见签署"拟同意"的意见,致天运公司违法、违规行为长期未受到处理,造成恶劣社会影响,其行为已构成玩忽职守罪。

裁定:驳回上诉,维持原判。

四、事先告知

主要涉及《行政处罚法》(2021年修订)第四十四条、第四十五条、第六十二条。实践中,以下问题值得进一步研究探讨。

(一)事先告知与法制审核谁先谁后?

在行政处罚实践中,调查终结后,如何进行事先告知与法制审核,有两种不同做法。一是先告知、后法制审核，二是先法制审核、后告知。上述两种做法虽然阶段各有不同，但都是在法律规定的"行政机关负责人作出决定之前"进行，因而程序上都不违法。

笔者认为，采用何种做法，要兼顾合法与效率原则。考虑到行政处罚事先告知是对当事人作出的，而且修订后的行政处罚法要求精准告知拟作出的行政处罚内容，在行政处罚事先告知前进行法制审核，可以避免出现多次进行告知以及违反"不得因当事人陈述、申辩而给予更重的处罚"情况，一方面保障合法行政，减少执法风险，另一方面还可以节省行政资源，提高行政效率。

（二）陈述申辩权与听证权能否一并进行告知？

1.一个耐人寻味的判例①

2010年4月27日上午8时30分，陆某驾驶大客车在浦东机场2号航站楼出发层内侧过境车道行驶至29号门附近发生交通事故，致一人死亡。经公安机关事故认定，陆某负事故的全部责任。2011年4月28日，经法院刑事判决确认陆某的行为构成交通肇事罪。2011年6月23日，浦东国际机场交警支队（以下简称交警支队）作出《道路交通违法处理通知》并邮寄到陆某户籍地。7月18日，交警支队将《行政处罚告知公告》张贴在自己单位内，该文书包括了拟作出行政处罚决定的事实、理由、依据及原告有陈述和申辩权、听证权利等内容。8月8日，交警支队作出《行政处罚决定书》并邮寄到陆某户籍地。陆某不服，申请复议，决定维持后，提起行政诉讼。

法院经审理认为，根据《行政处罚法》第三十一条、第三十二条规定，事先告知程序和听证程序是互相独立的两项程序，应当分别进行。如果行政机关将事先告知程序和听证程序合并进行，应认定为程序违法。判决：撤销《行政处罚决定书》。

2.一个很有意思的答复

笔者注意到，国家市场监管总局网站曾就"下达《行政处罚听证告知

---

①参见（2011）浦行初字第293号《行政判决书》。

书》还需要下达《行政处罚告知书》"问题作出答复：

【咨询】领导你好，想请教一下，因为行政处罚听证告知书中已经注明拟作出行政处罚的事实、理由、依据及处罚内容。案件符合听证条件，下达行政处罚听证告知书还需要下达行政处罚告知书吗？市场监管行政处罚文书格式范本中标注：当事人对拟作出的行政处罚决定享有听证权的，应当制作《行政处罚听证告知书》，告知当事人享有陈述、申辩权利及要求举行听证权利。其余情形，应当制作《行政处罚告知书》，告知当事人享有陈述、申辩权利。其中"其余情形"的意思是即使案件符合听证条件《行政处罚告知书》和《行政处罚听证告知书》不需要两者都下达的意思吗？

【回复】根据《市场监督管理行政处罚程序暂行规定》第五十一条的规定，参考《市场监督管理行政处罚文书格式范本使用指南》中《行政处罚/行政处罚听证告知书》部分，对符合听证条件的行政处罚，市场监管部门只需制作《行政处罚听证告知书》，一并告知当事人依法享有陈述权、申辩权和有要求举行听证的权利。

3.《行政处罚法》（2021年修订）明确：一并告知

《行政处罚法》（2021年修订）第四十四条规定："行政机关在作出行政处罚决定之前，应当告知当事人拟作出的行政处罚内容及事实、理由、依据，并告知当事人依法享有的陈述、申辩、要求听证等权利。"显然，适用听证程序的案件，陈述、申辩权利与听证权利可以一并告知。而且，从效率原则出发，也不应当分别告知。上述案例认为"事先告知程序和听证程序是互相独立的两项程序，应当分别进行"，曲解了行政处罚法的立法本义。

（三）作出不予行政处罚决定是否需要事先告知？

行政处罚法对此未作规定。有司法裁判认为："被诉处罚决定虽为不予行政处罚决定，但该决定认定原告实施了违法行为，因情节轻微而不予处罚，故决定涉及了原告的实体权利，应当依照《治安管理处罚法》第九十四条的规定，在作出处罚前，告知原告处罚的事实、理由及依据，并告知原告依法享有的权利。被告公安局认为被诉处罚决定不属行政处罚范畴，无需给予原告陈述与申辩的权利，与法相悖，违反法定程序。"①亦即，作出不予行政处罚决定也需要事先告知。

笔者认为，对于作出不予行政处罚决定是否需要事先告知，不能一概而论，要结合决定的内容具体问题具体分析。《行政处罚法》（2021年修订）第五十七条规定："调查终结，行政机关负责人应当对调查结果进行审查，根据不同情况，分别作出如下决定：（一）确有应受行政处罚的违法行为的，根据情节轻重及具体情况，作出行政处罚决定；（二）违法行为轻微，依法可以不予行政处罚的，不予行政处罚；（三）违法事实不能成立的，不予行政处罚；（四）违法行为涉嫌犯罪的，移送司法机关。"其中，不予行政处罚分为两种情形：一是"违法行为轻微，依法可以不予行政处罚"；二是"违法事实不能成立"。对于"违法行为轻微，依法可以不予行政处罚"，虽然结果是不予处罚，但实际上认可了违法行为的存在，亦即对当事人作出了否定性评价，此种情况下，按照正当程序原则要求，即应予以事先告知。而对于"违法事实不能成立"，法律规定是"不得给予行政处罚"，此种情况下不予处罚一般无需事先告知。

（四）特定情况下是否需要重新告知？

行政机关在处罚前，依照法律规定告知了当事人违法事实、理由、依据和拟处罚的内容，但正式作出处罚决定时，处罚内容有了一些调整，是否需重新履行告知程序？一种观点认为，行政处罚法仅要求在正式处罚前履行告知义务，并未要求告知内容与处罚不一致时，需重新告知；另一种观点认为，只要告知书的内容与正式处罚的内容不一致，均要重新履行告知程序。

笔者认为，上述两种观点均有失偏颇，实践中应视具体情况分别对待：

1.若行政处罚决定认定事实、理由、依据以及处罚种类等均没有变化，只是对违法行为作了减轻处罚，则无需再次告知。此类情况或有可能是行使陈述权、申辩权的结果。

2.若行政处罚决定对告知的违法事实有了扩大，或有了新的事实和法律

---

① 参见（2015）虹行初字第171号《行政判决书》。

依据，或重新对违法行为进行定性，或加重了拟处罚结果，或增加了处罚种类等，均应再次告知。因为当事人的陈述、申辩是基于原来的告知内容，若有调整，特别是不利于当事人的调整，当事人对于该调整内容仍然享有陈述、申辩权，这对保护当事人的权利，防止和减少行政机关的失误十分必要。

3.关于行政处罚决定因行政复议或行政诉讼被撤销，或者行政机关自行撤销后，重新作出同样内容的行政处罚是否需要重新告知，亦可参照上述规则处理。

实践中已有司法裁判支持上述观点。比如，再审申请人杨某因与被申请人某市公安局通州分局不服治安管理行政处罚决定一案，法院经审理认为，公安分局在撤销66号处罚决定后，作出的本案被诉处罚决定既没有增加新的违法事实，也没有增加新的证据，更没有加重对杨某的处罚，其增加适用《治安管理处罚法》第五十条第一款第二项与66号处罚决定的"行政拘留十日"处罚幅度没有差别，并不需要进行听证。[①]

（五）对于当事人陈述、申辩是否需要书面回复？

根据行政处罚法规定，行政机关必须充分听取当事人的陈述、申辩意见，对当事人提出的事实、理由和证据，应当进行复核；当事人提出的事实、理由或者证据成立的，行政机关应当采纳。据此，对于当事人的陈述、申辩，行政机关的法定义务有3项：一是"必须"充分听取；二是"应当"进行复核；三是事实、理由或者证据成立的"应当"予以采纳。但是，对于行政机关以何种形式进行听取、复核，或者采纳，行政处罚法未作要求。

基于此，笔者认为，对于当事人陈述和申辩，法律没有要求行政机关以书面形式进行回复。但是，行政机关应当对履行"听取""复核"等义务全过程留痕备查，并在说理式法律文书中就是否"采纳"进行回应。否则，仍然有违行政处罚法规定。

（六）行使陈述、申辩权利期限可否因相对人明确放弃而不予遵守？

实践中，有的行政机关在行政处罚事先告知书中规定了当事人行使陈

---

①参见（2018）京03行再4号《行政判决书》。

述、申辩权利的具体期限。若当事人明确放弃陈述和申辩权利，行政机关能否在该期限届满前作出行政处罚决定？

修订过程	法条内容
行政处罚法（2017年修正）	**第四十一条**　行政机关及其执法人员在作出行政处罚决定之前，不依照本法第三十一条、第三十二条的规定向当事人告知给予行政处罚的事实、理由和依据，或者拒绝听取当事人的陈述、申辩，行政处罚决定不能成立；当事人放弃陈述或者申辩权利的除外。
行政处罚法（2021年修订）	**第六十二条**　行政机关及其执法人员在作出行政处罚决定之前，未依照本法第四十四条、第四十五条的规定向当事人告知拟作出的行政处罚内容及事实、理由、依据，或者拒绝听取当事人的陈述、申辩，不得作出行政处罚决定；当事人明确放弃陈述或者申辩权利的除外。

笔者认为，鉴于行政处罚法未规定当事人行使陈述、申辩权的具体期限，且《行政处罚法》（2021年修订）第六十二条将《行政处罚法》（2017年修正）第四十一条的"放弃"修改为"明确放弃"，因此，在当事人以书面等方式明确放弃陈述、申辩权利情况下，行政机关可在告知的陈述、申辩期限届满前作出行政处罚决定。根据"禁止反言"原则，当事人不可就此类弃权行为表示反悔。

案例36：当事人自愿放弃陈述申辩权的，可在期限届满前作出行政处罚决定[①]

2015年2月5日8时许，某市交通运输局工作人员在路检路查时，发现冀D×××××号欧曼半挂车涉嫌超限运输，执法人员喊话示意车辆靠边停车接受检查，该车拒不配合。车辆被拦下后，执法人员出示执法证件表明身份，车上人员拒不配合检查，争执过程中车上人员前后堵住执法车辆，驾驶员将车辆驶离现场。在设点进行阻截并经枣沟头派出所出警后，该车被扣至停车场。经检测涉案车辆总重85500KG，超载30500KG。2月6日，市交通运输局告知当事人某县春雨汽车运输队涉嫌强行冲卡或者不按照要求驶入指定地

---

①参见（2016）鲁13行终90号《行政判决书》。

点接受检测而逃避检查，拟作出罚款6000元的行政处罚，如对处罚意见有异议，可在3日内提出陈述申辩。春雨运输队放弃陈述申辩，市交通运输局同日作出行政处罚决定书，认定春雨运输队货物运输车辆强行冲卡或者不按照要求驶入指定地点接受检测而逃避检查，依据《山东省治理超限和超载运输办法》第三十七条、《行政处罚法》第二十七条第一款的规定，决定给予罚款6000元的行政处罚。春雨运输队不服，提起行政诉讼。

一审法院认为，对于当事人明确表示放弃陈述申辩的，是否可以在3日内下达行政处罚决定，《行政处罚法》尚无明确规定，依照公民法无禁止即可为的一般原则，在陈述申辩期内，当事人可以多次行使自己的权利，当事人是否提出陈述申辩，应当以其在陈述申辩期限届满前最后的意思表示为准。被告认为原告自愿放弃陈述申辩在期限届满前即可作出行政处罚决定，限制了当事人合法权利的正常行使，没有法律依据。判决：1.撤销行政处罚决定。2.责令被告于本判决生效后60日内重新作出行政行为。市交通运输局不服，提起上诉。

二审法院认为，行政相对人明确放弃陈述和申辩，行政机关是否可以在3日内下达正式处罚决定，对此，《行政处罚法》没有明确规定。本案中，被上诉人违法超载并强行冲卡，对于该违法事实被上诉人认可无异议。上诉人据此书面告知被上诉人拟作出罚款6000元的决定，已考虑到依法及时行政以减少行政相对人损失与被上诉人行使申辩权之间的关系。上诉人已充分履行了告知义务。被上诉人在收到告知后，当场签字确认书面放弃陈述申辩权，是其在违法事实真实存在的前提下，以最大限度减少损失承担相应法律后果的最佳选择。此时其有权对自己应享有的陈述申辩作出处置，任何人均无权干涉。被上诉人作出放弃陈述申辩权的处置决定后，其应遵守诚实信用原则而不能事后反悔，放弃权利的后果就是接受行政处罚，对此被上诉人应当是明知的。上诉人在被上诉人放弃陈述申辩权后所作出的涉案处罚决定，事实清楚、程序适当、适用法律正确。被上诉人提起本案诉讼，违反了诚实信用原则，是国家法律所禁止的行为。

判决：1.撤销一审行政判决；2.驳回被上诉人的诉讼请求。

（七）行政机关对于利害关系人是否具有告知义务？

对经营者、使用者销售、使用不合格产品行为作出行政处罚时，如果对产品明确作出不利影响的评判（如认定某某厂家生产的产品不符合标准、有毒有害等等），是否需要告知生产者陈述申辩权利，行政执法和司法实践中存在很大争议。2020年6月，有公民向全国人大常委会法制工作委员会提交了《关于尽快明确行政处罚告知陈述、申辩和听证权利有关事项的建议》，建议尽快就《行政处罚法》第三十一条、第四十二条对于利害关系人是否具有告知义务进行解释（后续进展未知）。

1.争议观点及案例

（1）未告知生产者陈述申辩权，违反正当程序原则

比如北京市高级人民法院认为：行政执法应遵循正当程序原则，受到行政决定影响者能够充分有效地参与行政决定的制作过程。[1]

又如北京市第一中级人民法院认为：作出对第三人不利的处罚决定前未听取其陈述申辩，有违正当程序原则。[2]

再如河北省张家口市中级人民法院认为：处罚不合格家具销售者，未告知生产者参与鉴定、鉴定结论及听取陈述申辩，违反正当程序。[3]

（2）未告知生产者陈述申辩权，导致事实认定不清的法律后果应由行政机关承担

比如北京市第三中级人民法院认为：告知食品生产商就其生产食品涉嫌违法定性的陈述、申辩权利程序设置并非法定要求，但由于未给予其相应权利，导致事实认定不清的法律后果应由行政机关承担。[4]

（3）未通知生产者参与调查处理或给予其陈述、申辩的权利，并不违反现行法律规定

比如最高人民法院认为：鉴于目前的法律法规均未明确规定，建设行政

①参见（2019）京行申1194号《行政裁定书》。
②参见（2018）京01行终915号《行政判决书》。
③参见（2018）冀07行终110号《行政判决书》。
④参见（2019）京03行终305号《行政判决书》。

主管部门在开展建设工程质量监督管理过程中应当通知建设材料生产者参与调查处理或给予其陈述、申辩的权利，故广东省住建厅的处罚程序并不违反现行法律规定。由于建设工程质量监督管理必然涉及产品质量监督问题，建设行政主管部门应当在今后的执法过程中，逐步完善调查处理程序，探索建立与产品质量监督部门的联合执法、信息共享、线索移交等多种方式，充分保障相关利害关系人的合法权益。①

2.行政处罚案件当事人的表述

目前，我国现行有效的法律、法规、规章对于行政处罚对象有的混合使用了"当事人""被处罚人"概念，有的将其规定为"违反治安管理行为人""建设单位或者个人"等特定对象。而作为规范行政处罚的一般法——行政处罚法将此统称为"当事人"。从法理上看，这里的"当事人"应当理解为实施违反行政管理秩序行为的公民、法人或者其他组织，显然不包括除此以外的其他行为主体。从这一角度看，立法机关并没有对行政处罚法相关条款进行解释或作出修改的必要。

3.作者观点

行政机关不应当对利害关系人进行行政处罚事先告知，理由：

（1）正当程序是行政法的一般原则。按照正当程序原则要求，行政机关在作出对行政管理相对人、利害关系人不利的行政决定之前，应当告知并给予其陈述、申辩的机会。但是，"有利害关系的公民、法人或者其他组织"不能扩大理解为所有直接或者间接受行政行为影响的公民、法人或者其他组织，"利害关系"一般也仅指公法上的利害关系，不包括私法上的利害关系。债权人的民事权益因行政机关对债务人所作的行政行为受损的，应优先选择民事法律途径救济解决，其直接针对行政机关对债务人所作的行政行为提起行政诉讼，因与被诉行政行为不具有公法上的利害关系，故不具有原告主体资格。②

（2）对于行政处罚而言，事先告知应当严格按照行政处罚法以及相关

①参见（2019）最高法行再107号《行政判决书》。
②参见（2021）最高法行申917号《行政裁定书》。

法律法规规定执行。根据行政处罚法，告知的对象为"当事人"，不包括利害关系人。正因为此，最高人民法院相关裁判文书认为："鉴于目前的法律法规均未明确规定，建设行政主管部门在开展建设工程质量监督管理过程中应当通知建设材料生产者参与调查处理或给予其陈述、申辩的权利，故广东省住建厅的处罚程序并不违反现行法律规定。"①在法律法规以外，以正当程序为由增设程序、增加义务，既不符合依法行政的一般要义，客观上也进一步加大了行政执法难度，影响行政执法效率。

（3）相关法律法规应当对利害关系人权益保护予以回应，在制度设计层面作出规定。我国行政处罚法将行政处罚听取陈述申辩的对象规定为当事人或被处罚人，但客观上，有的行政处罚确有可能给利害关系人造成影响。比如，若查处销售商违法行为系因产品质量或包装不合格所致，则公文书一旦作成，就因公定力而认定了生产者的行为违法，必将对生产者产生不利影响，从这一点而言，应当按照正当程序原则听取生产者陈述申辩。正因为此，最高人民法院裁判文书也坦陈："一审认为，广东省住建厅在作出10号处罚决定之前，并未通知具有利害关系的东联电线厂参与调查处理，不利于对生产者的权益保障，本院予以认可。"

有鉴于此，作为实体法的相关法律法规应当结合所调整社会关系的实际，对利害关系人权益保护进行整体设计，既体现公平又实现效率。比如，赋予当事人对于利害关系人的告知义务，建立联合执法、信息共享机制，等等。正如最高人民法院上述裁判文书所指出："由于建设工程质量监督管理必然涉及产品质量监督问题，建设行政主管部门应当在今后的执法过程中，逐步完善调查处理程序，探索建立与产品质量监督部门的联合执法、信息共享、线索移交等多种方式，充分保障相关利害关系人的合法权益。"具体路径应从完善实体法入手，无法也不可能通过行政处罚法作出一揽子规定。

---

①参见（2019）最高法行再107号《行政判决书》。

五、审查与决定

案件调查结束后，调查人员应就所取得的事实和证据进行分析判断，形成案件调查报告，报行政机关负责人审查，根据不同情况分别作出决定。

修订过程	法条内容
行政处罚法（2017年修正）	**第三十八条** 调查终结，行政机关负责人应当对调查结果进行审查，根据不同情况，分别作出如下决定：（一）确有应受行政处罚的违法行为的，根据情节轻重及具体情况，作出行政处罚决定；（二）违法行为轻微，依法可以不予行政处罚的，不予行政处罚；（三）违法事实不能成立的，不得给予行政处罚；（四）违法行为已构成犯罪的，移送司法机关。 对情节复杂或者重大违法行为给予较重的行政处罚，行政机关的负责人应当集体讨论决定。 ……
修订草案征求意见稿	同上
修订草案	**第五十四条** 调查终结，行政机关负责人应当对调查结果进行审查，根据不同情况，分别作出如下决定：（一）确有应受行政处罚的违法行为的，根据情节轻重及具体情况，作出行政处罚决定；（二）违法行为轻微，依法可以不予行政处罚的，不予行政处罚；（三）违法事实不能成立的，不得给予行政处罚；（四）违法行为涉嫌犯罪的，移送司法机关。 对情节复杂或者重大违法行为给予较重的行政处罚，行政机关的负责人应当集体讨论决定。 ……
修订草案二次审议稿	同修订草案
行政处罚法（2021年修订）	**第五十七条** 调查终结，行政机关负责人应当对调查结果进行审查，根据不同情况，分别作出如下决定：（一）确有应受行政处罚的违法行为的，根据情节轻重及具体情况，作出行政处罚决定；（二）违法行为轻微，依法可以不予行政处罚的，不予行政处罚；（三）违法事实不能成立的，不予行政处罚；（四）违法行为涉嫌犯罪的，移送司法机关。 对情节复杂或者重大违法行为给予行政处罚，行政机关负责人应当集体讨论决定。

变化内容：

一是将《行政处罚法》（2017年修正）第三十八条第三款移出，作为重大行政处罚决定法制审核制度单列。

二是将"已构成"犯罪修改为"涉嫌"犯罪，主要原因是《刑事诉讼法》第十二条规定："未经人民法院依法判决，对任何人都不得确定有罪。"在我国，确定被告人有罪的权力由人民法院统一行使，人民法院是唯一有定罪量刑权的机关，其他任何机关、组织都无权行使。

三是将"对情节复杂或者重大违法行为给予较重的行政处罚"中的"较重的"3个字删除，实际上是对行政机关负责人集体讨论决定程序适用范围的进一步明确——不再以结果为导向，强调必须是给予"较重的"行政处罚才需进行集体讨论决定。

修订背景：

2021年1月22日，全国人民代表大会宪法和法律委员会《关于〈中华人民共和国行政处罚法（修订草案三次审议稿）〉修改意见的报告》提出："……四、有的常委委员、列席人员建议完善集体讨论制度，明确逾期不缴纳罚款而加处罚款数额的上限。宪法和法律委员会经研究，建议作以下修改：一是要求对情节复杂或者重大违法行为给予行政处罚，行政机关负责人应当集体讨论决定。……"

（一）行政机关负责人集体讨论决定程序的由来与发展

修订过程	法条内容
1996年 行政处罚法	第三十八条…… 对情节复杂或者重大违法行为给予较重的行政处罚，行政机关的负责人应当集体讨论决定。 ……
行政处罚法 （2017年修正）	第三十八条…… 对情节复杂或者重大违法行为给予较重的行政处罚，行政机关的负责人应当集体讨论决定。 ……

续表

修订过程	法条内容
修订草案征求意见稿	第五十条…… 对情节复杂或者重大违法行为给予较重的行政处罚，行政机关的负责人应当集体讨论决定。 ……
修订草案	第五十四条…… 对情节复杂或者重大违法行为给予较重的行政处罚，行政机关的负责人应当集体讨论决定。 ……
修订草案二次审议稿	第五十五条…… 对情节复杂或者重大违法行为给予较重的行政处罚，行政机关的负责人应当集体讨论决定。
行政处罚法（2021年修订）	第五十七条…… 对情节复杂或者重大违法行为给予行政处罚，行政机关负责人应当集体讨论决定。

行政机关负责人集体讨论决定是1996年《行政处罚法》即已规定的、旨在规范行政处罚权依法行使的法律程序，主要内容是要求行政机关在处理重大、复杂案件时，应当通过本机关负责人集体讨论决定案件的处罚结果，是审查与决定环节的重中之重。[①]该程序虽已实施二十余年，但实践中仍存在法律定位不明、适用范围不清、制度意义没有受到足够重视等问题。

关于行政机关负责人集体讨论决定程序，《行政处罚法》（2021年修订）较之《行政处罚法》（2017年修正）删除了"较重的"3个字，看似波澜不惊，实则不然。行政处罚法颁布实施以来，国家层面对于"情节复杂或者重大违法行为"一直未作具体界定，甚至有观点认为其"属于行政机关自由裁量范围"。[②]若再以"较重的"作限定，一来二去，"应当集体讨论决

---

①重大、复杂行政处罚案件的决定程序，行政处罚法作出有别于一般案件的规定，目的是为确保行政处罚决定的正确、有效。参见《对于重大、复杂的行政处罚案件，行政机关应当如何作出行政处罚决定？》，引自中国人大网"法律释义与问答"。

②对于重大、复杂行政处罚案件的区分，应当从行政机关进行行政执法工作的实际经验出发，予以确定。参见《对于重大、复杂的行政处罚案件，行政机关应当如何作出行政处罚决定？》，引自中国人大网"法律释义与问答"。

定"的范围小之又小，偏离了制度设计的初心。比如，对于行政处罚种类中最重的"行政拘留"是否应当经行政机关负责人集体讨论决定，司法实践中态度不一：

（1）行政拘留属于"较重的行政处罚"，但不属于"情节复杂或者重大违法行为"

如黄某英等诉某县公安局行政处罚及行政复议案，湖北省高级人民法院认为，对黄某英、赵某荒行政拘留七日属于较重的行政处罚，但本案案情不属于"情节复杂或者重大违法行为"，故《行政处罚法》第三十八条第二款"对情节复杂或重大违法行为给予较重的行政处罚，行政机关的负责人应当集体讨论决定"的规定，不适用于本案。[①]

（2）行政拘留不属于"较重的行政处罚"

如赵某畅、某县公安局公安行政管理其他（公安）再审审查与审判监督案，贵州省高级人民法院认为，某县公安局对再审申请人予以拘留五日并处罚款二百元的行政处罚，系对《治安管理处罚法》第四十条第三项规定中情节较轻的情形作出的处罚，并不属于《行政处罚法》第三十八条第二款规定的"较重的行政处罚"，故县公安局作出的被诉行政处罚没有经过行政机关负责人集体讨论并不违反法律规定。[②]

（3）行政拘留既不属于"情节复杂或者重大违法行为"，亦非"较重的行政处罚"

如刘某翔与某市公安局江北区分局不服治安管理罚款处罚申诉案，重庆市高级人民法院认为，鉴于本案系申请人因排队缴费发生口角引发殴打他人的轻微治安案件，案情清晰明了，不属于《行政处罚法》第三十八条第二款规定的"情节复杂或者重大违法行为"；同时，被申请人对申请人予以行政拘留五日并处罚款二百元的处罚，亦非该条规定的"较重的行政处罚"。因此，被申请人作出的被诉行政处罚没有经过行政机关负责人集体讨论并不违反相关法律规定。且该集体讨论程序属于行政内部程序，对外部相对人的合

① 参见（2016）鄂行申490号《行政判决书》。
② 参见（2019）黔行申605号《行政裁定书》。

法权益并不产生直接影响，即使该程序的缺失也并不必然导致行政处罚决定违法。①

上述裁判理念令人忍俊不禁。欣慰的是，《行政处罚法》（2021年修订）删除了"较重的"3个字。亦即，凡属于"对情节复杂或者重大违法行为给予行政处罚"，无论最终的处罚结果重与轻，均应当集体讨论决定。此举结束了何为"较重的行政处罚"的争议，在确定集体讨论决定范围上无疑进了一步。

（二）行政机关负责人集体讨论决定程序的法律定位

1.集体讨论决定的性质

实践中，出现过"内部程序"与"法定程序"两者不同认识。

（1）属于内部程序

如杭州金某印花有限公司与××海关行政管理再审案，最高人民法院认为，《行政处罚法》第三十八条第二款有关较重行政处罚应经行政机关负责人集体讨论决定的规定，是对行政机关内部程序要求，××海关已陈述被诉处罚决定系经集体讨论决定作出，不违反法律规定。②

（2）属于法定程序

甘肃省高级人民法院（2019）甘行申54号《行政裁定书》、广东省高级人民法院（2015）粤高法行终字第315号《行政判决书》、辽宁省高级人民法院（2018）辽行申507号《行政裁定书》等多份裁判文书均持此观点。

笔者认为，集体讨论决定程序最初作为一项在行政机关内部实行的程序，体现了行政自制理念。但是，法条中的"应当"即"必须"，属于命令性规范，具有强制性，它所规定的行为明确而肯定，不允许随意变更或违反。2015年12月，中共中央、国务院印发《法治政府建设实施纲要（2015—2020年）》，明确："重大行政决策应当经政府常务会议或者全体会议、部门领导班子会议讨论，由行政首长在集体讨论基础上作出决定。行政首长拟作出的决定与会议组成人员多数人的意见不一致的，应当在会上说明理由。

---

① 参见（2015）渝高法行申字第00644号《行政裁定书》。

② 参见（2017）最高法行申4273号《行政裁定书》。

集体讨论情况和决定要如实记录、完整存档。"近年来，在行政法治的图景下，行政机关负责人集体讨论决定的刚性、重要性愈发显现，制度意义显著提升，外化为法定程序，成为行政处罚决定程序的关键内容和行政处罚结果公平、公正的坚实屏障。对此，江苏省高级人民法院行政庭课题组认为："集体讨论决定是重大或者复杂行政处罚案件作出程序中的法定环节，具有一定的外部性，对当事人的实体权益保障具有重要意义。"[1]

2.未按要求进行集体讨论决定的后果

笔者认为，行政机关负责人集体讨论决定属于法定程序；应当集体讨论决定而未按要求实施的，属于违反法定程序。根据《行政诉讼法》（2014年修订）第七十条第三项，人民法院应当判决撤销或者部分撤销，并可以判决重新作出行政行为，而不应以程序瑕疵为由确认违法。[2]实践中不少判例遵循了这一理念。如蒋某苗与某市自然资源和规划局、市人民政府土地行政管理再审案，安徽省高级人民法院认为，案涉行政处罚系某市自然资源局在市中级人民法院于2016年作出判决撤销原处罚决定情形下重新作出的，该行政处罚涉及偏远山区农民的建房资金投入大，限期拆除房屋，属于对情节复杂或者重大违法行为给予较重的行政处罚，市自然资源局的负责人依法应当集体讨论决定。但是，市自然资源局未提交证据证明处罚决定作出前经过了集体讨论决定，原审判决认为市自然资源局作出案涉行政处罚决定违反了法定程序，判决予以撤销案涉行政处罚并无不当。[3]

（三）行政机关负责人集体讨论决定程序的适用范围

根据《行政处罚法》（2021年修订）第五十七条第二款，行政机关负责人应当集体讨论决定的范围是"对情节复杂或者重大违法行为给予行政处罚"。如前所述，国家层面对此一直未作具体界定，理论界鲜有深及，实务

---

①江苏省高级人民法院行政庭课题组：《行政处罚法修订后司法、执法如何应对》，2021年7月6日《江苏法治报》。

②在行政诉讼中，法院对于应讨论而未讨论的案件处理失之于宽，应当果断采用确认违法判决。章琼麟：《行政处罚中的行政机关负责人集体讨论程序研究》，华东政法大学2018年硕士论文。

③参见（2020）皖行申552号《行政裁定书》。

界分歧较大。

1.集体讨论决定与法制审核的适用范围具有相当的重合性

法制审核 行政处罚法（2021年修订）第五十八条	集体讨论决定 行政处罚法（2021年修订）第五十七条
涉及重大公共利益的	重大违法行为
直接关系当事人或者第三人重大权益，经过听证程序的	
案件情况疑难复杂、涉及多个法律关系的	情节复杂
法律、法规规定应当进行法制审核的其他情形	

从以上比对可以发现，《行政处罚法》（2021年修订）第五十七条第二款有关行政机关负责人应当集体讨论决定的范围，与第五十八条有关法制审核的范围，虽然文字表述各异，但具有相当的关联性。比如，对于集体讨论决定，第五十七条第二款表述为"情节复杂"，对于法制审核，第五十八条表述为"案件情况疑难复杂、涉及多个法律关系"，两者具有高度的重合性。又如，对于集体讨论决定，第五十七条第二款表述为"重大违法行为"，对于法制审核，第五十八条表述为"涉及重大公共利益""直接关系当事人或者第三人重大权益，经过听证程序"，两者亦具有相当的重合性。

2.理论界的观点

搜索发现，相关文章数量不多且较为粗浅，如有学者认为："情节复杂"在实践中一般有执法人员对处理结果有分歧、需要进行从轻、减轻、从重等额外裁量和偏离裁量基准等情形；"重大违法"一般有违法性质严重或危害较大、社会影响较大和涉外等情形。[1]

3.实务界的观点

司法实践对于"情节复杂或者重大违法行为"理解不一，裁判口径相差较大，如：

---

[1]章琼麟：《行政处罚中的行政机关负责人集体讨论程序研究》，华东政法大学2018年硕士论文。

（1）不属于集体讨论决定范围

①治安行政处罚应由公安机关根据案情掌握

如李某杰、某市公安局牡丹分局公安行政管理再审案，山东省高级人民法院认为：《行政处罚法》第三十八条第二款规定，"对情节复杂或者重大违法行为给予较重的行政处罚，行政机关的负责人应当集体讨论决定。"但该法对"对情节复杂或者重大违法行为给予较重的行政处罚"，没有作出具体的规定和解释，其他法律法规亦无相应规定，原审法院对于治安行政处罚应由公安机关根据案情掌握的认定，并无不当，依法应予支持。[①]

②案件是否需要进行负责人集体讨论程序，属于行政机关自由裁量范围

如涂某身与中国证券监督管理委员会行政处罚案，北京市高级人民法院认为："一审认为，关于行政机关负责人集体讨论程序问题。考虑到《行政处罚法》第三十八条第二款规定的行政机关负责人集体讨论程序适用的前提，是案件属于'情节复杂或者重大违法行为给予较重的行政处罚'情形。案件是否需要进行负责人集体讨论程序，属于行政机关自由裁量范围。就本案而言，证监会的行政程序并不违反上述规定。"该判决书对于一审判决书的上述内容未予正面回应。[②]

③特殊法中均未有作出限制人身自由的行政处罚应当进行集体讨论的规定

如姚某玲与某市公安局治安处罚纠纷上诉案，新疆维吾尔自治区高级人民法院伊犁哈萨克自治州分院认为：关于本案是否需要进行集体讨论的问题。《行政处罚法》为行政处罚的一般性法律，《治安管理处罚法》为公安机关办理治安案件适用的特殊法，《公安机关办理行政案件程序规定》为公安机关办理行政案件适用的程序性的部门规章，在法律适用上特殊法优于一般法，因《治安管理处罚法》及《公安机关办理行政案件程序规定》中均未有作出限制人身自由的行政处罚应当进行集体讨论的规定，故上诉人的该项上诉理由无法律依据，本院不予采信。[③]

①参见（2019）鲁行申2号《行政裁定书》。

②参见（2020）京行终6816号《行政判决书》。

③参见（2019）新40行终10号《行政判决书》。

（2）属于集体讨论决定范围

①顶格处罚，没有经过集体讨论决定，属于处罚程序严重违法

如谢某与某市公安局玉门油田分局、宋某琴行政处罚再审案，甘肃省高级人民法院认为：被申请人玉门油田分局对谢某作出的行政处罚属于顶格处罚，在处罚决定作出前，没有经过该局负责人集体讨论决定，违反上述规定，属于处罚程序严重违法。且在无证据证明谢某实施了重大违法行为的情况下，对其实施顶格处罚，结果明显不当。故原审判决适用法律错误。①

②最长幅度，属于较重的行政处罚，应当集体讨论决定

如黄某球与某市公安局森林分局处罚决定纠纷上诉案，广东省高级人民法院认为：本案中，市公安局森林分局适用《治安管理处罚法》第二十三条第一款第一项中最长拘留期限处罚的幅度，对黄某球给予行政拘留十天的行政处罚，属于给予行政相对人较重的行政处罚，应当依法经过其负责人集体讨论决定。但是市公安局森林分局仅提供了一份有一名领导签名的《呈请公安行政处罚审批报告书》，应当认定市公安局森林分局作出被诉行政处罚决定未经负责人集体讨论决定，违反了上述法律规定。②

③吊销机动车驾驶证处罚程度仅次于行政拘留，属于较重的行政处罚，应当集体讨论决定

如常某军与某市公安局交通警察支队道路交通行政处罚案，甘肃省高级人民法院认为：从上述法律规定看，要求听证的行政处罚一般属于较重的行政处罚范围。对于吊销机动车驾驶证的行政处罚，当事人有要求听证的权利，且行政机关作出吊销机动车驾驶证的行政处罚，取消了当事人驾驶机动车参与公共交通的资格，其处罚程度仅次于限制人身自由的行政拘留处罚。故吊销机动车驾驶证属于较重的行政处罚，行政机关在作出处罚前，其负责人应当集体讨论决定。就本案而言，被上诉人市交警支队未提交作出被诉行政行为前，其负责人是否通过集体讨论决定的相关证据，且被上诉人在二审庭审后提交了《领导审批表》，其超过法定的举证期限提交的证据，本院

---

① 参见（2019）甘行申54号《行政裁定书》。
② 参见（2015）粤高法行终字第315号《行政判决书》。

不予采纳。据此，被上诉人市交警支队作出的被诉行政行为，违反法定程序。①

④罚款717600元，属于较重的行政处罚，应当集体讨论决定

如某区农牧局与李某萍等行政复议再审案，甘肃省高级人民法院认为：《农业行政处罚程序》第三十七条第二款规定："案情复杂或者有重大违法行为需要给予较重行政处罚的，应当由农业行政处罚机关负责人集体讨论决定"。本案被诉行政处罚决定对李某萍罚款717600元，属于较重的行政处罚，应当由行政机关的负责人集体讨论决定。经调卷审查，再审申请人虽然在作出的行政处罚决定中表述"本机关负责人集体讨论后，作出如下处罚决定"，但未提交集体讨论决定的证据，不能证明进行过集体讨论决定，属于行政处罚程序不当。②

（3）关于责令限期拆除案件，出现截然不同的裁判理由与结果

①法律未作普遍性的强制要求，未经集体讨论并未违反法定程序

如聂某安、某市住房和城乡建设局城乡建设行政管理案，云南省高级人民法院认为：《城乡规划法》和《行政处罚法》对"责令限期拆除"的行政处罚是否须经负责人集体讨论程序并未作普遍性的强制要求，本案中，住建局认为聂某安未经规划许可擅自建设简易建筑的违法事实清楚、证据确凿，在此情况下其未经负责人集体讨论并未违反法定程序，聂某安的该再审申请理由不能成立。③

②作出限期拆除建筑物即较重的行政处罚决定之前，应当集体讨论决定

如某市自然资源局与富某土地处罚纠纷再审案，辽宁省高级人民法院认为：根据《行政处罚法》的规定，市规划和国土资源局浑南分局对富某作出限期拆除建筑物即较重的行政处罚决定之前，应当经过本单位领导集体讨论决定，但是市规划和国土资源局浑南分局未提供其对富某作出的处罚决定经过了本单位领导集体讨论决定的证据。因此，市规划和国土资源局浑南分局

---

① 参见（2018）甘行终192号《行政判决书》。

② 参见（2018）甘行申206号《行政裁定书》。

③ 参见（2018）云行申29号《行政裁定书》。

对富某作出的处罚决定主要证据不足，不符合法定程序，原审判决予以撤销并无不当。①

③涉及3000多平方米建筑的处理，对被处罚人权利造成重大影响，理应经过集体讨论

如某纺织公司与某市某城市管理综合行政执法局行政处罚一案，江苏省南通市中级人民法院认为：本案中涉及对某纺织公司3000多平方米建筑的处理，对被处罚人权利造成重大影响，理应经过集体讨论程序。市城管局在一、二审程序中亦称经过集体讨论，其对此应当提供证据予以证明。②

4.作者观点

（1）虽然国家层面对于"情节复杂或者重大违法行为"未作具体界定，但未必完全可以自由裁量。如上述多起案例，法院以处罚的性质（如行政拘留，吊销许可证，限期拆除），处罚的程序（如适用听证程序），裁量的幅度（如顶格处罚），处理的后果（如涉及3000多平方米建筑，罚款717600元）等，认定属于"情节复杂或者重大违法行为"而应当集体讨论决定。

（2）虽然删除了"较重的"，不要求结果导向，但行政拘留、吊销许可证件、较大数额的罚款、没收等处罚结果，往往与"情节复杂或者重大违法行为"关联，应当集体讨论决定。上述案例均可说明。

（3）行政执法实践中，可以通过法规、规章、规范性文件，明确"情节复杂或者重大违法行为"的具体指向。有规章已作规定，如《水行政处罚实施办法》第三十条第三款规定："对情节复杂或者重大违法行为给予较重的水行政处罚，水行政处罚机关负责人应当集体讨论决定。"第四款规定："前款所称较重的水行政处罚是指对公民处以超过三千元罚款、对法人或者其他组织处以超过三万元罚款、吊销许可证等。"

也有的通过规范性文件规定。如葛某与某区市场监管局行政处罚上诉案，天津市第一中级人民法院提出：《行政处罚法》规定了应当经过行政机关负责人集体讨论决定的案件范围限于"对情节复杂或者重大违法行为给予

①参见（2018）辽行申507号《行政裁定书》。
②参见（2020）苏06行终666号《行政判决书》。

较重的行政处罚"，而国家市场监督管理总局制定的《市场监督管理行政处罚程序暂行规定》规定了"拟罚款、没收违法所得和非法财物价值数额较大的案件"属于对情节复杂或者重大违法行为给予较重行政处罚的案件，应当由市场监督管理部门负责人集体讨论决定，但未确定"数额"的具体数值或计算标准。因《行政处罚法》《食品安全法》等法律法规无明确的规定，市场监督管理部门在履行食品安全监督管理职责时，可综合辖区社会经济发展水平、市场监督管理行政处罚案件数量及执法力量配备等因素，确定应由部门负责人集体讨论决定的拟处以较大数额罚款的案件范围。本案中，被上诉人根据该区的实际情况，确定罚款10万元以上的案件由局长办公会集体讨论决定，故对上诉人葛某作出罚款8万元的行政处罚前未经局长办公会集体讨论，不违反法律规定。①

（四）行政机关负责人集体讨论决定程序的操作要求

1. "行政机关负责人"的范围

何谓行政机关负责人？行政处罚法等未作规定。2018年《行诉解释》第一百二十八条规定："行政诉讼法第三条第三款规定的行政机关负责人，包括行政机关的正职、副职负责人以及其他参与分管的负责人。"上述司法解释虽然针对行政诉讼活动，但有关行政机关负责人范围规定，亦应适用于行政处罚。

笔者认为：

（1）"行政机关的正职、副职负责人"范围相对明确，没有争议。

（2）"其他参与分管的负责人"，一般指行政机关参与分管具体工作的党组成员、行政首长助理等。

（3）行政机关的法制工作机构、派出机构（如分局）、受委托组织（如执法支队、执法中心等）负责人不属于行政机关负责人。行政机关负责人集体讨论时，上述有关负责同志可以参加，就案件事实和法律适用等陈述意见，但不能参与表决。实践中，由行政机关分管执法的负责人召集有关内

---

① 参见（2020）津01行终385号《行政判决书》。

设机构、派出机构、受委托组织负责人参加讨论，根据讨论结果由分管负责人签批行政处罚决定的做法，不符合行政机关负责人集体讨论决定程序要求，值得警示。有判例支持上述观点，如最高人民法院认为：行政机关下属职能部门负责人不能等同于行政机关负责人，即使前述证据符合行政诉讼证据规则的要求并在举证期限内依法提交，某市国土局的会签讨论情况亦不能作为3号处罚决定经过市政府负责人集体讨论的相关证据。[①]

但有关判例意见不一，比如：

①海监机构案件会审是行政机关负责人集体讨论的具体细化

比如乃志海洋科技有限公司诉某市海洋与渔业局海洋行政处罚案，广西壮族自治区高级人民法院认为：《海洋行政处罚实施办法》第二十一条规定："决定给予海洋行政处罚的案件，属于情节复杂或者本办法第四十一条规定的重大海洋违法案件的，实施机关应当实行会审"。结合中国海监总队的有关海洋行政执法指导意见，上述规定的案件会审是对《行政处罚法》第三十八条第二款规定的行政机关负责人集体讨论的具体细化。根据以上规定，中国海监机构具有承担海洋行政处罚工作的职责，李某利作为某市海监支队的负责人和会审委员会的副主任，主持会审（即集体讨论），并未违反《行政处罚法》第三十八条的规定。海洋渔业局于2017年12月29日下发《关于调整海洋违法案件会审委员会成员的通知》（北海渔发〔2017〕46号），确定了该局会审委员会的成员，该通知即是该局对重大海洋违法案件会审职权的授权。会审委员会成员的构成，符合国家海洋局《重大海洋违法案件会审工作规则》（国海办字〔2003〕202号）的规定。海洋渔业局由其所属的某市海洋与渔业综合执法支队支队长卫某于2018年1月31日在行政处罚意见审批表"审查意见"一栏签署了审查意见，已完成了海洋渔业局负责人作出处罚决定前的审核程序。[②]

②水政监察机构负责人不能替代行政机关的负责人进行集体讨论

比如某区水务局、某市水务局行政处罚决定及行政复议决定案，北京市

---

① 参见（2019）最高法行再22号《行政判决书》。

② 参见（2018）桂行终1163号《行政判决书》。

第一中级人民法院认为：第一，行政处罚法第三十八条第二款、《水行政处罚实施办法》第三十条第三、四款的文义可以明确得出较重的行政处罚应当经过行政机关的负责人即水行政处罚机关的负责人集体讨论，从文义解释角度不能得出系由水政监察机构负责人集体讨论。第二，从机构建制的角度来说，根据行政处罚法第十八条、第十九条，《水行政处罚实施办法》第十条第一款、第十一条的规定，县级以上人民政府水行政主管部门可以在其法定权限内委托符合条件的水政监察专职执法队伍实施水行政处罚，故区水务局与区水政监察大队在作出行政处罚的过程中系委托与被委托的关系，区水务局是水行政主管部门，区水政监察大队则系依法成立的管理水利事务的事业组织，即使是在此种委托与被委托的关系之下，行政机关所属事业单位的负责人也当然不能替代行政机关的负责人在行政处罚的过程中进行集体讨论。第三，从立法目的角度来看，行政处罚法及《水行政处罚实施办法》均规定了行政机关负责人集体讨论是给予较重行政处罚必须履行的法定程序，亦是与作出一般行政处罚相区隔的特殊程序，旨在更好地保障行政处罚相对人的合法权益，规范行政机关的执法行为。负责人集体讨论可能会对处罚结论造成直接的影响，不同的主体进行讨论，讨论出来的处罚结果可能不同，处罚结果的不同势必会对当事人权利义务产生影响，所以是否经过负责人集体讨论，以及集体讨论的主体是谁，应当属于法院对行政行为合法性的审查范围。①

2.参加集体讨论的人数及表决规则

对于参加集体讨论的行政机关负责人的人数与表决规则，目前国家层面未见具体规定。但是，各级行政机关均已按要求建立"三重一大"制度，上述制度对于参加集体讨论的行政机关负责人人数与表决规则均有明确规定。比如，必须有半数以上的负责人到会方可召开；讨论决定重要事项必须有三分之二以上负责人到会；会议作出决策，应按少数服从多数原则，以超过应到会负责人半数为通过，等等。司法实践中，上述规定或将被作为认定参加

①参见（2018）京01行终934号《行政判决书》。

集体讨论的人数及表决是否合规的依据。有观点认为："至少两名行政机关负责人参加集体讨论，法院不应认定程序违法，当然是参与讨论的行政机关负责人越多越好，但要结合实际工作情况以及领导的时间安排。"①笔者对此不予苟同。

近年来，已有裁判以参加集体讨论人数不符合要求为由，认定行政处罚违反法定程序。比如，辽宁省高级人民法院认为，根据某农业局提供的案件讨论（会审）笔录，参加案件讨论（会审）的人员中属于单位负责人的仅有一名副局长，即是说该案并未经行政机关的负责人集体讨论决定，也属于程序严重违法。②又如，贵州省毕节市中级人民法院认为，本案属对重大违法行为给予较重的行政处罚，涉案处罚决定仅有一名负责人参与讨论决定，程序违法。③

从实际操作要求看，行政机关负责人集体讨论案件，应当明确专人准备报会材料、做好发言记录、收集表决票单、整理会议纪要，全程留痕备查。但向法院提交相关材料时，可对相关信息进行适当处理。对此，江苏省高级人民法院行政庭课题组提出："行政机关应当在行政诉讼中将集体讨论笔录作为证据依法提交法院审查。为平衡讨论参加人发表意见的充分自由，行政机关可以在向法院提交讨论笔录时，对相应姓名职务信息进行技术处理。"④

3.不得在法定程序尚未完结的情况下先期集体讨论

实践中，有的行政机关在调查取证、事先告知等法定程序尚未完结的情况下先期启动集体讨论程序。如某市城乡建设委员会因铁路专用器材有限公司诉其行政处罚案，河南省郑州市中级人民法院认为：上诉人虽在法定举证期限内提交了《关于塑料三厂危旧房改造职工住宅楼违法建设案案件审理纪

---

① 参见王建国：《较重的行政处罚未经负责人集体讨论，处罚程序是否合法以及负责人集体讨论证明标准》，http://blog.sina.com.cn/s/blog_718c9a580102zea2.html，2021年9月18日访问。

② 参见（2019）辽行终1320号《行政判决书》。

③ 参见（2020）黔05行审复42号《行政裁定书》。

④ 江苏省高级人民法院行政庭课题组：《行政处罚法修订后司法、执法如何应对》，2021年7月6日《江苏法治报》。

要》用于证明其履行了《行政处罚法》第三十八条规定的"对情形复杂或重大违法行为给予较重的行政处罚,行政机关的负责人应当集体讨论决定"的程序要求,但该集体讨论的时间发生在2015年8月24日,而此后的同年9月17日上诉人才向被上诉人送达行政处罚事先告知书,9月18日被上诉人递交陈述申辩书,9月24日才给被上诉人作陈述和申辩笔录,11月9日才最终签署陈述和申辩复核意见书,可见上诉人在对被上诉人的上述法定程序尚未进行、案情调查尚未结束的情况下就已经先期集体讨论议定了对被上诉人的处罚结果,属于先决定、后取证的程序倒置行为,故该证据不能证明上诉人切实履行了《行政处罚法》第三十八条规定的集体讨论决定程序,并据此保障行政处罚决定的客观公正。^①

4.个性化方式需慎重

实践中,有的行政机关采取了个性化方式。如某市自然资源和规划局、鑫海源工贸有限公司资源行政管理案,福建省高级人民法院认为:本案属于重大海洋违法案件,应当由行政机关负责人集体讨论决定。海发局提供的2018年4月《局机关呈阅件》载明"依据行政处罚法属于重大、复杂案件,对其处罚应经局领导集体研究决定。""因去年5月31日局长办公会已研究决定过,现拟以局领导会签形式,履行行政机关的负责人应当集体讨论决定的法定程序。"该呈阅件后附书面案件处理意见。前述情况表明,被诉处罚决定作出之前,通过领导会签的形式履行负责人集体讨论决定的程序。原审法院关于会签形式不属于行政机关负责人集体讨论决定程序的认定,没有相关法律依据,本院予以指正。^②

笔者认为,"会签"显然不同于"集体讨论"。该判决认为可以"通过领导会签的形式履行负责人集体讨论决定的程序",值得商榷。

---

① 参见(2016)豫01行终1023号《行政判决书》。
② 参见(2020)闽行终273号《行政判决书》。

（五）事先告知、集体讨论决定的顺序

1.不同观点

（1）先集体讨论决定、再事先告知

理由：根据《行政处罚法》（2021年修订）第四十四条，行政机关在作出行政处罚决定之前，应当告知当事人"拟作出的行政处罚内容及事实、理由、依据，并告知当事人依法享有的陈述、申辩、要求听证等权利。"鉴于新法明确要求事先告知当事人拟作出的"行政处罚内容"，故应当先集体讨论。该做法优点在于避免行政处罚决定的随意性。

（2）先事先告知、再集体讨论决定

理由：在完成事先告知、听取当事人陈述申辩的基础上，集体讨论决定。该做法优点在于避免二次讨论，提高行政效率。

2.实践做法——以市场监管执法为例

笔者关注到，2021年1月6日，国家市场监管总局办公厅向广东省市场监管局作出《对行政处罚集体讨论决定程序有关问题的复函》（市监法函〔2021〕32号），内容是：一、根据《市场监督管理行政处罚程序暂行规定》第五十条、第五十一条、第五十四条等规定，对情节复杂或者重大违法行为给予较重行政处罚的案件，在拟作出的行政处罚决定经市场监管部门负责人批准后，依法履行告知、听证等程序，再由市场监管部门负责人集体讨论决定。二、如在告知前已进行集体讨论的，在当事人未提出陈述、申辩意见亦未要求举行听证的情况下，可以不再经过集体讨论。当事人提出陈述、申辩意见或者要求举行听证的，按照规定程序办理。

复函提出了并行的两种操作模式：

（1）先事先告知、再集体讨论

即"在告知后进行集体讨论"。对于该模式，复函提出：在拟作出的行政处罚决定经市场监管部门负责人批准后，依法履行告知、听证等程序，再由市场监管部门负责人集体讨论决定。该模式的优点在于，在听取当事人陈述申辩后集体讨论，"兼听则明"，一方面可以避免因告知后改变原处罚意见而再次进行集体讨论，简化处罚程序，提高办案效率；另一方面更加符合行政处罚法有关负责人集体讨论作出最终决定的原意。

矛盾在于,行政机关负责人先行批准与集体讨论决定关系不顺。当然,如果从谨慎角度出发,对于重大复杂案件前后两次集体讨论是完全可以的。

(2)先集体讨论、再事先告知

即"在告知前进行集体讨论"。对于该模式,复函提出:在当事人未提出陈述、申辩意见亦未要求举行听证的情况下,可以不再经过集体讨论。当事人提出陈述、申辩意见或者要求举行听证的,按照规定程序办理。

矛盾在于,在尚未听取当事人陈述申辩的情况下集体讨论,"偏信则暗",可能使集体讨论决定程序流于形式。

3.司法实践的认识变迁

对于先集体讨论、再举行听证的做法,司法实践的认识经历了逐步变迁过程:

早期,有判例认为,听证前经过集体讨论、听证后未进行集体讨论的,属于程序瑕疵。如浙江省高级人民法院(2016)浙行申816号《行政裁定书》,福建省高级人民法院(2019)闽行申309号《行政裁定书》,浙江省宁波市中级人民法院(2020)浙02行终279号《行政判决书》等。

后来,有判例认为,听证前经过集体讨论,当事人提出了听证申请,但是听证后没有改变之前认定的事实和处理意见,听证后未进行集体讨论的,属于程序瑕疵。如湖南省湘潭市中级人民法院(2020)湘03行终145号《行政判决书》。

目前,有判例认为,听证前进行集体讨论属于程序违法。如广西壮族自治区高级人民法院认为:市环境局作出12号处罚决定,对长江物业平南分公司罚款70万元,属于较大数额的罚款,市环境局虽然组织了听证和进行了集体讨论,但集体讨论在前,组织听证在后,违反了上述法律规定,原审判决认定市环境局作出12号处罚决定程序违法并无不当。[1]

---

[1]参见(2020)桂行申211号《行政裁定书》。

4.作者观点

（1）适用普通程序案件，两种操作模式均可采用。即"可以先事先告知、再集体讨论"，也可以"先集体讨论、再事先告知"。但是，采取"先集体讨论、再事先告知"模式的，若被处罚人提出了有实质意义的陈述申辩意见，必须重新进行集体讨论决定（即二次讨论）。

（2）适用听证程序案件，在举行听证会后，无论被处罚人是否提出有实质意义的陈述申辩意见，均必须进行集体讨论决定。理由是，《行政处罚法》（2021年修订）第六十五条规定："听证结束后，行政机关应当根据听证笔录，依照本法第五十七条的规定，作出决定。"而第五十七条第二款的规定为："对情节复杂或者重大违法行为给予行政处罚，行政机关负责人应当集体讨论决定。"

对此，江苏省高级人民法院行政庭课题组认为："集体讨论程序应当在作出处罚决定前进行。如果被处罚人在书面告知后提出了有实质意义的陈述申辩意见，或者参加了听证程序，但集体讨论程序在告知程序之前进行的，应当认定违反法定程序，并判决撤销该处罚决定；违法事实客观存在的，还应同时责令行政机关重新调查处理。"①

案例37：集体讨论决定应当在听证程序后进行②

2019年3月8日，某区市场监管局对某整形公司涉嫌发布虚假广告行为进行立案调查，采取了现场检查、调查询问等多种方式查明案件事实，并于4月24日进行案件会审，5月21日进行案件集体讨论。5月7日，作出《行政处罚听证告知书》，告知拟作出行政处罚的事实、理由、依据及处罚的内容和陈述、申辩、听证的权利。整形公司提出听证申请后，区市场监管局于5月30日举行听证并对其提出的事实、理由进行了复核。2019年6月18日，区市场监管局作出淮阴市监案字〔2019〕0020号《行政处罚决定书》，决定对整形公司处以罚款合计300000元。整形公司不服，提起行政诉讼。

---

① 江苏省高级人民法院行政庭课题组：《行政处罚法修订后司法、执法如何应对》，2021年7月6日《江苏法治报》。

② 参见（2020）苏08行终127号《行政判决书》。

一审法院认为，被告认定原告构成发布未经审查的医疗广告的违法行为，事实清楚，证据确凿，适用法律正确、量罚适当，程序合法，判决：驳回原告的诉讼请求。整形公司不服，提起上诉。

二审法院认为，被上诉人某区市监局听证前集体讨论处罚内容不具有合法性。按照上述法律、规章的规定，本案的行政处罚系应经行政机关负责人集体讨论决定，但其集体讨论决定应当在听证程序结束后而非听证程序前。本案听证程序前，行政机关进行集体讨论决定的处罚内容，侵害了当事人对听证程序的信赖，损害了其预期的合法性权益，将造成行政处罚听证程序的形同虚设，不具有程序的合法性、正当性。

被上诉人某区市监局听证结束后未进行集体讨论，其处罚程序明显违法。按照上述法律、规章的规定，某区市监局应对案件调查终结报告、审核意见、当事人陈述和申辩意见或者听证报告等进行审查，并集体讨论决定行政处罚的具体内容。本案听证结束后形成的听证报告虽载明案件需要提请局集体讨论，但被上诉人某区市监局在一审举证期限内并未提交证据证明听证结束后履行了集体讨论决定程序，其行政处罚程序构成违法。

判决：1.撤销一审行政判决；2.撤销淮阴市监案字〔2019〕0020号《行政处罚决定书》。

六、作出行政处罚决定

行政处罚决定书是行政机关针对当事人的行政违法行为，在履行调查取证、处罚告知等法定程序的基础上制作的，记载当事人违法事实、处罚理由、依据和决定内容等事项的具有法律强制力的法律文书，是对行政管理相对人产生直接影响的法律文书。作出行政处罚决定是行政处罚程序中十分重要的步骤。

（一）行政处罚决定书制作要领

修订过程	法条内容
行政处罚法 （2017年修正）	**第三十九条** 行政机关依照本法第三十八条的规定给予行政处罚，应当制作行政处罚决定书。行政处罚决定书应当载明下列事项： （一）当事人的姓名或者名称、地址；（二）违反法律、法规或者规章的事实和证据；（三）行政处罚的种类和依据；（四）行政处罚的履行方式和期限；（五）不服行政处罚决定，申请行政复议或者提起行政诉讼的途径和期限；（六）作出行政处罚决定的行政机关名称和作出决定的日期。 行政处罚决定书必须盖有作出行政处罚决定的行政机关的印章。
修订草案	未有变化
行政处罚法 （2021年修订）	**第五十九条** 行政机关依照本法第五十七条的规定给予行政处罚，应当制作行政处罚决定书。行政处罚决定书应当载明下列事项： （一）当事人的姓名或者名称、地址；（二）违反法律、法规、规章的事实和证据；（三）行政处罚的种类和依据；（四）行政处罚的履行方式和期限；（五）申请行政复议、提起行政诉讼的途径和期限；（六）作出行政处罚决定的行政机关名称和作出决定的日期。 行政处罚决定书必须盖有作出行政处罚决定的行政机关的印章。

本次修订，有关作出行政处罚决定的规定主要是文字调整。实践中，制作行政处罚决定书应当注意以下问题：

1.要件内容齐全

《行政处罚法》（2021年修订）第五十九条对行政处罚决定书的内容作了明确的规定，这些内容缺一不可，不能随意取舍。具体要求包括：

（1）适用依据正确到位

实践中，对于行政法律文书适用依据不正确、不到位问题，相关司法裁判认识不一，有撤销、指正和认可3种截然不同的态度。比如，湖北省武汉市中级人民法院认为：武税复决字〔2019〕4号《行政复议决定书》中所适用的法律依据，仅援引了《行政复议法》第二十八条，未援引该条文具体的款和项，第二十八条共有二款，第一款有四项，分别规定了不同情形下对原行政行为予以维持、撤销、变更、确认违法等内容，故本案被诉行政复议行为属适用法律错误，依法应予撤销。①又如，北京市第四中级人民法院认为：区市监局作出被诉举报答复援引《市场监督管理行政处罚程序暂行规定》第五十四条未明确具体款、项，但该引用法律依据不当的行为未直接侵害王某丽的合法权益，本院在此予以指出，希望区市监局在日后的执法过程中予以注意。②再如，山西省临汾市中级人民法院认为：处罚决定书适用的是《治安管理处罚法》第四十条第三款，第四十条虽没有第三款，但第三项的内容为"非法限制他人人身自由，非法侵入他人住宅或者非法搜查他人身体的"，所以该处罚决定书的第四十条第三款应为第四十条第三项属表述问题，并非适用法律不当。③

笔者认为，为充分保障行政相对人的合法权益，监督行政机关依法行政，行政处罚决定的适用依据应当具体到法律、法规、规章的条、款、项、目；条、款、项、目表述不到位，甚至表述错误的，应当认定为适用法律错误。

（2）决定内容明确具体

行政处罚决定书中，行政处罚的种类和依据、行政处罚的履行方式和期限等必须明确具体，不能出现"建议""拟"等不确定用语。

案例38：处罚决定书载明"建议给予行政处罚"，不具有执行性④

2020年4月28日，某市市场监督管理局作出濮市监处字〔2020〕74号《行政处罚决定书》，内容为：查明，濮艺公司自成立到每次登记事项的变更登记业务所提交材料股东郭某的签名均在郭某本人不知情的情况下由他人代签……认定濮艺公司提交虚假材料取得公司登记……依据《公司登记管理条例》第六十四条之规定，建议给予濮艺公司行政处罚如下：1.责令改正其违法行为。2.罚款52000元。濮艺公司不服，申请行政复议；维持后仍不服，提起行政诉讼。

①参见（2021）鄂01行终147号《行政判决书》。
②参见（2021）京04行终13号《行政判决书》。
③参见（2019）晋10行终24号《行政判决书》。
④参见（2020）豫0902行初129号《行政判决书》。

法院经审理认为，被告市场监管局的处罚决定书在认定原告提交虚假材料或者采取其他欺诈手段隐瞒重要事实的行为严重违法的情况下，又认定造成轻微后果，情节较轻，认定的违法情节自相矛盾，且处罚决定书是结合本案事实，建议给予濮艺公司处以"1.责令改正其违法行为；2.罚款52000元"的处罚。是否处罚不具体、不明确，不具有执行性。故被告市场监管局的处罚决定书认定事实不清，程序违法，依法应予撤销，被告市人民政府复议时未对市场监管局认定的事实、程序、处罚结果不明进行纠正，依法应予撤销。

判决：1.撤销濮市监处字〔2020〕74号《行政处罚决定书》。2.撤销濮政复决〔2020〕11号《行政复议决定书》。

（3）诉权交代准确完整

行政处罚决定书要准确列明申请行政复议、提起行政诉讼的期限、受理机关等。实践中，常有行政机关在这方面出现问题。

2.说理逻辑严密

目前，各地各部门正在推行说理式法律文书。这就要求认定违法事实方面，证据要求明确、具体，并围绕违法行为构成要件逐一进行列举分析。法律适用方面，要将当事人的违法事实与法律禁止性规定相对照，充分说明处罚的理由和依据，对案件进行定性，明确具体罚则。特别是当事人陈述申辩的内容以及核实情况，从轻、从重或者减轻情节的适用，自由裁量基准的对应，以及行政机关负责人集体讨论决定等，都应当在行政处罚决定书中完整说明。

3.语言精炼准确

行政处罚决定书的语言文字必须准确、规范，要做到语言明白清晰、使用法言法语、叙述言简意赅、句子结构完整。信息时代，法律文书中的任何差错都有可能发酵放大，进而引发舆情，必须十分谨慎。

4.格式统一规范

上级主管部门和本级人民政府对行政处罚决定书格式有明确规定的，按照有关规定执行。

（二）不予行政处罚决定书制作要领

根据《行政处罚法》（2021年修订）第五十七条第一款第二项、第三项，调查终结后不予行政处罚的，需要作出书面决定。但是，法律对于不予行政处罚决定书的内容未作规定。

需要注意的是，不予行政处罚决定亦有可能对行政相对人或利害关系人的权益产生影响，进而引发争议。如2018年4月22日19时许，城子派出所接到门头沟公安分局勤务指挥处布警。接报后，民警立即赶到现场处置并于同日受理后，向李某出具了受案回执，对李某、艾某、周某等人进行了调查询问，并对其伤情进行了鉴定。2018年8月7日，城子派出所作出京公门（城）不罚决字〔2018〕000011号《不予行政处罚决定书》，主要内容为：现查明李某的违法事实不能成立。根据《治安管理处罚法》第九十五条第二项之规定，决定不予行政处罚。周某不服，提起行政诉讼。

法院经审理认为，城子派出所通过调查询问等，证明李某的违法事实不能成立，据此作出《不予行政处罚决定书》事实清楚、证据充分。虽然《行政处罚法》《公安机关办理行政案件程序规定》等对于不予行政处罚决定书的制作要求没有明确规定，但不予行政处罚决定亦对行政相对人或利害关系人的权益产生影响，故应当参照适用上述法律、部门规章关于行政处罚决定书制作要求的有关规定。城子派出所作出的《不予行政处罚决定书》事实表述不清，属程序轻微违法，但对原告的权利不产生实际影响，依法应被确认违法。[1]

据此，不予行政处罚决定书亦应按照《行政处罚法》（2021年修订）第五十九条，载明当事人的姓名或者名称、地址，行政机关查明的事实和证据，不予处罚的理由和依据，申请行政复议、提起行政诉讼的途径和期限，作出决定的行政机关名称和日期等事项，并加盖作出决定的行政机关印章。

---

[1]参见（2019）京0109行初12号《行政判决书》。

（三）普通程序办理期限

修订过程	法条内容
行政处罚法 （2017年修正）	—
修订草案	—
修订草案二次 审议稿	**第五十八条** 行政机关应当自行政处罚案件立案之日起九十日内作出行政处罚决定。法律、法规、规章另有规定的，从其规定。
行政处罚法 （2021年修订）	**第六十条** 行政机关应当自行政处罚案件立案之日起九十日内作出行政处罚决定。法律、法规、规章另有规定的，从其规定。

1.变化内容

本条为新增条款，明确适用普通程序的行政处罚案件，行政机关应当自立案之日起九十日内作出行政处罚决定。考虑到不同领域、不同行业的特点，在规定九十日的一般办案期限同时，也赋予了法律、法规、规章"另行规定"的权利，兼具原则性与灵活性。

2.修订背景

行政处罚法在规范行政处罚行为、推进行政机关依法行政的同时，注重提高行政效率。有关时效、时限的规定及多处"及时"的表述，都是对于行政机关依法办案、及时办案要求的真实写照。但是，由于行政处罚案件种类复杂，涉及多领域行政管理事务，加之各行业实际情况差别较大，1996年《行政处罚法》没有对办案期限作出统一规定。实践中拖延履职等"慢作为"甚至"不作为"现象时有发生，侵害了群众利益，影响了国家机关形象。

从修订过程看，行政处罚案件办理期限首次出现于修订草案二次审议稿。2020年10月13日，全国人民代表大会宪法和法律委员会《关于〈中华人民共和国行政处罚法（修订草案）〉修改情况的汇报》提出："……二是明确行政处罚期限，增加规定行政机关应当自行政处罚案件立案之日起九十日内作出行政处罚决定，法律、法规、规章另有规定的除外。"

3.适用中的问题

（1）一般办理期限：九十日

①参考因素

《行政处罚法》（2021年修订）第六十条将普通程序一般办理期限规定为九十日并非空穴来风。实践中，不少法规规章已经将原一般程序的期限规定为九十日或三个月。如《市场监督管理行政处罚程序暂行规定》第五十七条第一款规定："适用一般程序办理的案件应当自立案之日起九十日内作出处理决定。"又如《环境行政处罚办法》第五十五条规定："环境保护行政处罚案件应当自立案之日起的3个月内作出处理决定。案件办理过程中听证、公告、监测、鉴定、送达等时间不计入期限。"

此外，有的虽然没有直接规定为三个月，但延长后的时间与三个月相当。如《湖南省行政程序规定》第八十一条第四项规定："行政机关依职权启动的行政执法行为，应当自程序启动之日起60日内办结；60日内不能办结的，经本机关负责人批准，可以延长30日，并应当将延长期限的理由告知当事人。"

②期限的起止

根据《行政处罚法》（2021年修订）第六十条，九十日的办理期限自"行政处罚案件立案之日起"，至"作出行政处罚决定"止。如前所述，本次修法将立案作为行政处罚普通程序的启动标志，而且，"作出行政处罚决定"是明确而具体的行政执法行为。因此，九十日的办理期限应当是闭环的法定期间。

③期限的扣除

行政处罚决定的送达、执行时间等均不计入办理期限。主要原因是行政执法普遍面临"送达难""执行难"等问题，若考虑送达、执行环节所需时间，势必愈加复杂而无法确定。

此外，案件办理过程中的听证、检测、检验、检疫或者技术鉴定等时间一般也不计入办理期限，但是，宜以"法律、法规、规章另有规定"为据。至于法制审核时间，则不予扣除。

（2）除外情形："法律、法规、规章另有规定"

《行政处罚法》（2021年修订）第六十条在明确九十日一般办理期限

的同时，又规定"法律、法规、规章另有规定的，从其规定"。"法律、法规、规章另有规定"，既包括更长或者更短期限，也包括该期限的计算以及中止、延长等。主要有：

①地方行政执法条例

比如，《福建省行政执法条例》第三十一条规定："行政执法机关应当在法律、法规、规章规定的期限内作出行政执法决定。""法律、法规、规章未明确规定期限的，行政执法机关应当自程序启动之日起三十日内作出行政执法决定；重大、复杂的案件，经本机关主要负责人批准，可以延长三十日，并告知当事人。特别重大、复杂的案件，经延长期限后仍不能作出行政执法决定，确需继续延长期限的，应当报本级人民政府批准，并将延长事由告知当事人。"

又如，《山西省行政执法条例》第二十八条规定："行政执法机关应当在法律、法规规定的期限内作出行政执法决定；法律、法规未作明确规定的，符合法定条件的，应当在三十日内办理完毕；不符合法定条件不能办理的，应当书面通知当事人不予办理的依据和理由；逾期不能办理完毕的，在期满前报经上级主管机关或者同级人民政府批准，可适当延长办理期限并告知申请人，但延长时限最多不得超过三十日。"

②地方行政程序规定

比如，《湖南省行政程序规定》第八十一条规定："法律、法规、规章对行政执法事项以及非行政许可的行政审批事项没有规定办理期限的，实行限时办结制度，行政机关应当按照下列规定限时办结：……（四）行政机关依职权启动的行政执法行为，应当自程序启动之日起60日内办结；60日内不能办结的，经本机关负责人批准，可以延长30日，并应当将延长期限的理由告知当事人。"

又如，《江苏省行政程序规定》第六十三条规定："法律、法规、规章对行政执法事项有明确期限规定的，行政机关必须在法定期限内办结。""行政机关对行政执法事项的办理期限作出明确承诺的，应当在承诺期限内办结。"第六十五条规定："行政机关作出行政执法决定，依法需要听证、招标、拍卖、检验、检测、检疫、鉴定、专家评审和公示的，所需时间不计算在规定的期限内。"

③其他单行法规规章

比如，《广州市违法建设查处条例》第二十九条规定："城市管理综合执法机关、镇人民政府处理在建的违法建设，应当自发现违法建设之日起三十个工作日内作出处理决定；案情特别重大或者复杂的，经市城市管理综合执法机关或者镇人民政府主要负责人批准后，可以适当延期，但最长不得超过六十个工作日。"

又如，《公安机关办理行政案件程序规定》第一百六十五条规定："公安机关办理治安案件的期限，自受理之日起不得超过三十日；案情重大、复杂的，经上一级公安机关批准，可以延长三十日。办理其他行政案件，有法定办案期限的，按照相关法律规定办理。""为了查明案情进行鉴定的期间，不计入办案期限。""对因违反治安管理行为人不明或者逃跑等客观原因造成案件在法定期限内无法作出行政处理决定的，公安机关应当继续进行调查取证，并向被侵害人说明情况，及时依法作出处理决定。"

再如，《农业行政处罚程序规定》第五十八条规定："农业行政处罚案件应当自立案之日起六个月内作出处理决定；因案情复杂、调查取证困难等特殊情况六个月内不能作出处理决定的，报经上一级农业行政处罚机关批准可以延长至一年。"

从上述规定看，办理期限大部分规定为"日"，但也有的为"工作日"；最短的为三十日，最长的为六个月；经过负责人批准后均可以适当延长，延长期限从三十日至一年不等。此外，依法需要听证、招标、拍卖、检验、检测、检疫、鉴定、专家评审、公示等时间不计算在规定的期限内。

（3）正确理解与适用一般办理期限需要注意的问题

①没有除外规定的执法领域，九十日期限不可延长

《行政处罚法》（2021年修订）第六十条仅规定一般办理期限为九十日，没有规定延长情形，这在立法中并不多见。实践中，有关行政执法程序类法规、规章大多对期限的延长等作了规定。但是，对于未作另行规定的执

法领域，比如住房城乡建设部门，因《建设行政处罚程序暂行规定》未作规定，《行政处罚法》（2021年修订）实施后，适用普通程序案件必须在九十日作出行政处罚决定，否则即违反法定程序。

②只有"法律、法规、规章"才可作出另外规定

亦即，规章以下的行政规范性文件无权对一般办理期限作出另外规定。如《邮政行政处罚程序规定》（国邮发〔2020〕43号）第四十一条规定："适用一般程序处理的案件应当自立案之日起90日内作出处理决定；案情复杂，不能在规定期限内作出处理决定的，经邮政管理部门负责人批准，可以延长至120日；案情特别复杂，经延期仍不能作出处理决定的，应当由邮政管理部门负责人集体讨论决定是否继续延期，决定继续延期的，应当同时确定延长的合理期限。""案件办理过程中听证、检测、检验、检疫或者技术鉴定以及发生行政复议或者行政诉讼的，所需时间不计入本条第一款规定的期限。"仅从文号看，该规定属于规章以下的行政规范性文件，其中有关"延长至120日""决定是否继续延期"等规定似不符合《行政处罚法》（2021年修订）第六十条规定的授权规则。

③"法律、法规、规章"作出另外规定的合理限制

国发〔2021〕26号文件明确："对违反行政管理秩序的行为，按规定及时立案并严格遵守办案时限要求，确保案件得到及时有效查处。确需通过立法对办案期限作出特别规定的，要符合有利于及时查清案件事实、尽快纠正违法行为、迅速恢复正常行政管理秩序的要求。"

案例39：法律法规没有规定情况下，行政机关的最长履职期限[①]

2006年，周某芳与某区中沙村村民委员会签订土地使用协议，并在该市世纪大道北150米，太平路东50米处建设建筑物，面积共3025.62平方米，其中楼房1290.72平方米，平房1726.09平方米，楼梯8.81平方米。某区执法局于2017年11月15日立案查处，于2018年5月24日向周某芳留置送达《行政处罚事先告知书》。5月30日，区执法局作出《行政处罚决定书》，根据《城乡

---

①参见（2019）苏06行终366号《行政判决书》。

规划法》第六十四条、《江苏省城乡规划条例》第六十二条以及住建部《关于规范城乡规划行政处罚裁量权的指导意见》第七条之规定，责令周某芳收到处罚决定书之日起十日内自行拆除该违法建设。周某芳不服，申请行政复议。决定维持后仍不服，提起行政诉讼。

一审法院认为，区执法局作出责令限期拆除的行政处罚决定，认定事实清楚，适用法律正确。区执法局于2017年11月15日立案，于2018年5月30日作出被诉行政处罚决定，超过法定一般履职期限，属于程序轻微违法。判决：确认被诉行政处罚决定违法、撤销案涉行政复议决定。区执法局不服，提起上诉。

二审法院认为，根据《行政诉讼法》第七十条第三项、第七十四条第一款第二项等规定，行政机关作出行政行为应当符合法定行政程序。行政程序是行政步骤、方式、时限、空间等要素的集合，行政机关在法定期限或者必要合理期限之内尽快作出行政行为，是行政程序合法的应有之义。

国务院《全面推进依法行政实施纲要》规定："行政机关实施行政管理，应当遵守法定时限，积极履行法定职责，提高办事效率，提供优质服务，方便公民、法人和其他组织。"《法治政府建设实施纲要（2015—2020年）》也规定："加强行政程序制度建设，严格规范作出各类行政行为的主体、权限、方式、步骤和时限。发挥政府诚信建设示范作用，加快政府守信践诺机制建设。"因此，行政机关应当在法律规定的执法期限之内，依法及时作出行政行为；而为了体现国家规范行政管理、提高办事效率、提供优质服务的政策要求，在法律对履行职责期限没有明确规定时，行政机关为提升行政效能和实现个案正义，可以享有一定时限裁量空间，但仍应在必要合理期限内作出行政决定，以体现程序正当，既避免过于草率、过早地作出行政决定，也避免久拖不决、迟延作出行政决定。

当实体法律规范未作规定时，如何具体判断行政机关履行职责的必要合理期限，《行政诉讼法》（2014年修订）第四十七条第一款规定："公民、法人或者其他组织申请行政机关履行保护其人身权、财产权等合法权益的法定职责，行政机关在接到申请之日起两个月内不履行的，公民、法人或者其他组织可以向人民法院提起诉讼。法律、法规对行政机关履行职责的期限另有规定的，从其规定。"依照当然解释，上述条款语义明确了在法律、法规对行政机关履行职责期限没有明确规定时，宜将行政机关的最长履职期限视为接到行政相对人申请之日起两个月。同时，根据立法机关的解释："实践中，因行政机关不履行法定职责而给当事人带来权益损害的情况比较常见，有必要给当事人提供救济渠道。履行法定职责需要一定的期限，对行政机关不履行职责提起诉讼，需要在这一期限届满之后方可。"由于行政机关履行职责既包括依申请作出行政行为，还包括依职权作出行政行为，因而对该条款的理解适用，还宜扩大解释为自行政机关主动发现违法行为、依职权启动立案调查程序之日起两个月。当然，上述只是对行政实体法律规范有关行政执法期限的补充规定，行政机关作出行政行为虽然超过期限但有正当理由的，仍宜尊重行政机关的判断。

具体到本案而言，区执法局于2017年11月发现可能存在违法建设行为并立案后，迟至2018年5月作出被诉处罚决定并于次月送达，明显超过了《行政诉讼法》规定的两个月处理时限，而被诉处罚决定也没有载明行政机关迟延作出决定的理由，属于程序违法。同时，由于区执法局仅系超期作出行政行为而非迟延不作出行政行为，故可以认为属于《行政诉讼法》第七十四条第一款第二项规定的"行政行为程序轻微违法，但对原告权利不产生实际影响的"情形。

判决：驳回上诉，维持原判。

案例40：在无证据证明"案情复杂"的情况下延长办案期限，属拖延履行法定职责[①]

2014年5月13日，钟某文在国际家具广场3-15-1-1店铺购买了花为媒家私公司生产的花为媒品牌床垫8张计15220元。后因取货时店家要其承担保管费问题，双方发生纠纷，钟某文于2016年4月6日向某市市场监管局投诉举报，市市场监管局于同月11日收案，经调查认为花为媒某国际店涉嫌违反《反不正当竞争法》第九条之规定，于2016年4月13日立案，并将该情况于2016年

---

① 参见（2019）闽01行终734号《行政判决书》。

7月28日向钟某文进行书面答复。2018年10月8日，因市市场监管局对该案仍未作出处理结果，钟某文申请信息公开。同年10月26日，市市场监管局作出（2018）15号告知书，钟某文不服申请复议，复议机关决定：1.撤销被申请人作出的《政府信息公开书》。2.责令被申请人十五日内就申请人的信息公开内容予以答复。2019年1月7日，市市场监管局作出编号（2018）18号告知书，主要内容：2016年4月11日接到举报信，4月13日立案，目前案件正在调查中。钟某文认为市市场监管局拖延懈怠履行职责，提起行政诉讼。

一审法院认为，市市场监管局作为市场监管行政执法机关，对钟某文于2016年4月10日的投诉举报，经现场调查已于同年4月13日立案，至今尚未作出处理决定，且未能举证已按上述规定报上级执法机关或省人民政府批准延长期限，亦未有其他法定不计入办案期限情形，属拖延履行法定职责。判决：责令市市场监管局三十日内，对已立案投诉举报作出处理决定。市市场监管局不服，提起上诉。

二审法院认为，上诉人作为市场监督管理机关，具有查处本行政区域内市场监督管理违法案件的职责。被上诉人因自身权益受到侵害而向上诉人进行投诉，其与上诉人对其投诉作出或者未作出处理的行为之间具有法律上的利害关系。上诉人于2016年即已接到被上诉人的投诉并予以立案，但在无证据证明本案存在任何中止或延长办案期限情形的情况下，直至2019年，上诉人仍向被上诉人告知"目前案件正在调查中"。原审法院据此认定上诉人的行为属拖延履行法定职责，并责令上诉人限期作出处理，事实清楚，适用法律、法规正确，审判程序合法。

判决：驳回上诉，维持原判。

（四）问题与思考

1.可否同时下达行政处罚决定书与责令改正通知书？

《行政处罚法》（2021年修订）第二十八条第一款规定："行政机关实施行政处罚时，应当责令当事人改正或者限期改正违法行为。"较之《行政处罚法》（2017年修正）第二十三条，该部分未有修改。从法条可以看出，行政机关责令当事人改正或者限期改正违法行为的时间节点是"实施行政处罚时"。因此，责令改正可以先于行政处罚，也可以与行政处罚同时进行。故而，可以同时下达行政处罚决定书和责令改正通知书。

实践中有判例支持这一观点，如山东省青岛市中级人民法院认为，《行政处罚法》第二十三条规定："行政机关实施行政处罚时，应当责令当事人改正或者限期改正违法行为。"依据该规定，被上诉人作为市场监管行政机关，在对被查处的违法行为进行处罚的同时，还负有纠正违法行为，维护、整顿市场监管秩序的职责。因此，被上诉人在对上诉人涉案违法行为作出处罚的同时，责令其限期改正涉案违法行为是被上诉人应履行的法定职责，依法应予支持。①

2.未列明"违则"的行政处罚决定书是否违法？

根据《行政处罚法》（2021年修订）第五十九条第一款第二项、第三项，行政处罚决定书应当载明事项包括"违反法律、法规、规章的事实和证据""行政处罚的种类和依据"。其中，"行政处罚的依据"为违法行为对应的法律责任条款（一般称之为"罚则"），"违反法律、法规、规章的事实和证据"通常应当包含违法行为具体触犯的法条（一般称之为"违则"）。实践中，未列明"违则"的行政处罚决定书是否违法？

笔者认为，一般而言，法条中的"罚则"与"违则"是相对应的。如《城乡规划法》第六十六条规定："建设单位或者个人有下列行为之一的，由所在地城市、县人民政府城乡规划主管部门责令限期拆除，可以并处临时建设工程造价一倍以下的罚款：（一）未经批准进行临时建设的；（二）未按照批准内容进行临时建设的；（三）临时建筑物、构筑物超过批准期限不拆除的。"该"罚则"相对应的"违则"系该法第四十四条，即"在城市、镇规划区内进行临时建设的，应当经城市、县人民政府城乡规划主管部门批准""临时建设应当在批准的使用期限内自行拆除"。此种情况下，应当同时引用"罚则"与"违则"进行说理并处罚。

然而，法条中的"罚则"与"违则"有时并不完全对应。同以《城乡规

---

① 参见（2018）鲁02行终224号《行政判决书》。

划法》为例，该法第六十四条规定："未取得建设工程规划许可证或者未按照建设工程规划许可证的规定进行建设的，由县级以上地方人民政府城乡规划主管部门责令停止建设；尚可采取改正措施消除对规划实施的影响的，限期改正，处建设工程造价百分之五以上百分之十以下的罚款；无法采取改正措施消除影响的，限期拆除，不能拆除的，没收实物或者违法收入，可以并处建设工程造价百分之十以下的罚款。"其中，"未取得建设工程规划许可证进行建设"的"违则"为该法第四十条第一款"在城市、镇规划区内进行建筑物、构筑物、道路、管线和其他工程建设的，建设单位或者个人应当向城市、县人民政府城乡规划主管部门或者省、自治区、直辖市人民政府确定的镇人民政府申请办理建设工程规划许可证"，但"未按照建设工程规划许可证的规定进行建设"的"违则"却很难直接确定。实践中，有的执法机关适用了第四十三条："建设单位应当按照规划条件进行建设；确需变更的，必须向城市、县人民政府城乡规划主管部门提出申请。"但显然不能完全对应。因此，有的地方通过地方立法弥补了这一缺陷。如《江苏省城乡规划条例》第四十五条规定："建设单位或者个人应当按照规划条件和规划许可的内容进行建设，不得擅自变更；确需变更的，应当向城乡规划主管部门申请。"实践中对于此类情况，以同时引用法律、地方性法规进行说理并处罚为宜。

更为有趣的是，个别法律法规有"罚则"但无"违则"。如《律师法》第四十九条规定："律师有下列行为之一的，由设区的市级或者直辖市的区人民政府司法行政部门给予停止执业六个月以上一年以下的处罚，可以处五万元以下的罚款；有违法所得的，没收违法所得；情节严重的，由省、自治区、直辖市人民政府司法行政部门吊销其律师执业证书；构成犯罪的，依法追究刑事责任：……（三）向司法行政部门提供虚假材料或者有其他弄虚作假行为的；……"第五十条规定："律师事务所有下列行为之一的，由设区的市级或者直辖市的区人民政府司法行政部门视其情节给予警告、停业整顿一个月以上六个月以下的处罚，可以处十万元以下的罚款；有违法所得的，没收违法所得；情节特别严重的，由省、自治区、直辖市人民政府司法

433

行政部门吊销律师事务所执业证书：……（七）向司法行政部门提供虚假材料或者有其他弄虚作假行为的；……"上述"向司法行政部门提供虚假材料或者有其他弄虚作假行为"在《律师法》中找不到"违则"。

笔者认为，根据《行政处罚法》（2021年修订）第五十九条规定，行政处罚决定书应当载明"违则"；但在法条本身不完善，无"违则"可依时，可直接按照查明事实和证据，适用对应法条进行处罚。因为这是立法本身不足所致。

案例41：行政处罚决定书未载明违反的具体法律条文，不属于未告知行政处罚依据①

2018年7月26日16时29分，吴某在京密路口东出京方向处，实施机动车违反规定使用专用车道的违法行为，以上事实有交通技术监控记录资料等证据证实。根据《道路交通安全法》第九十条、《北京市实施〈道路交通安全法〉办法》第九十八条第二项的规定，市公安局公安交通管理局朝阳交通支队劲松大队决定给予其罚款200元的行政处罚。吴某不服，提起行政诉讼。

法院经审理认为：关于原告主张被诉《处罚决定书》未写明原告违反了哪条法律被定义为违反规定使用专用车道，法无禁止即允许，行政处罚决定书应当载明行政处罚的依据。《道路交通安全法》等已经明确规定其他车辆不得进入专用车道行驶，原告驾驶小型汽车使用专用车道的行为显属法律法规明令禁止的行为。《道路交通安全法》第一百零七条第二款规定，行政处罚决定书应当载明当事人的违法事实、行政处罚的依据、处罚内容、时间、地点以及处罚机关名称，并由执法人员签名或者盖章。该条文规定的行政处罚的依据是指作出行政处罚直接适用的法律依据，即对何种违法行为应当予以何种处罚，具体到本案，是指对违反规定在专用车道内行驶的行为，予以两百元罚款的法律依据，即《道路交通安全法》第九十条、《北京市实施〈道路交通安全法〉办法》第九十八条第二项，劲松大队已经在被诉《处罚决定书》中明确载明。至于原告所述原告行为违反了哪个法律条文的问题，

---

①参见（2019）京0105行初197号《行政判决书》。

属于行政行为认定事实方面的问题，即原告是否实施了驾驶机动车违反规定使用专用车道的违法行为。原告作为通过机动车驾驶技术考试、取得机动车驾驶证的驾驶员，对于其他车辆不得使用专用车道的规定应当明确知晓，且原告在庭审中明确陈述对其行为违反了《道路交通安全法》第三十七条的规定及劲松大队认定的事实均无异议，但认为应当将上述条文写在处罚决定书中。诚然，交通部门作出处罚决定如能载明行政相对人行为违反的具体法律条文，可以使处罚决定书更加完善，但是未载明上述条文并不属于未告知行政处罚依据的问题，亦不违反相关法律规定。

判决：驳回原告吴某的全部诉讼请求。

3.未加盖行政机关印章或者盖错印章的行政处罚决定书是否违法？

法人对外发出的正式信函、文件、文书等，必须要盖有公章，才具有法律效力。《行政处罚法》（2021年修订）第五十九条第二款规定："行政处罚决定书必须盖有作出行政处罚决定的行政机关的印章。"而前款在规定行政处罚决定书内容时表述为："行政处罚决定书应当载明下列事项"。在立法技术中，法律条文一般不使用"必须"，法律条文中的"应当"即为"必须"。故而，上述"必须"表达了一种"更加"强调。行政处罚决定书用印是非常严肃的法律问题，必须引起行政处罚机关高度重视。

（1）简易程序行政处罚决定书：可以不加盖行政机关印章

本章第二节简易程序部分已作详述，不再赘述。

（2）普通程序行政处罚决定书：必须加盖行政机关印章

如前所述，根据《行政处罚法》（2021年修订）第五十九条第二款，普通程序行政处罚决定书"必须盖有作出行政处罚决定的行政机关的印章"。有著作认为："公安机关印章是具有法律效力的签名。没有加盖作出处罚决定的公安机关印章的决定书不具有法律效力。如果印章与作出处罚决定的公安机关的名称不一致，处罚决定也无效。"[1]笔者对此予以赞同。近年来，行政执法实践中未盖章、盖错章等情况时有发生，值得警惕。

---

[1]全国人大常委会法制工作委员会刑法室著：《〈中华人民共和国治安管理处罚法〉释义及适用指南》，中国民主法制出版社2005年版。

①未加盖行政机关印章，行政处罚决定未生效

比如，某县市场监管局于2019年4月26日向人民法院提出申请，要求强制执行该局作出的馆价检处（2017）1-027号行政处罚决定书。法院经审查查明，某县物价局因机构改革，于2019年1月11日合并成立为县市场监管局。县市场监管局于2017年9月11日作出馆价检处（2017）1-027号行政处罚决定书，该决定书未加盖单位印章。行政处罚决定书未加盖单位印章，其行政行为未生效。裁定：不予受理强制执行申请。①

②错盖行政机关印章，行政处罚主体错误

比如，2017年8月15日，某市自然资源局接到举报，对潘某非法采砂情况进行了调查，认定潘某未经批准擅自在耕地中挖砂的行为违反了《矿产资源法》第三条的规定，构成非法采矿的行为，并于2019年5月16日向潘某作出丹国土资罚〔2018〕72号行政处罚决定书，根据《矿产资源法》第三十九条第一款和《矿产资源法实施细则》第四十二条第一款，处罚如下：1.没收违法所得71745.2元人民币（1368.4立方米×52.43元=71745.2元）；2.罚款人民币35872.6元（71745.2×50%=35872.6元）。处罚决定书加盖了某市国土资源局印章。潘某不服，提起行政诉讼。

法院经审理认为：处罚法定原则是最基本的行政处罚原则，要求行政处罚主体及其职权法定，法定主体行使处罚权时必须遵守法定的职权范围，不得越权或者滥用权利。有权作出上述行政处罚的行政机关应为自然资源局，如疏忽大意仍然加盖国土资源局公章，属行政处罚作出主体错误。判决：撤销行政处罚决定书。②

③使用多枚编号不同的公章，确认违法

比如，2017年6月15日，因赵某之女与李某之子离婚事宜，赵某与李某在某镇政府门口发生争吵，后赵某等人殴打李某，致李某受伤。2020年11月4日，某县公安局作出修公（七）行罚决字〔2020〕605号行政处罚决定并宣告、送达赵某，当日对赵某执行拘留。县公安局处理本纠纷

①参见（2019）冀0433行审115号《行政裁定书》。
②参见（2021）辽06行终33号《行政判决书》。

过程中，受案登记表加盖的是编号为4108210017124的印章；受案回执加盖的是编号为4108210000201的印章；2017年11月7日的传唤证加盖的是编号为4108210011577的印章；2020年11月3日的传唤证加盖的是编号为4108210008434的印章；2017年11月7日被传唤人家属通知书加盖的是编号为4108210011577的印章；2020年11月3日的被传唤人家属通知书加盖的是编号为4108210000201的印章。赵某不服，提起行政诉讼。

一审判决撤销行政处罚决定。县公安局不服原审判决，提起上诉。二审法院认为，县公安局在办理本案过程中，分别使用5枚编号不同的公章下发相关文书，虽然有公章损坏、办案系统公章未同步更换等客观原因，但该行为明显不符合电子印章与实物印章"物电同源、同章同模"的原则，违反《印章管理办法》第七条、第十一条、第十三条的规定。判决：1.撤销一审行政判决；2.确认行政处罚决定违法。[1]

（3）使用行政处罚专用章：存在争议

一些行政机关在行政执法活动中使用了执法专用章，此类做法是否合法，实务界认识不一。有学者认为，行政许可、行政处罚、行政强制等文书加盖行政机关"专用印章"符合法律和国务院文件规定。[2]实践中，大部分判例对于使用行政处罚专用章的做法予以认可，有的未作评判，但也有的不予认可。

①责令改正通知书加盖"行政处罚专用章"，属用章错误

比如，鲁某与某市城市管理和综合执法局行政命令纠纷一案，广东省湛江市中级人民法院认为：市城市管理和综合执法局作出〔2019〕第0680111号《停工拆违通知书》，责令鲁某3日内自行拆除涉案建筑，该行政行为应属于行政命令，但市城市管理和综合执法局在上述通知书所加盖的印章标有"××市城市管理行政执法局行政处罚专用章（1）"字样，无法认定市城市管理和综合执法局所作通知是出于制止鲁某违法建设行为或是行政处罚的目的。因此，市城市管理和综合执法局作出的〔2019〕第0680111号《停工拆违

①参见（2021）豫08行终122号《行政判决书》。
②叶新火：《对行政强制法中行政机关负责人和印章的探讨》，2019年7月25日《人民法院报》。

通知书》签章内容存在错误。^①

②行政处罚决定书加盖"交通执法处理章"，属无效行政行为

比如，陕西省洛阳市中级人民法院认为：某县公安局交通警察大队在对刘某所作的行政处罚决定书未加盖县公安局交通警察大队的公章，而是加盖了不能对行政相对人产生法律效力的"××县交警队交通执法处理章"，该行政行为缺乏合法有效的形式要件，应属无效行政行为。^②

③强制执行申请书加盖"行政处罚专用章"，不符合法律要件

比如，申请执行人某市自然资源局对被申请执行人某镇公益性公墓土地违法行为进行行政处罚申请执行一案，营口市老边区人民法院认为：市自然资源局向本院提出强制执行申请书加盖"××市自然资源局行政处罚专用章"，该申请主体加盖的公章不符合法律形式要件，不符合受理条件。

笔者认为，《关于国家行政机关和企业事业单位社会团体印章管理的规定》（国发〔1999〕25号）第十五条规定："国家行政机关和企业事业单位、社会团体印章所刊名称，应为法定名称。"理论上，国家行政机关和企业事业单位、社会团体的印章是法定的、唯一的。但是，行政管理实践中的情况较为复杂，特别是一些行政机关派出机构多、行政处罚案件多，如果"一刀切"地要求所有执法活动均必须使用行政机关公章，恐影响行政效率。

客观上，使用专用章也是"没有办法的办法"，只要行政机关给予认可并加强管理、不致滥用即可。而且，即便在国家层面，也有类似做法。比如，国务院办公厅《关于国务院行政复议案件处理程序若干问题的通知》（国办发〔2001〕38号）第三条提出：启用"中华人民共和国国务院行政复议专用章"。国务院法制办公室具体办理行政复议案件，出具有关法律文书时，应当加盖"中华人民共和国国务院行政复议专用章"。

七、送达

送达，是指行政机关按照法定程序和方法将法律文书送交当事人的行为。行政处罚法对于行政处罚决定书送达作了明确规定。

---

①参见（2020）粤08行终39号《行政判决书》。
②参见（2019）豫03行终67号《行政判决书》。

（一）法条规定

修订过程	法条内容
行政处罚法（2017年修正）	**第四十条**　行政处罚决定书应当在宣告后当场交付当事人；当事人不在场的，行政机关应当在七日内依照民事诉讼法的有关规定，将行政处罚决定书送达当事人。
修订草案	同上
修订草案二次审议稿	**第五十九条**　行政处罚决定书应当在宣告后当场交付当事人；当事人不在场的，行政机关应当在七日内依照《中华人民共和国民事诉讼法》的有关规定，将行政处罚决定书送达当事人。
行政处罚法（2021年修订）	**第六十一条**　行政处罚决定书应当在宣告后当场交付当事人；当事人不在场的，行政机关应当在七日内依照《中华人民共和国民事诉讼法》的有关规定，将行政处罚决定书送达当事人。 当事人同意并签订确认书的，行政机关可以采用传真、电子邮件等方式，将行政处罚决定书等送达当事人。

变化内容：

一是增加了电子送达的具体规定。适用前提是当事人同意并签订确认书；具体方式包括传真、电子邮件等。

二是个别地方作了文字调整。

修订背景：

2012年8月31日，第十一届全国人民代表大会常务委员会第二十八次会议通过《关于修改〈民事诉讼法〉的决定》明确，增加一条，作为第八十七条："经受送达人同意，人民法院可以采用传真、电子邮件等能够确认其收悉的方式送达诉讼文书，但判决书、裁定书、调解书除外。""采用前款方式送达的，以传真、电子邮件等到达受送达人特定系统的日期为送达日期。"

2021年12月24日，第十三届全国人民代表大会常务委员会第三十二次会议通过《关于修改〈民事诉讼法〉的决定》明确，将第八十七条改为第九十条，修改为："经受送达人同意，人民法院可以采用能够确认其收悉的电子方式送达诉讼文书。通过电子方式送达的判决书、裁定书、调解书，受送达人提出需要纸质文书的，人民法院应当提供。""采用前款方式送达的，以送达信息到达受送达人特定系统的日期为送达日期。"

（二）法定送达方式

《行政处罚法》（2021年修订）第四十七条规定："行政机关应当依法以文字、音像等形式，对行政处罚的启动、调查取证、审核、决定、送达、执行等进行全过程记录，归档保存。"据此，在送达法律文书时，应当以文字或者音像等形式对送达的全过程进行记录，并归档保存。

1.宣告后当场交付

地点：可以在行政机关办公地，也可以在当事人住所地。

前提：当事人必须在场。

方式：制作宣告笔录，执法人员、当事人签名，或者当事人在送达回证上签名；全过程记录。

2.七日内依照民事诉讼法的规定送达

前提：当事人不在场。

时限：七日内

实践中，违反上述规定，未在七日内送达行政处罚决定书的，构成程序违法，但不构成"违反法定程序构成重大且明显违法"情形，行政处罚决定不因未依照民事诉讼法的规定送达而无效。

方式：《民事诉讼法》第七章第二节专门对送达作出规定，具体有7种。

（1）直接送达

又称交付送达，是指行政机关将行政处罚决定书直接交付给受送达人签收的送达方式。直接送达是最基本的送达方式，在一般情况下，受送达人是公民的，由该公民直接签收；该公民不在时可交由与其同住的成年家属签收。受送达人是法人的，交由其法定代表人或者该法人负责收件的人签收；受送达人是其他组织的，交由其主要负责人或者该组织负责收件的人签收。

依据：主要包括《民事诉讼法》第八十八条，最高人民法院《关于适用〈民事诉讼法〉的解释》（法释〔2020〕20号，以下简称2020年《民诉解释》）第一百三十一条。

（2）留置送达

是指受送达人无理拒收行政处罚决定书时，行政机关依法将其放置在受送达人的住所并产生送达的法律效力的送达方式。

依据：主要包括《民事诉讼法》第八十九条，2020年《民诉解释》第一百三十条。

（3）电子送达

是指行政机关通过传真、电子邮件等方式将行政处罚决定书发送给受送达人的行为。

依据：主要包括《民事诉讼法》第九十条，2020年《民诉解释》第一百三十五条、第一百三十六条。

注意：应当将当事人同意电子送达的确认书、电子送达截图、系统显示发送成功及其日期的截图、当事人收悉截图等全过程进行记录，并归档保存。

（4）委托送达

是指行政机关直接送达行政处罚决定书有困难时，委托其他行政机关代为送达。这种送达方式在行政执法中使用不多。

依据：主要包括《民事诉讼法》第九十一条。

（5）邮寄送达

是指行政机关将所送达的行政处罚决定书通过邮局采用挂号信寄给受送达人的方式。

依据：主要包括《民事诉讼法》第九十一条。

（6）转交送达

是指行政机关将行政处罚决定书送交受送达人所在单位代收，由受送达人所在单位转交给受送达人的送达方式。这种送达方式在行政执法中使用不多。

依据：主要包括《民事诉讼法》第九十二条、第九十三条。

（7）公告送达

是指行政机关以张贴公告、登报公告、在门户网站公布等办法将行政处罚决定书公诸于众，经过一定时间，法律上即视为送达的送达方式。

依据：主要包括《民事诉讼法》第九十五条，2020年《民诉解释》第一百三十八条、第一百三十九条。

（三）实施要求

《民事诉讼法》第八十七条规定，送达诉讼文书必须有送达回证，由受送达人在送达回证上记明收到日期，签名或者盖章。受送达人在送达回证上的签收日期为送达日期。第九十四条规定，代为转交的机关、单位收到诉讼文书后，必须立即交受送达人签收，以在送达回证上的签收日期，为送达日期。

此外，《邮政法》第五条规定，国务院规定范围内的信件寄递业务，由邮政企业专营。第五十五条规定，快递企业不得经营由邮政企业专营的信件寄递业务，不得寄递国家机关公文。据此，邮寄送达执法文书原则上只能通过邮政企业。2015年，国家邮政局也印发《关于进一步加强国家机关公文寄递管理的通知》（国邮发〔2015〕1号），规定除邮政企业以外，社会快递企业不得寄递国家公文，违者将被罚款5万—20万元。在贾某宝诉某区政府行政复议不作为案中，山东省青岛市中级人民法院认为："区政府作出的行政复议决定书，属于国家机关公文，应当严格按照法定要求和法定途径送达，但其违背邮政法等相关法律法规规定，采用顺丰快递方式送达政府机关公文，明显违背了国家法律的禁止性规定，具体行政行为明显不当，确认其以顺丰方式邮寄行政复议延期通知书和行政复议决定书的行为违法。"①

笔者认为，"公文"是国家机关实施领导、履行职能、处理公务的具有特定效力和规范体式的文书，理应包含行政处罚决定书等行政执法文书。因此，邮寄送达必须符合《邮政法》要求，注意方式选择。

（四）问题与思考

1.标的——普通程序行政处罚决定书

《行政处罚法》（2021年修订）第六十一条第一款规定："行政处罚决定书应当在宣告后当场交付当事人；当事人不在场的，行政机关应当在七日内依照《中华人民共和国民事诉讼法》的有关规定，将行政处罚决定书送达当事人。"该条位于"第五章 行政处罚的决定"中的"第三节 普通程序"。可知，上述有关送达的规定针对的是普通程序行政处罚决定书。

---

① 参见2016鲁02行初273号《行政判决书》。

　　首先，不包括简易程序行政处罚决定书。《行政处罚法》（2021年修订）第五十二条规定，当场作出行政处罚决定，当事人拒绝签收的，执法人员"在行政处罚决定书上注明"即可。实际上，在行政处罚法修订前有的法规规章即已作出类似规定，如《公安机关办理行政案件程序规定》第三十六条第一款第一项规定，依照简易程序作出当场处罚决定的，应当将决定书当场交付被处罚人，并由被处罚人在备案的决定书上签名或者捺指印；被处罚人拒绝的，由办案人民警察在备案的决定书上注明。

　　其次，有关送达要求并不普遍适用于其他法律文书。笔者认为，行政处罚决定和其他行政处理决定类法律文书，涉及案件的最终处理，必须严格按照法定方式送达；责令停止违法行为通知书、事先告知书等程序性法律文书的送达方式，行政处罚法未作规定，在当事人不予配合、恶意逃避行政执法的背景下，可以采取现场张贴等送达方式，辅之以全过程记录，或者制作现场笔录、告知笔录，在案备查。法规、规章可以对此作出具体规定。遗憾的是，实践中的情况完全与之相左。如《市场监督管理行政处罚程序规定》第八十二条的送达对象为"执法文书"，《海关办理行政处罚案件程序规定》第二十四条规定的送达对象为"海关法律文书"，范围均有所扩大。实践中，在当事人不予配合情形下，在下达责令停止违法行为通知书、事先告知书等诸多环节反复使用公告送达，极大影响了行政执法效率，行政机关苦不堪言。

　　2.方式——缺失的"当场交付"

　　根据《行政处罚法》（2021年修订）第六十一条，行政处罚决定书送达应当首选"在宣告后当场交付当事人"；只有当事人不在场的，才适用民事诉讼法规定的7种送达方式。实践中，通知当事人到场并宣告交付行政处罚决定书的做法极少被采用。

　　3.争论——张贴拍照的合法性

　　实践中，当事人拒收行政处罚决定书情况常见多发，一些行政机关"创造性"地采取将法律文书张贴在违法行为现场或者当事人住所地，并以拍照、录像等方式记录送达过程的做法。检索发现，在相当一段时间中，司法实践对此持不予认可态度，认为行政机关采用直接将文书张贴方式送达，违反法律规定，视为没有送达；但近期也有相反判例予以认可，体现了司法裁判理念的悄然变化。

笔者注意到，2020年《民诉解释》第一百三十一条第二款规定："人民法院可以在当事人住所地以外向当事人直接送达诉讼文书。当事人拒绝签署送达回证的，采用拍照、录像等方式记录送达过程即视为送达。审判人员、书记员应当在送达回证上注明送达情况并签名。"该规定似乎已为张贴拍照送达的合法性"松绑"。此外，不少地方立法对"送达难"予以关注，对张贴拍照的送达方式予以回应，如：

（1）《重庆市查处违法建筑若干规定》

第十六条 行政机关应当依照《中华人民共和国民事诉讼法》的规定送达行政执法文书。通知当事人到场而拒不到场或者拒绝签收的，行政机关可以将行政执法文书张贴在当事人住所或者违法建筑现场，由有关基层组织或者当事人所在单位的代表到场见证，或者采用拍照、录像等方式记录送达过程，即视为送达。

（2）《深圳经济特区规划土地监察条例》

第三十三条 对于有关违法建筑物、构筑物、设施的法律文书，采用本条第一款规定的方式无法送达的，规划土地监察机构将相关法律文书张贴在该违法建筑物、构筑物、设施的显著位置，并抄送违法建筑物、构筑物、设施所在地有关基层组织，即视为送达。

（3）《黄冈市违法建设治理条例》

第二十四条 违法建设当事人或其同住成年家属拒绝签收的，可以将行政执法文书张贴在违法建设当事人住所或者违法建设现场，由有关基层组织或者违法建设当事人所在单位的代表到场见证，说明情况，并在送达回证上签名或者盖章；也可以把行政执法文书留在当事人的住所，并采用拍照、录像等方式记录送达过程，即视为送达。

案例42：采用张贴的方式进行送达不符合法律规定[①]

位于苏锡路365号的建筑物系俞某于2000年前建造。2009年4月，某市

[①] 参见（2010）锡行终字第0043号《行政判决书》（最高人民法院行政指导案例第113号）。

城管局在对原告的上述建筑物巡查后，证实原告建筑物现状与房屋权属证明登记事实不一致，且无建设工程规划许可证，依据《城乡规划法》第四十条第一款、第六十四条规定，于2009年6月25日以张贴的方式将行政处罚事先告知书送达给俞某，并载明了相关权利，有邹某了（太湖街道工作人员）证明，但俞某不在现场；市城管局于2009年7月3日又以张贴的方式将行政处罚决定书送达给俞某，并载明了相关权利，要求俞某在15日内自行拆除，也有邹某了证明，但俞某不在现场。俞某不服，提起行政诉讼。

一审法院认为，市城管局通过查询证实原告在苏锡路365号建筑物的建筑面积与产权部门登记的面积不一致，即以张贴的方式将行政处罚事先告知书、行政处罚决定书送达给原告。虽有在场人证明已张贴送达，但原告表示未收到，上述送达方式不合法，不能视为送达。根据行政处罚法的有关规定，被告所作的行政处罚决定不能成立。判决：确认被告作出的行政处罚决定无效。市城管局不服，提起上诉。

二审法院认为，为保障行政处罚的公正合法，市城管局在作出行政处罚决定之前，应当将行政处罚的事实、理由和依据事先告知当事人，以保障当事人及时了解行政处罚的内容，可以充分行使陈述和申辩权。2009年6月25日，在当事人不在现场的情况下，市城管局将行政处罚事先告知书采用张贴的方式进行告知，但当事人提出并未收到该告知书，市城管局未进行合法送达。市城管局提交的现场拍摄照片也不能证明其张贴地址是在何处。根据本案现有证据和法院的调查进行综合评判，不能认定在作出行政处罚决定之前，市城管局已经向被处罚人履行了法定的告知义务，行政处罚决定书亦未以合法方式进行有效送达。因此，市城管局作出的行政处罚决定未能生效。

判决：驳回上诉，维持原判。

案例43：将法律文书张贴公示并拍照留存的送达程序符合法律规定[①]

2015年4月22日，某市规划局九龙坡分局（以下简称规划分局）作出《限期拆除违法建筑决定书》，认定西部家具厂（以下简称家具厂）在某镇高田坎村14社、高峰寺村9社修建的建筑面积约为9206平方米建（构）筑

_____

① 参见（2019）最高法行申959号《行政裁定书》。

物未经规划许可，属于违法建筑，责令其自该决定书送达之日起5日内自行拆除，逾期未拆除的，将依法提请区政府强制拆除。当日，规划分局在镇政府和村民委员会工作人员见证下，向家具厂送达上述《限拆决定》。因家具厂的负责人拒不到场，规划分局遂将《限拆决定》在厂区大门处进行张贴公示。2017年9月14日，家具厂向区政府寄送《行政复议申请书》，请求撤销《限拆决定》。2017年12月7日，区政府作出《驳回行政复议申请决定书》。家具厂不服，提起行政诉讼。

一审法院认为，复议决定事实清楚、证据充分、适用法律法规正确，判决驳回家具厂的诉讼请求。家具厂不服上述一审判决，提起上诉。二审法院查明的事实与一审法院无异，并以与一审基本相同的理由判决驳回上诉，维持一审判决。家具厂向最高人民法院提出再审申请。

最高人民法院经审查认为：《行政复议法》第九条规定，公民、法人或者其他组织认为具体行政行为侵犯其合法权益的，可以自知道该具体行政行为之日起六十日内提出行政复议申请。《行政强制法》第三十八条规定，催告书、行政强制执行决定书应当直接送达当事人。当事人拒绝接收或者无法直接送达当事人的，应当依照《民事诉讼法》的有关规定送达。《民事诉讼法》第八十六条规定，受送达人或者他的同住成年家属拒绝接收诉讼文书的，送达人可以邀请有关基层组织或者所在单位的代表到场，说明情况，在送达回证上记明拒收事由和日期，由送达人、见证人签名或者盖章，把诉讼文书留在受送达人的住所；也可以把诉讼文书留在受送达人的住所，并采用拍照、录像等方式记录送达过程，即视为送达。

本案中，根据原审法院查明的事实，能够证明2015年4月22日规划分局在进行送达时，因家具厂负责人拒不到场，在当地基层政府和村民自治组织工作人员的签字见证下，规划分局将《限拆决定》于当日在家具厂大门处进行张贴公示，并拍照留存，其送达程序符合法律规定。家具厂应于当日知道或者应当知道《限拆决定》及其具体内容，其于2017年9月14日提出行政复议申请，明显超过法定复议申请期限。

裁定：驳回再审申请。

4.关注——公告送达的前提与要求

公告送达属于推定送达，因而必须进行严格控制。《民事诉讼法》第九十五条规定："受送达人下落不明，或者用本节规定的其他方式无法送达的，公告送达。自发出公告之日起，经过三十日，即视为送达。""公告送达，应当在案卷中记明原因和经过。"

首先，适用公告送达必须是受送达人下落不明，或者穷尽其他方式无法送达。实际上，2011年最高人民法院《全国民事审判工作会议纪要》第六十九条即强调："只有在民事诉讼法第八十四条规定的受送达人下落不明，穷尽其他方式无法送达的情况下，才可以采用公告送达方式，坚决杜绝随意采用公告送达方式的错误做法。受送达人是否下落不明、是否穷尽了其他所有送达方式均需提供相应证据予以证实，并附入案卷中备查。"相关法规、规章一般亦有类似规定，如《公安机关办理行政案件程序规定》第三十六条第四款规定："经采取上述送达方式仍无法送达的，可以公告送达。公告的范围和方式应当便于公民知晓，公告期限不得少于六十日。"此外，2020年《民诉解释》第一百三十九条亦规定："公告送达应当说明公告送达的原因"。

其次，公告的载体可以拓展至信息网络等新媒体。2020年《民诉解释》第一百三十八条第一款规定，公告送达可以在法院的公告栏和受送达人住所地张贴公告，也可以在报纸、信息网络等媒体上刊登公告，发出公告日期以最后张贴或者刊登的日期为准。对公告送达方式有特殊要求的，应当按要求的方式进行。公告期满，即视为送达。相关法规、规章一般亦有类似规定，如《城市管理执法办法》第三十三条第二款规定："采取直接、留置、邮寄、委托、转交等方式无法送达的，可以通过报纸、门户网站等方式公告送达。"

再次，公告期应以三十日为准，地方立法中的一些变通规定的合法性有待进一步探讨。实践中，一些地方性法规、规章将公告期缩短至二十日，最短的为十日。如《上海市拆除违法建筑若干规定》第九条规定："拆违实施部门应当依法将责令限期拆除决定送达当事人，并予以公告。当事人难以确定或者难以送达的，可以采用通告形式，告示期限自通告发布之日起不少于十日。"

笔者认为，对于普通程序行政处罚决定书适用公告送达，三十日的公告期不可或缺，地方立法无权"打折"；对于其他程序性法律文书，若上位法未作规定，地方立法则可以进行适当变通。

案例44：邮寄送达被退回后直接公告送达违反民事诉讼法的规定[①]

杜某华因与某网络科技有限公司计算机软件开发合同纠纷一案，不服浙江省杭州市中级人民法院（2018）浙01民初3598号民事判决，申请再审，浙江省高级人民法院依法将该案移送最高人民法院。

最高人民法院经审查认为，《民事诉讼法》第九十二条第一款规定，"受送达人下落不明，或者用本节规定的其他方式无法送达的，公告送达"。原审法院通过邮寄方式向杜某华送达起诉状、举证通知书、应诉通知书等材料被退回后，未采取法律规定的其他送达方式，直接公告送达前述应诉材料及传票，违反了《民事诉讼法》第九十二条第一款的规定。最高人民法院《关于适用〈民事诉讼法〉的解释》第三百九十一条规定，"原审开庭过程中有下列情形之一的，应当认定为民事诉讼法第二百条第九项规定的剥夺当事人辩论权利：……（三）违反法律规定送达起诉状副本或者上诉状副本，致使当事人无法行使辩论权利的；……"据此，原审法院违反法定程序送达起诉状副本的行为，构成《民事诉讼法》第二百条第九项规定的情形。

综上，杜某华的再审申请符合《民事诉讼法》第二百条第九项规定的情形。依照《民事诉讼法》第二百零四条、第二百零六条，最高人民法院《关于适用〈民事诉讼法〉的解释》第三百九十五条第一款之规定，裁定：

1.指令浙江省杭州市中级人民法院再审本案；2.再审期间，中止原判决的执行。

第四节　听证程序

一、行政处罚听证制度及其发展

听证是行政程序现代化和民主化的重要标志。现代国家行政要求公平的行政，当事人享有不受偏私裁决的权利。听证制度的本质在于给行政处罚决

---

①参见（2020）最高法知民申6号《民事裁定书》。

定的当事人一个陈述自己意见的机会，这种机会实质上是与行政决定有利害关系的当事人享有的、与行政机关的行政权力相对应的一种自卫权利。

我国的听证制度包括行政处罚听证、价格听证、行政许可听证、立法听证、行政复议听证、重大决策听证等。行政处罚听证制度是指行政机关在作出较大数额罚款、没收较大数额违法所得、没收较大价值非法财物等较重的行政处罚以及法律、法规、规章规定的其他行政处罚决定之前，应当事人的要求，组织案件的调查人员和当事人同时参加，由调查人员和当事人对所指控的违法事实和所适用的法律依据进行举证、质证，听取当事人陈述、申辩，然后根据听证笔录作出决定的一种制度，目的在于弄清事实、发现真相、准确施罚，实现法律效果与社会效果的统一。可以认为，对于当事人而言，听证是一项重要的程序性权利；对于行政机关而言，听证是一个特殊的调查取证程序。有著作认为："听证程序事实上只是一种特殊的调查取证工作，在听证结束后调查已有了结果，行政机关应当根据《行政处罚法》第三十八条的规定，作出相应的决定。"[①]

行政处罚听证因其适用对象的特定化、普通程序的复杂化、听取意见的要式化特征，具有独立的程序价值，在整个行政处罚制度设计中举足轻重。1996年《行政处罚法》第一次将听证程序作为与简易程序、一般程序并行的法律制度确定下来，是我国民主政治制度的一大发展。二十多年来，这个颇受责难的"舶来品"逐步被行政机关和管理相对人接受，在调整行政管理关系、维护社会秩序、实现公平正义方面发挥了巨大作用。但随着时间的推移，行政处罚听证程序存在的问题与不足逐步显现，难以适应新时代行政管理需要，要求修改完善的呼声较高。如有学者提出："我国《行政处罚法》在我国法上最早引入听证程序，但对比我国《行政许可法》的规定，处罚听证申请期限较短、范围较窄，缺少听证案卷排他规则要求等问题已经暴露，应当作出调整。"[②]

---

①原江苏省人民政府法制局编：《〈行政处罚法〉培训手册》，第134页。

②曹鎏：《论"基本法"定位下的我国〈行政处罚法〉修改——以2016年至2019年的行政处罚复议及应诉案件为视角》，《政治与法律》2020年第6期。

本次修订，对此进行了积极回应。2020年6月28日，全国人大常委会法制工作委员会副主任许安标在第十三届全国人民代表大会常务委员会第二十次会议上所作《关于〈中华人民共和国行政处罚法（修订草案）〉的说明》指出："……九是完善听证程序，扩大适用范围，适当延长申请期限，明确行政机关应当结合听证笔录作出决定。"《行政处罚法》（2021年修订）对行政处罚听证程序作出较大调整，包括扩大了适用范围，完善了组织程序，明确了听证笔录的法律地位，增加了代理人权利义务，等等。这是本次修法的亮点。

但是，囿于法律条文的篇幅限制，行政处罚法有关行政处罚听证的规定仍过于原则。从目前已出台的部门规章看，《交通运输行政执法程序规定》有关听证程序共有19个条文；《海关办理行政处罚案件程序规定》"第五章 听证程序"分为三节，共计19个条文。《市场监督管理行政处罚听证办法》是有关听证的专门性规章，共计35个条文。因此，行政处罚听证制度的实施与完善，还有赖于制定配套性程序规定或者实施细则。

二、行政处罚听证程序适用范围

修订过程	法条内容
行政处罚法（2017年修正）	第四十二条 行政机关作出责令停产停业、吊销许可证或者执照、较大数额罚款等行政处罚决定之前，应当告知当事人有要求举行听证的权利；当事人要求听证的，行政机关应当组织听证。当事人不承担行政机关组织听证的费用。听证依照以下程序组织：…… 当事人对限制人身自由的行政处罚有异议的，依照治安管理处罚法有关规定执行。
修订草案	第五十八条 行政机关拟作出下列行政处罚决定之前，应当告知当事人有要求举行听证的权利，当事人要求听证的，行政机关应当组织听证：（一）较大数额罚款；（二）没收较大数额违法所得、没收较大价值非法财物；（三）吊销许可证件、不得申请行政许可；（四）责令停产停业、责令关闭、限制开展生产经营活动、限制从业；（五）法律、法规和规章规定的其他情形。 当事人不承担行政机关组织听证的费用。

修订过程	法条内容
修订草案二次审议稿	同行政处罚法（2021年修订）
行政处罚法（2021年修订）	**第六十三条**　行政机关拟作出下列行政处罚决定，应当告知当事人有要求听证的权利，当事人要求听证的，行政机关应当组织听证：（一）较大数额罚款；（二）没收较大数额违法所得、没收较大价值非法财物；（三）降低资质等级、吊销许可证件；（四）责令停产停业、责令关闭、限制从业；（五）其他较重的行政处罚；（六）法律、法规、规章规定的其他情形。 当事人不承担行政机关组织听证的费用。

变化内容：

一是将"没收较大数额违法所得、没收较大价值非法财物，降低资质等级、责令关闭、限制从业"等5类行政处罚纳入听证程序适用范围，并顺应行政处罚种类调整，将"吊销许可证或者执照"变更为"吊销许可证件"。

二是将《行政处罚法》（2017年修正）第四十二条的"等"字，调整为"（五）其他较重的行政处罚；（六）法律、法规、规章规定的其他情形。"

三是删除了《行政处罚法》（2017年修正）第四十二条第二款"当事人对限制人身自由的行政处罚有异议的，依照治安管理处罚法有关规定执行。"

《行政处罚法》（2021年修订）对于听证程序适用范围的修改，回应了行政处罚制度进步需求，必将对行政执法产生深远影响。

（一）关于听证程序适用范围

立法之初，有关方面对于听证程序提出反对意见，认为它可能影响行政效率。有著作提出："听证程序影响行政效率的担心主要是对该制度比较陌生以及缺乏相应的法律文化传统造成的。"[1]亦有著作认为："之所以限定听证案件的范围，是从公平与效率兼顾的原则出发，既保证行政机关处理行政处罚案件的效率，也注重行政处罚程序中的民主程序的建设。"[2]实际

---

[1]应松年、马怀德主编：《中华人民共和国行政处罚法学习辅导》，人民出版社1996年版，第215页。

[2]全国人大常委会法制工作委员会著：《〈中华人民共和国行政处罚法〉讲话》，法律出版社1996年版，第154页。

上，在任何国家，听证程序都是有具体范围的。亦即，并非所有的行政处罚都适用听证程序。1996年《行政处罚法》第四十二条将听证程序限于"责令停产停业、吊销许可证或者执照、较大数额罚款"3类行政处罚，有其深刻的时代背景。

但是，对于1996年《行政处罚法》中的"等"字是"等外"还是"等内"，实践中争议较大。2004年9月4日，最高人民法院《关于没收财产是否应进行听证及没收经营药品行为等有关法律问题的答复》（〔2004〕行他字第1号）提出："人民法院经审理认定，行政机关作出没收较大数额财产的行政处罚决定前，未告知当事人有权要求举行听证或者未按规定举行听证的，应当根据《行政处罚法》的有关规定，确认该行政处罚决定违反法定程序。"此答复作出后，公安部就此问题咨询了最高人民法院行政审判庭，并请示了全国人大常委会法制工作委员会。最高人民法院行政审判庭认为，《行政处罚法》第四十二条第一款规定的听证范围是"责令停产停业、吊销许可证或者执照、较大数额罚款等行政处罚"，这里"等"字表示不完全列举，没收较大数额违法所得或者非法财物和"较大数额罚款"在性质上相同，都对当事人的财产权产生较大影响。因此，从公平角度出发，也应当适用听证程序。此答复意见事先征求了全国人大常委会法制工作委员会意见，并得到其认同。

2012年4月9日，最高人民法院发布第6号指导案例。该案生效裁判认为，《行政处罚法》第四十二条规定："行政机关作出责令停产停业、吊销许可证或者执照、较大数额罚款等行政处罚决定之前，应当告知当事人有要求举行听证的权利。"虽然该条规定没有明确列举"没收财产"，但是该条中的"等"系不完全列举，应当包括与明文列举的"责令停产停业、吊销许可证或者执照、较大数额罚款"类似的其他对相对人权益产生较大影响的行政处罚。为了保证行政相对人充分行使陈述权和申辩权，保障行政处罚决定的合法性和合理性，对没收较大数额财产的行政处罚，也应当根据行政处罚法第四十二条的规定适用听证程序。关于没收较大数额的财产标准，应比照《四川省行政处罚听证程序暂行规定》第三条"本规定所称较大数额的罚款，是指对非经营活动中的违法行为处以1000元以上，对经营活动中的违法行为处以20000元以上罚款"中对罚款数额的规定。因此，金堂工商局没收黄泽富等三人32台电脑主机的行政处罚决定，应属没收较大数额的财产，对黄泽富等三人的利益产生重大影响的行为，金堂工商局在作出行政处罚前应当告知被处罚人有要求听证的权利。本案中，金堂工商局在作出处罚决定前只按照行政处罚一般程序告知黄泽富等三人有陈述、申辩的权利，而没有告知听证权利，违反了法定程序，依法应予撤销。

显然，最高人民法院的观点是："等"系不完全列举，应当包括与明文列举的"责令停产停业、吊销许可证或者执照、较大数额罚款"类似的其他对相对人权益产生较大影响的行政处罚。

本次修订将"没收较大数额违法所得、没收较大价值非法财物"以及其他可能对相对人权益产生较大影响的"降低资质等级、责令关闭、限制从业"纳入听证范围，回应了立法本意。此外，在列举时，还使用了"其他较重的行政处罚""法律、法规、规章规定的其他情形"双兜底，这在立法中实为罕见。其中，"其他较重的行政处罚"为三审时增加。2021年1月20日，全国人民代表大会宪法和法律委员会《关于〈中华人民共和国行政处罚法（修订草案）〉审议结果的报告》提出："……二是扩大听证范围，明确将其他较重的行政处罚纳入听证范围。"足见将"较重的行政处罚"全部纳入听证范围、防止挂一漏万的鲜明立法意图。

（二）关于限制人身自由的行政处罚听证适用

《行政处罚法》（2017年修正）第四十二条第二款规定："当事人对限制人身自由的行政处罚有异议的，依照治安管理处罚法有关规定执行。"《治安管理处罚法》第九十八条规定："公安机关作出吊销许可证以及处二千元以上罚款的治安管理处罚决定前，应当告知违反治安管理行为人有权要求举行听证；违反治安管理行为人要求听证的，公安机关应当及时依法举行听证。"据此，违反《治安管理处罚法》适用听证程序的案件包括吊销许可证、二千元以上罚款，不包括限制人身自由的行政处罚。

众所周知，限制人身自由是最重的行政处罚种类，为什么不能进行听证？对此，有著作认为："如果行政机关已经作出行政拘留的决定，却又要组织听证，实际工作中很难处理。""被裁决行政拘留的人，有进行申诉和诉讼的权利，并且在申诉和诉讼期间，行政拘留处罚可以暂缓执行。"[①]上述理由在今天看来均无法立足。亦有著作认为："至于说限制人身自由的案件现在还不能适用听证程序，则主要是由于'中国国情'，而非理论上不应该。"[②]

二十多年来，我国的民主法治建设取得了长足进展，全面依法治国已经成为基本方略。不可否认的是，时代变了，"中国国情"也变了。有学者认为：在全面推进依法治国的背景下，应当考虑行政机关限制公民人身自由的处罚决定纳入听证的范围。[③]《行政处罚法》（2021年修订）将《行政处罚法》（2017年修正）第四十二条第二款删除，顺应了时代需求，具有很大的进步意义。按照"举轻以明重"原则，在"其他较重的行政处罚""法律、法规、规章规定的其他情形"双兜底的背景下，将限制人身自由的行政处罚纳入听证范围已无任何悬念与障碍。

但是，到目前为止，限制人身自由的行政处罚仍未纳入听证范围。有著作认为，"其他较重的行政处罚"不包括行政拘留。理由：一是新修订的《行政处罚法》第六十三条第一款将新修订的《行政处罚法》第九条规定的行政处罚种类中对当事人权利影响较大（即较重）的行政处罚，除行政拘留外均明确纳入了听证的适用范围，但却未明确行政拘留适用听证。如果立法机关有意将行政拘留纳入听证适用范围，应当明确规定。采取这种模糊表述必然会引起歧义和争议，不利于法律的正确有效执行。二是新修订的《行政处罚法》未明确行政拘留应当适用听证，而现行法律、法规、规章也未将行政拘留纳入听证范围。如果认为"其他较重的行政处罚"包括行政拘留，因没有明确的法律依据，则涉及"法律条文本身需要进一步明确界定"的问

---

① 全国人大常委会法制工作委员会著：《〈中华人民共和国行政处罚法〉讲话》，法律出版社1996年版，第154-155页。

② 应松年、马怀德主编：《中华人民共和国行政处罚法学习辅导》，人民出版社1996年版，第212页。

③ 李洪雷：《论我国行政处罚制度的完善——兼评〈中华人民共和国行政处罚法（修订草案）〉》，《法商研究》2020年第6期。

题，根据全国人民代表大会常务委员会《关于加强法律解释工作的决议》的规定，应当由全国人民代表大会常务委员会解释。[1]笔者对此不予赞同，具体理由不再赘述。

三、行政处罚听证的组织程序

修订过程	法条内容
行政处罚法（2017年修正）	**第四十二条**……听证依照以下程序组织：（一）当事人要求听证的，应当在行政机关告知后三日内提出；（二）行政机关应当在听证的七日前，通知当事人举行听证的时间、地点；（三）除涉及国家秘密、商业秘密或者个人隐私外，听证公开举行；（四）听证由行政机关指定的非本案调查人员主持；当事人认为主持人与本案有直接利害关系的，有权申请回避；（五）当事人可以亲自参加听证，也可以委托一至二人代理；（六）举行听证时，调查人员提出当事人违法的事实、证据和行政处罚建议；当事人进行申辩和质证；（七）听证应当制作笔录；笔录应当交当事人审核无误后签字或者盖章。
修订草案	同行政处罚法（2021年修订）
行政处罚法（2021年修订）	**第六十四条**　听证应当依照以下程序组织：（一）当事人要求听证的，应当在行政机关告知后五日内提出；（二）行政机关应当在举行听证的七日前，通知当事人及有关人员听证的时间、地点；（三）除涉及国家秘密、商业秘密或者个人隐私依法予以保密外，听证公开举行；（四）听证由行政机关指定的非本案调查人员主持；当事人认为主持人与本案有直接利害关系的，有权申请回避；（五）当事人可以亲自参加听证，也可以委托一至二人代理；（六）当事人及其代理人无正当理由拒不出席听证或者未经许可中途退出听证的，视为放弃听证权利，行政机关终止听证；（七）举行听证时，调查人员提出当事人违法的事实、证据和行政处罚建议，当事人进行申辩和质证；（八）听证应当制作笔录。笔录应当交当事人或者其代理人核对无误后签字或者盖章。当事人或者其代理人拒绝签字或者盖章的，由听证主持人在笔录中注明。

---

[1]孙茂利主编：《公安机关办理行政案件程序规定释义与实务指南》，中国人民公安大学出版社2021年版。

变化内容：

一是将当事人有权提出听证的期限由"行政机关告知后三日内"改为"行政机关告知后五日内"。

二是新增"当事人及其代理人无正当理由拒不出席听证或者未经许可中途退出听证的，视为放弃听证权利，行政机关终止听证"规定。

三是新增"当事人或者其代理人拒绝签字或者盖章的，由听证主持人在笔录中注明"规定。

此外，还对代理人参与听证程序作出规定，并作了部分文字修改。

修订背景：

一是《行政处罚法》（2021年修订）第六十四条将当事人有权提出听证的期限由"三日"改为"五日"，使得当事人行使听证权利的期限更为充足，保障更为充分；同时，保持了与《行政许可法》的一致。

二是新增"当事人及其代理人无正当理由拒不出席听证或者未经许可中途退出听证的，视为放弃听证权利，行政机关终止听证""当事人或者其代理人拒绝签字或者盖章的，由听证主持人在笔录中注明"规定，回应了听证程序中的非正常情形及其处置。

上述修订，汲取了有关地方和相关领域的经验。如《湖南省行政处罚听证程序规定》第二十六条规定："当事人无正当理由不到场参加听证，或者未经主持人允许中途退场的，按放弃要求听证的权利处理。"《环境行政处罚听证程序规定》第三十五条第二款规定："听证结束后，听证笔录交陈述意见的案件调查人员、当事人、第三人审核无误后当场签字或者盖章。拒绝签字或者盖章的，将情况记入听证笔录。"

四、行政处罚听证笔录的法律地位

修订过程	法条内容
行政处罚法（2017年修正）	**第四十三条** 听证结束后，行政机关依照本法第三十八条的规定，作出决定。
修订草案征求意见稿	**第五十六条** 听证结束后，行政机关应当根据听证笔录，依照本法第五十条的规定，作出决定。

修订过程	法条内容
修订草案	**第六十条**　听证结束后，行政机关应当结合听证笔录、依照本法第五十四条的规定，作出决定。
修订草案二次审议稿	**第六十三条**　听证结束后，行政机关应当根据听证笔录、依照本法第五十五条的规定，作出决定。
行政处罚法（2021年修订）	**第六十五条**　听证结束后，行政机关应当根据听证笔录，依照本法第五十七条的规定，作出决定。

变化内容：

将听证结束后"行政机关依照本法第三十八条的规定，作出决定"，修改为"行政机关应当根据听证笔录，依照本法第五十七条的规定，作出决定"，确定案卷排他性原则。

（一）案卷排他性原则概念

案卷排他性原则是指为了保护当事人的知情权和防卫权，行政机关作出的影响当事人或利害关系人权利义务的决定所根据的证据，原则上必须是该决定作出前行政案卷中已经记载的，并经过当事人口头或书面质辩的事实材料。它是正当行政程序的基本要求。有著作认为：案卷也是法院在行政诉讼中审查行政处罚是否合法的重要依据，而且应该是全部依据，因为行政处罚的事实和法律依据本就应该全部记录在案卷里，除此之外行政机关没有保留"王牌"的必要，而且可以防止行政机关在当事人已经提起行政诉讼后根据已经作出的行政处罚决定收集证据这种"先决定、后取证"的违反依法行政原则和行政诉讼法规定的做法。[1]笔者对此予以赞同。

（二）案卷排他性原则形成经过

囿于当时的客观情况，1996年《行政处罚法》没有对行政处罚听证程序中的案卷排他性原则作出规定。但是，2004年制定《行政许可法》时，在行政许可听证程序中明确规定了案卷排他性原则。本次修订中，要求对此作出修改的建议较多。如有学者认为："关于案卷排他性原则。现行《行政处罚法》第四十二条第一款第七项规定，听证应当制作笔录，笔录应当交当事

---

[1]应松年、马怀德主编：《中华人民共和国行政处罚法学习辅导》，人民出版社1996年版，第222页。

人审核无误后签字或者盖章。但没有规定，行政机关只能依据听证笔录来作出决定。在实践中，有的行政机关在举行了听证以后发现所收集的证据不充分，进行补充调查，重新收集证据，将经过听证和未经过听证的证据共同作为认定事实的根据，这就导致行政处罚的听证程序被架空了。《行政许可法》第四十八条第二款规定，行政机关应当根据听证笔录作出行政决定，《行政处罚法》也应当作出相同的规定，以增强听证程序的实效性。"①

修订过程中，有关方面对此进行了回应。修订草案第五十六条曾经规定："听证结束后，行政机关应当结合听证笔录，依照本法第五十条的规定，作出决定。"该规定在一审后公开征求意见中反映较为强烈，比较集中的观点是认为"结合"不符合案卷排他性原则的核心要义。2020年10月13日，全国人民代表大会宪法和法律委员会《关于〈中华人民共和国行政处罚法（修订草案）〉修改情况的汇报》提出："……三是完善听证程序……明确听证结束后，行政机关应当根据听证笔录作出行政处罚决定。"

《行政处罚法》（2021年修订）最终采纳了有关方面的建议，规定："听证结束后，行政机关应当根据听证笔录，依照本法第五十七条的规定，作出决定。"

五、适用行政处罚听证程序的几个具体问题

（一）"较大价值"需要进一步明确

《行政处罚法》（2021年修订）第六十三条第一款第二项将"没收较大数额违法所得、没收较大价值非法财物"纳入听证范围。汲取1996年《行政处罚法》实施后各地区各部门自己确定"较大数额罚款"中出现的地区（部门）差异大、区分方法复杂等教训，《行政处罚法》（2021年修订）实施后，国家层面宜对没收处罚中的"较大数额""没收较大价值"作出统一规定，或者提出规范意见。同时一并明确，有关"较大数额"的确定适用于《行政处罚法》（2021年修订）第六十三条第一款第一项"较大数额罚款"。

---

① 李洪雷：《论我国行政处罚制度的完善——兼评〈中华人民共和国行政处罚法（修订草案）〉》，《法商研究》2020年第6期。

（二）听证人员的资格要求、回避及听证主持人意见的拘束力

1.听证人员的资格要求

关于听证人员的资格要求，有学者认为："我国听证制度主要借鉴自美国。美国主持听证程序的人员被称作行政法官，资格要求很高，立法对其独立性、中立性也有很强的保障。但《行政处罚法》对于听证主持人的资格及专业性、独立性、中立性保障都缺乏规定，这也是听证程序流于形式的一个重要原因。现阶段，至少可规定听证主持人应具有法律职业资格。"[1]有学者建议："设立听证主持人资格准入制度。在美国，听证主持人又叫做行政法官，这一制度发展较好，行政法官的选拔、任命、权利义务、监督、回避等制度的规定符合职能分离原则，我国可以借鉴。通过立法明确规定听证主持人的准入门槛，由国家制定统一的标准，由政府根据主持人的组织协调及管理能力、法律知识及业务水平、职业道德和修养，按照公正公开的竞争原则进行选拔，选拔过程必须要通过考试进行，其培养、晋升及待遇，都以工作业绩作为考核及评价行政听证主持人的主要标准。"[2]

我国绝大部分法规规章一般只规定听证的实施部门及听证主持人、听证员的人数，不规定具体资格要求或者限定。如《公安机关办理行政案件程序规定》第一百二十四条规定，听证由公安机关法制部门组织实施。依法具有独立执法主体资格的公安机关业务部门以及出入境边防检查站依法作出行政处罚决定的，由其非本案调查人员组织听证。第一百二十七条规定，听证设听证主持人一名，负责组织听证；记录员一名，负责制作听证笔录。必要时，可以设听证员一至二名，协助听证主持人进行听证。本案调查人员不得担任听证主持人、听证员或者记录员。但是，也有少数地方政府规章对此作出规定，如《天津市行政处罚听证程序》第十八条规定："听证主持人、听证员，由本机关调查人员以外的从事政府法制工作三年以上的工作人员，或者熟悉法律和业务知识的其他工作人员担任。行政机关的负责人认为必要

---

[1]李洪雷：《论我国行政处罚制度的完善——兼评〈中华人民共和国行政处罚法（修订草案）〉》，《法商研究》2020年第6期。

[2]宋涵博：《我国行政处罚听证程序的现状与不足》，《世界家苑》2019年6期。

时，可以作为主持人组织听证。"

具体工作中，要注意了解掌握地方法规规章有关要求；地方法规规章有明确要求的，应当执行。

2.听证人员的回避

（1）回避的人员范围

《行政处罚法》（2021年修订）第六十四条第四项规定，听证由行政机关指定的非本案调查人员主持；当事人认为主持人与本案有直接利害关系的，有权申请回避。根据"任何人不能作为自己案件的法官"要求，实施处罚与主持听证的职能必须实行分离，因此，法律对于听证主持人回避作了明确规定。实践中的问题是，听证主持人以外的其他听证人员是否在回避范围以内？《行政处罚法》（2021年修订）对此未作规定。

笔者认为，根据回避的一般要求，听证员、记录员等其他听证人员也应当执行回避规定。理由是：行政处罚法仅规定"听证由行政机关指定的非本案调查人员主持"，即本案调查人员不得担任听证主持人；听证员、记录员亦为听证工作人员，其"不得由本案调查人员担任"乃回避制度的应有之义。有的法规规章已作规定，如《公安机关办理行政案件程序规定》第一百二十七条。

（2）回避的理由

根据《行政处罚法》（2021年修订）第六十四条第四项，当事人认为主持人与本案有直接利害关系的，有权申请回避。对于何为"直接利害关系"，法律未作规定。有的法规规章作了规定，如《天津市行政处罚听证程序》第二十三条规定："当事人及其代理人认为主持人、听证员和记录员有下列情形之一的，有权申请回避：（一）是本案调查人员；（二）是本案调查人员的近亲属；（三）与本案当事人有直接利害关系的。"

实践中，听证申请人常以各种托辞提出回避申请。比如，有申请人提出"在办案单位见过听证员"，等等。对此是否应当同意？笔者认为，只要不属于上述3种法定情形，即可驳回其回避申请。但是，现行法规规章大多仅规定当事人在听证活动中有申请回避的权利，并未规定应当回避的具体情形。未来，应当进一步予以修订完善。

　　此外，申请人在行使申请回避权的同时，负有对回避事由举证证明的义务。否则，将承担不利后果。如唐某平、中国证券监督管理委员会金融行政管理（金融）再审审查与审判监督案，最高人民法院认为，《行政处罚法》第四十二条第四项规定，听证由行政机关指定的非本案调查人员主持；当事人认为主持人与本案有直接利害关系的，有权申请回避。本案中，根据原审法院调取的《听证笔录》，可以证明证监会在听证时已告知了唐某平申请回避的权利及唐某平不申请听证会主持人阴某琦回避的事实。唐某平认为听证会主持人阴某琦系证监会调查人员，负责证监会对本案的调查工作，被诉行政处罚听证程序违法。由于证监会对此亦予以否认，唐某平并未提交相关证据予以证明，且唐某平在听证会中已明确表示不再申请有关人员回避，故其关于被诉处罚决定听证程序违法的申请再审理由，本院难以支持。[①]

　　3.听证主持人意见的拘束力

　　关于听证主持人意见的拘束力，有学者认为："听证主持人的意见是否对行政机关作出行政决定具有拘束力，有不同的观点。一种观点认为应当有拘束力，现在司法改革要求'让审理者裁判，让裁判者负责'。参考这一要求，听证程序作为一种司法化的听证程序，听证主持人是审理的亲历者，应该由其来作决定。另外一种立场认为行政处罚作为一个行政决定，应该遵守行政首长负责制，由行政首长作出最终的判断和决定。第三种观点认为，行政首长原则上要依照行政听证主持人的意见，但是如果有特别的理由也可以偏离其意见，但要说明理由。第三种主张恰当平衡了听证程序的实效性和行政首长负责制，更为妥当。"[②]文章进而提出："关于听证主持人意见的拘束力和听证主持人的资格问题，也应作出规定。"《行政处罚法》（2021年修订）对此未予回应。该法第六十五条规定："听证结束后，行政机关应当根据听证笔录，依照本法第五十七条的规定，作出决定。"

　　①参见（2015）行监字第1728号《行政裁定书》。

　　②李洪雷：《论我国行政处罚制度的完善——兼评〈中华人民共和国行政处罚法（修订草案）〉》，《法商研究》2020年第6期。

笔者认为，行政处罚听证程序是一种特殊的调查取证程序，其本意是通过听取当事人陈述申辩，进一步查明案件事实，进而依法作出公正适当处理。听证主持人意见应当定位为行政机关负责人审查决定或者行政机关负责人集体讨论决定的参考因素。从这一维度看，《行政处罚法》（2021年修订）并无必要对此予以正面回应。

4.听证人员组成不合规的法律后果

实践中已出现因指定听证主持人不符合法律规定被撤销案例。如某发电公司与某县国土资源局不服土地行政处罚案，一审法院认为，在一名听证员进行听证的情况下，被告在听证员以外又单独设置听证主持人，不符合《国土资源听证规定》的规定，但并不妨碍听证程序正常进行，应属程序瑕疵而不宜认定为程序违法。判决：驳回原告某发电公司的诉讼请求。发电公司不服，提起上诉。二审法院认为，一审判决认定事实清楚，证据充分，程序合法，适用法律正确，判决：驳回上诉，维持原判。发电公司不服，提出再审申请。

河北省承德市中级人民法院再审认为，根据《国土资源听证规定》第七条的规定，听证一般由一名听证员组织；必要时，可以由三或五名听证员组织。且听证设听证主持人，在听证员中产生。县国土资源局在听证程序中，在听证员为一人的情况下，另行指定主持人，没有向发电公司说明其设的听证主持人是听证员，如该听证主持人是听证员，便使该听证程序中存在两个听证员，无法形成多数意见；如该听证主持人不是听证员，那么也违反上述法律规定。即无论被申请人设置的听证主持人是否为听证员，其听证程序的人员组成均违反法律规定。判决：1.撤销二审行政判决、一审行政判决、平国土资收（2014）第01号收回国有建设用地使用权决定。2.由被申请人县国土资源局对涉案国有建设用地使用权重新作出决定。[①]

（三）听证过程中的举证、质证与辩论

在美国行政法中，听证被称为对抗性听证。而在我国行政处罚听证程序

_____

①参见（2016）冀08行再6号《行政判决书》。

中，对于如何举证、如何质证、如何辩论仅有原则性制度交代，缺乏可操作性的具体规则，导致整个听证程序的对抗性不足。笔者认为，应从立法上加以完善。

1.举证

听证开始后，首先由案件调查人员提出听证申请人违法的事实、证据和法律依据及行政处罚意见。案件调查人员提出证据时，应当向听证会出示。对证人证言、鉴定意见、勘验笔录和其他作为证据的文书，应当当场宣读。

此外，根据案卷排他性原则，作为行政处罚依据的所有证据都必须向听证会出示，由当事人进行质证。为此，案件调查人员应当注重完善证据目录——该证据目录也是未来行政复议、行政诉讼的证据目录，目录之外无证据。

2.质证

是指在听证主持人的主持下，当事人对听证过程中提出的证据，就其真实性、合法性、关联性以及证明力的有无、大小等予以说明和质辩的活动或过程。听证过程中，听证申请人可以就案件调查人员提出的违法事实、证据和法律依据以及行政处罚意见进行陈述、申辩和质证，并可以提出新的证据；第三人可以陈述事实，提出新的证据；当事人及其代理人亦有权申请通知新的证人到会作证，调取新的证据。

3.辩论

有观点认为，听证会非法庭审理，不应当进行辩论，笔者对此不予赞同。听证程序的核心功能是由案件调查人员以外的人通过听证会这一法定形式，向当事人告知违法事实、理由、依据及拟处罚内容，当面听取当事人陈述申辩。其中的"辩"，当然包含辩论。有的法规规章在制度设计时已经予以规定。如《公安机关办理行政案件程序规定》第一百四十六条规定："听证申请人、第三人和办案人民警察可以围绕案件的事实、证据、程序、适用法律、处罚种类和幅度等问题进行辩论。"第一百四十七条规定："辩论结束后，听证主持人应当听取听证申请人、第三人、办案人民警察各方最后陈述意见。"

值得注意的是，举证、质证与辩论在听证过程中不可或缺，构成了听证程序的完整内容。仅举证而不质证、辩论的"走过场"式的听证会，或将影响行政程序的合法性。如银昌房地产开发有限公司与某市规划局行政处罚案，法院认为，依据《城乡规划法》第十一条第二款、第六十四条的规定，被告作为城乡规划主管部门，具有对未取得建设工程规划许可证进行建设的违法行为进行行政处罚的法定职权。按照《行政处罚法》第四十二条、《重庆市行政处罚听证程序规定》第二十三条、第二十四条的规定，被告在举行听证时应当由案件调查人员提出当事人违法事实、违法证据和适用听证程序的行政处罚建议，并由当事人进行陈述、申辩和质证。被告依原告申请举行听证会过程中，仅有案件承办人员陈述违法事实，并未将证据交由原告质证，影响到原告的陈述权、申辩权，系程序违法。判决：撤销渝规罚字（2014）第0001号《查处违法建设行为行政处罚决定书》。

（四）听证后是否可以再调查，再调查后是否应当再听证

1.听证后是否可以再调查

《行政处罚法》（2021年修订）第六十五条规定："听证结束后，行政机关应当根据听证笔录，依照本法第五十七条的规定，作出决定。"第五十七条规定："调查终结，行政机关负责人应当对调查结果进行审查，根据不同情况，分别作出如下决定：（一）确有应受行政处罚的违法行为的，根据情节轻重及具体情况，作出行政处罚决定；（二）违法行为轻微，依法可以不予行政处罚的，不予行政处罚；（三）违法事实不能成立的，不予行政处罚；（四）违法行为涉嫌犯罪的，移送司法机关。""对情节复杂或者重大违法行为给予行政处罚，行政机关负责人应当集体讨论决定。"有观点认为，依据上述规定，听证后对于案件的处理包括作出行政处罚决定、不予行政处罚、移送司法机关3种，并不包括继续调查。因此听证后不可以再调查。实践中，有判例认为听证结束后再行补充调取证据属于程序违法。如联合利华公司诉某市工商行政管理局湛河分局行政处罚案，平顶山市湛河区人民法院认为，如果允许行政机关运用听证程序来发现和完善自己的不足，进而为将要作出的行政处罚决定提供支持，就完全违背了行政处罚案件听证制

度的立法本意，也不符合《行政处罚法》的立法目的。^①

有观点提出：对于符合听证范围的案件，需要按照听证程序，在作出行政处罚决定之前，举行听证。经过听证，需要进一步调查的，行政机关应当继续调查，查清事实后，再作决定；案件事实已经查清、证据确凿的，可以由行政机关的负责人集体讨论作出行政处罚决定。法律这样规定是表明对重大、复杂行政处罚案件的处理，应当持极为慎重的态度，使行政机关处理重大、复杂行政处罚案件，能够既保障依法行政，又能维护公民、法人或者其他组织的合法权益。^②亦即，经过听证需要进一步调查的，行政机关应当继续调查。

笔者认为，从法条表面看，听证后对于案件的处理方式不包括继续调查，但不能据此得出听证后不可以再调查的结论。理由是，《行政处罚法》（2021年修订）第五十七条的前提是"调查终结"。如前所述，听证是一种特殊的调查取证程序。通过听证活动，行政机关发现案件属于"违法行为轻微，依法可以不予行政处罚"以及"违法事实不能成立"的，可以终结调查，依法作出不予行政处罚决定；但是，如果行政机关发现案件事实不清、证据不足的，则应继续进行调查。这也符合设立听证制度的初衷。

2.再调查后是否应当再听证

对于再调查后是否应当再听证，目前法无规定，亦未见相关权威答复，有关司法裁判亦不置可否。如优文打印部诉某县文旅局行政处罚案，山西省高级人民法院认为：经审查，本案争议焦点是被申请人某县文化和旅游局在听证后作出行政处罚决定前是否应当再进行补充调查，调查之后对相关证据材料是否应当再进行听证。本院认为，县文化和旅游局在听证后根据案件情况再行调查是行政机关查清案件事实的必要，对再行调查之后，是否必须再行听证法律并无明确规定，故申请人优文打字复印部认为被申请人作出行政处罚决定程序违法应进行再审的理由不成立，原二审判决并无不当。综上，

---

①参见（2011）湛行初字第10号《行政判决书》。

②参见《对于重大、复杂的行政处罚案件，行政机关应当如何作出行政处罚决定？》，引自中国人大网"法律释义与问答"。

裁定：驳回优文打字复印部的再审申请。[①]

笔者认为，再调查后是否需要再听证，应当具体问题具体分析：

（1）重新调查后，改变认定事实、适用依据，或者拟作出对相对人更为不利的处罚决定的，应当再次给予当事人听证权利

实践中，如果行政机关经过再调查，采纳了相对人的申辩意见，认为事先告知书所认定的违法行为不能成立，但同时又认为相对人构成了另一违法行为，可否迳行作出行政处罚决定？针对这一问题，北京市第一中级人民法院认为：中国证监会在行政处罚事先告知书中认定张某涉嫌泄露内幕信息，李某涉嫌内幕交易，但最终作出的处罚决定却认定"张某、李某共同从事内幕交易"。中国证监会在最终处罚决定中的认定与事先告知的事实、理由及依据均不一致。在此情况下，应当认定中国证监会在作出被诉处罚决定之前，未告知张某作出行政处罚决定的事实、理由及依据，同时也剥夺了张某进行陈述和申辩的权利，违反了行政处罚法第三十一条和第三十二条第一款的规定，其针对张某作出的行政处罚决定不能成立。[②]

上述判决体现的理念是：听证后行政机关再调查，拟改变处罚事先告知的违法行为的定性，或者可能作出对相对人更为不利的处罚决定，应当再次赋予相对人要求听证的权利。

（2）重新调查后，没有改变认定事实、适用依据，拟作出减少处罚种类、降低处罚幅度等对相对人更为有利的处罚决定的，可以不再给予当事人听证权利

有的部门试图通过规范性文件作出具体规定，如《江苏检验检疫局关于加强行政处罚管理工作的意见》提出，仅仅是降低处罚幅度的，不需要重新告知。还有学者区分不同情形来讨论，提出：第一，拟作出的处罚决定所认定的案件事实、法律依据均未发生变化，仅是处罚内容和幅度有所减轻的，不需要再次进行听证告知；第二，由于听证会上行政处罚当事人所提出的新证据，或者由于对相关证据进行质证等听证中产生的原因，致使要改变拟作

[①] 参见（2020）晋行申130号《行政裁定书》。

[②] 参见（2015）一中行初字第236号《行政判决书》。

出的处罚决定所依据的证据和事实，并相应减轻行政处罚的，可不再次进行
听证告知；第三，因听证会以外的原因，致使要改变拟作出的处罚决定所依
据的证据和事实的，以再次进行听证告知为宜；第四，拟作出的处罚决定所
依据的证据和事实没有变化，但要改变法律依据进行处罚的，以再次进行听
证告知为宜。如果是因为采纳了行政处罚当事人的意见而改变处罚依据的，
并且未加重处罚的，可不再次进行听证告知。[①]笔者予以赞同。

（五）对超出听证范围告知听证权情形的处置

实践中曾经出现这样的窘况：按照法律规定原本不属于听证范围，但行
政机关告知了当事人享有听证权利，这种情形下当事人是否享有听证权利？
有的行政机关拒绝举行听证，有的撤销听证告知书，由此形成争议。

实践中，多数判例认为在此情形下当事人应当享有听证权。如华通汽车
运输有限公司诉某县交通运输局运输管理站行政处罚案，河北省沧州市中级
人民法院认为：无论运管站对运输公司拟作出的罚款12000元的处罚决定是
否属于部门规章或地方性规章规定的较大数额的罚款，因运管站2013年9月
27日告知了运输公司有权在收到违法行为通知书之日起3日内有要求听证的
权利，在运输公司3日内不申请听证的情况下，运管站才能在3日后作出处罚
决定。[②]

又如创基物业管理有限公司诉某区人民防空办公室行政处罚案，北京
市海淀区人民法院认为：区人防办对创基物业公司作出警告、罚款2万元的
行政处罚决定，根据《北京市行政处罚听证程序实施办法》的规定，不属于
数额较大的罚款，可以适用《行政处罚法》规定的一般程序。但区人防办向
创基物业公司送达了听证告知书，明确告知当事人可以在3日内提出听证申
请，意味着其自行选择适用听证程序，是其行使自由裁量权的结果。区人防
办对其自行选择适用的行政处罚程序，负有严格按照法律规定予以履行的义
务。区人防办在告知创基物业公司听证权利的当日，在没有证据证明创基物
业公司表示放弃听证权利的情况下，即向其送达了行政处罚决定，违反了

---

①王学政主编：《工商行政管理机关行政处罚程序规定解释与适用》，经济管理出版社2007年版。
②参见（2014）沧行终字第30号《行政判决书》。

《行政处罚法》第四条规定的公正原则，本院不能支持。判决：撤销行政处罚决定。[1]

近年来，司法实践对于行政机关通过规章以下规范性文件"自我加压"情况（包括但不限于给自己设定超出上位法的义务，给自己限定比上位法要求更严格的期限，等等），司法实践从扩大公众参与、提高行政效率、恪守行政承诺等原则出发，一般均予以认可。除体现在个案判决外，有的地方还制定了司法文件甚至进行了地方立法。如北京市高级人民法院《关于行政审判适用法律问题的解答（一）》明确："……11.如何看待行政机关自行制定并公开的规范性文件中给自己设定的义务？答：对于行政机关在其自行制定并公开的规章层级（不含规章）以下规范性文件中，给自己设定的义务的，如果不与上位法相抵触，可以作为审查具体行政行为时的依据。"又如《江苏省行政程序规定》第六十三条规定："法律、法规、规章对行政执法事项有明确期限规定的，行政机关必须在法定期限内办结。""行政机关对行政执法事项的办理期限作出明确承诺的，应当在承诺期限内办结。"

由此看来，对超出听证范围告知听证权的，在当事人要求举行听证的情况下，应当依法启动听证程序，而不应拒绝举行听证甚至撤销听证告知书。

（六）听证权利可否因相对人表示放弃而不予遵守？

关于听证权利可否因相对人表示放弃而不予遵守，有学者提出："违法行为人放弃听证权后，行政主体对其作出行政处罚的时间即使在原听证申请有效期限内，行政机关的处罚程序依然合法。""应把听证期限理解为对权利行使的时效限制而非可作出行政处罚的时间。""听证权是可以放弃的一项权利，权利人放弃权利导致该权利派生之义务消灭。"[2]也有著作认为："为提高行政效率，促进行政相对人就听证事项进行理性选择，同时促进当

---

[1] 参见（2003）海行初字第267号《行政判决书》。

[2] 王莹、姜葳：《从实践和法理层面看，行政机关是否需待听证期限届满才能处罚？》，https://www.sohu.com/a/424803170_601552，2021年9月16日访问。

事人遵守诚实信用原则，采用第一种观点为宜。"[1]

笔者认为，根据《行政处罚法》（2021年修订）第四十四条，"陈述""申辩""要求听证"是法律赋予当事人的互不相同的权利；当事人行使听证权利的具体期限是行政处罚法明确规定的，属于法定期间；无论是《行政处罚法》（2017年修正）第四十一条中的"放弃"，还是《行政处罚法》（2021年修订）第六十二条中的"明确放弃"，均指向"陈述或者申辩权利"，未指向"听证权"。因此，即便当事人明确表示放弃听证，行政机关也应等待要求听证的期限届满后作出行政处罚决定。

行政处罚法（2017年修正）	行政处罚法（2021年修订）
第三十一条 行政机关在作出行政处罚决定之前，应当告知当事人作出行政处罚决定的事实、理由及依据，并告知当事人依法享有的权利。	**第四十四条** 行政机关在作出行政处罚决定之前，应当告知当事人拟作出的行政处罚内容及事实、理由、依据，并告知当事人依法享有的陈述、申辩、要求听证等权利。
第四十一条 ……当事人放弃陈述或者申辩权利的除外。	**第六十二条** ……当事人明确放弃陈述或者申辩权利的除外。
第四十二条 行政机关作出责令停产停业、吊销许可证或者执照、较大数额罚款等行政处罚决定之前，应当告知当事人有要求举行听证的权利；当事人要求听证的，行政机关应当组织听证。当事人不承担行政机关组织听证的费用。听证依照以下程序组织： （一）当事人要求听证的，应当在行政机关告知后三日内提出；……	**第六十三条** 行政机关拟作出下列行政处罚决定，应当告知当事人有要求听证的权利，当事人要求听证的，行政机关应当组织听证：……
	第六十四条 听证应当依照以下程序组织： （一）当事人要求听证的，应当在行政机关告知后五日内提出；……

实践中，有的规章已作规定。如《公安机关办理行政案件程序规定》第一百三十四条规定："违法嫌疑人放弃听证或者撤回听证要求后，处罚决定作出前，又提出听证要求的，只要在听证申请有效期限内，应当允许。"有

---

[1] 视为当事人自愿放弃听证的权利，行政机关可以迳行作出行政处罚。江必新、夏道虎主编：《中华人民共和国行政处罚法条文解读与法律适用》，中国法制出版社2021年版，第217页。

司法裁判指出：《行政处罚法》第四十二条规定，行政机关作出较大数额罚款行政处罚决定前，应当告知当事人在处罚决定作出前三日内有要求举行听证的权利。相对人不要求听证，不等于行政机关可以不遵守法律规定。法定"三日"（现改为五日，笔者注）的听证期限，不因相对人表示放弃听证权而不予遵守。[1]

案例45：放弃陈述和申辩，不能被推定为放弃申请听证[2]

房某某雇用第三人驾驶其所属的轮船，在上海浦东机场码头外围海域运输无合法手续的成品油，被三甲港边防派出所当场抓获。上海市公安局边防和港航公安分局作出行政处罚决定书，根据《关于严格查禁非法运输、储存、买卖成品油的通知》第三条规定，决定给予没收船载成品油的行政处罚。边港公安分局在处罚前制作了告知笔录，房某某在告知笔录中明确放弃陈述和申辩，但没有在听证权利告知书上签字。房某某不服，向法院提起行政诉讼。

上海海事法院认为：首先，边港公安分局负有向行政相对人告知听证程序的义务。行政机关作出责令停产停业、吊销许可证或者执照、较大数额罚款等行政处罚决定之前，应当告知当事人有要求举行听证的权利。其次，房某某放弃陈述和申辩权利不能被推定为放弃听证权利。行政机关在作出行政处罚决定之前，应当听取当事人陈述和申辩意见。陈述和申辩属基本权利范畴，即任何行政相对人都有权以口头或书面形式行使。听证是特定行政处罚决定的相对人享有的重要程序权利，听证需要符合法律程序规范，不但包括听取当事人的陈述和申辩，还包括安排听证时间和地点、指定非本案调查人员主持听证、当事人委托代理人与质证等事项。当事人陈述和申辩权利的行使与要求举行听证并行不悖，只要拟处的行政处罚依法属于当事人有权申请听证的类型，行政机关应当主动明确予以告知。最后，边港公安分局未能证实其已实际履行听证告知义务。根据现有证据，尚不足以证明边港公安分局依法已向房某某告知了听证权利。

---

[1] 参见（2017）辽11行终32号《行政判决书》。
[2] 引自2020年上海法院行政审判十大典型案例。

判决：撤销边港公安分局作出的行政处罚决定；责令重新作出。

六、"较大数额罚款"的具体规定

《行政处罚法》（2017年修正）第十二条、第十三条授权国务院和省、自治区、直辖市人大常委会对规章可以设定"一定数额罚款"的数额进行规定，与之不同的是，该法第四十二条中的"较大数额罚款"是一个"空白"条款——立法既没有直接规定，也没有授权规定。考虑到我国幅员辽阔，经济发展水平不平衡，不宜一刀切地规定"较大数额罚款"的起点，因此1996年制定行政处罚法时留下这个"空白"。从现已颁布的规章和规范性文件看，相关规定差异较大。

（一）省、自治区、直辖市的规定

1.省

（1）黑龙江省

《黑龙江省行政处罚监督办法》第八条：行政机关和有关组织作出重大行政处罚决定后，应当在7日内按本办法第九条的规定报送备案：（一）对非经营活动中的违法行为罚款超过1000元的；（二）对经营活动中的违法行为罚款超过1万元或者没收的违法所得和非法财物价值超过6万元的；（三）责令停产停业的；（四）吊销许可证或者执照的。

（2）吉林省

吉林省人民政府《关于行政处罚听证范围中"较大数额罚款"数额的规定》：

一、对个人处以1000元以上罚款的，对法人或者其他组织处以6000元以上罚款的，在作出行政处罚决定前，应当告知当事人有要求举行听证的权利，当事人要求听证的，应当组织听证。

二、法律、法规或公安部以及实行垂直领导的国务院有关行政主管部门对行政处罚听证范围中"较大数额罚款"数额另有规定的，从其规定。

（3）辽宁省

《辽宁省行政处罚听证程序暂行规定》第三条：行政机关或组织作出责令停产停业、吊销许可证或者执照、对公民罚款1000元以上、对个体经营业者罚款2000元以上、对法人和其他组织罚款10000元以上的行政处罚决定，被处罚当事人要求听证的，作出行政处罚的机关或组织应当组织听证。实行垂直领导的国务院有关行政主管部门和公安机关对较大数额罚款作出具体规定的，按其规定执行。

（4）山西省

山西省人民政府《关于贯彻实施〈行政处罚法〉的通知》：听证范围中的"较大数额的罚款"一项，我省暂定为对非经营活动中的违法行为处以1000元以上的罚款；对经营活动中的违法行为，没有违法所得的处以10000元以上的罚款，有违法所得的处以30000元以上的罚款。

（5）山东省

《山东省行政处罚听证程序实施办法》第二条：本省行政区域内各级行政机关（含经依法授权的行政执法组织）对当事人依法作出下列行政处罚之前，应当告知当事人有要求举行听证的权利：……（三）对公民处以500元以上罚款，对法人或者其他组织处以20000元以上罚款。

法律、法规或者规章对举行听证的罚款数额另有规定的，从其规定。

（6）河北省

河北省人民政府《关于行政处罚听证范围中较大数额罚款数额的通知》：对从事非经营活动的公民处以500元以上罚款，对从事非经营活动的法人或者其他组织处以5000元以上罚款；对从事经营活动的公民处以1000元以上罚款，对从事经营活动的法人或者其他组织处以10000元以上罚款，在作出行政处罚决定之前，应当告知当事人要求举行听证的权利；当事人要求听证的，应当组织听证。

国务院公安部门、实行垂直领导的国务院有关行政主管部门对较大数额罚款的数额另有规定的，按其规定执行。

（7）湖南省

《湖南省行政处罚听证程序规定》第七条：行政机关作出下列重大行政处罚决定之前，应当书面告知当事人有要求举行听证的权利：……（三）对公民处罚款在1000元以上（含1000元），对法人或者其他组织处罚款在2万元以上（含2万元）。海关、金融、国税、国家安全、外汇管理等部门对本部门举行听证的罚款数额另有规定的，从其规定。

（8）江苏省

《江苏省行政处罚听证程序规定》第七条：……前款所称的较大数额罚款，是指对公民的违法行为处以五千元以上罚款，对法人或者其他组织的违法行为处以五万元以上罚款；没收较大数额违法所得、没收较大价值非法财物是指对公民没收违法所得数额、没收非法财物价值达五千元以上，对法人或者其他组织没收违法所得数额、没收非法财物价值达五万元以上。

国务院主管部门规定的较大数额罚款和没收较大数额违法所得、没收较大价值非法财物标准低于前款规定的，从其规定。

（9）江西省

《江西省行政处罚听证程序规定》第二条：本省行政区域内各级行政机关或者法律、法规授权的组织（以下简称行政处罚实施机关）对当事人依法作出下列行政处罚之前，应当告知当事人有要求举行听证的权利：……（三）对非经营活动中公民的违法行为处以500元以上、法人或者其他组织的违法行为处以5000元以上的罚款，对经营活动中的违法行为处以20000元以上的罚款。但法律、法规、规章对举行听证的罚款限额另有规定的，从其规定。

（10）四川省

《四川省行政处罚听证程序规定》第四条：本规定所称较大数额，是指对非经营活动中公民的违法行为处以罚款或者没收财产2000元以上、法人或者其他组织的违法行为处以罚款或者没收财产2万元以上；对在经营活动中的违法行为处以罚款或者没收财产5万元以上。

国务院有关部门规定的较大数额标准低于前款规定的，从其规定。

（11）安徽省

《安徽省行政处罚听证程序规定》第三条：……前款中较大数额罚款是指对公民处以1000元以上的罚款；对法人或其他组织处以10000元以上的罚款。国家有关部门对较大数额罚款已有规定的，从其规定。

（12）甘肃省

《甘肃省行政处罚听证程序暂行规定》第三条：本省各级行政机关对当事人依法作出责令停产停业、吊销许可证或者执照、较大数额罚款（指对公民处1000元以上的罚款，对法人或者其他组织处以3万元以上的罚款）前，当事人要求举行听证的，依照行政处罚法和本规定执行。

行政机关拟订的较大数额罚款听证标准低于或者高于上述标准的，应当报甘肃省人民政府法制局批准予以公布。

法律、法规和省人民政府对听证范围和较大数额罚款另有规定的，从其规定。

公安部门、实行垂直领导的国务院有关部门在甘机构，其较大数额罚款的听证标准，从其上级主管部门的规定。

（13）青海省

原《青海省行政处罚听证程序暂行规则》[1]第二条：……前款所称较大数额罚款，是指对非经营活动中公民的违法行为处以500元以上、法人或其他组织的违法行为处以1000元以上，对经营活动中的违法行为处以10000元以上的罚款。行政机关确需拟定高于或者低于上述规定的较大数额罚款标准的，应报青海省人民政府法制局批准并公布后方可实施。

国务院有关部门对举行听证的较大数额罚款另有规定的，可按其规定执行。

（14）贵州省

贵州省人民政府《关于行政处罚较大数额罚款标准的规定》：

一、法律、法规、规章对某类违法行为罚款没有最高限额规定的，对非经营活动中公民的违法行为处1000元（含1000元）以上罚款、法人或者其他组织的违法行为处5000元（含5000元）以上罚款为"较大数额罚款"；对经营活动中公民的违法行为处3000元（含3000元）以上罚款、法人或者其他组织的违法行为处1万元（含1万元）以上罚款为"较大数额罚款"。

---

[1]该规则已于2020年6月12日被青海省人民政府令第125号废止。

二、法律、法规、规章对某类违法行为罚款有最高限额规定（含具体罚款金额和违法所得百分比、倍数规定）的，罚款数额超过最高限额百分之五十（含百分之五十）的为"较大数额罚款"。但对非经营活动中的违法行为罚款数额不足1000元（不含1000元）、经营活动中的违法行为罚款数额不足3000元（不含3000元）的，不视为"较大数额罚款"。

三、法律、法规、规章、国务院有关行政主管部门对行政处罚听证范围中"较大数额罚款"标准另有规定的，从其规定。

四、行政机关确需拟定高于或者低于上述规定的较大数额罚款标准的，应报经省人民政府批准并向社会公布30日后方可实施。

（15）云南省

《云南省行政处罚程序规范》第二十五条：……本条第一款所称较大数额，是指对公民为1000元以上、个体工商户为1万元以上、法人或者其他组织为3万元以上。

（16）广东省

《广东省行政处罚听证程序实施办法》第五条：……本条前款的较大数额罚款，是指对公民处以1000元以上罚款，对法人或者其他组织处以5万元以上罚款。

（17）海南省

《海南省行政处罚听证程序规定》第二条：……前款所称较大数额罚款系指：公民为10000元以上；法人或者其他组织为100000元以上。

（18）河南省

《河南省行政处罚听证办法》第四条：行政执法机关拟作出下列行政处罚决定，应当告知当事人有要求听证的权利：（一）对公民处以5000元以上、对法人或者其他组织处以5万元以上罚款；（二）对公民、法人或者其他组织作出没收违法所得、没收非法财物价值达到第一项规定的数额；……

国务院有关部门规定的罚款、没收违法所得、没收非法财物价值数额标准与前款规定不一致的，执行国务院部门规定的标准。

（19）湖北省

《湖北省行政处罚听证规则》第二条：……本条前款所称"较大数额罚款"的具体标准为：对非经营活动中的违法行为处以1000元以上的罚款；对经营活动中的违法行为，有非法所得的处以30000元以上、没有违法所得的处以10000元以上的罚款。国务院部门经国务院批准规定了具体标准的，从其规定。

（20）浙江省

浙江省人民政府法制办公室《关于明确实施行政处罚适用听证程序较大数额罚款标准的函》：以不同行业作详细区分（略）。

（21）福建省

未查及相关规定。

该省相关部门制定了行业性操作规定，如福建省建设厅《关于建设行政处罚中适用听证程序的较大数额罚款标准的规定》：根据《行政处罚法》，结合本省、本部门实际，建设行政处罚中适用听证程序的较大数额罚款标准的规定如下：

一、对非经营活动中公民的违法行为处以1000元以上（含1000元）的罚款；

二、对非经营活动中法人或者其他组织的违法行为处以30000元以上的罚款；

三、对经营活动中公民的违法行为处以5000元以上的罚款；

四、对经营活动中法人或者其他组织的违法行为处以100000元以上的罚款。

（22）陕西省

未查及相关规定。

该省相关部门制定了行业性操作规定，如《陕西省药品医疗器械行政处罚较大数额罚款标准的规定》：

一、对个人处以5000元以上、对法人或者其他组织处以30000元以上罚款的，全省各级药品监督管理部门在作出行政处罚决定前，应当告知当事人有要求举行听证的权利，当事人要求听证的应当组织听证。

二、法律、法规、规章、国务院药品监督管理部门对药品、医疗器械行政处罚听证范围中"较大数额罚款"标准另有规定的，从其规定。

2.自治区

（1）内蒙古自治区

《内蒙古自治区行政处罚听证程序规定》第二条：……前款较大数额罚款是指对公民处以2000元以上、对法人或者其他组织处以30000元以上的罚款。行政机关或者法律、法规授权组织根据本系统实际，需要高于或低于本规定罚款数额标准的，应将拟确定的罚款数额报自治区人民政府法制机构批准公布。

实行垂直领导的国务院有关行政主管部门和公安机关对较大数额罚款作出具体规定的，从其规定。

（2）新疆维吾尔自治区

《新疆维吾尔自治区行政处罚听证程序实施办法》第三条：自治区各级行政机关（含经依法授权或者受委托的行政执法组织）对当事人依法作出责令停产停业、吊销许可证或者执照、对公民处以500元以上、对法人或者其他组织处以20000元以上罚款等行政处罚的，在作出处罚决定前，当事人要求举行听证的，依照行政处罚法和本办法执行。国务院有关部门对"较大数额罚款"的听证金额另有规定的，自治区有关部门可按其规定执行。

（3）西藏自治区

西藏自治区人民政府《关于行政处罚听证范围中较大数额罚款标准规定》：

一、对公民处以1000元（含1000元）以上罚款、对法人或者其他组织处以10000元（含10000元）以上罚款属于"较大数额罚款"。

二、法律、法规和国务院有关行政主管部门对行政处罚听证范围中"较大数额罚款"标准另有规定的，从其规定。

（4）宁夏回族自治区

《宁夏回族自治区行政听证程序规定》第二十四条：拟作出的具体行政

行为有下列情形之一的，行政机关在作出行政行为之前，应当书面告知当事人或者申请人、利害关系人有要求举行听证的权利：……（二）对非经营活动中，公民的违法行为处以1000元以上的罚款，法人或者其他组织的违法行为处以10000元以上的罚款；对经营活动中，公民的违法行为处以5000元以上的罚款，法人或者其他组织的违法行为处以20000元以上的罚款的；

前款第（二）项规定的罚款数额，实行垂直领导的国务院有关行政主管部门和公安部门对较大数额罚款作出具体规定的，从其规定。

（5）广西壮族自治区

《广西壮族自治区行政执法程序规定》第四十二条：（一）自治区人民政府所属行政执法机关对公民个人在非经营性活动中的违法行为作出五千元（含本数在内，下同）以上或在经营性活动中的违法行为作出一万元以上，对法人或者其他组织在非经营性活动中的违法行为作出一万元以上或在经营性活动中的违法行为作出三万元以上罚款的；（二）地区行政公署和自治区区辖市人民政府所属行政执法机关对公民个人在非经营性活动中的违法行为作出三千元以上或者在经营性活动中的违法行为作出五千元以上，对法人或者其他组织在非经营性活动中的违法行为作出五千元以上或在经营性活动中的违法行为作出二万元以上罚款的；（三）县级人民政府所属行政执法机关对公民个人在非经营性活动中的违法行为作出二千元以上或在经营性活动中的违法行为作出三千元以上，对法人或者其他组织在非经营性活动中的违法行为作出三千元以上或在经营性活动中的违法行为作出一万元以上罚款的。

公安机关、实行垂直领导的有关行政执法机关对罚款数额的听证范围，分别按国务院公安部门、实行垂直领导的有关行政主管部门的规定执行。

自治区行政执法机关对罚款数额的听证范围有特殊要求的，由该行政执法机关提出具体方案，经自治区人民政府法制工作机构审查后，报自治区人民政府批准实施。

3.直辖市

（1）北京市

《北京市行政处罚听证程序实施办法》第二条：本市各级行政机关（含

经依法授权或者受委托的行政执法组织）对当事人依法作出责令停产停业、吊销许可证或者执照、对公民处以超过1000元的罚款，对法人或者其他组织处以超过30000元的罚款，以及市人民政府规定的其他行政处罚决定前，当事人要求举行听证的，依照行政处罚法和本办法执行。

（2）天津市

天津市人民政府《关于确定行政处罚听证案件中"较大数额罚款"标准的通知》（津政发〔2000〕17号）：……二、"较大数额罚款"的确定，以有关法律、法规、规章规定的对某类违法行为罚款最高限额的百分之五十（含百分之五十）为标准。但有下列情形之一的，不视为"较大数额罚款"：（一）对非经营活动中的违法行为罚款数额不足500元（不含500元）的；（二）对经营活动中的违法行为罚款数额不足1万元（不含1万元）的。

（3）上海市

《上海市行政处罚听证程序规定》第四条：本规定所称的较大数额，对个人是指5000元以上（或者等值物品价值）；对法人或者其他组织是指5万元以上（或者等值物品价值）。市政府可以根据经济社会发展的情况，对前述较大数额标准进行调整并予以公布。

行政机关可以规定低于前款标准的较大数额标准，并应当予以公布。

国务院有关部门在沪机构依据法律、行政法规或者部门规章实施行政处罚，对适用听证程序的较大数额标准，国务院有关部门有规定的，可以从其规定。

（4）重庆市

《重庆市行政处罚听证程序规定》第三条：……前款第三项所称较大数额罚款，是指对非经营活动中的违法行为处以1000元以上，对经营活动中的违法行为处以20000元以上罚款。本市行政机关需要执行高于上述标准的规定的，应当报经市人民政府批准。

国务院有关部门对较大数额罚款的规定与本规定不一致的，本市有关行政机关应当执行数额较小的规定，并报市人民政府法制办公室备案。

法律、法规对举行听证的罚款数额另有规定的，从其规定。

（二）国务院部委、直属机构规定

1.公安

《公安机关办理行政案件程序规定》第一百二十三条：……前款第三项所称"较大数额罚款"，是指对个人处以二千元以上罚款，对单位处以一万元以上罚款，对违反边防出境入境管理法律、法规和规章的个人处以六千元以上罚款。对依据地方性法规或者地方政府规章作出的罚款处罚，适用听证的罚款数额按照地方规定执行。

2.财政

《财政机关行政处罚听证实施办法》第六条：财政部以及专员办作出罚款行政处罚的，其"较大数额罚款"的标准为对公民作出5000元以上罚款，对法人或者其他组织作出5万元以上罚款。地方财政机关作出罚款行政处罚的，其"较大数额罚款"的标准按照各省、自治区、直辖市人大常委会或者人民政府的规定执行。

3.安全生产

《安全生产违法行为行政处罚办法》第三十三条：……前款所称较大数额罚款，为省、自治区、直辖市人大常委会或者人民政府规定的数额；没有规定数额的，其数额对个人罚款为2万元以上，对生产经营单位罚款为5万元以上。

4.环境保护

《环境行政处罚办法》第七十八条：本办法第四十八条所称"较大数额"罚款和没收，对公民是指人民币（或者等值物品价值）5000元以上、对法人或者其他组织是指人民币（或者等值物品价值）50000元以上。

地方性法规、地方政府规章对"较大数额"罚款和没收的限额另有规定的，从其规定。

5.司法行政

《司法行政机关行政处罚听证程序规定》第二十条：司法行政机关在作出下列行政处罚之前，案件调查部门应当告知当事人在三日内有要求举行听证的权利：……（三）对个人处以三千元以上罚款，对法人或者其他组织处以二万元以上罚款；（四）法律法规以及规章规定的其他行政处罚。

6.税务

《税务行政处罚听证程序实施办法（试行）》第三条：税务机关对公民作出2000元以上（含本数）罚款或者对法人或者其他组织作出1万元以上（含本数）罚款或者对法人或者其他组织作出1万元以上（含本数）罚款的行政处罚之前，告知当事人送达《税务行政处罚事项告知书》，告知当事人已经查明的违法事实、证据、行政处罚的法律依据和拟将给予的行政处罚，并告知有要求举行听证的权利。

7.保险监督管理

《中国保险监督管理委员会行政处罚程序规定》第四十七条：中国保监会或者派出机构拟依法作出下列行政处罚的，应当在《行政处罚事先告知书》中一并告知当事人有要求举行听证的权利：（一）对保险机构及保险资产管理机构法人处以100万元以上的罚款或者对其分支机构处以20万元以上的罚款；对保险中介机构法人处以30万元以上的罚款或者对其分支机构处以10万元以上的罚款；对其他法人、组织处以100万元以上的罚款；（二）对个人处以5万元以上的罚款。

8.海关

《海关行政处罚听证办法》第三条：海关作出暂停从事有关业务、撤销海关注册登记、对公民处1万元以上罚款、对法人或者其他组织处10万元以上罚款、没收有关货物、物品、走私运输工具等行政处罚决定之前，应当告知当事人有要求举行听证的权利；当事人要求听证的，海关应当组织听证。

9.市场监管

《市场监督管理行政处罚听证办法》第五条：市场监督管理部门拟作出下列行政处罚决定，应当告知当事人有要求听证的权利：（一）责令停产停业、责令关闭、限制从业；（二）降低资质等级、吊销许可证件或者营业执照；（三）对自然人处以一万元以上、对法人或者其他组织处以十万元以上罚款；（四）对自然人、法人或者其他组织作出没收违法所得和非法财物价值总额达到第三项所列数额的行政处罚；（五）其他较重的行政处罚；

（六）法律、法规、规章规定的其他情形。

各省、自治区、直辖市人大常委会或者人民政府对前款第三项、第四项所列罚没数额有具体规定的，可以从其规定。

（三）评析

从上述规定不难看出，实践中，"较大数额罚款"的确定呈现4个方面特点，并作简要评析如下：

1.各省、自治区、直辖市之间的数额差距大，国务院相关部委之间规定不一。

2.有的地方以公民、法人和其他组织，经营活动中的违法行为、非经营活动中的违法行为等作为区分，作出不同规定；浙江省则以行业区分，这种情况并不多见。

3.部门规章、地方政府规章规定不一致的，优先适用较低规定。这是扩大行政处罚听证程序适用范围的必然要求。

4.《市场监督管理行政处罚听证办法》采取的"条块结合"方法值得借鉴。

案例46：行政处罚金额听证标准应以有利于行政相对人为原则①

2018年9月，兴文嘉记置业有限公司向其开发的大龙城房产项目业主宣传，大龙城地下停车位将于10月初正式推售，不能办证，没有产权，卖的是使用权，使用权期限随住宅，现场公证。部分受让人与其产生争议，向某县市场监督管理局投诉。县市场监督管理局立案、调查后，向兴文嘉记公司进行了告知，并经集体讨论决定，于2020年3月24日依据《消费者权益保护法》第五十六条第一款规定，作出兴市监处字〔2020〕8号行政处罚决定，罚款90000元。兴文嘉记公司不服，向某市市场监督管理局申请行政复议。维持后仍不服，提起行政诉讼。

一审法院认为，行政处罚决定、行政复议决定证据确凿，适用法律、法规正确，符合法定程序。判决：驳回兴文嘉记公司的诉讼请求。兴文嘉记公

---

① 参见（2021）川15行终80号《行政判决书》。

司不服，提起上诉。

　　二审法院认为，《行政处罚法》第四十二条设定了行政机关在对行政相对人作出重大行政处罚决定前应当告知行政相对人听证权利的制度安排。国务院部委以及省、自治区、直辖市人大常委会或者人民政府根据《行政处罚法》制定了行政处罚听证的具体规定。《四川省行政处罚听证程序规定》第四条第一款规定，本规定所称的较大数额，对在经营活动中的违法行为处以罚款或者没收财产5万元以上。第二款规定，国务院有关部门规定的较大数额标准低于前款规定的，从其规定。虽然其后的国家市场监督管理总局制定的《市场监督管理行政处罚听证暂行办法》第五条第一款第三项规定，对法人或者其他组织处以10万元以上罚款应当告知当事人有要求举行听证的权利。但该条第二款同时也规定了各省、自治区、直辖市人大常委会或者人民政府对前款第三项所列罚款数额有具体规定的，可以从其规定。

　　如前所述，《行政处罚法》之所以规定行政机关在对行政相对人作出重大处罚决定前应告知行政相对人听证的权利，是因为旨在充分地保障行政相对人享有应当享有的权利，确保行政机关作出行政处罚决定公开、公正、透明。因此，行政处罚金额听证标准应以有利于行政相对人为原则。本案中，县市场监督管理局对兴文嘉记公司罚款9万元，没有按照《四川省行政处罚听证程序规定》告知其应当享有的听证权利，所作出的行政处罚决定违反法定程序，应予以撤销，市市场监督管理局作出的行政复议决定也应予以撤销。至于涉听证以外的其他事实、证据、法律适用，本院在本案中不作评述。

　　判决：1.撤销一审行政判决；2.撤销《行政处罚决定书》；3.撤销《行政复议决定书》。

第六章　行政处罚的执行

　　行政处罚的执行是指生效的行政处罚决定书中的当事人自觉履行行政处罚决定或者是在当事人逾期不履行行政处罚决定时，由行政机关采取措施，迫使当事人履行的活动。与修订前相比，《行政处罚法》（2021年修订）有关履行行政处罚决定的要求、罚款收缴的一般规定、不停止执行原则、强制执行方式等未变化或者未有实质性变化。变化条款主要包括：增加了通过电子支付系统缴纳罚款的规定，提高了当场收缴罚款数额，调整了专用票据管理规定，完善了逾期不履行行政处罚决定的处置措施及特殊情形下申请强制执行期限，明确了限制人身自由的行政处罚决定申请暂缓执行规定以及复议诉讼期间加处罚款的数额计算方式，强调了罚没款项不得同考核、考评直接或者变相挂钩等。

一、行政处罚的执行之变化

（一）适应发展实际，增加了通过电子支付系统缴纳罚款的规定

修订过程	法条内容
行政处罚法（2017年修正）	**第四十六条**　作出罚款决定的行政机关应当与收缴罚款的机构分离。除依照本法第四十七条、第四十八条的规定当场收缴的罚款外，作出行政处罚决定的行政机关及其执法人员不得自行收缴罚款。 当事人应当自收到行政处罚决定书之日起十五日内，到指定的银行缴纳罚款。银行应当收受罚款，并将罚款直接上缴国库。 **第四十八条**　在边远、水上、交通不便地区，行政机关及其执法人员依照本法第三十三条、第三十八条的规定作出罚款决定后，当事人向指定的银行缴纳罚款确有困难，经当事人提出，行政机关及其执法人员可以当场收缴罚款。
修订草案	同上
行政处罚法（2021年修订）	**第六十七条**　作出罚款决定的行政机关应当与收缴罚款的机构分离。除依照本法第六十八条、第六十九条的规定当场收缴的罚款外，作出行政处罚决定的行政机关及其执法人员不得自行收缴罚款。 当事人应当自收到行政处罚决定书之日起十五日内，到指定的银行或者通过电子支付系统缴纳罚款。银行应当收受罚款，并将罚款直接上缴国库。 **第六十九条**　在边远、水上、交通不便地区，行政机关及其执法人员依照本法第五十一条、第五十七条的规定作出罚款决定后，当事人到指定的银行或者通过电子支付系统缴纳罚款确有困难，经当事人提出，行政机关及其执法人员可以当场收缴罚款。

变化内容：

在原有支付方式以外，增加通过电子支付系统缴纳罚款规定，以方便当事人。

修订背景：

电子支付系统是指由提供支付服务的中介机构、管理货币转移的法规以及实现支付的电子信息技术手段共同组成的，用来清偿经济活动参加者在获取实物资产或金融资产时所承担的债务。即把新型支付手段（包括电子现金、信用卡、借记卡、智能卡等）的支付信息通过网络安全传送到银行或相

应的处理机构，来实现电子支付。

上述修改主要是将已经成熟和得到普遍使用的电子支付方式引入罚款缴纳，更好地方便当事人。2021年1月20日，全国人民代表大会宪法和法律委员会《关于〈中华人民共和国行政处罚法（修订草案）〉审议结果的报告》提出："明确当事人可以通过电子支付系统缴纳罚款。"

（二）适应行政执法实际需要，提高了当场收缴罚款数额

修订过程	法条内容
行政处罚法（2017年修正）	第四十七条 依照本法第三十三条的规定当场作出行政处罚决定，有下列情形之一的，执法人员可以当场收缴罚款：（一）依法给予二十元以下的罚款的；（二）不当场收缴事后难以执行的。
修订草案	第六十三条 依照本法第四十七条的规定当场作出行政处罚决定，有下列情形之一的，执法人员可以当场收缴罚款：（一）依法给予一百元以下的罚款的；（二）不当场收缴事后难以执行的。
修订草案二次审议稿	同修订草案
行政处罚法（2021年修订）	第六十八条 依照本法第五十一条的规定当场作出行政处罚决定，有下列情形之一，执法人员可以当场收缴罚款：（一）依法给予一百元以下罚款的；（二）不当场收缴事后难以执行的。

变化内容：

将适用简易程序当场作出行政处罚，可以当场收缴罚款的数额由"二十元以下"提高至"一百元以下"。

修订背景：

主要是考虑经济社会发展以及行政执法中的实际情况，提高了当场收缴罚款的数额。2020年6月28日，全国人大常委会法制工作委员会副主任许安标在第十三届全国人民代表大会常务委员会第二十次会议上所作《关于〈中华人民共和国行政处罚法（修订草案）〉的说明》指出："为保障行政处罚决定的依法履行，补充完善执行制度，作以下修改：一是适应行政执法实际需要，将行政机关当场收缴的罚款数额由二十元以下提高至一百元以下。……"这是本次修订的亮点。

（三）调整了专用票据管理规定

修订过程	法条内容
行政处罚法（2017年修正）	**第四十九条**　行政机关及其执法人员当场收缴罚款的，必须向当事人出具省、自治区、直辖市财政部门统一制发的罚款收据；不出具财政部门统一制发的罚款收据的，当事人有权拒绝缴纳罚款。
修订草案	**第六十五条**　行政机关及其执法人员当场收缴罚款的，必须向当事人出具国务院或者省、自治区、直辖市人民政府财政部门统一制发的专用票据；不出具财政部门统一制发的专用票据的，当事人有权拒绝缴纳罚款。
修订草案二次审议稿	同修订草案
行政处罚法（2021年修订）	**第七十条**　行政机关及其执法人员当场收缴罚款的，必须向当事人出具国务院财政部门或者省、自治区、直辖市人民政府财政部门统一制发的专用票据；不出具财政部门统一制发的专用票据的，当事人有权拒绝缴纳罚款。

变化内容：

一是出具专用票据的主体增加了国务院财政部门；

二是将"罚款收据"改为"专用票据"。

修订背景：

财政部《关于印发〈当场处罚罚款票据管理暂行规定〉的通知》（财预〔2000〕4号）第四条规定："除法律、法规另有规定外，中央主管部门及其所属单位按照《行政处罚法》规定，实施行政处罚需要当场收缴罚款的，一律按本规定使用财政部监（印）制的罚款票据。""不按本规定使用罚款票据的，被处罚单位或个人有权拒绝付款。"

（四）完善了逾期不履行行政处罚决定的处置措施及特殊情形下申请强制执行期限

修订过程	法条内容
行政处罚法（2017年修正）	**第五十一条** 当事人逾期不履行行政处罚决定的，作出行政处罚决定的行政机关可以采取下列措施：（一）到期不缴纳罚款的，每日按罚款数额的百分之三加处罚款；（二）根据法律规定，将查封、扣押的财物拍卖或者将冻结的存款划拨抵缴罚款；（三）申请人民法院强制执行。
修订草案征求意见稿	**第六十三条** 当事人逾期不履行行政处罚决定的，作出行政处罚决定的行政机关可以采取下列措施：（一）到期不缴纳罚款的，每日按罚款数额的百分之三加处罚款；（二）根据法律规定，将查封、扣押的财物拍卖、依法处理或者将冻结的存款、汇款划拨抵缴罚款；（三）具有行政强制执行权的行政机关依法强制执行；（四）没有行政强制执行权的行政机关，申请人民法院强制执行。
修订草案	**第六十七条** 当事人逾期不履行行政处罚决定的，作出行政处罚决定的行政机关可以采取下列措施：（一）到期不缴纳罚款的，每日按罚款数额的百分之三加处罚款；（二）根据法律规定，将查封、扣押的财物拍卖、依法处理或者将冻结的存款、汇款划拨抵缴罚款；（三）根据法律规定，采取其他行政强制执行方式；（四）没有行政强制执行权的行政机关，依法申请人民法院强制执行。行政机关批准延期、分期缴纳罚款的，申请人民法院强制执行的期限，自暂缓或者分期缴纳罚款期限结束之日起计算。
行政处罚法（2021年修订）	**第七十二条** 当事人逾期不履行行政处罚决定的，作出行政处罚决定的行政机关可以采取下列措施：（一）到期不缴纳罚款的，每日按罚款数额的百分之三加处罚款，加处罚款的数额不得超出罚款的数额；（二）根据法律规定，将查封、扣押的财物拍卖、依法处理或者将冻结的存款、汇款划拨抵缴罚款；（三）根据法律规定，采取其他行政强制执行方式；（四）依照《中华人民共和国行政强制法》的规定申请人民法院强制执行。行政机关批准延期、分期缴纳罚款的，申请人民法院强制执行的期限，自暂缓或者分期缴纳罚款期限结束之日起计算。

变化内容：

1.与行政强制法相衔接

《行政强制法》是规范行政强制措施、行政强制执行的一般法律，行政处罚法有关强制执行的规定须与其保持一致。2020年6月28日，全国人大常委会法制工作委员会副主任许安标在第十三届全国人民代表大会常务委员会第二十次会议上所作《关于〈中华人民共和国行政处罚法（修订草案）〉的说明》指出："为保障行政处罚决定的依法履行，补充完善执行制度，作以下修改：……二是与行政强制法相衔接，完善行政处罚的强制执行程序，规定当事人逾期不履行行政处罚决定的，行政机关可以根据法律规定实施行政强制执行。"

2.明确加处罚款的数额不得超出罚款的数额

2021年1月22日，全国人民代表大会宪法和法律委员会《关于〈中华人民共和国行政处罚法（修订草案三次审议稿）〉修改意见的报告》提出："……二是增加规定加处罚款的数额不得超出罚款的数额。"主要旨在防止出现"天价罚款"。此前，《行政强制法》第四十五条已规定："行政机关依法作出金钱给付义务的行政决定，当事人逾期不履行的，行政机关可以依法加处罚款或者滞纳金。加处罚款或者滞纳金的标准应当告知当事人。""加处罚款或者滞纳金的数额不得超出金钱给付义务的数额。"

3.明确批准延期、分期缴纳罚款的，申请人民法院强制执行的期限计算

关于行政机关批准延期、分期缴纳罚款，当事人未按期自觉履行，申请人民法院强制执行的期限如何计算，实践中认识不一。有观点认为，仍应从行政处罚决定规定的履行期限届满起算；也有观点表示反对，因为此时绝大部分案件已经因申请期限而丧失强制执行机会。显然，有必要对相关问题作出明确。2020年6月28日，全国人大常委会法制工作委员会副主任许安标在第十三届全国人民代表大会常务委员会第二十次会议上所作《关于〈中华人民共和国行政处罚法（修订草案）〉的说明》指出："……三是明确行政机关批准延期、分期缴纳罚款的，申请人民法院强制执行的期限，自暂缓或者分期缴纳罚款期限结束之日起计算。"

案例47：行政机关同意当事人分期缴款不属于逾期不予受理的正当理由①

某市城管执法局于2008年11月9日作出行政处罚决定书，认定金缔公司擅自更改规划，未取得规划许可擅自开工建设，违反了《城乡规划法》第四十条、第四十三条之规定，依法责令30日内自行改正，并处罚款174.99万元，逾期不缴纳，每日按罚款数额的3%加处罚款。金缔公司于2009年1月5日缴纳罚款6.6万元并提出延期缴款申请。同日，市城管执法局在《行政处罚案件审签单》中同意金缔公司分期缴款。2012年8月11日，市城管执法局向金缔公司下达履行缴纳罚款1683900元催告书。同年9月14日，向人民法院提出执行申请，申请执行罚款1683900元。金缔公司提出执行异议。

法院经审查认为：本案属行政处罚案件，应适用《行政处罚法》的规定。申请人于2008年11月11日向金缔公司送达行政处罚决定书，金缔公司虽于2009年1月5日提出延期缴纳申请，但申请人未就是否准许及延期方式书面告知金缔公司。在金缔公司履行部分处罚义务后，2012年8月12日申请人又依据行政强制法的相关规定下达催告书，9月14日申请执行罚款1683900元。人民法院执行的是已生效的行政处罚决定书，申请人申请执行已超出法定申请期限，金缔公司执行异议成立，应予支持。裁定：1.撤销行政裁定书确定的执行行为。2.驳回强制执行申请。市城管执法局不服，提起复议。

法院经复议认为：根据法律规定，行政机关申请人民法院强制执行其具体行政行为，应当自被执行人的法定期限届满之日起180日内（现为90日，笔者注）提出，逾期不予受理，但有正当理由的除外。正当理由通常理解为，遇有不可抗力或当事人意志以外的原因。本案中，申请人在2008年11月11日送达《行政处罚决定书》后，对金缔公司提出的延期缴款申请，在《行政处罚案件审签单》签字同意。该《审签单》只是内部的工作程序，且《审签单》既无分期数额，也无分期时间，对外并无约束力，不属司法解释中的正当理由。申请复议人在作出行政处罚近四年后，虽然进行了催告，但确已超过申请执行期限，原审法院驳回申请并无不当。

---

① 参见（2013）某中行执复字第3号《执行文书》。

裁定：驳回复议申请。

（五）明确了限制人身自由的行政处罚决定申请暂缓执行规定以及复议诉讼期间加处罚款的数额计算方式

修订过程	法条内容
行政处罚法（2017年修正）	**第四十五条**　当事人对行政处罚决定不服申请行政复议或者提起行政诉讼的，行政处罚不停止执行，法律另有规定的除外。
修订草案征求意见稿	**第六十四条**　当事人对行政处罚决定不服申请行政复议或者提起行政诉讼的，行政处罚不停止执行，法律另有规定的除外。 当事人申请行政复议或者提起行政诉讼的，加处罚款的数额在行政复议或者行政诉讼期间不予计算。
修订草案	同上
修订草案二次审议稿	同上
行政处罚法（2021年修订）	**第七十三条**　当事人对行政处罚决定不服，申请行政复议或者提起行政诉讼的，行政处罚不停止执行，法律另有规定的除外。 当事人对限制人身自由的行政处罚决定不服，申请行政复议或者提起行政诉讼的，可以向作出决定的机关提出暂缓执行申请。符合法律规定情形的，应当暂缓执行。 当事人申请行政复议或者提起行政诉讼的，加处罚款的数额在行政复议或者行政诉讼期间不予计算。

变化内容：

1.增加限制人身自由的行政处罚决定暂缓执行规定

根据《治安管理处罚法》第一百零七条，暂缓执行行政拘留不致发生社会危险的，由被处罚人或者其近亲属依法提出担保人或者按规定交纳保证金，行政拘留的处罚决定可以暂缓执行。2021年1月20日，全国人民代表大会宪法和法律委员会《关于〈中华人民共和国行政处罚法（修订草案）〉审议结果的报告》提出："……三是增加规定当事人对限制人身自由的行政处罚决定不服，申请行政复议或者提起行政诉讼的，可以向作出决定的机关提出暂缓执行申请。符合法律规定情形的，应当暂缓执行。"《行政处罚法》（2021年修订）第七十三条第二款与《治安管理处罚法》第一百零七条保持了衔接。

治安管理处罚法	行政处罚法（2021年修订）
第一百零七条 被处罚人不服行政拘留处罚决定，申请行政复议、提起行政诉讼的，可以向公安机关提出暂缓执行行政拘留的申请。公安机关认为暂缓执行行政拘留不致发生社会危险的，由被处罚人或者其近亲属提出符合本法第一百零八条规定条件的担保人，或者按每日行政拘留二百元的标准交纳保证金，行政拘留的处罚决定暂缓执行。	**第七十三条** 当事人对行政处罚决定不服，申请行政复议或者提起行政诉讼的，行政处罚不停止执行，法律另有规定的除外。当事人对限制人身自由的行政处罚决定不服，申请行政复议或者提起行政诉讼的，可以向作出决定的机关提出暂缓执行申请。符合法律规定情形的，应当暂缓执行。……

2.增加行政复议或者行政诉讼期间加处罚款的数额计算规定

关于行政复议、行政诉讼期间当事人不履行行政处罚决定，是否应当加处罚款，曾经有过争议。2007年4月27日，最高人民法院行政审判庭对云南省高级人民法院作出《关于行政处罚的加处罚款在诉讼期间应否计算问题的答复》（〔2005〕行他字第29号）：根据《行政诉讼法》的有关规定，对于不履行行政处罚决定所加处罚款属于执行罚，在诉讼期间不应计算。

2020年6月28日，全国人大常委会法制工作委员会副主任许安标在第十三届全国人民代表大会常务委员会第二十次会议上所作《关于〈中华人民共和国行政处罚法（修订草案）〉的说明》指出："……四是明确当事人申请行政复议或者提起行政诉讼的，加处罚款的数额在行政复议或者行政诉讼期间不予计算。"《行政处罚法》（2021年修订）第七十三条第三款作出了相关规定。

（六）强调了罚没款项不得同考核、考评直接或者变相挂钩

修订过程	法条内容
行政处罚法（2017年修正）	**第五十三条** 除依法应当予以销毁的物品外，依法没收的非法财物必须按照国家规定公开拍卖或者按照国家有关规定处理。罚款、没收违法所得或者没收非法财物拍卖的款项，必须全部上缴国库，任何行政机关或者个人不得以任何形式截留、私分或者变相私分；财政部门不得以任何形式向作出行政处罚决定的行政机关返还罚款、没收的违法所得或者返还没收非法财物的拍卖款项。

续表

修订过程	法条内容
修订草案	**第六十九条**　除依法应当予以销毁的物品外，依法没收的非法财物必须按照国家规定公开拍卖或者按照国家有关规定处理。 罚款、没收违法所得或者没收非法财物拍卖的款项，必须全部上缴国库，任何行政机关或者个人不得以任何形式截留、私分或者变相私分。 罚款、没收违法所得或者没收非法财物拍卖的款项，不得同作出行政处罚决定的行政机关及其工作人员的考核、考评直接或者变相挂钩。财政部门不得以任何形式向作出行政处罚决定的行政机关返还罚款、没收的违法所得或者返还没收非法财物的拍卖款项。
修订草案二次审议稿	同修订草案
行政处罚法（2021年修订）	**第七十四条**　除依法应当予以销毁的物品外，依法没收的非法财物必须按照国家规定公开拍卖或者按照国家有关规定处理。 罚款、没收的违法所得或者没收非法财物拍卖的款项，必须全部上缴国库，任何行政机关或者个人不得以任何形式截留、私分或者变相私分。 罚款、没收的违法所得或者没收非法财物拍卖的款项，不得同作出行政处罚决定的行政机关及其工作人员的考核、考评直接或者变相挂钩。除依法应当退还、退赔的外，财政部门不得以任何形式向作出行政处罚决定的行政机关返还罚款、没收的违法所得或者没收非法财物拍卖的款项。

变化内容：

一是增加规定"罚款、没收的违法所得或者没收非法财物拍卖的款项，不得同作出行政处罚决定的行政机关及其工作人员的考核、考评直接或者变相挂钩。"

二是增加财政部门不得以任何形式向作出行政处罚决定的行政机关返还罚款、没收的违法所得或者没收非法财物拍卖的款项的除外情形，即"除依法应当退还、退赔的外"，从国库退库制度方面为没收违法所得与民事责任衔接预留了接口。

修订背景：

我国在20世纪80年代中期明确了罚没收入与执法机关行政经费"收支

两条线"政策，即罚没收入全部由执法机关上交财政，执法机关所需经费由财政部门另行拨给。为了抑制财政部门将执法部门上交的罚没款变相返还的问题，1996年《行政处罚法》规定，罚款、没收违法所得或者没收非法财物拍卖的款项，必须全部上缴国库，任何行政机关或者个人不得以任何形式截留、私分或者变相私分；财政部门不得以任何形式向作出处罚决定的行政机关返还罚款、没收的违法所得或者没收的非法财物的拍卖款项。《行政处罚法》（2021年修订）进一步明确"罚款、没收的违法所得或者没收非法财物拍卖的款项，不得同作出行政处罚决定的行政机关及其工作人员的考核、考评直接或者变相挂钩"，完善了罚没收入管理制度内容，对于实现公正廉洁执法具有很大促进。

（七）删除了由国务院制定收缴分离实施办法规定

修订过程	法条内容
行政处罚法（2017年修正）	第六十三条　本法第四十六条罚款决定与罚款收缴分离的规定，由国务院制定具体实施办法。
修订草案	—
修订草案二次审议稿	—
行政处罚法（2021年修订）	

修订背景：

1997年11月17日，国务院发布《罚款决定与罚款收缴分离实施办法》，自1998年1月1日起施行；2020年12月17日，财政部印发《罚没财物管理办法》（财税〔2020〕54号）。有关罚款决定与罚款收缴分离的制度规定已经建立，无需立法另行授权制定。

二、行政强制执行

行政强制执行是指行政机关依法采取强制手段保障行政决定得到贯彻落实的一种执法行为，包括直接强制执行与间接强制执行。直接强制执行是指义务人拒不履行其应当履行的义务时，行政机关对其人身或财产施以强制力直接强制义务人履行义务，或者通过强制手段达到与义务人履行义务相同状态的执法行为。间接强制执行是指行政机关通过间接手段迫使义务人履行其应当履行的法定义务或者达到与履行义务相同状态的执法行为，分为代执行和执行罚两种。

（一）行政强制执行模式

《行政强制法》第二条第三款规定："行政强制执行，是指行政机关或者行政机关申请人民法院，对不履行行政决定的公民、法人或者其他组织，依法强制履行义务的行为。"可见，行政强制执行的主体包括行政机关和人民法院。

1.我国实行"以行政机关申请人民法院执行为原则，以行政机关自行执行为例外"的行政强制执行模式

法律规定行政机关具有行政强制执行权的，行政机关才有行政强制执行权；法律未作规定行政机关具有行政强制执行权或者规定由人民法院实施强制执行的，由行政机关申请人民法院强制执行。具体依据为：

（1）《行政诉讼法》（2014年修订）

该法第九十七条规定："公民、法人或者其他组织对行政行为在法定期限内不提起诉讼又不履行的，行政机关可以申请人民法院强制执行，或者依法强制执行。"

（2）《行政处罚法》（2021年修订）

该法第七十二条对当事人逾期不履行行政处罚决定的，作出行政处罚决定的行政机关可以采取的措施作了规定。

（3）《行政复议法》

该法第三十三条规定："申请人逾期不起诉又不履行行政复议决定的，或者不履行最终裁决的行政复议决定的，按照下列规定分别处理：（一）维持具体行政行为的行政复议决定，由作出具体行政行为的行政机关依法强制执行，或者申请人民法院强制执行；（二）变更具体行政行为的行政复议决定，由行政复议机关依法强制执行，或者申请人民法院强制执行。"

（4）《行政强制法》

该法第三十四条规定："行政机关依法作出行政决定后，当事人在行政机关决定的期限内不履行义务的，具有行政强制执行权的行政机关依照本章规定强制执行。"第五十三条规定："当事人在法定期限内不申请行政复议或者提起行政诉讼，又不履行行政决定的，没有行政强制执行权的行政机关可以自期限届满之日起三个月内，依照本章规定申请人民法院强制执行。"

2.行政处罚法修订没有改变行政强制执行模式

修订过程	法条内容
行政处罚法 （2017年修正）	**第五十一条**　当事人逾期不履行行政处罚决定的，作出行政处罚决定的行政机关可以采取下列措施：（一）到期不缴纳罚款的，每日按罚款数额的百分之三加处罚款；（二）根据法律规定，将查封、扣押的财物拍卖或者将冻结的存款划拨抵缴罚款；（三）申请人民法院强制执行。
行政处罚法 （2021年修订）	**第七十二条**　当事人逾期不履行行政处罚决定的，作出行政处罚决定的行政机关可以采取下列措施：（一）到期不缴纳罚款的，每日按罚款数额的百分之三加处罚款，加处罚款的数额不得超出罚款的数额；（二）根据法律规定，将查封、扣押的财物拍卖、依法处理或将冻结的存款、汇款划拨抵缴罚款；（三）根据法律规定，采取其他行政强制执行方式；（四）依照《中华人民共和国行政强制法》的规定申请人民法院强制执行。 行政机关批准延期、分期缴纳罚款的，申请人民法院强制执行的期限，自暂缓或者分期缴纳罚款期限结束之日起计算。

上述修订，保持了与《行政强制法》等法律的衔接，并对行政机关批准延期、分期缴纳罚款情况下申请人民法院强制执行的期限进行了明确，并没有改变行政强制执行模式。

3.正确理解行政强制执行权力分配需要把握的几个问题

（1）规定行政机关强制执行权的载体只能是法律

《行政强制法》第十三条规定："行政强制执行由法律设定。""法律没有规定行政机关强制执行的，作出行政决定的行政机关应当申请人民法院强制执行。"上述"法律"，仅限系全国人民代表大会及其常务委员会制

定，不包括行政法规、地方性法规和规章。

（2）法律没有规定行政机关强制执行的，无论法律、法规是否对于司法强制执行作出规定，作出行政决定的行政机关都应当申请人民法院强制执行

实践中，有的法律、法规对于申请人民法院强制执行作出规定，有的未作规定。《行政强制法》第十三条第二款规定："法律没有规定行政机关强制执行的，作出行政决定的行政机关应当申请人民法院强制执行。"该规定属于普遍授权，亦即，法律没有规定行政机关强制执行的，作出行政决定的行政机关均应当申请人民法院强制执行。

需要注意的是，《行政处罚法》（2021年修订）第七十二条第一款第二项"根据法律规定，将查封、扣押的财物拍卖、依法处理或者将冻结的存款、汇款划拨抵缴罚款"中的"根据法律规定"，对于"当事人在法定期限内不申请行政复议或者提起行政诉讼，经催告仍不履行的，在实施行政管理过程中已经采取查封、扣押措施的行政机关"而言，属于普遍授权，非指引性规定。原因是，《行政强制法》第四十六条第三款规定："没有行政强制执行权的行政机关应当申请人民法院强制执行。但是，当事人在法定期限内不申请行政复议或者提起行政诉讼，经催告仍不履行的，在实施行政管理过程中已经采取查封、扣押措施的行政机关，可以将查封、扣押的财物依法拍卖抵缴罚款。"据此，当事人在法定期限内不申请行政复议或者提起行政诉讼，经催告仍不履行的，《行政强制法》已经一揽子授权在实施行政管理过程中已经采取查封、扣押措施的行政机关，可以将查封、扣押的财物依法拍卖抵缴罚款，不论该行政机关本身是否具有将查封、扣押的财物依法拍卖抵缴罚款的法律授权。

案例48：强制拆除的设定和授权由法律予以规定[①]

再审申请人郭某斗因诉被申请人某区人民政府行政强制执行一案，不服河南省高级人民法院（2019）豫行终2331号行政裁定，申请再审。最高人民法院作出（2020）最高法行申3598号行政裁定，指令河南省高级人民法院再审。

①参见（2021）豫行再1号《行政判决书》。

郭某斗系航海西路办事处郭庄村村民，在该村曾有郑金宅字第014223号宅基地一处。1996年，郭某斗在该村又申请一处宅基地0.2亩，并于同年10月25日向大岗刘乡土地所交纳宅院款1920元。后在涉案宅基地上建造2层房屋，其母亲及弟弟在此居住生活。2015年10月31日，指挥部发布公告（第一号）及拆迁补偿安置方案，正式实施郭闫庄村城中村改造工作，郭某斗就涉案房屋的安置补偿问题未与指挥部达成一致。2017年9月1日，涉案房屋被拆除。郭某斗对拆除行为不服，提起行政诉讼。

河南省高级人民法院认为：

一、关于郭某斗的起诉是否超过法定起诉期限。最高人民法院（2020）最高法行申3598号行政裁定认为，鉴于行政诉讼中的起诉期限问题直接影响当事人的诉权行使，并非单纯的程序问题，从充分保护行政相对人诉权的角度，一审法院适用2年起诉期限，认定郭某斗未超过起诉期限更为适当。本院予以确认。

二、中原区政府拆除郭某斗涉案房屋的行为是否违法。强制拆除作为一项极为严厉的行政强制执行方式，其设定和授权只能由法律予以规定。根据现行法律的规定，无论是集体土地征收引起的强拆，还是国有土地上房屋征收引起的强拆，均未授权地方政府有强制拆除公民合法建筑的权利。区政府在未对涉案房屋的安置补偿问题达成协议的前提下，将涉案房屋强制拆除，其强拆行为没有法律依据，故郭某斗请求确认区政府强拆行为违法的理由成立。

判决：1.撤销本院二审行政裁定；2.维持郑州铁路运输中级法院一审行政判决。

（3）法律规定行政机关具有强制执行权，行政机关申请人民法院强制执行的，人民法院不予受理

最高人民法院《关于违法的建筑物、构筑物、设施等强制拆除问题的批复》（法释〔2013〕5号）明确："根据行政强制法和城乡规划法有关规定精神，对涉及违反城乡规划法的违法建筑物、构筑物、设施等的强制拆除，法律已经授予行政机关强制执行权，人民法院不受理行政机关提出的非诉行政执行申请。"最高人民法院行政审判庭负责人认为：《批复》之所以强调

"对涉及违反城乡规划法的违法建筑物、构筑物、设施等的强制拆除"，主要是因为"违法的建筑物、构筑物、设施等"，涉及城乡建设、土地管理、环境保护等多个领域，不同法律有不同规定，行政机关并非在所有情形下都有强制执行权。而城乡规划法的上述条文对此作出明确规定，故《批复》重在解决城乡建设规划领域的相关问题。此外，有的观点主张作出限期拆除决定的城乡规划主管部门本身没有强制执行权，可以自己名义向法院提出非诉行政执行申请。我们认为，法律既然规定"县级以上地方人民政府可以责成有关部门采取查封施工现场、强制拆除等措施"，就意味着"强制拆除"要按照行政程序执行，县级以上地方人民政府已经获得了法定授权，启动非诉执行的司法程序的理由不足。①

（4）应当申请人民法院强制执行而自行强制执行的，属于超越职权

这方面案例较多。如刘某西诉某县人民政府、某镇人民政府、某县公安局土地行政强制一案，不服广西壮族自治区高级人民法院（2019）桂行终754号行政判决，申请再审。

最高人民法院经审查认为，《土地管理法实施条例》第四十五条规定，违反土地管理法律、法规规定，阻挠国家建设征收土地的，由县级以上人民政府土地行政主管部门责令交出土地；拒不交出土地的，申请人民法院强制执行。本案中，涉案集体土地已经完成征收、补偿程序，土地权利人刘某西拒不交出土地，土地行政主管部门作出责令交出土地决定后，应申请人民法院强制执行。县政府迳行组织相关单位和人员对涉案土地实施强制清表，明显超越职权。一、二审判决确认县政府的强制清表行为违法，符合法律规定。镇政府在县政府组织下参与强制清表，系受委托实施强制行为，不应以自己名义承担法律责任；县公安局为维护公共安全在现场维持秩序，未直接参与强制清表，不是本案适格被告。一、二审法院分别驳回刘某西对镇政府、县公安局的起诉和上诉，符合法律规定。刘某西如对相关部门作出的补偿行为不服，应依法另行诉讼解决。裁定：驳回再审申请人刘某西的再

①《厘清权属界限规范拆违行为——最高人民法院行政审判庭负责人答记者问》，2013年4月2日《人民法院报》。

审申请。^①

（二）具有行政强制执行权的行政机关

如前所述，我国实行以行政机关申请人民法院执行为主、以行政机关自行执行为辅的行政强制执行模式。行政机关自行强制执行，必须要有法律作为授权依据。

目前，究竟有哪些行政机关具有行政强制执行权？胡建森教授认为包括：《行政强制法》第四十四条、第四十五条、第四十六条、第五十条、第五十二条；《行政处罚法》（2017年修正）第五十一条；《治安管理处罚法》第一百零三条；《税收征收管理法》第四十条、第六十八条、第八十八条；《海关法》第六十条、第九十三条；《劳动法》第一百条；《文物保护法》第二十一条；《港口法》第五十四条；《公路法》第七十九条；《水污染防治法》第八十三条；《防洪法》第四十二条；《动物防疫法》第七十三条；《草原法》第七十一条；《固体废物污染环境防治法》第五十五条；《水土保持法》第五十五条；《消防法》第六十条；《城乡规划法》第六十五条、第六十八条；《放射性污染防治法》第五十六条；《水法》第六十五条；《海域使用管理法》第四十七条；《森林法》第四十二条；《海上交通安全法》第四十条，等等。^②

笔者认为，以上归纳较为全面，但仍有遗漏。比如，《海警法》第二十条。^③该法第三十三条规定："当事人逾期不履行处罚决定的，作出处罚决定的海警机构可以依法采取下列措施：（一）到期不缴纳罚款的，每日按罚款数额的百分之三加处罚款；（二）将查封、扣押的财物依法拍卖、变卖或者将冻结的存款、汇款划拨抵缴罚款；（三）根据法律规定，采取其他行政强制执行方式。""本法和其他法律没有规定海警机构可以实施行政强制执

---

① 参见（2020）最高法行申5696号《行政裁定书》。

② 参见《法律对行政机关行政强制执行权是如何授予的？我国有哪些法律已对行政机关作了这样的授权？》，引自法治咖啡屋公众号。

③《海警法》第二十条规定："未经我国主管机关批准，外国组织和个人在我国管辖海域和岛礁建造建筑物、构筑物，以及布设各类固定或者浮动装置的，海警机构有权责令其停止上述违法行为或者限期拆除；对拒不停止违法行为或者逾期不拆除的，海警机构有权予以制止或者强制拆除。"

行的事项，海警机构应当申请人民法院强制执行。"上述规定更加印证了前述观点，即行政强制执行必须由法律规定。

实践中，正确理解和适用行政强制执行，必须注意以下4点：

1.执行罚中的加处罚款、滞纳金，一般仍需申请人民法院强制执行

《行政强制法》第十三条规定，行政强制执行由法律设定。法律没有规定行政机关强制执行的，作出行政决定的行政机关应当申请人民法院强制执行。第四十六条规定，行政机关依照本法第四十五条规定实施加处罚款或者滞纳金超过三十日，经催告当事人仍不履行的，具有行政强制执行权的行政机关可以强制执行。行政机关实施强制执行前，需要采取查封、扣押、冻结措施的，依照本法第三章规定办理。没有行政强制执行权的行政机关应当申请人民法院强制执行。但是，当事人在法定期限内不申请行政复议或者提起行政诉讼，经催告仍不履行的，在实施行政管理过程中已经采取查封、扣押措施的行政机关，可以将查封、扣押的财物依法拍卖抵缴罚款。

前述列举中，《行政处罚法》（2017年修正）对于到期不缴纳罚款的当事人可以每日按罚款数额的3%加处罚款，《税收征收管理法》对于不缴或者少缴税款加收滞纳金，以及《劳动法》对用人单位无故不缴纳社会保险费的实施加收滞纳金等，属于执行罚，最终仍然需要申请人民法院强制执行。

2.拒绝承担代履行费用的，一般仍然需要申请人民法院强制执行

代履行是指当事人拒绝履行行政决定的义务，由行政机关或第三人代替其履行，履行费用由当事人承担的一种行政强制执行方式。实践中，代履行结束后，当事人拒绝承担代履行费用现象较为普遍。对此，比较成熟的做法是由行政机关在代履行决定中明确代履行费用的承担责任与方式；当事人拒绝承担的，由行政机关作出缴纳通知并催告；仍然拒绝履行的，申请人民法院强制执行。

前述列举中，《行政强制法》对于已经或者将危害交通安全、造成环境污染或者破坏自然资源的遗洒物、障碍物或者污染物等可以实施代履行，《文物保护法》对于国有不可移动文物代为履行修缮义务，《动物防疫法》对动物的代作处理权，《固体废物污染环境防治法》对危险废物等代为处

置,《水土保持法》对于砂、石、土、矸石、尾矿、废渣等有代为清理,以及《放射性污染防治法》《森林法》等相关规定,属于代履行。当事人拒不承担代履行费用的,仍需申请人民法院强制执行。

3.《行政强制法》第四十四条并非直接授权

前文认为,《行政强制法》第四十四条直接赋予行政机关对违法建筑物、构筑物、设施等实施强制拆除的权力。笔者认为,《行政强制法》第四十四条规定:"对违法的建筑物、构筑物、设施等需要强制拆除的,应当由行政机关予以公告,限期当事人自行拆除。当事人在法定期限内不申请行政复议或者提起行政诉讼,又不拆除的,行政机关可以依法强制拆除。"其中,行政机关可以强制拆除前面冠以"依法"二字,本意为指引性规定,即为本条款指向适用其他法律的规定,并非对行政机关强制拆除违法的建筑物、构筑物、设施的普遍授权。

最高人民法院行政审判庭负责人提出,司法实践中对行政强制法第四十四条规定的"行政机关可以依法强制拆除"存在两种争议:一种意见认为是完全授权,即只要是"违法的建筑物、构筑物、设施等需要强制拆除的",行政机关都可以依法强制拆除;另一种意见认为是特定授权,即只有其他法律明确规定行政机关的强制拆除权时,才可"依法"强制拆除。该条专门针对违法建筑物、构筑物、设施等的强制拆除问题,具有明确的指向性。孤立地看,可能存在上述争议,但如果结合城乡规划法第六十五条、第六十八条以及行政强制法第三十四条有关"行政机关依法作出行政决定后,当事人在行政机关决定的期限内不履行义务的,具有行政强制执行权的行政机关依照本章规定强制执行"的规定,则不会产生理解歧义。同时,所依之"法"根据行政强制法第十三条有关"行政强制执行由法律设定"的规定,应当限于法律。[1]

4.现行法规仍需清理

近年来,我国加大了违法设定强制执行法规清理工作,但仍有"漏网

①《厘清权属界限规范拆违行为——最高人民法院行政审判庭负责人答记者问》,2013年4月2日《人民法院报》。

之鱼"。如《城市市容和环境卫生管理条例》第三十七条规定："凡不符合城市容貌标准、环境卫生标准的建筑物或者设施，由城市人民政府市容环境卫生行政主管部门会同城市规划行政主管部门，责令有关单位和个人限期改造或者拆除；逾期未改造或者未拆除的，经县级以上人民政府批准，由城市人民政府市容环境卫生行政主管部门或者城市规划行政主管部门组织强制拆除，并可处以罚款。"上述"由城市人民政府市容环境卫生行政主管部门或者城市规划行政主管部门组织强制拆除，并可处以罚款"系行政强制执行，但该《条例》属于行政法规，无权设定强制执行。

（三）申请人民法院强制执行需要注意的问题

近年来，行政机关及其执法人员在申请人民法院强制执行中出现的违法与不当行为屡有发生，主要表现为：逾期提出申请，错失申请时效；违规撤回申请，导致处罚落空；"高罚款低执行"，导致国家损失，等等。有的执法人员甚至因此构成犯罪，教训十分深刻。

案例49：未在法定期限内申请强制执行，被判玩忽职守罪[1]

2013年5月，金阳光公司餐饮许可证过期未办理延续。2013年5月4日，某县药监局对金阳光公司立案查处，由执法人员何某负责办理。2013年7月24日，药监局作出行政处罚，没收违法所得294533元，罚款1472665元，共计1767198元。同日，何某将该行政处罚决定书送达金阳光公司签收。2013年8月1日，金阳光公司向药监局申请要求将人民币1767198元罚没款分期缴付，并提交了书面申请报告：第一期2013年8月5日前付款人民币367198元；第二期2013年10月5日前付款人民币300000元；第三期2013年11月5日前付款人民币400000元；第四期2014年1月24日前付款人民币700000元。药监局同意金阳光公司的申请要求。2013年8月1日，金阳光公司向药监局缴付了367198元，其余1400000元在履行期满后一直未履行缴付。2014年4月24日，该案向法院申请强制执行的期限届满，何某没有在法定期限内将该案移送法院强制执行，造成国家损失1400000元。案发后，2014年7月9日，金阳光公

---

[1] 参见（2014）台天刑初字第508号《刑事判决书》。

司向检察机关缴纳了罚没款1400000元。

法院经审理认为：何某身为国家机关工作人员，严重不负责任，不认真履行职责，致使国家利益遭受重大损失，其行为已构成玩忽职守罪。公诉机关指控被告人的罪名成立。被告人归案后认罪态度较好，且被处罚单位已全额缴纳了相应的罚没款，可酌情从轻处罚。被告人的犯罪情节轻微不需要判处刑罚，依法可以免予刑事处罚。证人梁某等的证言均证明虽然被告人前期有履行职责进行催讨，但后期特别是强制执行申请期限届满前就没有进行催讨或向领导汇报，在法定期限内没有移送法院强制执行。金阳光公司在本案立案后的第二天才缴纳了剩余的罚没款，立案时给国家造成的经济损失1400000元是确定的。

依照《刑法》第三百九十七条第一款、第三十七条之规定，判决：被告人何某犯玩忽职守罪，免予刑事处罚。

案例50：未按规定撤回强制执行申请，被判滥用职权罪[1]

2011年2月28日，某县工商局做出第1、2、3号行政处罚决定书，对中石油邯郸分公司第48、61、89加油站销售不合格油品的行为，分别决定罚款71870元、81444元和167928元，并应当在15日内缴纳，逾期每日按3%加处罚款。送达后，三加油站在法定期限内未申请行政复议，也未提起行政诉讼。县工商局于2011年6月7日向法院申请强制执行。6月27日，县法院裁定准予执行；12月26日送达执行通知书。2012年9月19日，第89加油站交纳5万元罚款。2012年12月20日，县工商局向某市工商局请示，对上述案件进行重新审理。市工商局12月21日批复：同意。12月26日，县工商局局长办公会研究决定向法院撤回申请。当天，局长王某安排邺城分局副局长马某、县局法制科科长赵某，持授权委托书、撤回申请以及局长办公会记录，向法院申请撤回强制执行，致使罚款321242元和迟延履行加处罚款321242元放弃执行。

一审法院认为，被告人马某、赵某身为国家工作人员，在工作中滥用职权，给国家财产造成重大损失，其行为均已构成滥用职权罪。判决：被告人

---

[1] 参见（2019）冀刑申269号《驳回申诉通知书》。

马某、赵某犯滥用职权罪，免予刑事处罚。马某、赵某不服，提起上诉。二审法院认为，上诉人身为国家机关工作人员，滥用职权，不正确履行职责，给国家财产造成重大损失，其行为均已构成滥用职权罪。二人系在单位领导指派下工作，对危害后果所起作用较小，犯罪情节轻微，可免予刑事处罚。裁定：驳回上诉，维持原判。

二审裁定作出后，赵某向河北省邯郸市中级人民法院提出申诉，被该院驳回。赵某继续向河北省高级人民法院提出申诉。2019年9月29日，该院作出《驳回申诉通知书》，内容为：

本院经复查，原审查明，县工商局在作出对加油站的行政处罚决定书并向县人民法院提出强制执行的申请后，又以召开局长办公会的形式决定向法院撤回该申请，由时任该局法制科科长的你做会议记录。会后，该局局长王某指派时任该局邺城分局副分局长马某作为委托代理人到县人民法院申请撤回强制执行申请，由你陪同前往。马某提出在会议记录上补记与其无关的相关文字，你在王某同意下进行了补记，与马某到县人民法院办理了相关撤回强制执行申请的手续。县人民法院遂裁定终结对三份相关行政处罚决定书的执行。截至申请执行时效期间届满，涉案行政处罚决定书确定的罚款321242元和应加处罚款321242元，除中石油邯郸分公司向县工商局交纳5万元外，余款未能执行。

原裁判认为，你系县工商局法制科科长，具有对该局相关业务及法律文书合法性审查的职权，根据最高人民法院、最高人民检察院《关于办理渎职刑事案件适用法律若干问题的解释（一）》相关规定，以"集体研究"形式实施的渎职犯罪，对于具体执行人员，应当在综合认定其行为性质、是否提出反对意见、危害结果大小等情节的基础上决定是否追究刑事责任和应当判处刑罚。你身为国家机关工作人员，滥用职权，不正确履行职责，给国家财产造成重大损失，你的行为已构成滥用职权罪。原裁判以你犯滥用职权罪，判处免予刑事处罚，符合法律规定。

本院认为，你的申诉理由不能成立，申诉不符合《刑事诉讼法》第二百五十三条规定的再审条件，原裁判应予维持，本院依法予以驳回。

案例51："高罚款低执行"，被判滥用职权罪^①

某县卫生监督所主持工作的副所长仇某、副所长单某、监督员黄某，在2005年至2007年的打击非法行医活动中，对当地41起非法行医案件共开出了102.7万元的罚款单，但是执行到位的只有22.33万元。其中，2005年和2006年的20起案件在罚款部分到位后结案；2007年的21起案件移交当地法院申请强制执行。

法院经审理认为，依据《行政处罚法》的规定，行政处罚决定书一经送达即产生法律效力，非经一定程序不得更改，其结案也必须符合法定程序。三名被告不履行或不完全履行已经产生法律效力的行政处罚决定，未经法定程序，擅自减轻处罚决定后结案，属于程序违法。三名被告的行为导致2005年、2006年的42.07万元行政罚款不能到位。2007年的案件虽已移交法院强制执行，但因结案工作程序已经完成，对非法行医行为和医疗市场已经产生影响。

判决：仇某等三人犯滥用职权罪，免予刑事处罚。

（四）关于"裁执分离"

"裁执分离"是人民法院在执行方式上的一种改革，亦即人民法院"裁"、行政机关"执"。2013年，河北省威县在当地法院的积极推动下，由县委办公室、县政府办公室联合印发《关于建立非诉行政执行"裁执分离"工作机制实施办法》，按照谁申请、谁执行原则，探索建立了行政机关申请、法院裁定、申请行政机关牵头执行的"裁执分离"模式。2012年，最高人民法院出台《关于办理申请人民法院强制执行国有土地上房屋征收补偿决定案件若干问题的规定》（法释〔2012〕4号），第一次提出"裁执分离"执行方式，明确人民法院裁定准予执行的，一般由作出征收补偿决定的市、县级人民政府组织实施，也可以由人民法院执行。2014年，最高人民法院印发《关于在征收拆迁案件中进一步严格规范司法行为积极推进"裁执分离"的通知》（法〔2014〕191号），将"裁执分离"扩大至征收集体土地中的房屋拆迁、建筑物非法占地强制拆除等非诉案件和诉讼案件。

---

① 2009年8月19日《安徽市场报》。

2019年7月31日，最高人民法院行政审判庭对山西省高级人民法院作出《最高人民法院关于违反土地管理法的建筑物、其他设施强制拆除实施主体的答复》（〔2018〕最高法行它822号）；2012年4月，最高人民法院针对国有土地上房屋征收补偿决定非诉执行案件制定了最高人民法院《关于办理申请人民法院强制执行国有土地上房屋征收补偿决定案件若干问题的规定》，其中第九条明确规定："人民法院裁定准予执行的，一般由作出征收补偿决定的市、县级人民政府组织实施，也可以由人民法院执行。"该规定是从现实可行性出发，经有关国家机关反复协调后形成的共识，符合"裁执分离"的司法改革基本方向。其中，由"市、县级人民政府组织实施"是总的原则，"也可以由人民法院执行"是个别例外情形。2014年7月，最高人民法院下发《关于在征收拆迁案件中进一步严格规范司法行为积极推进"裁执分离"的通知》（法〔2014〕191号），进一步明确"要积极拓宽'裁执分离'适用范围"，并指出"浙江省高级人民法院在省委、省政府的大力支持下出台相关政策，明确将'裁执分离'扩大至征收集体土地中的房屋拆迁、建筑物非法占地强制拆除等非诉案件和诉讼案件，该做法值得推广和借鉴。"因此，我们认为，对于违反土地管理法的建筑物、其他设施的强制拆除也可以参照最高人民法院《关于办理申请人民法院强制执行国有土地上房屋征收补偿决定案件若干问题的规定》第九条的规定，朝着"裁执分离"的方向作出探索和改进。

笔者认为，由行政机关组织实施强制执行行为，必须由法律规定，最高人民法院的司法解释、司法文件均无权赋予行政机关强制执行权。因此，"裁执分离"充其量是一种探索或者说尝试。或许，此正是该做法至今不能在更大范围内推行的原因。实践中，行政机关执行人民法院准许强制执行的裁定，应当严格遵守《行政强制法》确定的强制执行实施程序。

三、关于"加处罚款"

"加处罚款"是作出行政处罚决定的行政机关对当事人逾期不缴纳罚款的，按罚款数额的一定比例加处罚款，迫使其自觉履行原罚款义务的执行罚措施。1996年《行政处罚法》第五十一条规定："当事人逾期不履行行政处罚决定的，作出行政处罚决定的行政机关可以采取下列措施：（一）到期不缴纳罚款的，每日按罚款数额的百分之三加处罚款；……"这是我国立法最早对于加处罚款的规定，后《行政强制法》将其设定为行政强制执行的方式之一。《行政处罚法》（2021年修订）第七十二条较之原法有所修改，但有关加处罚款的规定未有任何变化。虽然加处罚款在法律制度层面趋于稳定、在法律规范层面趋于清晰，但如何在实务操作中正确理解与适用远非易事，仍有一些问题值得进一步探讨。

（一）加处罚款的属性

行政处罚法中的加处罚款具有以下属性：

1.加处罚款属于执行罚

加处罚款位于行政处罚法"第六章 行政处罚的执行"中，是针对当事人拒不履行罚款决定而采取的执行措施，目的在于迫使当事人履行已经作出的前一个罚款决定。胡建淼教授认为：德国的公法理论将行政强制建筑在"基础行为"与"执行行为"的范畴之上；"执行行为"就是对"基础行为"的执行。援引这一范畴，那么在"加处罚款"中，原罚款决定属于基础行为，加处的罚款属于执行行为；而且，加处罚款这一执行行为必须以基础行为是"罚款"为前提。[①]显然，加处罚款属于执行罚范畴。

2.加处罚款属于间接强制执行

间接强制执行，是指执行机关采取通过第三者代为履行或执行罚等间接强制手段，以迫使当事人履行义务或达到义务被履行的状态。加处罚款作为执行罚，属于间接强制执行。

3.加处罚款具有普遍适用性

实践中，大部分法律法规未对加处罚款作出规定，相应的行政机关是否具有加处罚款权？对此，胡建淼教授在上文中提出："加处罚款"具有普遍直接授权性。根据《行政处罚法》五十一条第一项的授权，作出行政处罚决定的行政机关，针对当事人逾期不履行行政处罚决定时，可以按照其到期不

---

①参见胡建淼：《论作为行政执行罚的"加处罚款"——基于〈中华人民共和国行政强制法〉》，《行政法学研究》2016年第1期。

缴纳罚款的数额，每日加处3%的罚款。这是一项普遍而直接的授权。作为普遍授权，它为所有作出罚款决定的行政机关设定了可以在一定条件下对当事人实施"加处罚款"的执行罚措施，无需通过单一法规对具体的行政机关另行授权；作为直接授权，任何作出罚款决定的行政机关，直接依据《行政处罚法》五十一条第一项规定就拥有了"加处罚款"的执行权，无需通过中间法规的转换。显然，《行政处罚法》有关加处罚款的规定具有普遍适用性，在法律并未作出规定的情况下，行政机关仍然普遍具有此项职权。

《行政强制法》第四十五条第一款规定："行政机关依法作出金钱给付义务的行政决定，当事人逾期不履行的，行政机关可以依法加处罚款或者滞纳金。加处罚款或者滞纳金的标准应当告知当事人。"该条将加处罚款的适用范围从不履行作为行政处罚的罚款决定扩大到所有"行政机关依法作出金钱给付义务的行政决定"。其中出现了两个"依法"，后一个"依法"表明对于除"作为行政处罚的罚款决定"以外的其他金钱给付义务的行政决定"加处罚款或者滞纳金"，必须要有法律的明确直接授权。

实践中，一些办案部门对于上述法条理解不到位甚至错误。如有裁判文书提出："根据《行政强制法》第十二条、第十三条相关规定，加处罚款或者滞纳金是行政强制执行的方式而非行政处罚种类，且行政强制执行须由法律设定。而《食品安全法》并未设定相关行政机关加处罚款的行政强制执行权限。因此，申请执行人县市场监督管理局申请本院强制执行对彭某香加处罚款4500元，无法律依据。"①

（二）加处罚款的计算

1.加处罚款的起算点

行政处罚法"到期不缴纳罚款"中的"期"，应当理解为行政处罚决定载明的自行缴纳罚款的截止日。对此，《行政处罚法》（2017年修正）第四十六条第三款规定："当事人应当自收到行政处罚决定书之日起十五日内，到指定的银行缴纳罚款。银行应当收受罚款，并将罚款直接上缴国库。"《行政处罚法》（2021年修订）第六十七条第三款除增加"通过电子

①参见（2020）鄂0322行审20号《行政裁定书》。

支付系统缴纳"以外，未有其他改动。据此，加处罚款的起算点一般为当事人收到行政处罚决定书之日起第十六日。

2.复议、诉讼期间的扣除

关于当事人提起行政诉讼期间加处罚款是否计算问题，最高人民法院《关于行政处罚的加处罚款在诉讼期间是否计算问题的答复》（〔2005〕行他字第29号）明确："对于不履行行政处罚决定的加处罚款属于执行罚，在诉讼期间不应计算。"该答复确定了行政诉讼期间加处罚款不应计算规则，体现了对于当事人诉讼权益的保护。该规则理应适用于行政复议，为此，《行政处罚法》（2021年修订）第七十三条第三款规定："当事人申请行政复议或者提起行政诉讼的，加处罚款的数额在行政复议或者行政诉讼期间不予计算。"

值得注意的是，无论是〔2005〕行他字第29号答复，还是《行政处罚法》（2021年修订）第七十三条第三款，均规定"行政复议或者行政诉讼期间不予计算"。这里的"期间"，应当理解为从申请行政复议或者提起行政诉讼起、到作出生效裁决止的行政复议或者行政诉讼全过程。依据相关法律，当事人申请行政复议的期限是"自收到行政处罚决定书之日起六十日内"；直接提起行政诉讼的期限是"自收到行政处罚决定书之日起六个月内"。而加处罚款的起算点应当为"当事人收到行政处罚决定书之日起第十六日"。行政诉讼法、行政处罚法、行政复议法均确立了不停止执行原则，由此观之，当事人申请行政复议或者直接提起行政诉讼的，行政复议期间、行政诉讼期间加处罚款不予计算，但"当事人收到行政处罚决定书之日起第十六日"至当事人申请行政复议、提起行政诉讼之日理应计算。

实践中，一些办案部门对此理解不当。如光明乳业股份有限公司与某县市场监督管理局强制执行上诉案，安徽省安庆市中级人民法院认为：原县工商行政管理局2013年11月5日对上诉人作出行政处罚决定，告知上诉人自接到处罚决定之日起十五日内缴纳罚款。到期不缴纳罚款，将依据《行政处罚法》第五十一条第一项的规定，每日按罚款数额的百分之三加处罚款。上诉人不服，先后提起行政复议、行政诉讼。一审法院判决维持县工商行政管理局作出的行政处罚决定。2014年8月7日本院作出（2014）宜行终字第00054号行政判决，驳回上诉，维持原判，该判决为终审判决。据此，在上诉人知道本院的终审判决内容后，仍不履行缴纳罚款义务的，被上诉人可按法律规定对上诉人每日按罚款数额的百分之三计算加处罚款。[①]上述案例将经过复议、诉讼的案件加处罚款的起算点理解为"知道终审判决内容后"，不符合立法本意。

3.加处罚款的数额

根据行政处罚法规定，加处罚款的方式为"按日计罚"，而且幅度为"罚款数额的百分之三"。实践中如果不加以规制，很容易出现"天价罚款"现象。为此，《行政强制法》第四十五条第二款规定："加处罚款或者滞纳金的数额不得超出金钱给付义务的数额。"可见，加处罚款的数额有一个最高限，即"不得超出金钱给付义务的数额"。这是出于合理性考虑。《行政处罚法》（2021年修订）第七十二条第一款第一项亦增加规定"加处罚款的数额不得超出罚款的数额"，与《行政强制法》保持一致。

4.加处罚款的减免

执法实践中，有的当事人在收到加处罚款通知后表示愿缴纳罚款，但又以经济困难等理由请求行政机关减免加处的罚款。对此应当如何处理？2019年4月1日，全国人大常委会法制工作委员会对国家市场监督管理总局办公厅作出《对行政处罚加处罚款能否减免问题的意见》（法工办发〔2019〕82号）：你厅关于商请明确对行政处罚加处罚款能否进行减免问题的函（市监法函〔2019〕463号）收悉。经研究，提出以下意见，供参考：行政强制法第四十二条第一款规定："实施行政强制执行，行政机关可以在不损害公共利益和他人合法权益的情况下，与当事人达成执行协议。执行协议可以约定分阶段履行；当事人采取补救措施的，可以减免加处的罚款或者滞纳金。"该规定中"实施行政强制执行"包括行政机关自行强制执行，也包括行政机关申请法院强制执行。人民法院受理行政强制执行申请后，行政机关不宜减

[①]参见（2015）宜行终字第00038号《行政判决书》。

免加处的罚款。

我们认为，对于行政机关申请人民法院强制执行案件而言，人民法院受理行政强制执行申请后，强制执行的主体为人民法院，此时行政机关不宜减免加处的罚款。但是，对于行政机关自行强制执行案件而言，《行政强制法》第四十二条规定，行政机关可以在不损害公共利益和他人合法权益的情况下，与当事人达成执行协议。执行协议可以约定分阶段履行；当事人采取补救措施的，可以减免加处的罚款。即"执行和解"。这既有利于提高执行效率、缓解社会矛盾，亦符合《行政强制法》的立法本意。

（三）加处罚款的程序

行政处罚法并未对加处罚款的程序作出规定。因其系行政强制执行的一种方式，因此应遵循行政强制法关于行政强制执行的程序性规定，包括告知、催告、决定、执行等。如违反法定程序，可能会导致相应的法律后果。由于法无明晰规定，实践中对一些具体环节的具体操作分歧较大。

1.是否需要另行作出加处罚款决定？

（1）争议的观点

①应制作行政处罚加处罚款决定书

理由：2010年上海市人民政府法制办公室制定的《关于行政机关加处罚款有关事项的指导意见》明确规定"当事人在行政处罚决定书规定的履行期限届满后仍不履行，行政机关决定对其加处罚款的，应当及时制作行政处罚加处罚款决定书，并送达当事人。行政处罚加处罚款决定书应当载明加处罚款的具体数额。当事人单独对行政处罚加处罚款决定申请行政复议或者提起行政诉讼的，不影响行政机关对行政处罚决定向人民法院申请强制执行。"

②将加处罚款与处罚的罚款同时作为执行标的申请法院强制执行

理由：行政机关业已在《行政处罚决定书》上明确告知了加处罚款的情形及标准，因此，可直接在催告执行通知书以及强制执行申请书中明确执行标的包括行政处罚的罚款金额及加处罚款的金额，由法院依法强制执行。

③直接依据行政机关强制执行程序办理

理由：既然加处罚款属于间接强制，而且行政处罚法已经普遍授权给作出行政处罚的机关，意味着，该行政机关已经就加处罚款获得了行政强制执行权，应该依据《行政强制法》"第四章 行政机关强制执行程序"办理，即催告、陈述申辩、强制执行决定、送达等程序。

（2）不同的判例

①应当制作加处罚款决定书

如山西省晋城市中级人民法院认为：行政机关作出的罚款处罚决定和加处罚款的行政强制执行决定是两种不同类型的行政行为。本案中，申请执行人未单独作出行政强制执行决定，仅在2019年11月4日作出的高卫医罚〔2019〕029号《行政处罚决定书》中载明：逾期不缴纳罚款的，依据《行政处罚法》第五十一条第一项规定，可以每日按罚款数额的3%加处罚款。其中的"可以"说明此内容并不具有确定性和强制性，原审法院不准予执行加处罚款部分正确。[①]

②无需制作加处罚款决定书

如广东省高级人民法院认为：本案执行依据南江食药监行罚〔2018〕029号《行政处罚决定书》作出后，黄某丰、九江用品店未在法定期限内申请行政复议，也未提起行政诉讼，现该《行政处罚决定书》已发生法律效力，南海法院予以强制执行，并无不当。黄某丰、九江用品店所提区市场监督管理局对其处罚过重、不应对其加处罚款5万元、对其发出执行催告程序违法等申诉请求，均系对执行依据不服，不属执行程序审查范围，本院不予审查。[②]

（3）作者观点

加处罚款应当另行制作加处罚款决定书，理由：

①加处罚款属于自由裁量行为

根据行政处罚法，当事人逾期不履行行政处罚决定的，作出行政处罚决定的行政机关"可以"加处罚款。实践中，行政机关应当就是否加处、如何加处作出裁量。阙如裁量过程、"一律"加处罚款的做法，明显有违行政处罚法的立法精神。

---

① 参见（2020）晋05行审复7号《行政裁定书》。
② 参见（2020）粤执监7号《行政裁定书》。

②加处罚款具有不确定性

如前所述，加处罚款属于间接强制执行，其内容应当趋于明确、稳定。目前，许多部门的示范执法文书都将加处罚款及计算标准在处罚决定书中载明，此举实际上是在作出处罚决定的同时，对当事人"逾期不缴纳罚款"作了推定。在当事人尚未存在逾期不缴纳罚款的行为时就作出加处罚款的决定，而且罚款的数额处于不确定状态，这从法理上显然难以自圆，一些生效裁判也予以否定。如山西省运城市中级人民法院认为：县市场监督管理局申请执行的执行依据（执行名义）为夏市监执队罚字〔2019〕49号处罚决定，该决定中关于未按期缴纳罚款的加处罚款，仅有宣示性的表述，没有作出明确具体的加处罚款数额，属于执行内容不明确。虽然县市场监督管理局在履行催告书中明确了处罚数额，但履行催告书不属于法定执行依据（执行名义）。因此，一审法院对于加处罚款部分裁定不准予强制执行，是正确的。[1]有学者认为："行政相对人是否在指定的期限内自动履行，是此处罚行为是否生效的前提条件。行政相对人在指定的期限内自动履行了，则行政相对人没有违法行为，就不能生效。行政相对人逾期不履行，则违反了法律规定，构成新的违法行为被课以新的法律义务。此条款就是新的处罚决定"。[2]上述观点显然不符合立法本意。

③催告书不能代替作为强制执行依据的行政决定

催告是《行政强制法》首次确定的行政强制执行的必经程序；催告书是针对当事人在法定期限内对行政决定未申请行政复议或者提起行政诉讼，也未履行的情形下，依法催促其履行义务以及告知、听取陈述申辩的法律文书，属于执行行政决定的过程性行为，不能代替作为执行对象的基础决定。实践中一些案例表明了这一观点，如安徽省芜湖市中级人民法院认为：其一，强制执行前的催告程序与加处罚款决定是两个独立的行政行为。《行政强制法》第五十三、第五十四条，规定的是由于当事人对于行政处罚在法定

---

① 参见（2021）晋08行审复2号《行政裁定书》。

② 廖超光：《浅谈加处罚款的可执行性》，https://www.chinacourt.org/article/detail/2008/06/id/306550.shtml，2021年9月6日访问。

期限内不申请行政复议又不提起行政诉讼，作出行政处罚的行政机关在申请法院强制执行前，催告当事人主动履行给付义务。在上述法条中并无加处罚款的规定。其二，《行政强制法》第四十五条规定了加处罚款问题。但该《催告书》没有引用上述法条，亦没有按照该条规定告知有关标准，而是直接催告缴纳3.5万的加处罚款错误。①

2.是否需要再次催告？

关于加处罚款的全部流程，胡建淼教授提出了"基础决定→事先催告→听取意见→加处罚款→再次催告→强制执行"的模式。②然而，无论从行政决定的严肃性还是从行政执法的效率性维度看，两次催告做法均毫无必要。

如前所述，加处罚款是在原处罚决定基础上，针对当事人逾期履行法定义务行为作出的执行罚。行政处罚决定书中有关"加处罚款"的注明，属于行政机关对当事人逾期履行义务可能产生的法律后果的提醒抑或告知。在当事人逾期未自觉履行基础决定时，行政机关作出履行行政决定催告书，既是对履行基础决定的催告，也是对可能衍生的加处罚款的更为具体、明确、直接的告知。在当事人仍然拒不自觉履行的情况下，行政机关作出加处罚款决定，该决定较之基础决定属于从决定，且已经在基础决定、催告阶段两次告知当事人。催告程序的一个重要功能就是"先礼后兵"式地告知当事人并听取其陈述申辩，防止"不教而诛"。该功能已经在前述基础决定、催告两个阶段予以制度设计并加以保障，因而，没有任何必要再单独就作为从决定的加处罚款决定进行第二次催告。

故此，笔者认为，加处罚款的全部流程应当为：基础决定→事先催告→听取意见→加处罚款→强制执行。

3.是否违反"一事不再罚"原则？

加处罚款属于执行罚，理应与"一事不再罚"原则无涉。实践中亦有相关判例，如河南省安阳市中级人民法院认为：市文化执法支队对隆昌公司

①参见（2020）皖02行终129号《行政判决书》。
②胡建淼：《论作为行政执行罚的"加处罚款"——基于〈中华人民共和国行政强制法〉》，《行政法学研究》2016年第1期。

作出安文执罚字〔2013〕第401号行政处罚决定后，隆昌公司既未提出行政复议或行政诉讼，也未在规定期限内缴纳罚款，市文化执法支队对其作出安文执罚字〔2015〕第402号行政处罚决定，加处罚款6万元，符合上述法律规定。该处罚决定针对的是隆昌公司不履行原行政处罚决定书的行为，而非针对隆昌公司损坏汉代墓葬的行为，隆昌公司称该处罚决定违反《行政处罚法》第二十四条的规定的"一事不再罚"原则的上诉理由不能成立。[1]

4.是否必须在申请人民法院强制执行前作出？

有判例认为，加处罚款与是否已经申请人民法院强制执行没有先后关系。如上述案件，河南省安阳市中级人民法院认为：《行政处罚法》第五十一条并没有规定三项措施的相互关系，也没有规定行政机关申请法院强制执行后不得再作出加处罚款决定，隆昌公司称市文化执法支队在申请法院强制执行后作出的加处罚款决定违反程序正当原则的上诉理由不能成立。笔者赞同该理解。

（四）加处罚款的执行

实践中，有个别法院不支持加处罚款的强制执行。如甘肃省临洮县人民法院认为：至于县质量技术监督局申请缴纳加处罚款人民币30000元的请求，因该加处罚款是行政处罚法授予行政机关的一种行政强制执行权，属于一种强制执行措施，并不是申请强制执行的内容，故对此请求不予支持。[2]又如河南省遂平县人民法院认为：关于申请人申请的加处罚款30000元的事项，按照《行政处罚法》第五十一条第三项的规定，属于行政处罚案件执行中的作出行政处罚决定的行政机关可以采取的选择性措施，申请人选择的加处罚款30000元的措施应自己进行执行，不属于人民法院执行事项，本院不予受理。[3]

笔者以为，对于没有行政强制执行权的行政机关而言，加处罚款理应由行政机关申请人民法院执行。这是我国的强制执行基本法律制度确定的，不应有任何争议。否则，作为执行罚的加处罚款制度必将空转甚至落空。

---

①参见（2017）豫05行终6号《行政判决书》。

②参见（2018）甘1124行审2号《行政裁定书》。

③参见（2021）豫1728行审8号《行政裁定书》。

第七章　法律责任

一、行政处罚监督制度

（一）行政处罚监督制度的内涵与外延

根据我国现行法律，对行政处罚的监督包括权力机关监督、监察机关监督、政府监督、司法监督以及社会监督等。它是一个多主体、多层次、多渠道、多方式的系统工程，囊括内部监督、外部监督等若干方面。建立完善的监督制约机制，是保证行政机关及其执法人员依法行使行政处罚权的有效途径之一。

（二）《行政处罚法》（2021年修订）有关行政处罚监督的规定

我国行政处罚法未设"监督检查"专章，有关行政处罚的监督仅有一个条文，且置于"第六章 行政处罚的执行"中，其用意不得而知。无论如何，"监督"不只作用于行政处罚的执行，而应贯穿于行政处罚活动的全过程。

修订过程	法条内容
行政处罚法（2017年修正）	**第五十四条**　行政机关应当建立健全对行政处罚的监督制度。县级以上人民政府应当加强对行政处罚的监督检查。 公民、法人或者其他组织对行政机关作出的行政处罚，有权申诉或者检举；行政机关应当认真审查，发现行政处罚有错误的，应当主动改正。

续表

修订过程	法条内容
修订草案	**第七十条** 行政机关应当建立健全对行政处罚的监督制度。 县级以上人民政府应当定期组织开展行政执法评议、考核，加强对行政处罚的监督检查，规范和保障行政处罚的实施。 公民、法人或者其他组织对行政机关作出的行政处罚，有权申诉或者检举；行政机关应当认真审查，发现行政处罚有错误的，应当主动改正。
修订草案二次审议稿	**第七十三条** 行政机关应当建立健全对行政处罚的监督制度。县级以上人民政府应当定期组织开展行政执法评议、考核，加强对行政处罚的监督检查，规范和保障行政处罚的实施。 公民、法人或者其他组织对行政机关作出的行政处罚，有权申诉或者检举；行政机关应当认真审查，发现行政处罚有错误的，应当主动改正。
行政处罚法（2021年修订）	**第七十五条** 行政机关应当建立健全对行政处罚的监督制度。县级以上人民政府应当定期组织开展行政执法评议、考核，加强对行政处罚的监督检查，规范和保障行政处罚的实施。 行政机关实施行政处罚应当接受社会监督。公民、法人或者其他组织对行政机关实施行政处罚的行为，有权申诉或者检举；行政机关应当认真审查，发现有错误的，应当主动改正。

修改背景：

2020年6月28日，全国人大常委会法制工作委员会副主任许安标在第十三届全国人民代表大会常务委员会第二十次会议上所作《关于〈中华人民共和国行政处罚法（修订草案）〉的说明》指出："为贯彻落实行政执法责任制和责任追究制度，强化对行政处罚行为的监督，作以下修改：……二是增加规定县级以上人民政府应当定期组织开展行政执法评议、考核，加强对行政处罚的监督检查，规范和保障行政处罚的实施。"2021年1月20日，全国人民代表大会宪法和法律委员会《关于〈中华人民共和国行政处罚法（修订草案）〉审议结果的报告》指出："……三是明确行政机关实施行政处罚应当接受社会监督。"

《行政处罚法》（2021年修订）第七十五条构建了行政处罚监督制度的主要内容，包括：

1.行政机关自我监督

行政处罚是一项综合性很强的工作，要处理好违法案件，不但要求行政执法人员要有较高的法律知识方面的素养，而且还要求行政执法人员要有其他有关专业方面的知识，以及较高的政治素质。所以对行政执法机关的队伍建设和执法人员的素质进行监督检查，是做好行政处罚工作非常重要的一方面。《行政处罚法》（2021年修订）第七十五条第一款规定："行政机关应当建立健全对行政处罚的监督制度。"有观点提出：行政处罚监督检查的范围比较宽，但应当主要围绕行政处罚实施中的问题进行监督，大体有以下6个方面：

（1）监督检查行政执法机关和行政执法人员学习、掌握由本部门实施的法律、法规和规章的情况。

（2）监督检查行政执法机关是否为有效地实施法律、法规和规章而制定了工作计划、方案及内部工作程序。

（3）监督检查行政执法机关的队伍建设、执法人员的素质情况，以及执法手段是否运用得当和执法设施是否完备。

（4）监督检查行政执法机关实施的法律、法规和规章是否真正得到了全面的落实。

（5）监督检查行政执法机关及其工作人员处理违法案件，进行行政处罚是否合法、合理、公正，是否及时。

（6）检查了解行政执法机关在执法过程中遇到的问题，如法律、法规和规章在运用中是否协调，与其他部门在管理上的关系是否协调等等。①

近年来，有的地方在行政机关自我监督体制机制方面进行了很好的尝试。如2021年7月6日，中共南通市委全面依法治市委员会办公室出台《关于加强行政行为自我纠正的实施意见》（通委法办〔2021〕4号）。《实施意见》树立以人民为中心的行政执法办案理念，确立有错必纠的基本原则，指出各级政府及下属职能部门对违法行政行为均负有纠正的法定义务，对于符

---

① 参见《行政处罚监督检查制度的内容主要有哪些？》，引自中国人大网"法律释义与问答"。

合纠正情形的行政行为，行政机关应主动消除行政行为的违法状态，必要时应当对当事人的受损权益进行补偿或赔偿。同时，明确了自我纠正的适用范围、动议来源、审查方式、后续赔偿及救济程序等，并规定了各地区党委和政府的监督指导职能，以确保新制度尽快生根结果。

2.政府监督

《行政处罚法》（2021年修订）第七十五条第一款规定："县级以上人民政府应当定期组织开展行政执法评议、考核，加强对行政处罚的监督检查，规范和保障行政处罚的实施。"

有观点认为，在我国，各级国家行政机关及其工作人员在日常工作中是否坚持依法办事和廉洁奉公，都应当接受来自上级行政机关及其工作人员的监督，或根据民主集中制的原则，依法接受来自下级行政机关及其工作人员的监督。这种由国家行政机关内部的上级或下级机关所实施的行政法制监督，称作行政机关内部的监督。行政处罚法的上述规定就属于这类的监督，它是指在行政机关系统内，上级人民政府对下级人民政府，上级政府部门对下级政府部门，以及各级人民政府对所属的行政执法部门的行政处罚情况进行的监督，这是对行政处罚活动进行监督的重要方式。

县级以上人民政府应当加强对行政处罚的监督检查，监督检查的对象是行政机关和行政执法人员。监督检查主要是为了解决一定时期内行政处罚的薄弱环节或行政处罚中问题较多的方面，通过对行政机关及其工作人员的行政处罚行为是否合法进行检查、督促及纠正，以促进行政机关依法行政，更好地保护公民、法人或其他组织的合法权益。

本次修订，增加了"定期组织开展行政执法评议、考核"，这是对行政执法领域实行已久的行政执法评议、考核制度的肯定，进而将其上升为法律制度；增加了"规范和保障行政处罚的实施"，阐明了政府监督检查的目的。笔者注意到，早在2005年，国务院办公厅印发的《关于推行行政执法责任制的若干意见》（国办发〔2005〕37号）即提出："行政执法评议考核是评价行政执法工作情况、检验行政执法部门和行政执法人员是否正确行使执法职权和全面履行法定义务的重要机制，是推行行政执法责任制的重要环节。各地区、各有关部门要建立健全相关机制，认真做好行政执法评议考核工作。"相关地区、部门陆续出台了相关规定。地区层面，如《广东省行政执法监督条例》《河北省行政执法监督条例》《山东省行政执法监督条例》等；部门层面，如《交通运输行政执法评议考核规定》《市场监督管理执法监督暂行规定》等。

3.社会监督

《行政处罚法》（2021年修订）第七十五条第二款规定："行政机关实施行政处罚应当接受社会监督。公民、法人或者其他组织对行政机关实施行政处罚的行为，有权申诉或者检举；行政机关应当认真审查，发现有错误的，应当主动改正。"

有观点提出，公民、法人和其他组织是行政处罚的对象，行政处罚是否依法实施，直接影响到公民、法人和其他组织自身的权利。正确分析来自于他们的反映，可以看出行政机关实施行政处罚存在的问题，因此，群众监督也是行政处罚监督的一种形式。群众监督是我国广大人民直接参加国家管理，行使当家作主权利，实现社会主义民主的具体体现。行政机关应当认真对待群众的监督，在接到申诉、控告或者检举后，应当认真进行审查，如发现行政处罚有错误的，应当主动改正，以维护当事人的合法权益。①

本次修订，增加了"行政机关实施行政处罚应当接受社会监督"，明确了社会监督的地位及对行政机关的要求；将"对行政机关作出的行政处罚"修改为"对行政机关实施行政处罚的行为"，目的是将公民、法人或者其他组织有权申诉或者检举的内容扩大至行政处罚全过程的所有活动，不再拘泥于"作出行政处罚"。

（三）行政执法实践中的问题

行政执法实践中有关行政处罚监督焦点在于《行政处罚法》（2021年修订）第七十五条第二款的理解与适用，主要涉及补正行为与纠错行为的关系，纠错后重新作出处罚是否违反一事不再罚原则，是否属于因陈述、申辩而

---

①参见《行政处罚监督检查制度的内容主要有哪些？》，引自中国人大网"法律释义与问答"。

加重处罚，是否需要听取当事人的意见等。结合相关司法判例，归纳如下：

1.区分"补正"与"纠错"

"补正"适用于对法律文书笔误等瑕疵的弥补，司法实践对此持支持态度，对于行政处罚决定书亦如此。如江苏省高级人民法院认为：《行政处罚法》第五十四条第二款规定，公民、法人或者其他组织对行政机关作出的行政处罚，有权申诉或者检举；行政机关应当认真审查，发现行政处罚有错误的，应当主动改正。该法律条文规定的是公民、法人或者其他组织对已作出的行政处罚的申诉权、检举权，以及行政机关对已经作出的确有错误的行政处罚的主动改正义务。住建局对于处罚决定书中存在的笔误在一审诉讼过程中予以补正，并不违反上述规定。[1]

"纠错"适用于对法律文书存在的不可逆转的错误的纠正，一般以撤销的方式进行，对于行政处罚决定书亦如此。如山东省高级人民法院认为：国土局针对甘某英的举报，对其邻居"孟某"非法占用土地修建房屋作出处罚决定，但因处罚对象及违法占用面积均有错误，而自行撤销处罚决定。后经过重新调查、勘验，重新作出了对原审第三人孟某新之妻田某梅"退还非法占用土地，自行拆除房屋"的处罚决定。其行为属于上述条款规定的"发现行政处罚有错误的，应当主动改正"的纠错行为。[2]

2.纠错后重新处罚，不违反一事不再罚以及不得因陈述、申辩而加重处罚原则

实践中，当事人往往以"纠错后重新处罚违反一事不再罚原则"对抗行政机关的纠错行为，对此，司法实践一般不予支持。比如贵州省黔东南苗族侗族自治州中级人民法院认为：《行政处罚法》第五十四条第二款规定，公民、法人或者其他组织对行政机关作出的行政处罚，有权申诉或者检举；行政机关应当认真审查，发现行政处罚有错误的，应当主动改正。可见，行政机关应当认真审查行政处罚事项，发现有错误的，应当主动改正。从查明事实可知，案涉行政处罚行为系黔东南州公安局交通警察支队对自身行政处

---

[1] 参见（2019）苏行申1227号《行政裁定书》。
[2] 参见（2017）鲁行申237号《行政裁定书》。

行为的纠正，属于履行自身法定职责，并未违反一事不再罚原则。①

又如，湖北省恩施土家族苗族自治州中级人民法院认为：《行政处罚法》第五十四条第二款规定，公民、法人或者其他组织对行政机关作出的行政处罚，有权申诉或者检举；行政机关应当认真审查，发现行政处罚有错误的，应当主动改正。《公安机关人民警察执法过错责任追究规定》第十三条规定，在执法监督过程中，发现本级或者下级公安机关已经办结的案件或者执法活动确有错误、不适当的，主管部门报经主要领导批准后直接作出纠正的决定。本案被上诉人撤销原处罚决定后，重新作出处罚决定，并非对同一行为重复处罚，且对被上诉人的拘留实际只执行了一次，故不属于一事再罚。②

亦有当事人认为，纠错行为属于"因陈述、申辩而加重处罚"，对此，司法实践亦未予支持。如江苏省南京市中级人民法院认为：姜某主张，执勤民警系因其陈述、申辩而加重对其处罚。本院经审查认为，执勤民警开具3201071312167161号处罚决定书后，发现该处罚决定书中记载的违法行为与事实不符，故当场收回该处罚决定书，并重新开具处罚决定书。3201071312167161号处罚决定并未执行。《行政处罚法》第五十四条第二款规定："公民、法人或者其他组织对行政机关作出的行政处罚，有权申诉或者检举；行政机关应当认真审查，发现行政处罚有错误的，应当主动改正。"交警六大队的执勤民警发现原处罚决定书有错误并重新作出《处罚决定》的行为符合行政处罚法的上述规定。姜某主张该行为系因其陈述、申辩而加重处罚，缺乏依据，本院不予采纳。③

3.纠错决定对当事人的权利义务不产生实际影响

有的当事人对纠错决定不服，通过行政复议、行政诉讼予以救济。司法实践认为，纠错行为并未对当事人创设权利、义务，不产生实际影响。如福建省泉州市中级人民法院认为：被上诉人市国土资源局作出南国土资撤罚字

① 参见（2020）黔26行终40号《行政判决书》。
② 参见（2016）鄂28行终121号《行政判决书》。
③ 参见（2016）苏01行终323号《行政判决书》。

〔2016〕1号《行政处罚撤销决定书》，根据《行政处罚法》第五十四条第二款规定，决定撤销2011年4月20日作出的南国土资〔2011〕行处第50号《行政处罚决定书》并依法对上诉人及相关人员所涉违法行为重新立案处理。该决定是行政机关对其作出的错误的行政处罚依法进行主动纠正的行政行为，并未对上诉人创设任何权利、义务。上诉人是否存在违法行为、存在何种违法行为，需要被上诉人在重新立案调查过程中根据相关证据予以认定，即使被上诉人在本案的《行政处罚撤销决定书》认定上诉人存在违法行为，在其对上诉人重新作出处理决定之前，也不能作为上诉人行为违法的依据。因此，本案《行政处罚撤销决定书》对上诉人潘某煌的权利义务不产生实际影响。[1]

但是，如果纠错后对于违法行为在法定或者合理的期限内未重新作出行政处罚，符合条件的第三人可以依法寻求救济。

4.行政机关对纠错申请所作回复，属于驳回申诉的重复处理行为

如福建省福州市中级人民法院认为：被上诉人作出的《公安交通管理行政处罚决定》已经生效，上诉人对被上诉人作出的上述处罚决定不服，要求被上诉人对上述处罚决定主动履行纠错的职责，根据上述规定，上诉人该行为属于信访申诉行为。被上诉人对上诉人申诉的内容进行了审查并作出被诉回复，认为《公安交通管理行政处罚决定》"事实清楚、证据确凿、适用依据正确、程序合法、内容适当，应当予以维持"，该回复实质上是驳回上诉人对行政行为提起申诉的重复处理行为，并未改变《公安交通管理行政处罚决定》内容或为上诉人增设新的权利义务，因此对上诉人合法权益不产生实际影响，不属于人民法院行政诉讼的受案范围。[2]

5.撤销行政处罚决定后重新作出处罚的程序

目前，关于撤销行政处罚决定后，行政机关如何重新作出处罚尚无明确法律规定。比如，对于是否需要重新立案，北京市通州区人民法院认为：关于撤销行政处罚决定后行政机关再重新作出处罚的程序尚无明确法律规定，

---

①参见（2018）闽05行终84号《行政裁定书》。
②参见（2020）闽01行终297号《行政裁定书》。

但是考虑到被撤销的处罚决定已对被处罚人的违法行为予以全面调查，事实清楚、证据充分，只因装订问题与处罚幅度问题而被撤销，新作出的处罚决定与被撤销的处罚决定依据事实与适用法律均一致，仅是对处罚幅度作出调整，若再重新立案作出处罚将会浪费行政执法资源、降低行政执法效率，故此种情况下直接作出新处罚决定并不违反行政处罚法的基本程序要求。①

笔者认为，立案是行政处罚普通程序启动标志，《行政处罚法》（2021年修订）已经将其规定为普通程序的法定环节。而且，从行政执法实践看，立案环节并无很大工作量。以"重新立案作出处罚将会浪费行政执法资源、降低行政执法效率"为由牺牲行政执法的完整程序，实无必要；缺失立案环节的重新处罚，在履职期限计算等方面均无据可依。因此，无论是从法理上还是从实践中看，都不应得出"直接作出新处罚决定并不违反行政处罚法的基本程序要求"之结论。

6.应当遵循正当程序原则，听取当事人的意见

如湖南省常德市中级人民法院认为：县自然资源局虽然撤销已经作出的行政处罚决定本质上属于自我纠错，但无论是作出处罚决定还是撤销处罚决定，都应当遵守《行政处罚法》中关于程序的有关规定，且随着依法治国的全面推进，对正当程序的遵循已经成为行政执法的常态，也是行政审判实践中应当遵守的基本原则，撤销行政处罚决定作为行政机关依法行使职权的行为，亦必须遵循正当程序原则，即对涉及当事人利益的事项作出处理前，要听取当事人的意见，给予其陈述、申辩权利。刘某建作为案涉处罚决定的行政相对人，高某均作为案涉处罚决定的利害关系人，县自然资源局在作出撤销处罚决定之前，应当将撤销的事实和理由告知二者，并听取二者的意见，高某均对撤销的事实和理由享有申辩权。但县自然资源局作出《撤销决定》并未履行上述程序，其程序严重违法。根据《湖南省行政程序规定》第一百五十八条的内容可知，行政机关行政程序违法的，行政机关应当依职权或者依申请自行纠正。但县自然资源局撤销案涉行政处罚决定并非以程序违

---

① 参见（2019）京0112行初289号《行政判决书》。

法为由，故其适用该条作出《撤销决定》，适用法律错误。因此，《撤销决定》程序严重违法、适用法律错误，依法予以撤销。①

7.处理期限应从其主动纠错后重新开始起算

如北京市高级人民法院认为：《行政处罚法》第五十四条第二款规定，公民、法人或者其他组织对行政机关作出的行政处罚，有权申诉或者检举；行政机关应当认真审查，发现行政处罚有错误的，应当主动改正。根据该条规定，行政机关有对行政处罚决定自行纠错的职责。而关于行政机关自行纠错后重新进行调查并作出处罚决定的期限，从督促行政机关自行纠错、主动化解争议的角度，处理期限应从其主动纠错后重新开始起算。本案中，安监局于2015年12月6日立案，2016年10月13日作出011-3号处罚决定，2017年8月11日作出1号撤销决定，因011-3号处罚决定有误，撤销该处罚决定，自此处罚程序期限应重新计算。②

二、违反行政处罚法的法律责任

违反行政处罚法的法律责任是指行政机关及其工作人员因违反行政处罚法而承担的法律后果，包括行政责任、行政损害赔偿责任和刑事责任。依照行政处罚法的规定，行政机关实施行政处罚有违法违规情形的，直接负责的主管人员和其他直接责任人员应承担相应的法律责任。本次修订，"第七章法律责任"部分调整幅度较小，主要包括：

（一）增加"有案不立""无证执法"的法律责任，凸显责任追究的强制性

修订过程	法条内容
行政处罚法（2017年修正）	**第五十五条** 行政机关实施行政处罚，有下列情形之一的，由上级行政机关或者有关部门责令改正，可以对直接负责的主管人员和其他直接责任人员依法给予行政处分：（一）没有法定的行政处罚依据的；（二）擅自改变行政处罚种类、幅度的；（三）违反法定的行政处罚程序的；（四）违反本法第十八条关于委托处罚的规定的。

① 参见（2020）湘07行终204号《行政判决书》。
② 参见（2019）京行申430号《行政裁定书》。

修订过程	法条内容
修订草案征求 意见稿	**第六十七条**　行政机关实施行政处罚，有下列情形之一的，由上级行政机关或者有关部门责令改正，可以对直接负责的主管人员和其他直接责任人员依法给予行政处分：（一）没有法定的行政处罚依据的；（二）擅自改变行政处罚种类、幅度的；（三）违反法定的行政处罚程序的；（四）违反本法第十九条关于委托处罚的规定的；（五）执法人员不具有执法资格或者未取得执法证件的。
修订草案	**第七十一条**　行政机关实施行政处罚，有下列情形之一的，由上级行政机关或者有关部门责令改正，可以对直接负责的主管人员和其他直接责任人员依法给予处分：（一）没有法定的行政处罚依据的；（二）擅自改变行政处罚种类、幅度的；（三）违反法定的行政处罚程序的；（四）违反本法第十九条关于委托处罚的规定的；（五）执法人员未取得执法证件的。
修订草案二次 审议稿	同行政处罚法（2021年修订）
行政处罚法 （2021年修订）	**第七十六条**　行政机关实施行政处罚，有下列情形之一，由上级行政机关或者有关机关责令改正，对直接负责的主管人员和其他直接责任人员依法给予处分：（一）没有法定的行政处罚依据的；（二）擅自改变行政处罚种类、幅度的；（三）违反法定的行政处罚程序的；（四）违反本法第二十条关于委托处罚的规定的；（五）执法人员未取得执法证件的。 行政机关对符合立案标准的案件不及时立案的，依照前款规定予以处理。

变化内容：

1.增加了"有案不立"的法律责任

《行政处罚法》（2021年修订）第七十六条较之《行政处罚法》（2017年修正）第五十五条增加了一款，作为第二款："行政机关对符合立案标准的案件不及时立案的，依照前款规定予以处理。"

对于上述修改，2021年1月22日，全国人民代表大会宪法和法律委员会《关于〈中华人民共和国行政处罚法（修订草案三次审议稿）〉修改意见的报告》提出："……五、有的常委委员提出，实践中有案不移、有案不立等不作为问题较为突出，应当结合相关法律、行政法规规定，完善法律责任。

宪法和法律委员会经研究，建议对依法应当移交追究刑事责任而不移交的，或者依法应当予以制止和处罚的违法行为不予制止、处罚的，加大追责力度，作相应规定。"

2.增加了"无证执法"的法律责任

《行政处罚法》（2021年修订）第七十六条第一款第五项将修订草案征求意见稿第六十七条第五项"执法人员不具有执法资格或者未取得执法证件的"修改为"执法人员未取得执法证件的"，主要原因是《行政处罚法》（2021年修订）第三十八条规定，行政处罚没有依据或者实施主体不具有行政主体资格的，行政处罚无效。执法人员"不具有执法资格"与"未取得执法证件的"性质不同，须作区分处理。

3.删除了"可以"，凸显责任追究的强制性

《行政处罚法》（2021年修订）第七十六条将《行政处罚法》（2017年修正）第五十五条"可以对直接负责的主管人员……给予行政处分"中的"可以"二字删去，凸显了责任追究的强制性。修订后，凡出现法定情形的，都应当追究责任，上级行政机关或者有关机关无自由裁量权。

（二）"应当移交不移交"的法律责任，不再以"为牟取本单位私利""拒不纠正"为追责条件

修订过程	法条内容
行政处罚法 （2017年修正）	第六十一条　行政机关为牟取本单位私利，对应当依法移交司法机关追究刑事责任的不移交，以行政处罚代替刑罚，由上级行政机关或者有关部门责令纠正；拒不纠正的，对直接负责的主管人员给予行政处分；徇私舞弊、包庇纵容违法行为的，依照刑法有关规定追究刑事责任。
修订草案	同上
修订草案二次 审议稿	第八十条　行政机关对应当依法移交司法机关追究刑事责任的不移交，以行政处罚代替刑罚，由上级行政机关或者有关机关责令纠正；拒不纠正的，对直接负责的主管人员给予处分；徇私舞弊、包庇纵容违法行为的，依照刑法有关规定追究刑事责任。

续表

修订过程	法条内容
行政处罚法 （2021年修订）	**第八十二条**　行政机关对应当依法移交司法机关追究刑事责任的案件不移交，以行政处罚代替刑事处罚，由上级行政机关或者有关机关责令改正，对直接负责的主管人员和其他直接责任人员依法给予处分；情节严重构成犯罪的，依法追究刑事责任。

变化内容：

1.删除了"为牟取本单位私利""拒不纠正"

《行政处罚法》（2021年修订）第八十二条将《行政处罚法》（2017年修正）第六十一条中的"为牟取本单位私利""拒不纠正的"删除，表明关于"行政机关应当移交不移交"的法律责任，不再以"为牟取本单位私利""拒不纠正"为追责条件，比旧法和《行政执法机关移送涉嫌犯罪案件的规定》更严格，实践中应当引起注意。

2.增加了"其他直接责任人员"的法律责任规定

强化了追责对象的周严性，与相关法律法规保持了一致。

3.调整了追究刑事责任的表述

将"徇私舞弊、包庇纵容违法行为的，依照刑法有关规定追究刑事责任"修改为"情节严重构成犯罪的，依法追究刑事责任"，表述更加合理合法。

案例52：只罚款不取缔造成严重后果的，构成食品监管渎职罪①

2012年至2015年11月，岳某、范某在县工商行政管理局第六经检中队工作期间，孔某在任县工商行政管理局第六经检中队科员和县食品药品监督局某镇食药所负责人期间，在明知某饮料加工厂负责人李某无照经营的情况下，违反《食品安全法》《国务院关于加强食品等产品安全监督管理的特别规定》《无照经营查处取缔办法》等法律法规规定，徇私舞弊，滥用职权，多次对李某实施罚款，未依法取缔该加工厂，致使50余万元的假冒汇源果汁流向市场，危害食品安全，造成严重后果。岳某于2016年6月1日，范某、孔某于2016年6月2日到某区人民检察院投案。

一审法院认为，被告人岳某、范某、孔某作为负有食品安全监督管理职

---

① 参见（2017）鲁15刑终10号《刑事裁定书》。

责的国家机关工作人员，徇私舞弊，滥用职权、玩忽职守，造成严重后果，其行为均已构成食品监管渎职罪。被告人岳某、范某、孔某的行为侵犯了食品安全管理机关的正常活动，依法应予刑罚。被告人岳某、范某、孔某主动投案，如实供述其犯罪事实，系自首，依法对其均可从轻处罚。判处被告人岳某、范某、孔某有期徒刑七个月，缓刑一年。宣判后，被告人岳某、范某不服，提出上诉。

二审法院认为，上诉人岳某、范某、原审被告人孔某作为负有食品安全监督管理职责的国家机关工作人员，在工作中徇私舞弊，滥用职权，玩忽职守，造成严重后果，其行为均已构成食品监管渎职罪。关于上诉人岳某、范某及其辩护人所提"其具有自首情节，认罪悔罪，且犯罪情节显著轻微，应免予刑事处罚"的上诉理由和辩护意见。审查认为，食品安全关系广大人民群众的身体健康和生命安全，二上诉人的行为应予刑罚，一审法院在量刑时，根据二上诉人犯罪行为的手段、性质以及自首等量刑情节，对二上诉人予以从轻处罚，均判处其有期徒刑七个月，缓刑一年，量刑适当。

裁定：驳回上诉，维持原判。

（三）调整了与有关法律不一致的表述

《行政处罚法》（2021年修订）第七十六条至第八十三条将《行政处罚法》（2017年修正）第五十五条至第六十二条等8个条款中的"有关部门"修改为"有关机关"；将"行政处分"修改为"处分"。主要原因为：

1.将"有关部门"修改为"有关机关"，责任追究主体包括了监察机关，保持了与《监察法》的衔接

《监察法》第三条规定："各级监察委员会是行使国家监察职能的专责机关，依照本法对所有行使公权力的公职人员（以下称公职人员）进行监察，调查职务违法和职务犯罪，开展廉政建设和反腐败工作，维护宪法和法律的尊严。"《行政处罚法》（2021年修订）顺应监察体制改革和《监察法》的规定，将法条中的"有关部门"修改为"有关机关"，使得监察机关成为责任追究主体之一。

2.将"行政处分"修改为"处分"，保持了与《监察法》《公职人员政务处分法》的衔接

《监察法》第四十五条规定："监察机关根据监督、调查结果，依法作出如下处置：（一）对有职务违法行为但情节较轻的公职人员，按照管理权限，直接或者委托有关机关、人员，进行谈话提醒、批评教育、责令检查，或者予以诫勉；（二）对违法的公职人员依照法定程序作出警告、记过、记大过、降级、撤职、开除等政务处分决定；……"

《公职人员政务处分法》第二条规定："本法适用于监察机关对违法的公职人员给予政务处分的活动。""本法第二章、第三章适用于公职人员任免机关、单位对违法的公职人员给予处分。处分的程序、申诉等适用其他法律、行政法规、国务院部门规章和国家有关规定。""本法所称公职人员，是指《中华人民共和国监察法》第十五条规定的人员。"第三条规定："监察机关应当按照管理权限，加强对公职人员的监督，依法给予违法的公职人员政务处分。""公职人员任免机关、单位应当按照管理权限，加强对公职人员的教育、管理、监督，依法给予违法的公职人员处分。""监察机关发现公职人员任免机关、单位应当给予处分而未给予，或者给予的处分违法、不当的，应当及时提出监察建议。"

《行政处罚法》（2021年修订）顺应上述规定，将法条中的"行政处分"修改为"处分"。

（四）扩大了违法返还财物的范围

修订过程	法条内容
行政处罚法（2017年修正）	**第五十七条**　行政机关违反本法第四十六条的规定自行收缴罚款的，财政部门违反本法第五十三条的规定向行政机关返还罚款或者拍卖款项的，由上级行政机关或者有关部门责令改正，对直接负责的主管人员和其他直接责任人员依法给予行政处分。
修订草案	同上
修订草案二次审议稿	**第七十六条**　行政机关违反本法第六十五条的规定自行收缴罚款的，财政部门违反本法第七十二条的规定向行政机关返还罚款或者拍卖款项的，由上级行政机关或者有关机关责令改正，对直接负责的主管人员和其他直接责任人员依法给予处分。

续表

修订过程	法条内容
行政处罚法 （2021年修订）	**第七十八条** 行政机关违反本法第六十七条的规定自行收缴罚款的，财政部门违反本法第七十四条的规定向行政机关返还罚款、没收的违法所得或者拍卖款项的，由上级行政机关或者有关机关责令改正，对直接负责的主管人员和其他直接责任人员依法给予处分。

变化内容：

与《行政处罚法》（2017年修正）第五十七条相比，增加了"没收的违法所得"，使得禁止财政部门向行政机关返还财物的范围更加精准完善。

（五）调整了不予制止、处罚违法行为的主体

修订过程	法条内容
行政处罚法 （2017年修正）	**第六十二条** 执法人员玩忽职守，对应当予以制止和处罚的违法行为不予制止、处罚，致使公民、法人或者其他组织的合法权益、公共利益和社会秩序遭受损害的，对直接负责的主管人员和其他直接责任人员依法给予行政处分；情节严重构成犯罪的，依法追究刑事责任。
修订草案	同上
修订草案二次 审议稿	同上
行政处罚法 （2021年修订）	**第八十三条** 行政机关对应当予以制止和处罚的违法行为不予制止、处罚，致使公民、法人或者其他组织的合法权益、公共利益和社会秩序遭受损害的，对直接负责的主管人员和其他直接责任人员依法给予处分；情节严重构成犯罪的，依法追究刑事责任。

变化内容：

与《行政处罚法》（2017年修正）第六十二条相比，新法将不予制止、处罚违法行为的主体由"执法人员"变更为"行政机关"。

（六）其他文字调整

《行政处罚法》（2021年修订）第七十九条、第八十条对《行政处罚法》（2017年修正）相关条款进行了个别文字调整。主要是：

修订过程	法条内容
行政处罚法 （2017年修正）	**第五十八条** 行政机关将罚款、没收的违法所得或者财物截留、私分或者变相私分的，由财政部门或者有关部门予以追缴，对直接负责的主管人员和其他直接责任人员依法给予行政处分；情节严重构成犯罪的，依法追究刑事责任。 执法人员利用职务上的便利，索取或者收受他人财物、收缴罚款据为己有，构成犯罪的，依法追究刑事责任；情节轻微不构成犯罪的，依法给予行政处分。 **第五十九条** 行政机关使用或者损毁扣押的财物，对当事人造成损失的，应当依法予以赔偿，对直接负责的主管人员和其他直接责任人员依法给予行政处分。
行政处罚法 （2021年修订）	**第七十九条** 行政机关截留、私分或者变相私分罚款、没收的违法所得或者财物的，由财政部门或者有关机关予以追缴，对直接负责的主管人员和其他直接责任人员依法给予处分；情节严重构成犯罪的，依法追究刑事责任。 执法人员利用职务上的便利，索取或者收受他人财物、将收缴罚款据为己有，构成犯罪的，依法追究刑事责任；情节轻微不构成犯罪的，依法给予处分。 **第八十条** 行政机关使用或者损毁查封、扣押的财物，对当事人造成损失的，应当依法予以赔偿，对直接负责的主管人员和其他直接责任人员依法给予处分。

案例53：多部门、多人因村民违规自建房监管失职失责被问责

某街道十里尹村一些村民违规对宅基地上房屋进行翻建加盖，擅自违规改造，大量违法违规对外出租经营，并存在重大消防安全隐患，严重威胁人民群众生命财产安全。经查，2020年以来，该村翻建的69户自建房，在未经相关部门审批的情况下违规建设。对此，市农业农村局、市自然资源和规划局、市住房城乡建设局和某区委、区政府以及区直相关部门、街道党工委办事处日常监督执法不到位，存在监管失职失责问题，在社会上引起了不良影响。市纪委监委依据有关规定和相关部门履职情况，对以下部门、单位及责任人进行严肃问责：

1.责令某区委、区政府，市农业农村局、市自然资源和规划局、市住房城乡建设局，分别向市委、市政府做出深刻检查。对时任某区区长（现任某区委书记）李某进行提醒谈话。

2.对市农业农村局分管副局长苌某、高某、齐某、王某予以诫勉；给予市农业农村局处长李某党内警告处分。

3.对市自然资源和规划局党组成员、总规划师吴某予以诫勉；给予市自然资源和规划局处长吴某党内警告处分。

4.对市住房城乡建设局副局长李某予以诫勉；给予市住房城乡建设局处长董某党内警告处分。

5.给予时任某区分管农业农村工作的副区长赵某党内严重警告处分；甄某（现任某区委常委、副区长）党内严重警告处分，免去其区委常委、副区长职务，终止其区党代表资格；对现任分管副区长栾某予以诫勉。

6.给予某街道时任党工委书记郑某党内严重警告处分，免职，终止其区党代表资格，取消其区政协委员建议人选资格；给予现任党工委书记翟某撤销党内职务、撤职处分，终止其区党代表资格，责令其辞去区人大代表职务。

7.给予某街道时任办事处主任王某撤销党内职务、撤职处分，终止其区党代表资格，责令其辞去区人大代表职务；给予现任办事处主任张某党内严重警告处分，免职，终止其区党代表资格，取消其区政协委员建议人选资格。

8.分别给予某区农业农村局时任局长王某、农业农村局现任局长宋某、区自然资源和规划分局局长盖某、区住建局局长王某党内警告处分，责令王某、盖某辞去区人大代表职务，终止宋某、王某区党代表资格，责令宋某辞去区政协委员职务；对区农业农村局副局长李某、区自然资源和规划分局副局长张某、区住建局副局长王某予以诫勉。

9.给予十里尹村党总支书记魏某撤销党内职务处分，按程序免去其村委会主任职务，责令其辞去区人大代表职务。

10.责成某区对2020年以来十里尹村违规建房依法拆除。

2021年7月13日，中共某市委员会印发《关于桥西区十里尹村村民违规自建房监管失职失责问题情况的通报》，指出上述问题暴露了一些部门和单位在大局意识、履职尽责、工作作风等方面存在的不足，必须引起高度警醒。要求全市各级党组织要以案为鉴、汲取教训、举一反三，推进省会建设和高质量发展各项任务落深落细落实。

后 记

　　作为国家治理手段的组成部分和国家行政权力的重要一环，作为行政执法的主要方式和法律责任的重要形式，《行政处罚法》与每个人息息相关，值得全社会认真学习领会。回顾行政处罚制度发展历程，1996年《行政处罚法》的制定，主要是剑指行政处罚领域的"滥"与"乱"；2009年、2017年的两次局部修改，主要是顺应刑法、治安管理处罚条例修改，以及国家统一法律职业资格制度实施。本次"大修"，则是回应时代呼唤、坚持问题导向、适应实际需要，对行政处罚体制、机制、制度进行全面优化和系统重构。

　　《行政处罚法》素有"小行政程序法"之称，有着博大精深的体系，真正学懂弄通绝非易事，需要锲而不舍、心无旁骛地潜心探究。作为行政处罚的通用规范，新法在杜绝"为罚而罚"、推进"柔性执法"等方面着墨颇多，丰富了小错轻罚、轻微不罚、首违不罚、无错不罚等适用体系，力求使法律不再成为冰冷的"机器"。但在很多方面只是初步的涉及，对于一些有争议的领域仍然没有触及，还有进一步优化提升的空间。特别是没收违法所得、一事不再罚款等制度，仍有待在实践中不断完善。对于行政机关和行政执法人员而言，如何做好"精准施罚"这篇文章，确保每一起案件的最终处理都能在"力度"与"温度"之间寻求平衡，实现"情、理、法"交融，在惩戒违法的同时收获预防违法的效果，无疑是新的考验。

"行政处罚非玩笑，随时可能当被告。"参加工作三十余年，我一直从事着与行政执法相关的职业，直接负责过数千件次行政处罚案件的办理与审核。已记不清有多少次作为委托代理人或者负责人坐在被告席上，但每一次庭审都让我感到了不足、受到了震撼、学到了真知。20世纪90年代初，有一本《被告席上的启迪》的书，以典型案例形式揭示了行政处罚案件实体上、程序上的硬伤，至今仍留在记忆深处。"案例是最好的教科书，也是最强的清醒剂。"本书撷取了近年来各级法院审理的若干案例，紧扣裁判要旨，以案析法，以案明理，在案例的辨析中探求法治的真谛。

近年来，我有幸见证、参与了《行政处罚法》的修订。2018年，原国务院法制办公室征求《行政处罚法》的修改意见并问卷调查，我和同事结合工作实际提出了有针对性的建议，有的与后来的修订思路不谋而合。2020年7月，修订草案在中国人大网公布，征求公众意见，我通过法律草案征求意见系统提交了8条建议，其中"增加普通程序办理期限""确立案卷排他原则"等最终被立法采纳，甚为欣慰。2020年10月，修订草案二次审议稿在中国人大网公布，再次征求公众意见，我又提交3条建议。2021年6月12日，沪、苏两地律协举办"新行政处罚法实务问题研讨会"，我应邀参与并作主题发言，领略了大家风采，受益匪浅。新法公布后，带着对这部伴随自己大半段工作历程的法律的深厚感情和浓郁兴趣，我先后在微信公众号"国土空间规划法治"中推出学习心得五十余篇，受到网友的热议与鼓励。其中，《值得检视的城市管理"非接触性执法"》《制定程序规定，推动城管综合执法制度进步》两篇文章先后被《法治参考》《江苏法治报》刊用。在大家的建议下，最终下决心将其编印成册，也算对流逝岁月的点滴回忆。

本书付梓之际，我要感谢领导、老师、同事、家人和朋友们的关心、鼓励与支持！受理论功底、实践格局限制，书中一些观点纯属一家之言，未必成熟更遑论正确。姑妄论之，不足为训，恳请读者多加批评指正！

姚爱国

2021年9月19日